CYFAREDD Y CYSGODION

DELWEDDU CYMRU A'I PHOBL AR FFILM, 1935–1951

CYFAREDD Y CYSGODION

DELWEDDU CYMRU A'I PHOBL AR FFILM, 1935–1951

GWENNO FFRANCON

GWASG PRIFYSGOL CYMRU
CAERDYDD
2003

ISBN   0-7083-1833-9

Mae cofnod catalogio'r gyfrol hon ar gael gan y Llyfrgell Brydeinig.

Cyhoeddwyd gyda chymorth ariannol Cyngor Llyfrau Cymru.

Datganwyd gan Gwenno Ffrancon ei hawl foesol i gael ei chydnabod yn awdur y gwaith hwn yn unol ag adrannau 77 a 78 o Ddeddf Hawlfraint, Dyluniadau a Phatentau 1988.

Gwnaethpwyd pob ymdrech i ddod o hyd i berchenogion hawlfraint deunydd a ddefnyddir yn y gyfrol hon, ond yn achos ymholiad dylid cysylltu â'r cyhoeddwyr.

Cynllun y clawr gan Neil Angove
Cysodwyd yng Ngwasg Prifysgol Cymru
Argraffwyd yng Nghymru gan Wasg Dinefwr, Llandybïe

Cynnwys

Lluniau

Diolchiadau

Carwn ddiolch i nifer helaeth o bobl am fy nghynorthwyo wrth baratoi'r gyfrol hon. Yn gyntaf oll, hoffwn ddiolch yn fawr i aelodau staff Adran Cyfathrebu a'r Cyfryngau, Prifysgol Cymru, Bangor, am eu cefnogaeth a'u ffydd ynof. Diolchaf hefyd i staff Llyfrgell Genedlaethol Cymru, Aberystwyth, yn enwedig Archif Genedlaethol Sgrîn a Sain Cymru, am eu cymorth hael. Y mae'n dda gennyf gydnabod y cymorth parod a gefais gan staff Adran Archifau Prifysgol Cymru, Bangor; Llyfrgell Hugh Owen, Prifysgol Cymru, Aberystwyth; Amgueddfa Werin Cymru, Sain Ffagan, Caerdydd; Menna Griffiths; Llyfrgell Glowyr De Cymru, Abertawe; Archif Scottish Screen, Glasgow; British Film Institute, Llundain; Llyfrgell John Rylands, Manceinion; Archif BECTU, Llundain; Yr Archifdy Gwladol, Llundain; Imperial War Museum, Llundain; Cwmni Canal + Image UK; Canolfan Ymchwil y Celfyddydau Harry Ransom, Prifysgol Tecsas, Austin; Llyfrgell y Celfyddydau, Prifysgol California, Los Angeles; Llyfrgell Lilly, Prifysgol Indiana; Llyfrgell Margaret Herrick, Los Angeles; Warner Brothers; Twentieth Century-Fox; Ystâd Dylan Thomas; Llyfrgell Morris, Prifysgol De Illinois; Prifysgol Talaith Efrog Newydd; Prifysgol Talaith Ohio; ac yn enwedig gan Ned Comstock yn Llyfrgell Sinema a Theledu, Prifysgol De California, Los Angeles.

Bûm hefyd yn ffodus iawn o gael cyfarfod a chyf-weld nifer o'r rhai a fu'n ymwneud â'r ffilmiau a drafodwyd yn y gyfrol hon. Mawr yw fy niolch i Meredydd Evans, Cledwyn Jones, John Roberts Williams, Paul Dickson, Russell Lloyd a William MacQuitty am eu hamser, eu hamynedd a'u cefnogaeth. Treuliais, hefyd, oriau difyr yng nghwmni perthnasau nifer o actorion a thechnegwyr y ffilmiau dan sylw, yn bennaf y diweddar Ted Lloyd Jones a'i fodrybedd Katie Lewis a Lilian Williams; y diweddar Dafydd Kirkman; Delyth a Tony Davies, merch a mab yng nghyfraith Rachel Thomas; Jonathon Balcon, mab Michael Balcon; a Dan Ford, ŵyr John Ford. Carwn ddiolch hefyd i'r arbenigwyr a fu mor barod eu harweiniad, yn enwedig John Hefin, Charles Barr, Bert Hogenkamp, R. Alun Evans, Rob Humphreys, Martha Edwards, Philip Kemp, Carl Rollyson ac E. R. Johnson. Ond y mae fy niolch pennaf i'r unig wir arbenigwr ar hanes ffilm Cymru, sef David Berry, gŵr a fu'n gefnogol iawn i'm gwaith o'r cychwyn cyntaf.

Rwy'n ddyledus i holl swyddogion Gwasg Prifysgol Cymru, yn enwedig Llion Pryderi Roberts a lywiodd y cyfan drwy'r Wasg mor ofalus. Diolchaf yn ogystal i William Howells am lunio'r mynegai mor ddiffwdan.

I gloi, hoffwn ddiolch yn ddiffuant i'r Athro Elan Closs Stephens am ei harweiniad doeth a'i hamynedd di-ben-draw, ac i'm teulu a'm cyfeillion, yn enwedig i'm darpar ŵr, Steven, am eu cefnogaeth hael bob cam o'r ffordd. Diolch o waelod calon.

Cyflwynaf y gwaith hwn er cof am fy nhad-cu, David Hugh Jenkins, a'm taid, William Ffrancon Jones.

Gwenno Ffrancon
Hydref 2003

Byrfoddau

AGSSC	Archif Genedlaethol Sgrin a Sain Cymru, Aberystwyth
AL	*Aberdare Leader*
AMPAS	Academy of Motion Picture Arts and Sciences, Los Angeles
APCB	Archif Prifysgol Cymru, Bangor
ASS	Archif Scottish Screen, Glasgow
AVC	*The Amman Valley Chronicle*
BAC	*Baner ac Amserau Cymru*
BBFC	British Board of Film Censors
BECTU	Broadcasting Entertainment Cinematograph and Theatre Union
BFI	British Film Institute, Llundain
CHC	*Cylchgrawn Hanes Cymru*
CPRW	Council for the Preservation of Rural Wales
DG	*Y Ddraig Goch*
FG	*Y Ford Gron*
HC	*Yr Herald Cymraeg*
HRHRC	Harry Ransom Humanities Research Center, Prifysgol Tecsas, Austin
JRSS	*Journal of the Royal Statistical Society*
LlCT, USC	Llyfrgell Cinema-Television, University of Southern California
LlGC	Llyfrgell Genedlaethol Cymru, Aberystwyth
LlJR	Llyfrgell John Rylands, Manceinion
LlLIU	Llyfrgell Lilly, Indiana University, Bloomington
MFB	*Monthly Film Bulletin*
MPAA	Motion Picture Association of America
NC	*News Chronicle*
NFA	National Film Archive, Llundain

NWC	*North Wales Chronicle*
NWR	*New Welsh Review*
SWE	*South Wales Echo*
SWEP	*South Wales Evening Post*
THSC	*Transactions of the Honourable Society of Cymmrodorion*
UCLA	University of California, Los Angeles
WM	*Western Mail*

Rhagymadrodd

Hon yw'r astudiaeth gymdeithasol a diwylliannol gyntaf o'i bath sy'n ceisio mynd i'r afael â'r modd y delweddwyd Cymru a'i phobl gan wneuthurwyr ffilm yn ystod cyfnod ffurfiannol ac allweddol bwysig yn hanes y diwydiant, sef rhwng 1935 a 1951. Ei nod yw esbonio sut a phaham yr aethpwyd ati i ddarlunio Cymru a'i phobl ar ffilm, gan ddadlennu'r modd y'u delweddwyd mewn gwahanol *genres* ffilm gan gyfarwyddwyr y tu mewn a'r tu allan i Gymru.

Nid oes modd nodi un digwyddiad penodol y gellir ei gyfrif yn ddechreuad y cyfrwng sinematig. Ys dywed Roberta Pearson, 'like so many other technological innovations, [cinema] has no precise originating moment and owes its birth to no particular country and no particular person'.[1] Yn hytrach, cafwyd cyfres o arbrofion o fewn maes y darluniau byw gan ddyfeiswyr megis Thomas Edison yn America, Max Skladanowsky yn yr Almaen a William Friese-Greene ym Mhrydain. Eto i gyd, yn gam neu'n gymwys, tybir fel arfer mai prif ddyfeiswyr y sinema fel y mae heddiw yw'r brodyr Lumière. Ar 28 Rhagfyr 1895, yn y Grand Café, Paris, cynhaliodd y ddau frawd, Auguste a Louis, eu dangosiad enwocaf a mwyaf dylanwadol o ddeg ffilm.[2] Bum mis yn ddiweddarach daeth y ffilm am y tro cyntaf i Gymru ym Mai 1896 pan ddangosodd y consuriwr Felicien Trewey ffilmiau'r brodyr Lumière yng Nghaerdydd a phan ddaeth y gwyddonydd Birt Acres â'i *kineopticon* hefyd i'r dref fwyaf yng Nghymru.[3] Yr oedd Llundain eisoes wedi profi grym a swyn y cyfrwng newydd dri mis ynghynt a Dulyn fis ynghynt.[4] Er hynny, yr oedd Caerdydd wedi achub y blaen ar bobl Caeredin a gafodd eu dangosiad cyntaf hwy o ffilmiau'r Lumières, eto dan ofal Felicien Trewey, ym mis Mehefin 1896.[5] O safbwynt codi sinemâu sefydlog enillodd Cymru y blaen ar Iwerddon pan agorodd Arthur Cheetham (1864–1936), entrepreneur o'r Rhyl, ei sinema gyntaf ef a sinema gyntaf Cymru yn Central Hall y Rhyl ym 1906.[6] Bu raid i Ddulyn aros am dair blynedd arall cyn i'r Volta, sinema sefydlog gyntaf y ddinas honno, agor ar 20 Rhagfyr 1909 yn sgil menter y llenor James Joyce a phedwar gŵrbusnes arall.[7] Cyn dyfodiad y sinemâu hyn dangosid darluniau byw amrwd gan ddynion sioe a osodai eu hoffer mewn unrhyw neuadd gyfleus mewn tref neu bentref neu gan sioeau y taflunyddion (*bioscopes*) symudol.[8] Rhwng 1898 a

1908 bu Arthur Cheetham yn prysur ddogfennu digwyddiadau lleol yng ngogledd a chanolbarth Cymru, a chreodd ffilmiau mud byrion megis *Slate-loading onto Ships at Porthmadog* (1898), *Ladies Boating at Aberystwyth Bay* (1898), *Royal Visit to Conway* (1899) a *Buffalo Bill and May Day Procession, Rhyl* (1903). Yr oedd William Haggar, yntau, yn feistr ar greu ffuglenni megis *A Desperate Poaching Affray* (1903), *The Salmon Poachers* (1905) a *The Maid of Cefn Ydfa* (1908).[9]

Buan y sylweddolodd selogion y neuaddau cerdd a'r sioeau sbecian werth y sinema fel adloniant. Tyfodd nifer y sinemâu yn gyflym yng Nghymru, ac erbyn 1934 ceid 321 o adeiladau sefydlog a eisteddai ychydig dan 250,000 o bobl.[10] Gwerthfawrogai'r dosbarth gweithiol allu'r cyfrwng i gynnig dihangfa rad a phleserus rhag caledi a llymdra eu bywyd beunyddiol. Yn ogystal, nid oedd iaith yn rhwystr a gallai hyd yn oed y rhai prin eu haddysg fwynhau campau'r digrifwyr cynnar a breuddwydio am amgenach byd. Bu dylanwad y sinema ar fywyd pobl de Cymru mor gryf nes i Alfred Zimmern fedyddio'r ardal yn 'American Wales'.[11] Er mai cytiau chwain oedd mwyafrif llethol sinemâu Cymru o'u cymharu â'r cadwynau o sinemâu mawr llwyddiannus yn Lloegr, fe'u hystyrid gan y Cymry yn balasau breuddwydion.[12] Erbyn 1951 yr oedd y sinema yn rhan greiddiol o fywyd cymdeithasol ac adloniannol trefi a phentrefi ledled Cymru gyda 352 o sinemâu yn darparu ar gyfer dwy filiwn a hanner o bobl.[13] Yn wir, fel sefydliad diwylliannol ystyrid y sinema yn gyfwerth â'r pulpud Ymneilltuol a'r lofa.

Serch hynny, er gwaethaf poblogrwydd y cyfrwng, yn enwedig yn ne Cymru, croeso oeraidd iawn a roddwyd i'r cyfrwng yn y dyddiau cynnar gan ddeallusion y Gymru Ymneilltuol. Chwedl Wil Aaron: 'Yn fychan dwy neu dair blwydd oed, yn drewi braidd o gin a chwys y ffeiriau, rhedodd yn syth i wrthdrawiad ag Evan Roberts a Diwygiad 1904/5 ac fe'i maeddwyd yn dost.'[14] Bu'r Parchedig Cynog Williams yn drwm ei lach ar ddylanwad y sinema ym 1912: credai ef fod y cyfrwng yn un rheswm paham yr oedd tref Trecynon yn gyforiog o 'moral consumptives'.[15] Er bod aelodau o Bwyllgor Neuadd Gyhoeddus Trecynon (a oedd yn ystyried prydlesu'r neuadd i sinematograffydd) yn cytuno bod sioeau o'r fath yn niweidiol i foesoldeb pobl, gwyddent hefyd fod galw cynyddol am sinemâu poblogaidd a llwyddiannus William Haggar a Tom Poole yn Aberdâr. O bryd i'w gilydd, megis pan gyhuddwyd dau lanc o Abertawe o fyw fel troseddwyr ar ôl gwylio ffilm William Haggar *The Life of Charles Peace* ym 1908, taranai gweinidogion Ymneilltuol yn erbyn y cyfrwng peryglus newydd.[16] Bu'r ddadl dros ganiatáu agor theatrau a sinemâu ar y Sul yn esgus arall i weinidogion piwritanaidd geisio atal datblygiad y cyfrwng yng Nghymru.

Ond methwyd â darbwyllo pobl Cymru mai lle pechadurus oedd y palas breuddwydion.[17] Yn wir, erbyn 1926, ceid galw am ffilmiau a fyddai'n darlunio rhagoriaethau Cymru o ran ei thirwedd, ei hanes a'i chwedlau. Meddai'r Athro B. Ifor Evans: 'The cinema is not merely an idle amusement but an international power of no mean importance in the world today . . . In a superlative way the cinema is the medium through which a small nation can express itself to the world.'[18] Ategwyd ei syniadau gan olygydd y *Western Mail*:

> Early prejudices against the 'movies' have long since vanished. The cinema has become an established and highly important feature of our public amusements . . . we must avoid making the mistake that was made in the development of the drama . . . of allowing these old prejudices to blind us to its tremendous possibilities as an art, as a vehicle of expressing contemporary life, and also as a means of communicating to the world our rich heritage of folk-lore, history and romance.[19]

Erbyn diwedd y 1920au nid y perygl moesol a flinai mwyafrif deallusion Cymru yn gymaint â bygythiad y cyfrwng i iaith a diwylliant cynhenid y wlad. Ofnid y byddai'r sinema lafar, a oedd yn mynd o nerth i nerth o 1927 ymlaen, yn tanseilio'r etifeddiaeth ddiwylliannol oni threfnid ymdrech i greu ffilmiau Cymreig eu naws a Chymraeg eu hiaith. Ar flaen y gad yn y frwydr hon yr oedd yr Henadur William George, brawd David Lloyd George, a leisiodd ei bryder yng nghylchgrawn y Bedyddwyr, *Seren Gomer*:

> Gwn fod llawer o dda i'w ddweud am y Sinema fel siriolydd bywyd a gwrth-atyniad i bethau gwaeth. Er hyn i gyd, rhaid addef mai syniad sentimental, anwireddus a gwagsaw a ddyry am fywyd, a chymryd popeth at ei gilydd, ac na ellir disgwyl magu cenedl gref ar y bwyd a gaiff yn y Sinema. Ar wahân i hyn hefyd, o safbwynt yr Iaith Gymraeg, nid oes dim da i'w ddweud am y Sinema. Ni fedr hi yr un gair o Gymraeg ac y mae ei phoblogrwydd yn ei gwneud yn un o elynion perycla'r Iaith.[20]

Ategwyd ei bryderon ef gan eraill, megis L. Haydn Lewis yn *Y Ford Gron*, a nododd fod 'y llafarluniau a'u rhuthr o sŵn a chleber' wedi tarfu ar y ffilm fud, gan arwain ffyddloniaid y sinema i fabwysiadu geiriau dieithr fel 'OK'.[21] Gresynu a wnaeth T. P. Ellis yntau yn *Y Ford Gron* ynglŷn â'r newid a ddaeth i ran Cymru er diwedd y bedwaredd ganrif ar bymtheg o ganlyniad i ddylanwad andwyol y Rhyfel Mawr, y mewnfudo Seisnig i Gymru, y wasg Saesneg, y drefn addysg, y sinema a'r BBC. Rhybuddiodd fod y genedl ar fin 'rhyferthwy' nas profwyd erioed o'r blaen.[22] Yna, ym 1934, camodd Plaid Genedlaethol Cymru, a fu hyd hynny'n pryderu ynghylch dylanwad y radio ar yr iaith, i'r fei drwy gyhoeddi erthygl graff Alun Llywelyn-Williams, 'Y Cinema a'r Gymraeg: Cynllun i Gymru'. Tybiai Williams y 'buasai'n ffolineb ceisio deol y cinema o'n plith. Y mae'n fodd adloniant rhad a chyfleus i filoedd, a phrun ai da ai drwg ydyw ei dylanwad moesol neu artistig, dyma'r peth y mae'r cyhoedd ei eisiau, yn ei geisio ac yn fodlon talu amdano.'[23] Honnodd, felly, y dylid ceisio sicrhau bod y Gymraeg yn ennill ei lle o fewn y cyfrwng ac y dylid dechrau trwy ddefnyddio is-deitlau megis y gwneid yn achos ffilmiau tramor, ac yna ddangos ffilmiau safonol a gynhyrchwyd ar y Cyfandir. Ei obaith yn y pen draw oedd y gellid cynhyrchu ar raddfa fechan ffilmiau llafar yn yr iaith Gymraeg.

Paham, felly, y bu'r ymateb i'r sinema ymhlith yr *élite* dosbarth-canol Ymneilltuol mor oeraidd yng Nghymru? Yn sicr yr oedd Ymneilltuaeth o'i chychwyn wedi ceisio cyfyngu ar y defnydd o adloniannau 'stwrllyd' ac 'anghrefyddol' a roddai bleser i bobl Cymru. Derbyniasai'r nofel, y ddrama a chelf yr un driniaeth gibddall wrth i arweinwyr Cymru golli cyfle i gymhwyso cyfryngau newydd i'w dibenion eu hunain.[24] O ganlyniad i adroddiad enllibus y Llyfrau Gleision ym 1847 ac i gynnydd Prydeindod, ceisiodd amryw o ddeallusion Cymru o gyfnod Ieuan Gwynedd hyd O. M. Edwards greu darlun a delwedd ramantaidd a rhinweddol o Gymru a'i phobl fel cenedl o werinwyr duwiol, diwyd, diymhongar ac addysgedig.[25] Yn ôl Alun Llywelyn-Williams, adeiladodd O. M. Edwards fyth ar sail hyn er mwyn creu ei werin ddelfrydol: 'Iddo ef yr ydym yn ddyledus am lawer, onid am y rhan fwyaf, o'r mythau a fu'n cynnal Cymru, neu o leiaf y gymdeithas Gymraeg yng Nghymru, am hanner canrif a mwy.'[26] Dyrchafwyd y werin hefyd oherwydd ei pharodrwydd i ymroi i weithio'n ddiomedd a stoicaidd. Neilltuwyd clod arbennig i'r glöwr – eicon y de diwydiannol am ei ddewrder, ei dduwioldeb a'i natur ddirwgnach. Trwy gyfrwng cerddi Mynyddog a Cheiriog ac yn ddiweddarach Crwys, Amanwy, Gwenallt a Tilsli, diogelwyd priodoleddau'r glöwr daionus mor ofalus nes, yng ngeiriau Hywel Teifi Edwards, 'fe'i caethiwyd mewn fformiwla lenyddol a'i cadwodd yn ei le am y rhan orau o ganrif ac a gadwodd ddarllenwyr yr ychydig lenyddiaeth a ysgrifennwyd amdano o hyd braich i realiti ei fywyd'.[27] Anwybyddwyd nifer o agweddau ar fywyd y glöwr yn ne Cymru nad oedd yn hawlio lle yn y ddelwedd ddaionus honno, megis ymlyniad llawer ohonynt wrth Sosialaeth a Chomiwnyddiaeth. Yn hytrach, cydiwyd yn ei awydd i ddysgu, i ymddiwyllio ac i addoli. Dyna hefyd fu tynged ei gefnder yn y gogledd, y chwarelwr gwydn, duwiol a dibechod. Hybwyd y darlun o'r chwarelwr diwylliedig, parchus, Anghydffurfiol gan lenorion fel Kate Roberts a T. Rowland Hughes, ac, o ganlyniad, hepgorwyd y wedd afradlon ac ofer ar ei fywyd, megis y gornestau paffio, y gamblo a'r betio, yr yfed, a'r achosion o dor-priodas a phuteindra.[28] Ac, wrth gwrs, yn gwylio'n ddyfal dros bawb yn ei gwisg draddodiadol Gymreig, diolch i'r Arglwyddes Llanofer, yr oedd y Fam Gymreig addfwyn a gweithgar – 'brenhines yr aelwyd'.[29] Hi oedd ceidwad moesau Cymru, yn magu tyaid o blant yng nghysgod y capel, gan gynnal ei gŵr yn ddirwgnach trwy bob cyfnod o galedi a thrybini.[30] Fel y cawn weld, bwriodd y delweddau hyn eu cysgod yn drwm dros y byd ffilm yng Nghymru.

Yn y dyddiau cynnar, araf fu'r Cymry Cymraeg, megis y Gwyddelod a'r Albanwyr brodorol,[31] i ddeffro i'r posibilrwydd y gellid defnyddio ffilm fel cyfrwng i atgyfnerthu delweddau Cymreig a hefyd i greu delweddau newydd a chyffrous o'r genedl. Diystyrid gwerth ffilm fel cyfrwng i gryfhau ymwybod pobl â'u Cymreigrwydd ac yn sicr ni werthfawrogid gallu'r cyfrwng i ddyfnhau ymwybyddiaeth cynulleidfa dramor o Gymru. Diau mai un ffactor dylanwadol oedd y ffaith nad oedd gan Gymru adnoddau digonol i sefydlu diwydiant ffilm llwyddiannus. Oherwydd diffyg cyfalaf a phrinder busnesau mawr a noddwyr hael, ni ellid creu unrhyw fath o strwythur. Llethwyd pob creadigrwydd gan y dirwasgiad economaidd a'r tlodi dilynol, ac wedi cyfnod Cheetham a Haggar ni fu modd i'r Cymry arbrofi ymhellach. O ganlyniad, at ei gilydd delweddwyd Cymru a'i phobl gan estroniaid, yn enwedig gan wneuthurwyr ffilm o America a Lloegr.

Nod y gyfrol hon, felly, yw rhoi sylw manwl i gyfnod cychwynnol a chyffrous yn hanes ffilm Cymru, gan drafod y modd y delweddwyd y wlad a'i phobl. Seiliwyd yr astudiaeth ar ymchwil empeiraidd gynhwysfawr, gan gynnwys gwybodaeth a gafwyd mewn nifer helaeth o archifau (yn enwedig yn America) nas archwiliwyd o'r blaen. Fel y gwyddys, ceir cyflwyniad arloesol a phwysig i'r maes hwn gan David Berry yn *Wales and Cinema: The First Hundred Years*, ond gan ei fod wedi trafod rhai cannoedd o ffilmiau ni fu modd iddo roi sylw penodol a manwl i'r ffilmiau a ddewiswyd ar gyfer yr astudiaeth hon nac ychwaith i ddilyn yr un trywydd. At hynny, defnyddiwyd rhychwant helaethach o ffynonellau, gan gynnwys cyfweliadau newydd, ar gyfer y llyfr hwn ac, wrth gwrs, fe'i hysgrifennwyd yn Gymraeg. Er bod trawstoriad eang o ffilmiau wedi eu dewis, glynwyd yn dynn wrth un maen prawf pendant, sef bod y ffilmiau wedi eu lleoli yng Nghymru. O ganlyniad, penderfynwyd, er enghraifft, hepgor y ffilm ddogfen unigryw *The Silent Village* (Jennings, 1943) gan mai portread (drwy lygaid actorion Cymreig) o bentref Lidice yn Tsiecoslofacia yn ystod yr Ail Ryfel Byd ydyw. Ac er mor ddifyr yw *A Run For Your Money* (Frend, 1949), ffilm a wnaed gan gwmni Ealing, fe'i lleolwyd yn Llundain. Er bod gogwydd gwahanol i bob pennod yn yr astudiaeth hon, y mae iddi fethodoleg unffurf. Edrychir ar sawl math o ffilm a ddefnyddiwyd i ddarlunio Cymru, gan gynnwys pum ffilm ddogfen, wyth ffilm nodwedd a dwy ddrama ac iddynt ddylanwad dogfennol. Defnyddiwyd pob un o'r ffilmiau hyn er mwyn cyfleu syniadau a rhagfarnau gwahanol gyfarwyddwyr am Gymru a'i phobl. Fel y dywed Randall M. Miller, y mae gosod cyd-destun llawn yn hanfodol bwysig:

To analyze any movie as a social text it is necessary, of course, to appreciate the social, economic, cultural, intellectual, and political context in which it was created, but it is also important to consider mundane factors such as the availability of director or actor, the size of the film's budget, and shooting arrangements.[32]

O ganlyniad, trafodir cyd-destun cymdeithasol a hanesyddol pob ffilm, gan gynnwys ei lleoliad, dull y sgriptio, y plot, cyfraniad ei chynhyrchwyr a'i phrif actorion, ymyrraeth allanol o du'r stiwdio neu'r sensor, ynghyd â'i rhinweddau a'i diffygion gweledol a thechnegol. Rhoddir sylw arbennig i ddelweddau cofiadwy a hir eu parhad am Gymru a'i phobl. Trafodir, yn ogystal, ymateb y gynulleidfa yng Nghymru a thu hwnt i'r ffilm, a lle bo hynny'n briodol, fy marn bersonol amdani.

Egyr y gyfrol drwy ymdrin ag ymdrech gyntaf Cymry Cymraeg – amaturiaid yn y maes – i arbrofi â'r cyfrwng sinematig. Ffilmiau wedi eu creu a'u lleoli yng ngogledd-orllewin Cymru yw'r tair dan sylw yn y bennod gyntaf, sef *Y Chwarelwr* (1935), *Yr Etifeddiaeth* (1949) a *Noson Lawen* (1950). Trafodir y ffactorau a ysbardunodd Syr Ifan ab Owen Edwards, John Roberts Williams ac, i raddau llai, Sam Jones i greu ffilmiau Cymraeg eu hiaith a Chymreig eu naws. Yn gyntaf, ceisiwyd creu ffilmiau a fyddai'n adloniant i'r Cymry yn eu hiaith eu hunain ac a ddangosai'r bywyd Cymreig delfrydol fel y tybid ei fod. Dengys y tair ffilm yr hyn a ystyrid yn bwysig ac yn berthnasol i fywyd trigolion cyffredin gogledd-orllewin Cymru, sef bywyd a gwaith y chwarelwr a'r amaethwr, a'r diwylliant a oedd yn rhan mor bwysig o'u hunan-iaeth. Yn ail, ceisiwyd ymateb i'r bygythiad o'r tu allan i Gymru i'r diwylliant a'r iaith. Ymgorfforid y perygl hwn gan amryw ffactorau, megis yr allfudo a ddigwyddodd yn ystod y dirwasgiad, ond yn bennaf gan bolisïau'r llywod-raeth yn ystod yr Ail Ryfel Byd, megis yr atafaelu tir ar gyfer y lluoedd arfog ym Mhen Llŷn, Penfro ac Epynt, dyfodiad faciwîs dinesig i berfeddion cefn gwlad Cymru, a sefydlu gwersyll haf Seisnig Billy Butlin. O ganlyniad, cofnod-wyd ar seliwloid rai o'r traddodiadau a'r ffyrdd o fyw Cymreig a oedd dan warchae ac yn prysur farw o'r tir. Mewn cyfnod pan oedd Iorwerth C. Peate ac eraill yn amlygu mewn print dranc dulliau gwaith gwerinwyr cefn gwlad Cymru, ceisiodd Syr Ifan ab Owen Edwards, John Roberts Williams a Sam Jones gofnodi ar ffilm arferion gwaith y chwarelwr nobl ar y bonc ym Mlaenau Ffestiniog, y pysgotwr amyneddgar ym Mhen Llŷn, a'r amaethwr dygn yn brwydro yn erbyn yr elfennau yng nghesail yr Aran. Eu nod oedd defnyddio'r cyfrwng newydd i rybuddio pobl fod eu hetifeddiaeth mewn perygl enbyd ac, ar yr un pryd, i ddiddanu'r Cymry Cymraeg yn eu hiaith eu hunain.

Ymdrinia'r ail bennod yn feirniadol â dwy ffilm ddogfen bwysig a wnaed gan ddogfenwyr Seisnig ym 1937. Y mae *Today We Live* (Ralph Bond a Ruby Grierson) ac *Eastern Valley* (Donald Alexander) yn cyfleu awydd yr ysgol ddogfennol yn ystod y 1930au i ddadlennu a dogfennu'n onest amodau byw a gwaith y dosbarth gweithiol ym Mhrydain. Dyma'r ddwy ffilm ddogfen amlycaf a wnaed am Gymru yn ystod y dirwasgiad ac fe'u noddwyd gan ddwy gymdeithas wirfoddol a geisiai leddfu ychydig ar ddioddefaint y bobl yn ne Cymru, sef Cyngor Cenedlaethol y Gwasanaethau Cymdeithasol a'r Crynwyr. Ceir ynddynt nid yn unig ddarlun unigryw trwy lygaid estroniaid o fywyd yn y cymoedd ym 1937 ond hefyd ddrych i syniadaeth a daliadau gwleidyddol eu cyfarwyddwyr. Dadleuir yma mai'r *genre* hon a fu fwyaf llwyddiannus o ran ei gallu i ddelweddu'n gignoeth brofiad y dosbarth gweithiol yn y de diwydiannol. Cymaint fu dylanwad rhai o'r delweddau cryf a geir yn *Today We Live* ac *Eastern Valley* fel y'u defnyddiwyd hyd heddiw i bortreadu cyfnod y dirwasgiad.

Ymdrinnir yn y drydedd bennod â dehongliad stiwdios mawr Prydain ac America o Gymru drwy ganolbwyntio ar dair ffilm, sef *The Citadel* a wnaed gan MGM ym 1938, *The Proud Valley* a gynhyrchwyd gan Ealing ym 1940, a *How Green Was My Valley*, ffilm arobryn Twentieth Century-Fox ym 1941. Gan fod y tair ffilm hyn yn darlunio'r Gymru lofaol, a dwy ohonynt wedi eu seilio ar nofelau yn dwyn yr un teitlau, rhydd hynny unoliaeth i'r bennod hon. Yn gam neu'n gymwys, dyma'r tair ffilm sydd wedi creu'r delweddau mwyaf parhaol sydd gan dramorwyr o Gymru a'i phobl. Craidd y bennod hon, felly, yw trafod i ba raddau y seiliwyd y darluniau hyn o Gymru ar wirionedd neu ynteu ar weledigaeth a mympwy y cyfarwyddwyr. Rhoddir hefyd sylw i'r modd y rheolwyd y cynyrchiadau hyn gan awydd y stiwdios mawr i greu ffilmiau llawn rhamant a drama a fyddai'n llwyddiant ariannol. Yn y tair ffilm hyn, yn anad dim, y ceir yr hen ddelweddau ystrydebol o'r Cymry, megis y glowyr parod eu cân ar ddiwedd stem a'r fam Gymreig radlon a diwyd. Er hynny, dadleuir yn y bennod hon fod gan y rhamantu hwn nod penodol yn achos *The Proud Valley* a *How Green Was My Valley*, sef cynnig dihangfa i wylwyr rhag caledi a thristwch blynyddoedd yr Ail Ryfel Byd.

Canolbwyntia'r bedwaredd bennod ar gyfraniad y bardd Dylan Thomas i fyd ffilm. Anwybyddwyd y pwnc hwn gan ei gofianwyr. Cyfansoddodd Thomas sylwebaeth ar gyfer dwy ffilm ddogfen a wnaed at bwrpas propaganda yn ystod yr Ail Ryfel Byd, sef *Wales – Green Mountain, Black Mountain* (1942) ac *Our Country* (1944). Y mae ei ddawn eiriol yn amlwg yn sgriptiau'r ddwy ffilm, a cheir ynddynt fewnwelediad dadlennol i'w syniadaeth am Gymru. Gan fod disgwyl ar y pryd i Thomas ystyried gofynion noddwyr y ffilmiau dogfen hyn, dadleuir yma y bu raid iddo ehangu ei orwelion yn *Wales – Green Mountain, Black Mountain* drwy ymdrechu i ddelweddu gogledd a chanolbarth Cymru yn ogystal â'i hoff ardaloedd, sef de a gorllewin y wlad. Dadlennir wrth drafod *Our Country* sut y bu creu'r sgript yn fodd iddo finiogi ei allu i ddelweddu'n gryno a thrawiadol, ac i hyn fod yn hyfforddiant gwerthfawr iddo wrth ddatblygu ei grefft fel llenor. Thomas hefyd oedd prif awdur sgript y ffilm nodwedd *The Three Weird Sisters* a wnaed ym 1948. Er bod y tair ffilm yn adlewyrchu syniadau a rhagfarnau Thomas am Gymru, *The Three Weird Sisters* sy'n dadlennu orau ei ddawn fel delweddwr a'i allu i lunio sylwadau bachog a chiaidd am ei gyd-wladwyr. Dyma ffilm ac iddi ddelweddau o Gymru sydd wedi eu hanwybyddu'n llwyr gan haneswyr y diwydiant ffilm a chan gofianwyr Thomas ei hun.

Cyfraniad y Cymro enigmatig Emlyn Williams i'r stôr o ddelweddau o Gymru a'i phobl yw testun y bumed bennod. Er bod Williams yn bennaf adnabyddus fel dramodydd ac actor, gadawodd ei ôl ar fyd y ffilm hefyd. Addaswyd ei ddrama led-hunangofiannol *The Corn is Green* ar gyfer y sgrin fawr gan Warner Brothers ym 1945, ac ym 1949 cafodd Williams gyfle i sgriptio, cyfarwyddo ac actio yn ei ffilm ei hun, sef *The Last Days of Dolwyn*. Hanai Williams o sir y Fflint, ac mewn pentrefi ffuglennol yn yr ardal honno y lleolir y ffilmiau hyn, sef yr unig ffilmiau gan gwmnïau mawr i ddarlunio rhanbarth o Gymru y tu allan i'r de diwydiannol. Dadleuir yn y bennod hon sut y bu ei fagwraeth yn gyfle i Williams greu darluniau hiraethus a melodramatig o'i famwlad yn niwedd oes Victoria. Nid estron sy'n rhamanteiddio Cymru y tro hwn ond un a fagwyd yno ac a fu'n byw yn ei chysgod gydol ei oes. Ymdrinnir, felly, â'r modd y llurguniwyd delweddau o Gymru a'i phobl gan atgofion gorfelys a dethol yr alltud cymhleth hwn.

Trafodir yn y chweched bennod ddwy ffilm sy'n arddangos dylanwad yr ysgol ddogfennol er eu bod yn ffilmiau nodwedd. Crëwyd *Blue Scar* ym 1949 gan Outlook Films: hon yw'r unig ffilm a astudir yma sy'n bortread o Gymru trwy lygaid gwraig, sef Jill Craigie. Y mae gan realaeth swyddogaeth bwysig yn *Blue Scar*, a dangosir ynddi yn bur gignoeth amodau byw a gwaith yn ne Cymru yn ystod cyfnod gwladoli'r diwydiant glo. Gwelir yn y ffilm hon wedd newydd ar y Gymraes wrth i'r ffilm ddilyn hanes merch hynaf teulu glofaol sydd wedi syrffedu ar rygnu byw a gwylio ei mam stoicaidd yn ymlafnio i gadw corff ac enaid ynghyd. Yn wahanol i'w chariad – glöwr sy'n fodlon ar ei fyd er ei fod yn brwydro am well amodau gwaith – y mae Olwen yn ysu am gyfle i dorri'n rhydd o'r lofa a'r gymuned ddiwydiannol. Er na fu'r ffilm hon yn gwbl lwyddiannus, ceir ynddi ddarlun llawer mwy dirweddol o fywyd yn y cymoedd diwydiannol na'r hyn a gafwyd gan beiriant breuddwydion Hollywood. Gwaith Paul Dickson, Cymro a fudodd i Loegr, yw *David*, ffilm a wnaed ym 1951 gan World Wide Pictures. Dadleuir yma fod Dickson wedi pwyso'n drwm ar arbenigedd a gwybodaeth Aneirin Talfan Davies, ymgynghorydd y ffilm, am Gymru, a'i fod, o ganlyniad, wedi syrthio i fagl rhamantiaeth drwy ganiatáu i'r sgript droi'n efelychiad o awdl foliant Tilsli i'r glöwr traddodiadol ddewr, diwyd a duwiol. Y mae *David*, a gomisiynwyd ar gyfer Gŵyl Prydain 1951, yn dwyn i gof lawer o'r delweddau a drafodwyd yn y ffilmiau Cymraeg yn y bennod gyntaf ac y mae'n arwydd o anallu'r Cymry i ymwrthod â hen ddelweddau treuliedig.

Er gwaethaf y croeso llugoer a roddwyd gan yr *élite* Ymneilltuol i'r sinema yng Nghymru ar ddechrau'r ugeinfed ganrif, buan y datblygodd yn sefydliad canolog ym mywyd diwylliannol y bobl, yn enwedig ymhlith y dosbarth gweithiol. Llwyddodd y cyfrwng i ateb gofynion dosbarthiadau gwahanol yn sgil ei allu i ddarparu ffilm ddogfen neu nodwedd, a sylweddolwyd cymaint y gallai'r palasau breuddwydion hyn ei gynnig o ran adloniant, mwynhad ac addysg. Eto i gyd, ac efallai yn ddiarwybod i'r cynulleidfaoedd, bu'r ffilmiau hyn hefyd yn fodd i gynnal, creu a hybu delweddau o Gymru a'i phobl o fewn Prydain a thu hwnt. Yn sgil y cynnyrch hwn, er da ac er drwg, daeth darluniau o'r fam Gymreig, y chwarelwr, y glöwr a'r Cymro duwiol a cherddorol â'i fryd ar hunanwellhad yn rhan o ymwybod miloedd o bobl. Llwyddwyd i drosglwyddo'r delweddau a fagwyd mor dyner ar ffurf llenyddiaeth a barddoniaeth i'r sgrin fawr, gan adeiladu arnynt, eu caboli, eu llurgunio a'u poblogeiddio y tu hwnt i ffiniau Cymru. Ni fu'r un cyfrwng arall erioed mor rymus a dylanwadol yn hyn o beth.

1
Diogelu etifeddiaeth a delweddu diwylliant: Ymateb Cymry Cymraeg i her y sinema

Dan gwmwl dirwasgiad economaidd y 1930au y cymerodd y sinema Gymraeg ei hiaith ei chamau cyntaf, a hynny mewn cornel fechan o ogledd Cymru. Rhwng y ddau Ryfel Byd chwalwyd cymunedau cyfain gan effeithiau dreng y dirwasgiad economaidd: gadawodd oddeutu hanner miliwn o Gymry eu gwlad er mwyn chwilio am waith a gwell byd.[1] Er mai cymoedd de Cymru a drafodir yn bennaf gan haneswyr yng nghyd-destun y dirwasgiad, yr oedd bywyd yn ddigon enbydus yn yr ardaloedd chwarelyddol hefyd. Gan fod y diwydiant llechi yn cael ei ystyried yn ddiwydiant anhanfodol yn ystod ac wedi'r Rhyfel Byd Cyntaf, bu dirywiad yn hanes y chwareli a gostyngodd nifer y gweithwyr, yn enwedig ym Mlaenau Ffestiniog a Dyffryn Nantlle.[2] Un a wyddai'n dda am dlodi a thrybini'r ardaloedd chwarelyddol oedd Ifan ab Owen Edwards, a phenderfynodd geisio dathlu diwylliant y broydd hyn ar seliwloid drwy lunio *Y Chwarelwr* (1935), y ffilm lafar Gymraeg gyntaf.[3] Daeth llu o ofidiau pellach yn sgil yr Ail Ryfel Byd, a lluniwyd y ddwy ffilm *Yr Etifeddiaeth* (1949) a *Noson Lawen* (1950) er mwyn tynnu sylw at yr argyfwng yng nghefn gwlad Cymru. Collwyd cenhedlaeth wrth i lanciau Cymru adael am y lluoedd arfog a merched ifainc am ffatrïoedd arfau mawr Lloegr. Ar ben hynny daeth ton ar ôl ton o fewnfudwyr i gefn gwlad Cymru, yn eu plith aelodau o'r lluoedd arfog, gan gynnwys milwyr America, i ymarfer mewn gwersylloedd, a hefyd rai miloedd o faciwîs ifainc a oedd yn dianc rhag y bomio erchyll.[4] Tasg anodd i deuluoedd Cymraeg eu hiaith oedd croesawu a chymathu'r plant hyn, o gofio'r gwahaniaethau a fodolai rhwng y diwylliant Ymneilltuol Cymraeg a Chatholigiaeth Seisnig plant dinasoedd megis Lerpwl.[5] Cythruddwyd Saunders Lewis gan y mewnlifiad hwn ac ofnai y câi ddylan-wad andwyol ar fywyd Cymru.[6] Fel y mae'n digwydd, cymathwyd llawer o'r faciwîs i gymaint graddau gan y cymunedau Cymraeg nes magu ynddynt gariad dwfn at eu hardaloedd mabwysiedig ac at yr iaith a'r diwylliant brodorol.[7] Ond parhau i ymateb yn chwerw a wnâi Saunders Lewis, gan fynnu ym 1944: 'no one can claim that the standard of life in Wales was improved by the presence of those evacuees in Wales.'[8] Ar lawer ystyr, ergyd greulonach i gymunedau Cymraeg fu penderfyniad y llywodraeth i feddiannu tir Cymru at bwrpas milwrol. Ym mis Mehefin 1940 atafaelwyd dros 40,000 acer o fynydd-dir Epynt gan y fyddin, gan daflu o'u cartrefi ddegau o deuluoedd a fuasai yno ers cenedlaethau a'u hamddifadu o'u hetifeddiaeth.[9] Megis yn achos y weithred enwog ym Mhenyberth bedair blynedd ynghynt, daeth colli tir Cymru yn symbol grymus o anfodlonrwydd y Cymry Cymraeg ynghylch datblygiadau a oedd yn Seisnigo'r wlad ac yn lledaenu 'megis haenen amryliw o olew tros wyneb dyfroedd llonydd yr hen ddiwylliant'.[10]

Hyd yn oed cyn yr Ail Ryfel Byd, serch hynny, yr oedd dirywiad 'Y Fro Gymraeg' yn hysbys. Fel y dengys cynnwys cyfrolau 1924–5 a 1939 o'r *Transactions of the Honourable Society of Cymmrodorion*, yr oedd nifer fawr o ysgolheigion a chymwynaswyr Cymreig eisoes yn bryderus iawn ynglŷn â dyfodol y diwylliant Cymraeg. 'Cadwraeth yr Iaith' oedd testun ysgrifau gan Syr John Morris-Jones, yr Athro T. Gwynn Jones, E. Prosser Rhys a'r Parchedig H. Elfed Lewis ym 1924–5 a bu'r Athro Ifor Williams, y Parchedig Albert Evans-Jones (Cynan), E. Morgan Humphreys (Celt) a T. I. Ellis yn trafod 'Diwylliant Cymru: Ei Safle Presennol a'r Modd i'w Ddiogelu' ym 1939.[11] Cymwynaswr arall a fu'n llafar iawn ynghylch dyfodol iaith a diwylliant gwerin Cymru oedd Iorwerth C. Peate. Credai ef mai 'ein diwylliant yw craidd ein bywyd, a rhaid ei ddiogelu. Fe gynnwys ein hiaith, ein crefydd, ein harfer-ion, ein cân, ein llên, ein drama, ein celfyddyd, ein crefftau, ein pensaernïaeth, ein holl ffordd o fyw.'[12] Tanlinellwyd gan y sylwebyddion hyn gyfraniad amryw ffactorau at dranc yr hen etifeddiaeth, yn eu plith y diwydiant twrist-iaeth, dylanwad y wasg a llyfrau Saesneg, y radio ddiwifrau, technoleg newydd a chynnydd yn y defnydd o fysiau, trenau a cheir. Ac, wrth gwrs, ystyrid y sinema yn ddylanwad dieithr a pheryglus. Sonnid yn gyson yn y wasg Gymraeg am fygythiad y cyfrwng newydd hwn a oedd yn pontio'r bwlch rhwng y capel a'r dafarn. Nid llais mewn gwagle oedd eiddo Gwernogle yn ei gerdd 'O! Gochel y Cinema':

> O! CADW Fachgenyn O'r *Cinema* ddu:
> Mae rhwyd gan y gelyn, Dan flodyn, a phlu,
> Athrofa drygioni, Yw'r *Cinema*'n wir –
> Mae'n lladd pob daioni, Sy'n codi'n y tir.
>
> Hen synagog Satan, Yw *Cinema*'r oes –
> Mae uffern yn gyfan, Tu cefn iddi *Boys*!
> A dyfais mwy damniol, I bob rhyw, ac oed,
> Ni luniwyd gan Ddiafol, A'i bobol, erioed![13]

Loes calon i'r Athro Ifor Williams oedd gweld pentrefwyr cefn gwlad Cymru yn

teithio ar fysiau 'i'r mân drefi i weld lluniau byw llafar noswaith ar ôl
noswaith, gan "esgeuluso eu cynhulliad eu hunain" i fwynhau portread o
fywyd estron mewn iaith estron'.[14] Dyfodol yr iaith, ynghyd â'r diwylliant a
oedd yn rhan annatod ohoni, oedd prif ofid y sylwebyddion hyn. Ac yr oedd
lle iddynt ofidio. Dangosodd Cyfrifiad 1951 fod nifer y Cymry Cymraeg
uniaith wedi gostwng yn sylweddol o 58 y cant er 1931 ac nad oeddynt bellach
yn cynrychioli mwy na 1.7 y cant o'r boblogaeth. Yn yr ardaloedd lle y
lluniwyd y ffilmiau dan sylw, sef gogledd-orllewin Cymru, collodd sir Feirion-
nydd oddeutu 5,500 o'i Chymry uniaith a gostyngodd y nifer o Gymry uniaith
yn sir Gaernarfon o 24,873 ym 1931 i 10,552 ym 1951.[15] Ymhlith prif amcanion y
tair ffilm Gymraeg, *Y Chwarelwr*, *Yr Etifeddiaeth* a *Noson Lawen*, felly, yr oedd
tynnu sylw at ganlyniadau enbydus llu o ffactorau ar yr iaith a'r diwylliant
Cymraeg a diogelu peth o'r hyn a oedd yn weddill ar ffilm. Ceid hefyd, wrth
gwrs, awydd naturiol i arbrofi mewn maes newydd ac, yn ogystal, ddymuniad
i lonni bywyd y Cymry Cymraeg trwy greu hwyl a diddanwch yn eu hiaith
gynhenid. Ymdrinnir yn awr â'r tair ffilm hyn yn eu tro.

'Yɴ ᴄᴏᴡᴊɪᴏ ʙʏᴡᴏʟɪᴀᴇᴛʜ ᴏ'ʀ ʟʟᴇᴄʜᴇɴ / A ɴᴀᴅᴅᴜ ᴇɪ ɢʏᴍᴇʀɪᴀᴅ ᴏ'ʀ ɢʀᴀɪɢ':[16]
Y Cʜᴡᴀʀᴇʟᴡʀ

Ar 9 Chwefror 1935 derbyniodd Ifan ab Owen Edwards, sylfaenydd Urdd
Gobaith Cymru, rodd o £500 oddi wrth J. M. Howells, Aberdyfi, llywydd y
mudiad er Tachwedd 1929.[17] Llanwodd y sgweier hael hwn y swydd hon tan ei
ymddeoliad ym mis Hydref 1944 ac, er gwaethaf ei ddaliadau fel Ceidwadwr
ac uchel-eglwyswr, ymhyfrydai yn ei dras Gymreig a gwyddai fod ei nawdd i
fudiad yr Urdd yn cynorthwyo'r frwydr i sicrhau parhad y Gymraeg a'i
diwylliant.[18] Trwy gyfrwng ei rodd hael ef ym 1935 ac yn sgil gweledigaeth
Ifan ab Owen Edwards ei hun y cynhyrchwyd *Y Chwarelwr*, y ffilm lafar
Gymraeg gyntaf, ac fe'i dangoswyd am y tro cyntaf yn ddiweddarach yn y
flwyddyn honno.

　　Ar wahân i'r nawdd ariannol hwn bu sawl ffactor allweddol arall yn
ysgogiad i Edwards greu ffilm lafar. Ac yntau'n dilyn yn ôl traed ei dad, Owen
Morgan Edwards, gŵr a frwydrasai, chwedl y cylchgrawn *Cymru* a olygwyd
gan y tad a'r mab, 'i godi'r hen wlad yn ei hôl', yr oedd Ifan ab Owen Edwards
eisoes wedi sicrhau dechreuad cadarn i waith yr Urdd, mudiad ar gyfer
ieuenctid Cymru, ym 1922.[19] Erbyn 1934 yr oedd dros 50,000 o aelodau yn
perthyn i'r Urdd, a cheid nid yn unig adrannau niferus iawn yn ne a
gogledd Cymru ond hefyd yn ninasoedd mawr Lerpwl a Llundain, heb sôn am
bedair adran ym Mhatagonia bell. Trefnid nifer o wahanol ddigwyddiadau ac

adloniannau ar gyfer plant Cymru gan yr Urdd, yn eu plith yr Eisteddfod flynyddol a gynhaliwyd gyntaf yng Nghorwen ym mis Mehefin 1929. Agorwyd gwersyll ieuenctid yn Llanuwchllyn ym mis Awst 1928 ac yna wersyll yn Llangrannog ym 1932. Cynhaliwyd mabolgampau o fis Mehefin 1932 ymlaen ac, o fis Awst 1933 ymlaen, yr oedd un arall o syniadau mwyaf mentrus Ifan ab Owen Edwards, sef tywys Cymry ar fordeithiau o gwmpas Ewrop, wedi ei wireddu. Yr oedd Edwards am weld Cymru ar flaen y gad yn y byd modern, a pha ryfedd, felly, iddo gael ei hudo gan un o ddarganfyddiadau mwyaf cyffrous y tridegau, sef y ffilm lafar.[20]

Ac yntau eisoes yn ymddiddori mewn ffotograffiaeth, cam naturiol i Ifan ab Owen Edwards oedd arbrofi â ffilmiau mud a llafar. Ym 1932 ffilmiodd rai o weithgareddau'r Urdd, megis y mordeithiau, yr eisteddfodau, y mabolgampau a'r gwersylloedd, gan sicrhau cyhoeddusrwydd cenedlaethol gwerthfawr i'r mudiad. Erbyn 1934 casglasai ddigon o ddeunydd i gynnal rhaglen ar gyfer noson o ffilmiau mud yn ymwneud â chyfraniad yr Urdd i fywyd Cymru, ac felly aethpwyd â'i ddarluniau ar daith o gwmpas y wlad, gan lenwi sawl neuadd ac ennyn cryn ganmoliaeth. Meddai Owen Edwards, mab hynaf Ifan, am y dull newydd hwn o ledaenu propaganda'r Urdd: 'My father thought the best way to get people excited about the Urdd was to make films about it . . . he believed in Welsh as a medium of communication and thought Welsh should be used with modern techniques.'[21] Ond buan y blinodd Ifan ab Owen Edwards ar y ffilmiau mud hen-ffasiwn ac ym 1935 penderfynodd ei bod yn hen bryd i Gymru gael ffilm lafar yn y Gymraeg. Gwyddai nad oedd ffilmiau llafar, er dyddiau lansio'r ffilm gyntaf ym 1927 pan fu Al Jolson yn llefaru yn ffilm Alan Crosland, *The Jazz Singer*, wedi cyrraedd pob cwr o Gymru ac ysai am gyfle i lenwi bwlch ym mywyd diwylliannol y Cymry Cymraeg. Pryderai hefyd am ddylanwad ffilmiau Seisnig ar y Cymry, ac er mwyn sicrhau na fyddai ffilmiau Seisnig yn dylanwadu'n andwyol ar ddiwylliant, traddodiadau, moesoldeb ac iaith y Cymry penderfynodd ddefnyddio cyfrwng y sinema ar gyfer dibenion y Gymru Gymraeg, yn union fel y gwnaed yn sgil dyfodiad y gwasanaeth radio. Ef oedd y cyntaf i ymateb i anogaeth flaengar y Parchedig D. Tecwyn Evans, sef y dylid defnyddio'r 'darluniau byw' i gynorthwyo'r ymgyrch dros gynnal yr iaith: 'Er gwell neu er gwaeth, y mae'r darluniau byw wedi "dyfod i aros" (chwedl y Saeson). Fe'u mynychir gan gannoedd bob wythnos yn ein mân drefi, a phe gwelai pobl y Gymraeg beunydd beunos ar y llenni, fe fyddai hynny'n gryn help.'[22]

Fel hyn y cyfiawnhaodd Ifan ab Owen Edwards ei brosiect newydd mentrus: 'In its attempt to help the Welsh language to counter the innumerable difficulties which it has to meet in a modern world the Urdd has adopted modern methods.'[23] Mynegodd ymhellach ei obaith y ceid, petai'r fenter hon yn llwyddo, ddangosiadau misol o ffilmiau llafar Cymreig a fyddai o gymorth i ddiogelu'r diwylliant a'r traddodiadau Cymreig.[24] Un a fu'n frwd ei gefnogaeth o'r cyntaf oedd 'Syr Lawnslod', unigolyn anhysbys a ysgrifennai lythyrau at ffigurau cyhoeddus y genedl a haeddai fflangell neu glod ar dudalennau *Y Ford Gron*. Meddai wrth Ifan ab Owen Edwards:

> Y mae'n ddigon tebyg y cywilyddiasoch fel ninnau wrth glywed plant ein mannau Cymreicaf, wrth chwarae â'i gilydd, yn arfer iaith frith o'r ysbwriel a glywir ar ffilmiau rhataf yr Amerig . . . Gwnewch yn ddoeth drwy fynd at galon ein ieuenctid a rhoddi iddynt yr hyn a geir yn fras o'r Amerig – digon o fynd a symud, ond gan roddi hefyd chwaeth a iaith a all fod yn bleser i bawb a wrandawo arnynt. Dyma chwi'n dechrau cynllunio moddion eto, at eich rhai cynt, i ddiogelu'r iaith. Cerddwch i fuddugoliaeth.[25]

Tybiai cyd-weithwyr Ifan ab Owen Edwards fod eu harweinydd wedi taro ar syniad newydd a fyddai'n llusgo mudiad yr Urdd gerfydd ei war i fyd cyffrous y ffilm lafar. Meddai R. E. Griffith:

> ni fyddai sôn am yr antur ddiddorol hon onibai am weledigaeth a phenderfyniad di-ildio Ifan ab Owen yn ei grwsâd mawr i ddefnyddio'r Gymraeg i bob rhyw bwrpas dan haul. Yr oedd yr hyn a gyflawnai'r gŵr hwn, yn ei oriau hamdden, yn dal yn destun syndod a dirgelwch i genedl gyfan.[26]

Ysgogiad arall a fu'n gyfrifol am greu'r ffilm *Y Chwarelwr* oedd awydd Edwards i sicrhau y byddai'r Cymry yn gwerthfawrogi eu treftadaeth ddiwylliannol Gymraeg. Gwyddai o'r gorau fod modd i ffilmiau ddylanwadu'n drwm ar ddeithi meddwl a rhagfarnau pobl Cymru. Gwyddai hefyd fod y sawl a wyliai ffilmiau mud y tridegau wedi hen arfer gweld ac, yn wir, yn disgwyl gweld ffilmiau a oedd yn llawn rhamant, antur neu hiwmor gan fod hynny'n ddihangfa iddynt rhag caledi llwm eu bywyd beunyddiol. Ym 1936 darganfu'r Bwrdd Masnach fod 75 y cant o'r ffilmiau a ddangosid gan sinemâu Prydain yn deillio o Hollywood.[27] Cyfareddid y Cymry Cymraeg a di-Gymraeg a fynychai'r sinemâu gan ddigrifwch Charlie Chaplin a Buster Keaton, gwên swynol Clark Gable, dewrder Douglas Fairbanks, enigmatrwydd Greta Garbo, hyfdra Mae West a dawnsio athrylithgar Fred Astaire a Ginger Rogers. Ofnai Edwards fod dylanwad Hollywood yn fygythiad i ddiwylliant cynhenid Cymru, yn enwedig gan na ddangosid hanes ac etifeddiaeth Cymru ar y sgrin fawr. Gwyddai fod gan Gymru ddigon o arwyr, yn enwedig ymhlith y bobl gyffredin, a phenderfynodd y byddai creu cyfres o ffilmiau yn darlunio brwydr y bobl hyn i oroesi yn gaffaeliad mawr. Penderfynodd alw'r gyfres yn 'Cyfres Bywyd Gwerin Cymru' a'r arwr cyntaf i'w bortreadu fyddai'r chwarelwr.

Gan mai prin iawn oedd ei brofiad fel ffilmydd, penderfynodd Ifan ab Owen Edwards y byddai'n rheitiach iddo ganolbwyntio ar ochr dechnegol saethu ffilm, gan adael y sgriptio, y castio a'r gwaith artistig i John Ellis Williams, awdur nofelau gafaelgar i oedolion a phlant, beirniad drama, dramodydd a newyddiadurwr.[28] Cydsyniodd Williams (neu J.E. fel y'i gelwid) i gynorthwyo Ifan ab Owen Edwards, ac erbyn diwedd mis Mawrth 1935 yr oedd wedi cwblhau sgript y ffilm a'i hanfon ato yn yr iaith fain fel y gallai Edwards ei hanfon at 'ryw expert' o Sais pe dewisai.[29] Ond yr oedd Ifan ab Owen Edwards yn fwy na bodlon ar safon y gwaith a dechreuwyd ffilmio rhwng 26 a 28 Ebrill 1935 ym Mlaenau Ffestiniog.[30] Cymaint oedd brwdfrydedd Edwards wrth greu'r ffilm hon nes iddo brynu'r holl offer yr oedd eu hangen cyn iddo hyd yn oed wahodd John Ellis Williams i sgriptio'r ffilm, ac yr oedd rhodd J. M. Howells, sef £500, wedi ei gwario cyn dechrau ar y gwaith ffilmio. Prynwyd camera Bell & Howell newydd am £250, gwerth £100 o ffilm 16mm a oedd tua 15,000 o droedfeddi o hyd, dau daflunydd, generadur a fan Morris 8 ail-law i gludo'r gwaith gorffenedig a'r offer o gwmpas Cymru.[31] Yr oedd y prosiect mewn dyled cyn dechrau ffilmio.

Creodd John Ellis Williams gynllun ar gyfer y ffilm sy'n cylchdroi o gwmpas cyfnod tyngedfennol yn hanes un teulu chwarelyddol, sef tad a mam, Wil y mab hynaf, Robin y mab ieuengaf ac un ferch, Nesta. Darlunnir bywyd dyddiol y teulu, y tad yn greigiwr tanddaear yn y chwarel, y mab hynaf yn naddwr, y fam yn wraig tŷ fodlon ei byd, a'r ddau blentyn arall yn ddisgyblion ysgol. Yna, dinistrir dedwyddwch a sicrwydd y teulu wrth i'r tad farw'n sydyn. Teflir y tylwyth i stad o ansefydlogrwydd a gofid. Daw'r ffilm i ben gyda'r ddau fab yn aberthu eu dyfodol er mwyn eu mam a'u chwaer. Y mae Wil yn torri ei ddyweddïad â Mary, athrawes yn ysgol Robin, er mwyn cynnal ei fam a'i chwaer, ac y mae Robin yn gadael yr ysgol ganol ac yn dechrau gweithio yn y chwarel er mwyn i'w chwaer iau, sy'n ddisgybl disglair iawn, allu cwblhau ei haddysg. Stori bur gredadwy oedd hon i drigolion yr ardaloedd chwarelyddol ar y pryd; yr oedd cael plentyn, chwaer neu frawd galluog yn destun balchder mawr ymhlith teuluoedd, a disgwylid i eraill aberthu er mwyn iddo ef neu hi ddod ymlaen yn y byd. Fel y dywedodd un newyddiadurwr: 'What creates comment is the failure to do so. It is a matter of family pride to have a youngster worth the sacrifice.'[32] Serch hynny, rhaid nodi mai peth anarferol oedd gweld merch yn cael cyfle mewn addysg ar draul ei brawd. Trawodd John Ellis Williams ar stori a oedd yn sicr o apelio at gynulleidfaoedd – stori afaelgar ac iddi arwr, elfen o serch, trasiedi ac aberth. At hynny, yr oedd yn ddarlun gonest o fywyd chwarelwr o Gymro yn y cyfnod hwnnw, darlun y gallai llawer ymuniaethu ag ef.

Gellir priodoli penodiad John Ellis Williams fel sgriptiwr a chynhyrchydd y ffilm i'r ffaith ei fod yn rheolwr ers dechrau'r 1930au ar gwmni drama annibynnol, cwmni a atebai i neb ond efe. Ffurfiwyd Cwmni Drama John Ellis Williams ar gyfer pobl Blaenau Ffestiniog a oedd â'u bryd ar actio'n lled-broffesiynol, ac yr oedd yn naturiol felly i'r aelodau hynny ymddangos yn y ffilm. Hanai holl actorion y ffilm o gyffiniau Blaenau Ffestiniog ac ymddangosodd pob aelod o'r cast yn ddigyflog ynddi.[33] Dewiswyd Robert Jones, chwarelwr yn Chwarel Llechwedd, i chwarae rhan y tad a Mrs R. A. Jones i chwarae rhan y fam. Chwaraewyd rhan y ddau fab hefyd gan ddau chwarelwr, sef William David Jones (Wil, y mab hynaf) a weithiai yn Chwarel Maenofferen a David Owen Jones (Robin).[34] Bedyddiwyd David Owen Jones, plentyn amddifad 16 oed a weithiai yn Chwarel Oakeley, gan y papurau newydd 'y Jackie Cooper newydd', a phe na bai wedi marw mewn damwain pan oedd yn 18 oed, pwy a ŵyr na fyddai wedi ennill bri ar y llwyfan neu'r sgrin fawr.[35] Haf Gwilym, merch John Ellis Williams ei hun, a ddewiswyd i chwarae rhan Nesta y ferch, a'i labrador du, Siani, i chwarae rhan y ci! Ceir cipolwg hefyd yn y ffilm ar gymeriadau eraill yr ardal, megis Ap Alun Mabon, bardd adnabyddus, ac Owen Hughes, argraffydd yn y dref, y ddau yn ymddangos yng ngolygfa Eisteddfod Caban Bwyta'r chwarel.[36]

Darluniau trwyadl Gymreig a gyflwynir o'r gymdeithas chwarelyddol gydol y ffilm. Darlun o fywyd cymuned o Gymry Cymraeg trwy lygaid Cymry ydyw, nid bras argraff o Gymru a'i phobl fel y ceid mewn ffilmiau diweddarach a wnaed yn Lloegr a Hollywood. Ymgais ydoedd, yng ngeiriau Ifan ab Owen Edwards ei hun yn *Cymru'r Plant*, i 'ddangos ein pobl ein hunain yn ein hiaith ein hunain i'r Cymry eu hunain'.[37] Darluniwyd bywyd y chwarelwr gan John Ellis Williams ac Ifan ab Owen Edwards fel y gwyddent hwy amdano, gan ddangos uwchlaw pob dim ymlyniad y chwarelwr nodweddiadol wrth ei deulu, ei addysg, ei gapel, ei grefft, ei ddiwylliant a'i fro. O ganlyniad, ceir pedair prif elfen yn *Y Chwarelwr*, sef y pedwar sefydliad a ddylanwadai fwyaf ar fywyd cymunedau chwarelyddol gogledd Cymru: y cartref, yr ysgol, y capel a'r gweithle, sef, yn yr achos hwn, y chwarel.

Cyflwynir y teulu, sef calon y ffilm, am y tro cyntaf drwy gyfrwng sgrech cloc larwm sy'n deffro'r tad a'r mab hynaf yn Jones Street, Blaenau Ffestiniog. Buan y cawn rannu cynhesrwydd yr aelwyd wrth i'r fam radlon ofalu am anghenion y ddau blentyn ieuengaf ac, yn ddiweddarach yn y ffilm, dychwelir at yr aelwyd hapus wrth i'r teulu eistedd wrth fwrdd a huliwyd ar gyfer swper. Try'r sgwrs o gwmpas addysg y ddau blentyn ieuengaf, a hawdd synhwyro balchder y rhieni yng ngallu academaidd Nesta a Robin, yn enwedig yn achos y tad oherwydd gŵyr ef yn burion mai addysg yw'r unig ddihangfa rhag gorfod crafu bywoliaeth yn y chwarel. Cawn gip hefyd ar ddyfodol Wil wrth iddo gwrdd â'i ddyweddi Mary (a chwaraewyd gan Elliw Roberts) ar fryn Pen

Carreg Defaid er mwyn trafod dyddiad eu priodas. Yno, gyda mynydd y Moelwyn yn gefndir trawiadol iddynt, y cafwyd yr olygfa garu Gymraeg gyntaf ar ffilm. Ond eisoes plannwyd hadau dinistr y teulu, a gwelir yn gynnar yn y ffilm y tad yn dioddef pwl ar ei galon a thyndra yn ei ysgyfaint wrth ymlwybro yng nghwmni Wil i'w waith yn y chwarel.

1. *Y Chwarelwr*: golygfa o geir gwyllt chwarel y Graig Ddu.
(Llyfrgell Genedlaethol Cymru, Aberystwyth)

Wrth ddarlunio gwaith y tad yn y chwarel, brithir y ffilm â golygfeydd godidog o fywyd a gwaith chwarelwyr gogledd Cymru yn y 1930au. Ar ddechrau'r ffilm, ar ffurf rhagair, ceir araith gan John Ellis Williams yn diolch i berchenogion Chwarel Oakeley, chwarel fwyaf llewyrchus Blaenau Ffestiniog, am gael defnyddio'r lleoliad ar gyfer y ffilmio.[38] Yn ddi-os y mae'r darluniau o ddynion yn 'cowjio bywoliaeth' o'r mynyddoedd creithiog yn gyfareddol, gan ddogfennu, efallai'n ddiarwybod i'r cyfarwyddwr a'r cynhyrchydd, arferion sydd wedi hen beidio mwyach.[39] Ymhlith y golygfeydd hyn ceir golygfa o ddynion lleol yn cael eu gollwng gan fws yn yr Adwy Goch yn Ffestiniog cyn ymuno â'u cyd-weithwyr sy'n cerdded i gyfeiriad y chwarel. Caiff sawl hen gludydd gwaith ei gofnodi, megis y trwnc a gludai ddynion a cheffylau i waelodion ogof danddaearol Chwarel Oakeley. Cert gwaelod-gwastad oedd y trwnc a lusgid i fyny neu i lawr llechwedd serth yr ogof er mwyn cludo dynion, anifeiliaid neu lechi i'w priod le.[40] Dau gludydd arall a anfarwolwyd yn y ffilm oedd y locomotif 'Kidbrooke' yn chwarel Oakeley a'r car gwyllt a wibiai'n arswydus o gyflym ar hyd llethrau chwarel y Graig Ddu yn Ffestiniog.[41] Darn cul o bren ac olwynion bychain arno oedd y car gwyllt, a ddyfeisiwyd ym 1867 gan Edward Ellis, gof a gyflogid yn y Graig Ddu.[42] Bwriad y ddyfais hon oedd arbed chwarelwyr rhag taith gerdded hir i lawr o ben y mynydd; fe'i gosodid ar gledrau ar y llethr, gan ei adael i ddychwelyd drwy nerth disgyrchiant. Dim ond brêc simsan a gadwai unrhyw chwarelwr a gâi bas ar ei gefn rhag mynd ar 40 milltir yr awr i fedd cynamserol!

Ceir sawl golygfa hynod hefyd o chwarelwr wrth ei waith, megis Bob Jones, chwarelwr yn Llechwedd a chwaraeai ran y tad yn y ffilm, yn gosod ffiws er mwyn chwythu rhan o'r graig. Fe'i gwelwn yn hongian yn eofn ar gadwyn uwchben ceudwll dwfn ac yn drilio twll yn y llechfaen er mwyn gosod y 'powdwr du' a'r ffiws. Pan fo'r ffiws yn barod gwaedda 'Enbyd', rhybudd i'w gyd-weithwyr i redeg am gysgod i'r 'caban 'mochal'. Ar ôl gweiddi 'Enbyd' eilwaith, aiff Bob Jones ati i gynnau'r ffiws, cyn dringo i lawr a rhedeg am gysgod.[43] Bu ffilmio'r olygfa hon yn gryn sialens i Ifan ab Owen Edwards a John Ellis Williams, a chymaint oedd brwdfrydedd Edwards fel na hidiai am ei ddiogelwch ef ei hun wrth saethu darluniau agos o'r ffiws yn llosgi ac yna'r graig yn chwalu yn sgil y ffrwydradau. Bu raid iddo ei leoli ei hun yn weddol agos i'r ffrwydrad gan nad oedd ganddo lensiau chwyddo cryf iawn. At bwrpas effeithiau sain, crëwyd sŵn tebyg i lif gron yn torri trwy glwt o lechfaen drwy ddal blwch llwch yn erbyn olwyn lathru, ac er mwyn cyfleu sŵn tyllu ar gyfer gosod ffiws defnyddiwyd cloch drydan wedi ei gwasgu mewn feis. Hefyd saethwyd dryll llwyfan mewn i dun bisgedi gwag er mwyn creu trwst a thwrw ffrwydradau tanddaearol.[44] Wrth gofnodi'r darluniau cignoeth hyn o waith a chrefft dyddiol creigwyr a naddwyr y chwareli creodd Edwards dystiolaeth hanesyddol o'r radd flaenaf.[45] Cyffrowyd y cynhyrchydd Wil Aaron gymaint gan y golygfeydd trawiadol hyn nes iddo ddweud amdanynt: 'Wrth weld yr actorion fel hyn yn anghofio actio wrth eu gwaith-bob-dydd fel chwarelwyr crëir yr urddas a'r diddordeb sydd ar goll yn y golygfeydd eraill.'[46]

Yn ogystal â chynnwys darluniau o waith caled a pheryglus y chwarelwr, rhydd y ffilm sylw i'r gymdeithas glòs a diwylliedig a fodolai ymysg y chwarelwyr, yn bennaf eu harfer o gynnal eisteddfod yn y caban bwyta. Y cabanau bwyta oedd lloches y chwarelwr rhag unigrwydd a pheryglon ei waith; yno y cynhelid cystadlaethau areithio, canu, adrodd a dadleuon ar nifer o bynciau gwahanol. Er bod yng ngolygfeydd y ffilm elfen o actio a dilyn sgript, gellid dadlau bod eu naws yn unol â'r hyn a geid mewn amryw o gabanau bwyta chwareli gogledd Cymru. Ni allai Ifan ab Owen Edwards beidio â darlunio'r werin yn treulio'i hamser hamdden yn ymddiwyllio, y werin a fawrygwyd yn rhamantus gan ei dad 'am ei ffyddlondeb a'i gonestrwydd, am ei hawydd i wneud yr hyn sy'n iawn, am ei chariad at feddwl, am gywirdeb ei barn, am dynerwch ei theimlad a chadernid ei phenderfyniad'.[47] Eto i gyd, ceir peth ysgafnder hefyd yn yr olygfa hon pan elwir Wil, y mab hynaf, ymlaen i gystadlu yng nghystadleuaeth y gân ddigri drwy gynnig dehongliad pur ansoniarus o 'Defaid William Morgan'!

Er mai dim ond un olygfa yn y ffilm a leolwyd yn y capel, sef Capel Brynbowydd, y mae i'r sgript naws grefyddol amlwg.[48] Yn yr olygfa honno y digwydd prif drasiedi'r ffilm a'r tro sydyn ar fyd y teulu bychan. Dangosir y tad yn ei elfen yn y sêt fawr, yn hyddysg yn ei Feibl ac yn trefnu cyfarfod canu yn yr hwyr. Ond pan ddaw prifathro'r ysgol ato i'w hysbysu bod ei ferch Nesta wedi cyrraedd y brig yn arholiad yr ysgol sirol, y mae'n llewygu ac yn marw.[49] Fel y dywed y fam yn yr olygfa nesaf: 'Do mi gafodd farw yn y capel, fuodd o erioed fyw ymhell oddi yno.'[50] Gedy marwolaeth y tad ar ddiwedd trydedd rîl y ffilm y teulu mewn cyflwr truenus ac yn gwbl ddibynnol ar gyflog Wil, y mab hynaf. Yn fuan wedi'r angladd y mae Wil yn penderfynu gohirio ei briodas â Mary er mwyn sicrhau bod ei holl gyflog yn cynnal ei deulu hyd nes y bydd Robin yn ddigon hen i ennill ei damaid. Try'r sgwrs rhwng Wil a'i fam wedyn at ddyfodol y ddau ieuengaf a'r ffaith na ellir fforddio eu hanfon i'r coleg. Er mai Nesta yw'r gwir ysgolor, penderfynir rhoi cyfle i Robin i fynd i'r coleg gan ei fod eisoes wedi ymgymhwyso ond, yn ddiarwybod i'r ddau ohonynt, yr oedd Robin, a fu'n clustfeinio ar eu sgwrs, eisoes wedi penderfynu aberthu ei uchelgais o fod yn feddyg er mwyn i'w chwaer iau gael cyfle i ddod ymlaen yn y byd. Yn yr olygfa ddilynol â'r 'mute inglorious Milton' hwn, chwedl John Ellis Williams, at y prifathro i esbonio ei fod am adael yr ysgol er lles ei chwaer Nesta.[51] Fel hyn y disgrifiodd John Ellis Williams ei hun yr olygfa o Robin yn ymlwybro'n benisel i'r chwarel i chwilio am waith, golygfa sy'n dwyn ar gof ddiweddglo rhai o ffilmiau Charlie Chaplin:

> He is seen coming out, the school-gate clangs behind him, and the picture ends with him climbing the path to the quarry, a brave, sturdy little figure who has sacrificed more than life itself, his very dreams, for one weaker and smaller than himself.[52]

Hanfod y ffilm, felly, yw portread o ymateb stoicaidd teulu chwarelyddol i sawl bygythiad. Tlodi a pheryglon y chwarel sy'n blino'r teulu ar ddechrau'r ffilm, ac er bod crefydd yn cynnal y rhwymau teuluol yr unig lwybr ymwared yw addysg dda. Ond yn sgil marwolaeth sydyn y tad gorfodir y ddau fab i ddangos dewrder eithriadol drwy roi heibio eu breuddwydion a'u huchel-geisiau er mwyn gofalu am eu mam a'u chwaer. Talu teyrnged a wneir yn y ffilm i ddegau o deuluoedd a brofasai anawsterau tebyg, gan roi cyfle unigryw yn y cyfnod truenus hwnnw i bobl ymuniaethu â chymeriadau ar y sgrin fawr trwy gyfrwng eu mamiaith. Prif apêl y ffilm heddiw, serch hynny, yw'r darluniau ysgytiol o fywyd beunyddiol y chwarelwr. Er bod y portread ar adegau yn arwynebol, darlunnir caledi a pheryglon bywyd a gwaith yn dra llwyddiannus, ac fel gwrthbwynt i hyn dangosir hefyd bwysigrwydd y cwlwm teuluol, y wedd ysgafn ar fywydau'r cymeriadau yn eisteddfod y caban bwyta, hapusrwydd cariadon ifainc a breuddwydion plant. Nid aeth John Ellis Williams ati'n fwriadol i orbwysleisio'r anghyfiawnderau a wynebai'r teulu-oedd chwarelyddol gan y gwyddai na fyddai'r gynulleidfa am gael eu hatgoffa amdanynt. Er cyfleu i ryw raddau y peryglon a wynebid yn y chwarel, ni chyfeiriwyd o gwbl at y posibilrwydd o golli braich, goes neu fywyd mewn ffrwydrad neu dan dunelli o graig. Digon gwir fod y tad yn dioddef o galon wan a thyndra yn ei ysgyfaint, ond awgrym yn unig a geir mai'r amodau gwaith sydd ar fai, amodau a ysgogodd gerdd gan Gwilym R. Tilsley (Tilsli) ym 1957 i 'Gyhyrog weision y graig oesol':

> Ar hyd eu heinioes brwydrai dynion
> Â chaledi, tlodi, dyledion;
> Rhwygai y graig, agorai'i heigion,
> I falu'i herwyr yn falurion;
> A gwŷr ifainc talgryfion – a nychai
> O'r llwch a gariai'r llechi geirwon.[53]

Ni cheir yn y ffilm unrhyw lais cydwybod yn procio a beirniadu ac yn sicr ni cheir unrhyw gyfeiriad at wleidyddiaeth neu at yr undebau llafur a ymladdai dros hawliau'r chwarelwyr. Er bod streic Chwarel y Penrhyn yn atgof byw yn y cylch ni cheir unrhyw gyfeiriad at hawliau gwaith a gorthrwm perchenogion mewn rhai chwareli, nac am y drwgdeimlad at ambell swyddog. Er mwyn diogelu'r darlun dilychwin a rhamantus hwn o'r chwarelwr cydwybodol a chrefyddol ni cheir unrhyw gyfeiriad at y dafarn leol nac ychwaith at unrhyw ysgarmes neu ddrwgdeimlad. Darlun dethol ac anghyflawn o'r gymdeithas chwarelyddol, felly, a geir yn *Y Chwarelwr*. I'r graddau y mae'r ffilm yn portreadu'r chwarelwr fel gwerinwr syml a chydwybodol, yn Ymneilltuwr selog ac yn geidwad y diwylliant Cymraeg, y mae'n ategu gwaith nofelwyr megis Kate Roberts a T. Rowland Hughes.[54] Fodd bynnag, dengys gwaith Dafydd Roberts fod lle i gredu nad saint oedd y chwarelwyr. Ym Mlaenau Ffestiniog yn y tridegau yr oedd meddwi a betio yn rhemp, a cheid ambell achos o dor-briodas, puteindra ac anniweirdeb.[55] Ni roddwyd lle i'r 'pechodau' hyn yn nelweddau Ifan ab Owen Edwards a John Ellis Williams: diogelu'r ddelwedd o'r gwerinwr pur a dilychwin oedd eu nod hwy.

Er bod y ffilm yn cynnwys golygfeydd cofiadwy, y mae hefyd yn frith o wendidau technegol. Gan fod bron y cyfan o'r arian a gasglwyd cyn dechrau ffilmio wedi ei wario ar offer, prin iawn oedd y swm a oedd yn weddill i dalu'r actorion am y dyddiau o waith a gollasant a bu rhaid dewis y dull rhataf o wneud ffilm lafar, sef rhoi'r sain ar ddisg yn hytrach na'i serio ar ochr y ffilm ei hun. Buan y sylweddolodd John Ellis Williams ac Ifan ab Owen Edwards eu camgymeriad ond erbyn hynny yr oedd yn rhy hwyr.[56] O ganlyniad, yr oedd safon sain y ffilm yn wael, gan wrthdaro'n boenus o amlwg â naturioldeb y golygfeydd. Er enghraifft, dinistriwyd yr olygfa gynnar o'r chwarelwyr yn cerdded i'w gwaith yn y bore gan chwerthin ansoniarus a siarad ffug. Trwy ddefnyddio cyfrwng sain annaturiol a diffygiol collwyd cyfle i greu golyg-feydd dogfennol pwysig yn hanes chwareli Cymru. At hynny, wrth geisio asio'r sain â'r delweddau, cafwyd trafferthion enbyd, ac meddai John Ellis Williams am yr helbul a gafwyd wrth geisio sicrhau bod y geg yn cyfateb i'r sain yn stiwdios Ealing: 'Y mae priodi mab a merch yn beth didrafferth iawn o'i gymharu â'r priodi dyrys hwn.'[57] Treuliwyd pythefnos yn ffilmio *Y Chwarelwr*, tridiau yn golygu'n frysiog trwy daflunio'r darluniau ar furiau cartref John Ellis Williams ac yna gyfnod yn Llundain yn recordio'r sain.[58] Costiodd y cyfan ddwy fil a hanner o bunnau.

Ni fu modd defnyddio technegau ffilmio arbennig megis *fade-ins* a *fade-outs* neu *wipes* gan nad oedd yr offer priodol ar gael gan Williams ac Edwards. Hefyd bu raid ailffilmio sawl golygfa oherwydd diffyg golau digonol yn y caban, y capel a'r gegin.[59] Ar y llaw arall, mewn rhai golygfeydd yn yr awyr agored, yn y chwarel er enghraifft, amharwyd ar y darluniau gan ddisgleirdeb yr haul. Arbrofai John Ellis Williams yn barhaus â threfn saethu golygfeydd, ac oni fyddai'n fodlon â'r fersiwn cyntaf eid yn ôl i ailffilmio'r olygfa er gwaetha'r gost. Er enghraifft, pan sylweddolodd fod fersiwn gwreiddiol yr olygfa o Nesta yn sefyll arholiad ar gyfer yr ysgol sirol yn rhy hamddenol mynnodd ei ffilmio o'r newydd, a'r tro hwn gadawodd i'r darluniau ddweud y stori. Dyma'r cyfarwyddiadau a roes i'w gyfarwyddwr:

a). Take ½ the last shot of all (the whole class) and insert it at the beginning of the sequence.

b). Follow up with panning shot till you come to Nesta.

c). Insert a close-up of Nesta busy writing.

d). Put here the remainder of panning shot.

e). Insert here close-up of Nesta looking up as if for inspiration – smiling – then lowering her head to write.

f). Give remainder of long shot of class, dissolving to another class at County School.[60]

Drwy ddefnyddio saethiad pell – pan – saethiad agos – pan – saethiad agos – saethiad pell, llwyddodd Williams i lunio darlun hynod effeithiol a thrawiadol.

Gwaetha'r modd, er y chwynnu a'r caboli hwn, pur amrwd oedd y ffilm derfynol.

Gwendid arall amlwg a amharodd ar y ffilm oedd yr actio annaturiol. Er gwaethaf eu cefndir llwyfan, nid oedd gan y mwyafrif o actorion *Y Chwarelwr* y syniad lleiaf sut i ymateb i gamera. Llefarwyd y ddeialog yn bur drwsgl gan amryw o'r cast ac, er na cheir yn y ffilm y melodrama a gafwyd yn ffilmiau Hollywood, cafwyd ynddi gyffyrddiadau gor-ddramatig megis wynebau cariadus Wil a Mary yn yr olygfa garu ar ben bryn Pen Carreg Defaid a hefyd farwolaeth y tad yn y sêt fawr. Dyma'r math o actio melodramatig a geid fel arfer mewn ffilmiau mud. Yn sgil dyfodiad sain i fyd y ffilm gellid bellach greu awyrgylch mwy realaidd ac nid oedd raid dibynnu ar agosluniau o wynebau llawn emosiwn. Gwaetha'r modd, ni chyfarwyddwyd yr actorion yn *Y Chwarelwr* i ymaddasu i ofynion newydd y byd sain modern. Er y gwendidau amlwg hyn, dengys gohebiaeth Ifan ab Owen Edwards a John Ellis Williams eu bod yn weddol fodlon â'r ffilm orffenedig. Credai Williams fod y 'ffilm yn un dda, yn un fach dda iawn'.[61]

Fel y gellid tybio, bu disgwyl eiddgar yng Nghymru am ffrwyth menter ddiweddaraf Ifan ab Owen Edwards a bu'r diddordeb a ddangoswyd gan bobl Cymru yn drawiadol.[62] Wrth weld y diddordeb ysol hwn o du'r cyhoedd, aeth Edwards ati'n fwriadol i greu cymaint ag y gallai o gyhoeddusrwydd drwy ohebu â nifer o bapurau newydd. Pan oedd y prosiect yn ei fabandod, meddai: 'Of all the Urdd's ventures, none seems to have appealed to the imagination of the people of Wales so much as the proposed venture in to Welsh "talkies".'[63] Profodd y ffilm ei llwyddiant pennaf yng nghymunedau chwarelyddol gogledd Cymru, ond teg dweud hefyd iddi gael derbyniad gwresog mewn nifer o ardaloedd eraill ledled Cymru, fel y dengys y llu o lythyrau canmoliaethus a dderbyniwyd.[64] Ni chafodd y ffilm ei dosbarthu y tu allan i fudiad yr Urdd o gwbl, ond ar ôl y dangosiad cyntaf yn Neuadd y Merched, Blaenau Ffestiniog, ar 7 Hydref 1935[65] penodwyd Tom Morgan ac Ap Morris Jones i dywys y ffilm drwy bentrefi Cymru.[66] Câi'r ffilm ei dangos ar gyfartaledd bum gwaith yr wythnos a hynny fel uchafbwynt i gyfres o ffilmiau tramor ac iddynt sylwebaeth Gymraeg, sef *Andorra*, *Felix y Gath*, *Yr Ymgyrch T.B.*, a *Cariad Mam*, a hefyd ddwy ffilm fud ar weithgareddau'r Urdd.[67] Bu'r teithiau hyn yn llwyddiannus a phoblogaidd iawn hyd nes y daeth yr Ail Ryfel Byd â'r blacowt.[68] Yr oedd Ifan ab Owen Edwards a John Ellis Williams wedi gobeithio llunio mwy o ffilmiau tebyg i *Y Chwarelwr* mewn cyfres o'r enw 'Cyfres Bywyd Gwerin Cymru', ond chwalwyd eu bwriadau gan y rhyfel.[69]

O gofio mai amaturiaid oedd John Ellis Williams ac Ifan ab Owen Edwards ym myd y ffilmiau ac mai hon oedd eu hymgais gyntaf i greu ffilm lafar, yr oedd *Y Chwarelwr* yn ymdrech lew ac yn gyfraniad gwerthfawr i ddiwylliant a hanes Cymru yn yr ugeinfed ganrif. Dichon ei bod yn garreg filltir yn hanes ffilm Cymru, ond y gwir amdani yw fod y ffilm, hyd yn oed yn ôl safonau yr oes honno, yn frith o or-actio a llefaru clogyrnaidd, sain ddiffygiol a golygu amrwd. Menter arwrol ydoedd ac un boblogaidd yn ei dydd, ond fel darn o gelfyddyd ffilm seithug ydyw. Bwriad y ddau arloeswr hyn oedd creu drama o gwmpas bywyd a gwaith teulu Cymraeg er mwyn ysgogi eu cyd-Gymry i werthfawrogi eu hetifeddiaeth yn llawnach:

> Rhan o'n hymdrech i'w chadw [Cymru] yn wir Gymreig yw'r ymdrech hon, yn wyneb anawsterau enbyd, i greu darluniau llafar Cymraeg, canys gwyddom yn bendant, heb os yn ein credo, mai ein dyletswydd fel byd-ddinasyddion ydyw cadw Cymru yn bur ei delfrydau yn yr argyfwng enbyd y mae'r byd ynddo.[70]

Ond, yn ddiarwybod iddynt, troes y gwaith yn ffilm ddogfen, yn archif o ddarluniau o draddodiadau, arferion, lleoliadau a phobl. O ganlyniad, y mae ei gwerth heddiw fel cofnod hanesyddol yn hytrach nag fel ffilm greadigol.

'GWAE NI OS TORRWN Y LLINYN ARIAN':[71]
YR ETIFEDDIAETH

Er i John Ellis Williams ac Ifan ab Owen Edwards arwain y ffordd ym myd ffilmiau nodwedd llafar Cymraeg, nid aeth yr un Cymro ati i'w hefelychu tan 1947. Yn y cyfamser yr oedd gwneuthurwyr ffilmiau yn Lloegr a Hollywood wedi sylweddoli y gellid portreadu yn llwyddiannus gymdeithas lofaol Gymreig mewn ffilm ac wedi ymroi i gynhyrchu eu portreadau hwy o'r cymunedau hyn. Rhyddhawyd *The Citadel*, ffilm gan King Vidor ym 1938, *The Proud Valley* gan Pen Tennyson ym 1940 ac, yn goron ar y cyfan, *How Green Was My Valley*, gwaith John Ford, ym 1941. Yr unig ffilm a ymylai ar fod yn ddarlun gan Gymro oedd *The Corn is Green* (1945), ffilm gan Irving Rapper a bortreadai gymuned lofaol yng ngogledd Cymru ac a seiliwyd ar ddrama lwyfan Emlyn Williams. Felly, fel yn achos Ifan ab Owen Edwards 12 mlynedd ynghynt, ffrwyth gweledigaeth unigolyn oedd yr ail ffilm lafar Gymraeg mewn cyfres o dair a gyhoeddwyd yn ysbeidiol rhwng 1935 a 1950. John Roberts Williams, golygydd *Y Cymro*, papur dyddiol cenedlaethol Cymraeg er 1945, oedd y gŵr hwnnw, brodor o Langybi yn Arfon, a newyddiadurwr praff a gwybodus.

Yr oedd Williams yn ymwybodol iawn fod Cymru yn parhau'n amddifad o ffilmiau Cymraeg mewn oes pan oedd y sinema ymhlith atyniadau pennaf y bobl. Gwyddai'n dda am fodolaeth *Y Chwarelwr*, ond erbyn 1947 yr oedd y ffilm honno wedi ei hanghofio ac ni châi ei dosbarthu i'r cyhoedd bellach.

Credai, hefyd, y dylid creu ffilm Gymraeg gyda'r bwriad o ddiddanu cynull-eidfa yn hytrach nag er mwyn ehangu gorwelion y cyfrwng ei hun. Ond yr ysgogiad pennaf yn ei achos ef oedd ei awydd i beri i'w gyd-Gymry werth-fawrogi eu hetifeddiaeth, eu gwlad, eu diwylliant a'u hiaith drwy roi ar gof a chadw amryw draddodiadau ac arferion a oedd yn prysur farw o'r tir.[72] *Yr Etifeddiaeth*, felly, oedd y teitl naturiol i'w roi i'r ffilm. Ac yntau, fel Ifan ab Owen Edwards, yn ymwybodol o werth technoleg newydd gwyddai John Roberts Williams fod y cyfrwng ffilm, fel yn achos rhaglenni radio, yn cyrraedd llawer mwy o bobl nag yr oedd llyfrau neu bapurau newydd, a'i fod yn ddull perffaith o ledu ei genadwri ynglŷn â pharchu a diogelu etifeddiaeth unigryw Cymru. Yr oedd y ffaith y câi'r *Cymro* gyhoeddusrwydd eang hefyd yn ffactor allweddol, er na wyddai Williams ar y pryd a fyddai'r papur yn elwa'n ariannol o'r fenter ai peidio.

Nod Williams o'r cychwyn cyntaf oedd creu ffilm ddogfen heb gynnwys unrhyw actorion na deialog, ac yn bendant heb felodrama. Credai hefyd, yn nodweddiadol graff, y byddai creu ffilm yn ymwneud â Chymru gyfan yn faes rhy eang ac yn fenter rhy gostus.[73] Penderfynodd, felly, ganolbwyntio ar ardal a adwaenai'n dda, sef ei fro enedigol, Llŷn ac Eifionydd, y fro 'rhwng môr a mynydd'. Dymunai bortreadu sawl elfen a oedd yn rhan hanfodol o etifedd-iaeth Cymry Cymraeg yr ardal, megis hanes, llenyddiaeth, diwylliant, tradd-odiadau, a harddwch y tirwedd. Ac er mwyn arbed y ffilm rhag rhestru'n ddiflas rinweddau amlwg Llŷn ac Eifionydd, defnyddiwyd Freddie Grant, faciwî croenddu o Lerpwl a oedd wedi ymgartrefu yn nhŷ Eliseus Williams, cyn-brifathro ysgol Llangybi a chyfaill i John Roberts Williams, i weithredu fel llinyn cyswllt rhwng y golygfeydd.[74] Y nod oedd dangos i'r Cymry 'y cyfoeth a all lithro o'u dwylo mor hawdd', gan hefyd ddangos i'r mewnfudwyr ifainc o Loegr, ac efallai i'r Cymry di-Gymraeg, natur yr etifeddiaeth leol yn ei holl amrywiaeth.[75] Meddai Williams mewn sgwrs radio ym 1949, 'sylweddolais mai ffilm yn unig a allai wneud y gwaith hwn. Yr oedd yn rhaid i'r llygad weld cyn y gallasai'r galon ddeall.'[76]

Gan na feddai Williams ar lygad camera troes at gyd-weithiwr, Geoff Charles, ffotograffydd proffesiynol cyntaf Cymru, am gymorth, ac ym-drwythodd y ddau yn nhechnegau ffilmio cyn prynu'r offer angenrheidiol ag arian a neilltuwyd yn benodol gan *Y Cymro*.[77] Gan fod Williams a Charles yn dal swyddi llawn amser, y naill yn olygydd papur newydd a'r llall yn ffoto-graffydd proffesiynol annibynnol, rhaid oedd ffilmio yn ystod y pen-wythnosau.[78] O ganlyniad, treuliwyd rhyw 15 mis yn cwblhau'r ffilm yn ystod 1947–8. Ar bob penwythnos rhydd, teithiai'r ddau 80 milltir o Groesoswallt i Langybi, cartref teulu John Roberts Williams, gan ffilmio mewn gwahanol ardaloedd yn Llŷn ac Eifionydd.[79] Proses ddigon hir a llafurus fu'r ffilmio, yn rhannol oherwydd tywydd anffafriol a'r rheidrwydd i ddisgwyl am ddigwyddiadau arbennig megis ffeiriau Pwllheli a Chricieth. Ac wedi misoedd o ffilmio yr oedd gan y ddau gynhyrchydd 8,500 o droedfeddi o ffilm. Bu raid tocio'r ffilm nes ei bod yn llai na 2,000 o droedfeddi er mwyn ei dangos dros gyfnod o 50 munud ar un rîl yn ddi-dor. Llwyddodd Williams a Charles i olygu'r ffilm yn fras drwy osod print o'r negatif ar un taflunydd a'r negatif gwreiddiol gwerthfawr ar daflunydd arall a'u cydredeg ar fur y swyddfa yng Nghroesoswallt.[80] Y gorchwyl olaf, a gwblhawyd ddiwedd mis Mehefin 1949, oedd golygu'r ffilm yn fanwl a recordio'r sylwebaeth yn Stiwdio United Motion Pictures. Rhoddwyd y sain ar y ffilm ei hun ac nid, fel y gwnaeth Ifan ab Owen Edwards, ar ddisg. Cawsai'r gerddoriaeth ei recordio ychydig ddyddiau ynghynt yng nghapel Salem, Pwllheli.[81] Ni chafodd y ffilm, er hynny, ei golygu'n fanwl, er gwaethaf addewid y stiwdio i wneud hynny, ac felly y mae'r ffilm a erys heddiw yn union fel y'i golygwyd gan Geoff Charles a John Roberts Williams.[82]

Wrth ddethol sylwebydd cymwys ar gyfer y ffilm, gwyddai Williams y byddai raid wrth lais cydnerth ac adnabyddus, a chan fod y Parchedig Albert Evans-Jones, Pwllheli, sef Cynan, yn hogyn o Lŷn ac yn fardd poblogaidd, dewiswyd ef i draethu.[83] Pan adroddodd Cynan y sylwebaeth gyfan yn Gymraeg a Saesneg heb yr un camgymeriad, ac eithrio un pwyslais anghywir, gwyddai John Roberts Williams fod ganddo feistr ar ei grefft.[84] Ceir chwe phrif elfen yn *Yr Etifeddiaeth*, sef y rhan ragbaratoawl, hanes y fro, hanes diwylliant gwerin yr ardal, y diwylliant presennol, darluniau o'r trigolion wrth eu gwaith ac, yn olaf, y dylanwadau dieithr a oedd yn bygwth y dreftadaeth Gymreig a Chymraeg.' Fel hyn y cyflwynir y cyd-destun yn rhagymadrodd blodeuog Cynan:

> Freddie Grant gynt o Lerpwl, yn awr o Gymru. Ar frig y don y daeth Freddie i Gymru, y don a olchodd o eithafoedd y ddaear hyd eithafoedd y ddaear, pan derfysgodd y cenhedloedd ym 1939 ac a ysgubodd Freddie bach yn ei chym-hlethdod paradocsaidd o'r niwl i'r nef. O enbydrwydd tymhorol y ddinas Seisnig daeth y Sais bach tywyll hwn i'r heddwch diderfyn Cymreig. Cadwodd y Saeson eu dinas ond cadwodd Cymru Freddie. Fe'i gorchfygwyd gan y Cymreigrwydd na ddisodlwyd mohono eto gan un gelyn. Daeth yn rhan o'r etifeddiaeth a gadwyd mor drafferthus trwy'r trofaus ganrifoedd, daeth yn Gymro, yn Gymro glân ei iaith a bratiog ei Saesneg. Daeth Hen Wlad Fy Nhadau yn annwyl iddo yntau.[85]

Yn gefndir i'r geiriau hyn gwelir Freddie a'r plant lleol yn chwarae yn y coed a ger yr afon yn Llangybi. Â Cynan yn ei flaen i drafod Cymreictod yr ardal, gan bwysleisio bod effeithiau'r rhyfel yn bygwth tanseilio'r hen Gymru lawen.

Megis rhagflas o'r hyn sydd i ddod yw'r procio hwn ar gydwybod y gwyliwr. Dengys y ffilm dystiolaeth o'r cynfyd yn Llŷn ac Eifionydd drwy dynnu sylw at gromlech Rhos-lan, Caer y Garn lle y chwery'r plant, a Thre'r Ceiri ar ben mynydd yr Eifl, cyrchfan y casglwyr llus bellach. Dangosir chwarel wenithfaen Trefor, y fwyaf o'i bath yn y byd, gan nodi Cymreictod y gweithwyr a'r modd y cymathwyd y rhai di-Gymraeg yn llwyddiannus. Sonnir am ddylanwad y tywysogion Cymreig a'r pendefigion drwy ddangos lluniau o gastell Cricieth, eglwys Aberdaron â'i hallor i Hywyn Sant, a hen neuadd bendefigaidd Bodwrda. Cyn dirwyn y wers hanes hon i ben, cyfeirir at chwedl drist Cantre'r Gwaelod a cheir cip ar gartref a bedd arwr pennaf yr ardal, David Lloyd George, yn Llanystumdwy.

Calon y fro hon, yn ôl y ffilm, yw ei diwylliant trwyadl werinol a Chymraeg. Bro ydyw sy'n frith o grefftwyr ac amaethwyr sydd hefyd yn feirdd, yn llenorion ac yn bregethwyr. Cynrychiolir y dosbarth hynod hwn gan Cybi (Robert Evans), postman wrth ei waith, ac un a ddynodai derfyn oes aur beirdd a llenorion Llŷn ac Eifionydd.[86] Fe'i gwelwn yn eistedd yn nrws ei fwthyn, yn edrych yn bur anghysurus wrth geisio dangos ei gasgliad o lyfrau i Freddie Grant. Ymddengys y bu'n rhaid llusgo'r hen fardd at garreg ei ddrws i'w ffilmio yng ngolau 'lamp y plwyf', chwedl Williams, gan nad oedd unrhyw drydan yn ei fwthyn llwm.[87] Crybwyllir enwau beirdd megis Robert ap Gwilym Ddu, Dewi Wyn, Eben Fardd, Eifion Wyn (dangosir lluniau o'i gartref a'i weddw), Ioan Madog, John Jones y gof o Chwilog a adwaenid fel Myrddin Fardd, a Phedr Fardd, cyfansoddwr 'Cysegrwn Flaenffrwyth Dyddiau'n Hoes', emyn sy'n arwain at adran ar ddiwylliant cyfoes y fro. Ceir cipolwg ar Gapel Helyg, ger Pwllheli, capel a fu'n sylfaenol bwysig i ffyniant crefyddol, diwylliannol ac addysgol y gymdeithas leol.

O safbwynt yr hanesydd cymdeithasol, un o rannau mwyaf gwerthfawr y ffilm yw'r lluniau o bobl wrth eu gwaith bob dydd. Amaethyddiaeth, sef prif gynhaliaeth trigolion Llŷn ac Eifionydd, a gaiff y sylw pennaf a phwysleisir yn gyson bwysigrwydd crefft gyntaf dynolryw. Dangosir Llaethdy Rhydygwystl, ger Chwilog, a ddosbarthai laeth cyn belled â Lerpwl; Ffatri Wyau ym Mhenrhos ger Penyberth; peiriant sychu a chreu cesyg gwair awyrendy Penrhos; a Melin Goed Rhos-fawr lle y cerfid offer amaethu megis pladuriau a chribiniau. Tynnir sylw hefyd at gyfraniad y ffeiriau amaethyddol i fywyd y fro drwy ddarlunio ffermwyr yn archwilio pladuriau a wnaethpwyd yn Rhos-fawr yn ffair Cricieth ac yn bwrw golwg feirniadol dros geffyl a oedd ar werth. Dangosir sut yr oedd technoleg newydd wedi dechrau disodli'r hen ddulliau o ffermio, gyda'r ceffyl yn ildio i beiriannau, ac ymysg y golygfeydd trawiadol hyn dangosir tad a brawd John Roberts Williams ei hun yn hel gwair. Fflach arall o hanes yn cael ei greu yw'r golygfeydd o Tomi, gwas fferm Bodfael a'r olaf o'i fath yn Llŷn yn ôl John Roberts Williams, yn mynd i'r ffair bentymor ym Mhwllheli, i chwilio am waith.

Ar ôl gosod y llwyfan hwn, y mae'r ffilm yn newid cywair a'i hawyrgylch yn dwysáu'n enbyd. Yn eu tro, dangosir y bygythiadau newydd estron sy'n llesteirio'r etifeddiaeth hynod hon. Crybwyllir dylanwad Seisnig y radio, y wasg a'r sinema gan eu bod yn 'ychwanegu at y pwysau sy'n tueddu i lethu Cymreigrwydd y bobl, a lle methodd y castell â gorchfygu – gall y llyfryn lwyddo?'[88] Serch hynny, y bygythiad pennaf i undod, llonyddwch a pharhad traddodiadau Llŷn ac Eifionydd oedd dyfodiad gwersyll gwyliau Butlin's a'i 'goresgynwyr hafaidd' i Frynbachau. Dywed y sylwebydd yn ddramatig ac yn brudd, 'Ia! Y gwersyll gerllaw y capel. Y newydd sydd gerllaw yr hen. Y dieithr sydd gerllaw y cyfarwydd. Y rhyfelwyr a ddaeth wyneb yn wyneb.'[89] Yn hyn o beth adlewyrcha'r ffilm deimladau cryfion mwyafrif trigolion Llŷn ac Eifionydd, ynghyd â rhai miloedd ledled Cymru, ynghylch y gwersyll a agorwyd ym 1947 gerllaw penrhyn Penychain. Y mae'n gwbl amlwg nad oedd y frwydr a ymladdwyd i geisio atal addasu'r gwersyll hyfforddi milwrol HMS Glendower yn wersyll gwyliau ar gyfer Butlin's wedi mynd yn angof erbyn 1949. Yn wir, y mae sefydlu Gwersyll Butlin's yn gefnlun anorfod i'r ffilm. Tân ar groen llawer o frodorion oedd y gwersyll milwrol hwn a adeiladwyd ar gyfer y Morlys ym 1941 gan gwmni Billy Butlin, a phan ddatgelodd y cwmni eu bwriad i ddefnyddio'r gwersyll ar ôl y rhyfel fel cyrchfan wyliau i'r dosbarth gweithiol Prydeinig camodd amryw o gymdeithasau i'r ymryson er mwyn ceisio arbed Pen Llŷn.[90] Yn eu plith yr oedd Cyngor Diogelu Cymru Wledig (The Council for the Preservation of Rural Wales).[91] Ond wedi i'r Cyngor hwn benderfynu na ellid atal y datblygiad ac mai gwell yn y pen draw fyddai cefnogi'r datblygiad ym Mhenychain er mwyn arbed Penrhyn Llŷn poenid mwy am effeithiau esthetig yr adeiladau rhad hyn ar harddwch yr ardal. Yr oedd y Cyngor, serch hynny, yn dra ymwybodol o safbwyntiau eraill, fel y dengys llythyr aelod amlwg, sef y cynllunydd enwog Patrick Abercrombie, at ei gyfaill, y pensaer Clough Williams-Ellis: 'there is much in this besides town-planning, Butlin, nationalism, drink, water, morals, Sunday trading etc . . . !'[92]

Os cafwyd Cyngor Diogelu Cymru Wledig yn brin, nid felly Pwyllgor Amddiffyn Llŷn, pwyllgor a ymboenai'n ddirfawr ynghylch ffordd o fyw, traddodiadau ac etifeddiaeth gwerin bobl yr ardal.[93] Honnai ei aelodau y dylid diogelu ardaloedd pwysig fel hyn oherwydd eu cyfoeth diwylliannol: 'On the cultural side, Wales is conscious of major forces which are disintegrating its individuality . . . the continuous infiltration of elements which, though not hostile, do, in fact, tend to strangle Welsh life.'[94] Yr oeddynt yn benderfynol o atal y datblygiad amhriodol hwn yng ngwlad Llŷn – 'virgin ground almost completely unaffected by modern building and the effects of tourist and English influences', chwedl Iorwerth C. Peate.[95] Dengys erthygl danllyd Dr Thomas Jones, CH, yn *The Observer* ym mis Ionawr 1944 gryfder teimladau pobl leol:

> We submit that Snowdonia is certainly not the place for Mr Butlin. It is not his spiritual home. Skegness may be just right for 'Dungeon Bars' and Clacton-on-Sea for 'gay Viennese nights' . . . Its [Cymru] pools of silence are few and small, and it ought to be beyond the pale of possibility to make these hills resound with jazz. The land of eagles, the altar of the snows, old "ere Babylon was dust' is not 'the common muck of the world'.[96]

Honnwyd ymhellach gan Bwyllgor Amddiffyn Llŷn fod 17,000 allan o 20,000 o oedolion yn Llŷn yn gwrthwynebu sefydlu gwersyll Butlin's ac awgrymwyd ffurfio sefydliad er budd y boblogaeth leol a fyddai'n cynnwys coleg preswyl i blant ysgol, coleg hyfforddi athrawon, cartref adfer preswyl i fil o gleifion a choleg technegol i ddatblygu sgiliau trigolion lleol.[97] Er i'r awgrym hwn ennill cefnogaeth amryw ym myd addysg, twristiaeth, diwydiant a lles, a hefyd o du unigolion megis yr Henadur William George ac Ifan ab Owen Edwards, colli'r dydd a wnaeth y gymuned leol ac, fel y dywed Pyrs Gruffudd, arbenigwr ar hunaniaeth o fewn cyd-destun daearyddol, 'daeth y gwersyll yn symbol o hawliau – neu ddiffyg hawliau – cenedl y Cymry dros ei thiriogaeth'.[98]

Er bod cysgod ymerodraeth estron Billy Butlin yn drwm dros *Yr Etifeddiaeth*, ni cheir unrhyw gyfeiriad o gwbl at ddigwyddiad gwleidyddol pwysicach o lawer yn yr ardal, sef 'Y Tân yn Llŷn' ym 1936, pan bwysleisiwyd gan dri chenedlaetholwr 'y byddai gwersyll bomio'r llywodraeth Seisnig yn Llŷn yn anelu'n farwol at un o aelwydydd hanfodol y diwylliant Cymraeg' ac na ellid 'cyfrif mewn arian faint colled iaith, colli purdeb llafar gwlad, colli cartref llenyddiaeth, colli traddodiad gwledig bro y bu ei thraddodiad yn gadwyn ddi-dor drwy bedair canrif ar ddeg'.[99] Unwaith eto, yn yr achos hwn pwyswyd Cyngor Diogelu Cymru Wledig yn y glorian a'i gael yn brin, gan ennyn gwawd Saunders Lewis a Phlaid Cymru a fedyddiodd y mudiad, yn sgil ei ddiffyg cefnogaeth i ddiwylliant ac iaith yr ardal, yn 'Council for the Betrayal of Rural Wales'.[100] Cwbl fud yw *Yr Etifeddiaeth* ynghylch hanes a dylanwad y bennod gythryblus hon ar werthoedd pobl Llŷn. Felly hefyd i raddau yn achos un arall o bryderon Saunders Lewis, sef dylanwad andwyol faciwîs ifainc di-Gymraeg o Loegr ar gymunedau gwledig Cymru: 'To treat Wales merely as an English "reception area", to the evident endangerment of all Welsh social tradition and social unity, is to show towards Wales a spirit of militaristic totalitarianism contrary to all principles of democracy and to the rights of small nations.'[101] Ar wahân i ddefnyddio Freddie fel llinyn cyswllt i'r ffilm a dangos ei frwdfrydedd dros yr iaith a'r diwylliant ni chyfeirir eto at effaith y mewnfudo unigryw hwn. Anodd deall paham yr esgeuluswyd y ddau ddigwyddiad hwn, ond y mae'n gwbl bosibl fod John Roberts Williams yn gyndyn o ddangos cefnogaeth i weithred mor amlwg wleidyddol â'r tân ym Mhenyberth a'i fod hefyd o'r farn na chawsai faciwîs megis Freddie Grant effaith negyddol ar fywyd Llŷn ac Eifionydd. Felly, yn hytrach na thrafod yn ddi-flewyn-ar-dafod y bygythiadau diweddar i etifeddiaeth Llŷn ac Eifionydd, defnyddiwyd dull mwy cynnil i gloi'r ffilm er mwyn awgrymu bod yr hen gymdeithas yn peidio â bod. Yn ddi-os, y mae'r olygfa ogoneddus o'r haul yn machlud yng Nghricieth yn drosiad o fachlud y Gymraeg a'r hen ffordd o fyw yn Llŷn ac Eifionydd.

Er mai creu ffilm ddogfen oedd bwriad John Roberts Williams a Geoff Charles, nid oeddynt wedi llwyr sylweddoli eu bod yn cofnodi ar seliwloid arferion a oedd yn gyfarwydd iawn iddynt hwy yn y 1940au ond a oedd erbyn hynny wedi mynd yn hen ffasiwn a di-sôn-amdanynt. Eto i gyd, gwyddent eu bod yn cyflenwi gwasanaeth archifyddol pwysig i'r genedl drwy anfarwoli wynebau cymeriadau enwog y cyfnod megis aelodau'r Orsedd, yn eu plith yr Archdderwydd Elfed a Chynan ei hun. Cawn gip hefyd ar eisteddfodwyr selog fel Bob Owen Croesor, D. J. Williams Abergwaun, T. H. ac Amy Parry-Williams, Ambrose Bebb, T. J. Morgan, J. E. Jones a Gwenallt, a darlunnir Tom Nefyn yn pregethu ar y stryd yn ffair Pwllheli. Ond ni thybiai'r un o'r ddau ffilmydd am eiliad eu bod yn llunio cofnod a fyddai'n peri newid hanesyddol, ac, fel y dywedodd John Roberts Williams yn ddiweddarach am y dasg o benderfynu beth i'w ffilmio, 'tydi rhywun ddim yn credu yng ngwaelod ei galon fod yna rywbeth mawr yn mynd i newid'.[102] Cymwynas fawr arall y ffilm yw'r darluniau o hen arferion amaethyddol a roddwyd ar gof a chadw, megis yr hen ddull o gneifio a medi'r cynhaeaf, a hen ddulliau gwaith y chwarel ithfaen. O ganlyniad, gellid dadlau mai prif rinwedd y ffilm oedd y darluniau gonest a grëwyd o etifeddiaeth a oedd ar fin dirwyn i ben yn sgil moderneiddio Cymru wedi'r Ail Ryfel Byd. Meddai Williams, â synnwyr trannoeth, 'we captured an end of an era – the last legacies of pre-war life'.[103]

Un o'r rhesymau paham fod y darluniau a geir o Gymreictod yn *Yr Etifeddiaeth* yn rhai gonest yw fod Williams a Charles wedi ffilmio yng ngwir ystyr y term *cinéma vérité*, sef trwy bortreadu pobl gyffredin wrth eu gwaith a'u bywydau beunyddiol. Dilyn gweithgareddau arferol y trigolion lleol a wnaed, boed yn weithwyr ffatri laeth Chwilog yn casglu'r llaeth o'r ffermydd a'i brosesu cyn ei anfon mewn lorïau i Lerpwl neu yn ffermwyr yn ymgasglu yng Nghwm Pennant i rannu'r baich o gneifio ac achub y cyfle i gymdeithasu. Y mae swyn digyffelyb yn yr olygfa olaf hon gan ei bod yn dangos natur hamddenol bywyd amaethyddol y 1940au o'i gymharu â phrysurdeb y byd amaeth heddiw. Prin y gwelir heddiw ddau hen ffermwr yn setlo ar fainc bren gyda'u pibau baco, gan lafurio'n bwyllog â gwelleifiau cneifio. Ni cheisiwyd cynnwys actorion proffesiynol yn y ffilm na chreu unrhyw sefyllfaoedd ffug, ac eithrio'r olygfa pan lusgwyd Cybi at riniog ei fwthyn. Gadawyd i fywyd lifo yn ei flaen heb unrhyw ymyrraeth ac, o ganlyniad, llwyddwyd i gipio golygfeydd unigryw a naturiol. Y mae dawn Geoff Charles fel ffotograffydd yn amlwg gydol y ffilm, yn enwedig ei fedr wrth osod *mise-en-scène* trawiadol. Yn sgil ei ddefnydd o onglau camera cynnil erys sawl darlun yn y cof, megis afon Dwyfor yn llifo heibio bedd David Lloyd George tua'r môr, a hefyd y panio rhamantus o'r Lôn Goed a'r haul yn machlud dros Fae Ceredigion.

Er gwaethaf ei chymwynas ddihafal fel cofnod hanesyddol y mae i *Yr Etifeddiaeth* wendidau sylfaenol. Gwaith dau amatur ydyw, a cheir ynddo ddiffygion strwythurol ynghyd â rhai technegol. Gwendid strwythurol pennaf y ffilm yw'r ffaith ei bod yn bur anhrefnus a digyswllt, a hynny er gwaethaf cynllun cadarn John Roberts Williams. Ceir ynddi ormod o neidio o'r naill fan i'r llall ac y mae rhai golygfeydd yn bur dameidiog ac weithiau'n ddiangen, megis yr olygfa o wragedd Pwllheli yn cyrraedd ar gyfer ymarferiad y côr lleol. Er hynny, yr olygfa anghymwys amlycaf, o gofio bwriad gwreiddiol John Roberts Williams o ddarlunio bywyd ei ardal enedigol, yw'r darluniau o Ysgol Gymraeg Aberystwyth. Mewn cyfweliad diweddarach, esboniodd Geoff Charles ei fod ef a Williams wedi penderfynu nodi sut y bu'r ysgol hon yn 'constructive element in Welsh education when so much was being lost by the invasion from across the border'.[104] Ond crwydrwyd ymhellach fyth o'r ardal drwy ffilmio Eisteddfod yr Urdd yn Ynys Môn, yr Eisteddfod Genedlaethol ym Mhen-y-bont ar Ogwr, a'r Eisteddfod Ryngwladol yn Llangollen. Gwendid amlwg oedd y darlunio dethol hyn ar ran y cyfarwyddwr, gan ei fod yn llurgunio deunydd er mwyn profi pwynt.

Diau y gellid bod wedi osgoi aflunieidd-dra'r cynllun drwy ddefnyddio mwy ar Freddie Grant fel llinyn cyswllt cadarn. Ni cheir sôn amdano ar ôl y cyflwyniad, ac eithrio cipolwg ohono yng nghwmni Cybi, yn cerdded o Gapel Helyg, neu yn syllu ar luniau mewn albwm o'r mannau i'w trafod yn y ffilm. O ganlyniad, ni ellir llai na chytuno â John Ellis Williams, a fu'n feirniad adeiladol a huawdl ar y ffilm, fod 'y ffilm mor gyfoethog ei golygfeydd nes bod angen llinyn cyswllt cryf i rwymo'r perlau yn gadwyn'.[105] Serch hyn, yr oedd John Roberts Williams yn gwbl ddiedifar: mynnai ef nad 'stori Freddie yw'r darlun ond stori y bywyd Cymreig – dociwmentari, os mynnwch, o'r wlad y daeth Freddie iddi'.[106] Gwendid amlwg arall yn y ffilm yw'r ffaith fod gan y sylwebydd, Cynan, ormod i'w ddweud am ambell olygfa a'i fod yn gorfod brysio er mwyn cadw amser â'r darlun. Er iddo lwyddo'n reiol i gadw'r sylwebaeth dan reolaeth gydol y ffilm, gellid dadlau iddo darfu'n ormodol ar y darluniau. Bu hyn yn achos poen meddwl mawr i'r ffotograffydd Geoff Charles:

> we made the mistake of not realising that while the visual was good you should shut up on the commentary and only use the commentator to reinforce the visual or to spread the message. But really the sole thing should have been to leave the visual . . . to tell its own story and then bring in the commentary to sort of help it along. But what we allowed Cynan to do was to talk endlessly, endlessly, it was terrible . . . with all his magnificent oratory, it became boring in Welsh, but in English this booming voice with this corny . . . Welsh orientated English commentary . . . it was dreadful![107]

Ar ben hynny, y mae'r ffaith mai dim ond llais Cynan sydd i'w glywed trwy gydol y ffilm, heblaw am y gerddoriaeth, braidd yn flinderus. Ni chlywir lleisiau plant yn chwarae, adar yn canu, sŵn sisial nant ac afon, nac ymchwydd llanw a thrai y môr. Fel y dywedodd Dewi Prys Thomas mewn sgwrs ar y radio, 'argraff mud a gawsom o'n hetifeddiaeth. Felly, er gwyched y ffilm, llesteiriwyd llawer ar ei neges.'[108] Ni lwyddodd dull John Roberts Williams o ledaenu ei neges i ennyn edmygedd John Ellis Williams ychwaith; nododd ef (yn greulon braidd) mai 'pregeth mewn darluniau ydyw'.[109] Y mae'n ddigon gwir bod y sgript yn bregethwrol ar adegau, ond ceisio procio cydwybod pobl Cymru a'u herio oedd bwriad Williams a Charles, nid eu diddanu yn unig. Pwysicach, efallai, yw gwendidau technegol y ffilm, megis y goleuo a'r golygu garw. Y mae ambell olygfa yn gorffen yn ddigon swta; er enghraifft, Gwynfor Pritchard yn rasio ei gi defaid. Tybiai un beirniad, E. Bryan Jones, fod *Yr Etifeddiaeth* yn arbrawf aflwyddiannus ac y dylid ei ystyried yn 'ffrwyth llafur oriau hamdden dau newyddiadurwr prysur a chyfyng eu hadnoddau'.[110] Credai y dylai gwneuthurwyr ffilm Cymraeg arbrofi cyn dangos eu gwaith yn gyhoeddus. Braidd yn annheg yw'r feirniadaeth hon, o gofio cyn lleied o gyllid a oedd ganddynt, ac, fel y dywedodd Williams, ni ellid 'ei ystyried yn ddim ond arbraw i'w roi o'r neilltu. Ni allwn fforddio arbrofi ar y raddfa hon er mwyn dim ond hel profiad.'[111]

Dangoswyd y ffilm am y tro cyntaf i'r cyhoedd yn Eisteddfod Genedlaethol Dolgellau ym mis Awst 1949 yn sinema y Plaza a eisteddai bedwar cant o bobl.[112] Cafwyd tŷ llawn ar gyfer y ddau ddangosiad bob noson o'r wythnos ac aeth yr elw i goffrau'r Eisteddfod.[113] Yr oedd y wasg eisoes wedi ei gweld mewn dangosiad yng Nghroesoswallt yn ystod mis Gorffennaf ac felly yr oedd cryn dipyn o gyhoeddusrwydd wedi ei ledaenu ymlaen llaw. Yn ystod yr hydref aeth y ffilm ar daith o gwmpas y wlad, gan ddechrau yn Llŷn ac Eifionydd cyn mentro mor bell â gwaelod sir Gaerfyrddin. Sut bynnag, gan nad oedd *Yr Etifeddiaeth* ar ei phen ei hun yn ffilm ddigon hir i wneud noson ohoni, dangoswyd hefyd sawl ffilm fechan arall a wnaed gan Geoff Charles a John Roberts Williams ar ran *Y Cymro*.[114] Y ffilm fwyaf gwerthfawr yn y casgliad hwn, ar wahân i *Yr Etifeddiaeth*, yw *Tir Na'n Og*, ffilm y gellir ei hystyried yn chwaer i *Yr Etifeddiaeth* oherwydd ei bod, trwy gyfrwng nifer o ddarluniau hanesyddol gwerthfawr, yn darlunio ffordd o fyw mewn rhanbarth hollol Wyddelig o Iwerddon, sef Connemara.

2. Hysbysebu *Yr Etifeddiaeth* yn Eisteddfod Genedlaethol Dolgellau, 1949.
(*Y Cymro*, 5 Awst 1949, Llyfrgell Genedlaethol Cymru, Aberystwyth)

Camp John Roberts Williams a Geoff Charles, felly, oedd darlunio, cofnodi a dathlu clod bywyd beunyddiol mewn un gornel fechan o Gymru, sef Llŷn ac Eifionydd, ar adeg pan oedd y bywyd hwnnw'n cael ei sathru dan draed rhuthr amser. Er ei fod, fel yn achos *Y Chwarelwr*, yn ddarlun o'r gymdeithas trwy lygad y cyfarwyddwr ac er ei fod yn ddarlun tra unllygeidiog heb iddo arlliw o hagrwch na thlodi bywyd, y mae'n gofnod cymdeithasol gwerthfawr. Teyrnged ddiedifar ac anfeirniadol ydyw i'r werin bobl a gynhaliai'r diwylliant a'r iaith gynhenid.

'Dyma fywyd cefn gwlad Cymru yn ei rin a'i ruddin':[115]

Sam Jones a *Noson Lawen*

Ar yr union adeg pan oedd *Yr Etifeddiaeth* yn destun siarad ym 1949, yr oedd ffilm lafar Gymraeg arall yn cael ei chreu, unwaith eto yng ngogledd Cymru, sef *Noson Lawen*. Y tro hwn, serch hynny, nid awydd Cymro i ddarparu ffilm Gymraeg newydd oedd yr ysbrydoliaeth y tu ôl iddi yn gymaint â'r angen i ledaenu cenhadaeth y Mudiad Cynilion Cenedlaethol yng Nghymru. Sefydlwyd y Mudiad Cynilion Cenedlaethol ym 1916 er mwyn hybu War Savings Certificates yn ystod cyfnod y Rhyfel Mawr. Syr Robert Kindersley oedd tad y mudiad a phan ddaeth y rhyfel i ben newidiwyd y cynllun a'i alw yn National Savings Certificate, gan alluogi'r Trysorlys i werthu'r tystysgrifau hyn mewn swyddfeydd post a banciau, a thrwy hynny ddysgu pobl sut i gynilo'n effeithiol. 'Saving for wise Spending' oedd cadlef y mudiad.[116] Pan sylweddolodd cangen y mudiad yng Nghymru fod angen creu mwy o gefnogaeth i'r cynllun ymhlith y Cymry penderfynwyd y byddai creu ffilm Gymraeg yn ennyn diddordeb helaeth. Gwahoddwyd John Ellis Williams, yn sgil ei gyfraniad i'r ffilm *Y Chwarelwr*, i lunio amlinelliad o senario a sgript i'r ffilm, ond ni ddaeth dim o'r bwriad hwnnw.[117] Felly, ym mis Mehefin 1949 gofynnwyd i Sam Jones, cynrychiolydd Gogledd Cymru gyda'r BBC ym Mangor, greu stori a fyddai'n cynnal ffilm o ryw bum munud ar hugain ac a fyddai'n cynnwys cyfeiriad at y Mudiad Cynilion Cenedlaethol. Bu cefnogaeth y Mudiad i'r fenter yn eithriadol o hael: dywedwyd wrth Sam Jones 'no money should be spared to make this film essentially Welsh and a successful one'.[118] Yn ôl adroddiad Melvin N. Hughes, swyddog Gogledd Cymru y Cyngor Prydeinig, disgwylid ganddo ffilm a fyddai'n ceisio 'illustrate the inestimable benefits of thrift, and what advantages can accrue to a poor hard-working Welsh family which accepts the ideology of the National Savings Committee'.[119]

Gŵr hoffus diymhongar o Glydach oedd Sam Jones, ac un enwog am ei daerineb. Cyfeirid ato'n aml fel 'y dewin Sam Jones', a'i fabi ef, heb os, oedd y

BBC yng ngogledd Cymru.[120] Buasai'n gynrychiolydd y BBC ym Mangor er 1935 a thrwy ei weledigaeth ef y darparwyd rhaglenni radio poblogaidd fel *Gyda'r Wawr, Rown i Yno, Yn yr Ardd, Ymryson y Beirdd* a llawer mwy i 'ddiddanu gwerin Cymru a llonni ei chalon hi', chwedl un cofiannydd.[121] Yr oedd y Mudiad Cynilion Cenedlaethol eisoes wedi canfod cwmni ffilmio proffesiynol a oedd yn barod i weithio ar y prosiect, sef cwmni Brunner-Lloyd o Lundain. Penodwyd Mark Lloyd yn gyfarwyddwr: gŵr o dras Gymreig oedd ef, yn ôl pob sôn, a'i ddymuniad pennaf oedd creu ffilm boblogaidd yn hytrach na darn o bropaganda.[122] Ei gyngor ef i Sam Jones ar gyfer y sgript oedd: 'There are, of course, one or two things that should be avoided . . . No political or class prejudice. Not too much poverty or hard luck story . . . Don't try too hard to bring in the savings angle, but it may find a natural place.'[123] Felly, yn sgil y cyfarwyddiadau hyn, lluniwyd stori seml, felys-ysgafn a oedd yn ymwneud â chyfnod tyngedfennol ym mywyd teulu amaethyddol yng ngogledd Cymru.

Ar gyfer cefndir y ffilm dewisodd Sam Jones bwnc poblogaidd iawn ymhlith llenorion, dramodwyr a gwneuthurwyr ffilm Cymreig yng nghanol yr ugeinfed ganrif, sef addysg. Lluniodd hanesyn yn ymwneud ag addysg brifysgol mab ffermdy'r Hafod, gan ddilyn tuedd amryw Gymry i ddyrchafu'r syniad o addysg fel cyfrwng i godi yn y byd. Dychwel Ifan, y mab, i'w gartref ar ôl tair blynedd yn astudio yng Ngholeg Prifysgol Gogledd Cymru, Bangor, gan ddisgwyl am ganlyniad ei radd. Nid ef yw'r unig un sydd ar bigau'r drain wrth ddisgwyl y newyddion: y mae'r teulu oll, ei fam a'i dad, Gwen ei chwaer, a'i daid, yr un mor bryderus-eiddgar. Er bod pawb yn gobeithio'r gorau o ran dyfodol Ifan, y brif ystyriaeth yw a fydd eu haberth drwy gynilo eu harian prin gyda'r Mudiad Cynilion Cenedlaethol yn dwyn ffrwyth. Cyflwynir darlun gweddol deg gan y ffilm o werth y system cynilo, gyda'r fam yn pleidio'r Mudiad drwy fod yn ddarbodus ac yn cynilo'i harian yn y Swyddfa Bost tra bo'r tad yn amheus a phesimistaidd ynghylch y cyfan. A'r tensiwn ar fin berwi drosodd yn y ffermdy bychan, daw gollyngdod i bawb pan ddaw llythyr, drwy law y bostfeistres, i ddweud bod Ifan wedi ennill gradd ag anrhydedd. Llawenydd a geir yng ngweddill y ffilm drwy ddilyn hynt y teulu ym Mangor ar ddiwrnod y seremoni raddio yng nghwmni cyfeillion Ifan, sef Hywel ac Emlyn. Derbynia'r bechgyn wahoddiad gan dad Ifan i dreulio'r haf yn yr Hafod ac, ar ôl nifer o olygfeydd diddan ohonynt yn mwynhau bywyd a gwaith y fferm, daw'r ffilm i ben yn hwyl y noson lawen yn yr hen ffermdy. Stori seml, felly, a geir yn y ffilm ond fe fu, dan fantell yr adloniant difyr, yn gyfrwng hynod effeithiol gogyfer â phropaganda y Mudiad Cynilion.

Dewisodd Sam Jones ei gyd-weithiwr, y dramodydd John Gwilym Jones, a oedd yn gynhyrchydd dramâu a rhaglenni nodwedd ym Mangor, i roi cig a gwaed i'r stori fel sgriptiwr. Ym Mangor hefyd y canfu Sam Jones actorion ar gyfer y ffilm, sef criw y rhaglen radio boblogaidd *Noson Lawen*. Yr oedd *Noson Lawen* wedi ei darlledu ar nosweithiau Sadwrn o Neuadd y Penrhyn ym Mangor ers canol y pedwardegau, a chafwyd bod eitemau amrywiol megis canu, adrodd, actio, dychan a dynwared yn fformwla heb ei hail. Sêr y sioe oedd Triawd y Coleg, sef Meredydd Evans, Robin Williams ac Islwyn Ffowc Elis, ond pan drawyd yr olaf yn wael cymerodd Cledwyn Jones o Benrhos-garnedd ei le. Anfarwolwyd gan y cyn-fyfyrwyr dawnus hyn amryw ganeuon megis 'Mari Fach', 'Teganau' a 'Hen feic peni-ffardding fy nhaid', ynghyd â nifer o alawon gwerin a chaneuon Cymraeg eraill.[124] Rhannwyd yr amser ar yr awyr ag aelodau eraill o'r cast, megis y diddanwr Charles Williams, y storïwr Richard Hughes (y Co Bach), y pianydd Maimie Noel Jones, Nansi Richards Jones (Telynores Maldwyn), Y Tri Thenor, sef dau gefnder a'u hewythr, a Bob Roberts, Tai'r Felin.[125] Bu'r cyfuniad hwn yn llwyddiant ysgubol ar y radio, er nad oedd pawb yn gwirioni ar y rhaglen. Meddai Dr Thomas Richards, llyfrgellydd Coleg Bangor, wrth ei gyfaill Bob Owen, Croesor, ym mis Awst 1946: 'Dal i gredu yn y nosweithiau llawen, rwy'n gweled. Gresyn, serch hynny, na fai hufen y genedl yn gwasanaethu ynddynt, yn lle y sbarblis mwyaf sparbliaidd.'[126] Er gwaethaf dirmyg 'Doc Tom', pan ddaeth cyfle i baratoi'r ffilm nid oedd gan Sam Jones unrhyw amheuaeth na fyddai'r fformwla yn llwyddo unwaith eto. Dewiswyd Meredydd Evans ar gyfer rhan Ifan, Robin Williams ar gyfer rhan Hywel, a Cledwyn Jones ar gyfer rhan Emlyn. Ieuan Rhys Williams, brodor o Ystalyfera, fyddai'r tad, Nell Hodgkins y fam, a Meriel Jones, gwraig Cledwyn, fyddai'r chwaer, Gwen. Bob Roberts, Tai'r Felin, ac Emily Davies a gawsai ran y taid a'r bostfeistres.

Wedi cwta fis o baratoi nid oedd gan Sam Jones sgript gyflawn. Eto i gyd, dechreuwyd y ffilmio ar 23 Gorffennaf 1949, sef yn ystod y seremoni raddio swyddogol yng Ngholeg Bangor. Galwyd yr holl gast i Fangor ac aed ati i ffilmio Ifan yn derbyn ei sgrôl ac yn cwrdd â'i ffrindiau yng ngerddi'r Coleg. Defnyddiwyd y gynulleidfa a oedd yn gwylio'r seremoni swyddogol, ond chwaraewyd rhan prifathro'r Coleg gan W. H. Roberts a'r dirprwy-ganghellor gan Elwyn Thomas, cynhyrchydd adran ysgolion y BBC ym Mangor. Yn y cyfamser yr oedd Sam Jones wedi gofyn cyngor Robert Lloyd, Llwyd o'r Bryn, ynghylch safle delfrydol ar gyfer ffilmio golygfeydd ffermdy'r Hafod a chan-fuwyd tyddyn Pant-y-neuadd ym mhentref y Parc ger y Bala.[127] Defnyddiwyd y safle hwn yn ystod mis Medi 1949 i ffilmio'r golygfeydd awyr-agored, megis casglu'r cynhaeaf, cneifio a'r cipolwg symudol ar ddechrau a diwedd y ffilm o harddwch Llyn Tegid a'r tyddyn yn nythu yng nghesail yr Aran. Buwyd yn ffilmio hefyd yn y Parc y golygfeydd lle y chwery Ifan, Emlyn a Hywel dric ar yr hen bostfeistres siriol, y plant yn chwarae yn iard yr ysgol leol, a gwasanaeth crefyddol yng Nghapel y Parc.

Bedydd tân fu cyfarwyddo'r ffilm i Mark Lloyd a threthwyd ei amynedd wrth ffilmio yn y Parc. Cafwyd haf gwlyb iawn ym 1949, a chollwyd diwrnodau dirifedi o ffilmio oherwydd glaw di-baid.[128] Ffilmiwyd gweddill y golygfeydd dan do yn stiwdio Merton Park, Llundain, rhwng 14 a 23 Tachwedd 1949.[129] Ymhlith y golygfeydd hyn cafwyd noson lawen ar ddiwedd y cynhaeaf, ac at y pwrpas hwnnw defnyddiwyd rhai o blith Cymry Llundain fel *extras* yn y gynulleidfa.[130] Bu cryn dipyn o waith trefnu er mwyn sicrhau bod pawb yn gallu bod yn bresennol yn Llundain gan fod cynifer ohonynt ag ymrwymiadau eraill; er enghraifft, yr oedd Meredydd Evans yn ddarlithydd yng Ngholeg Harlech, Cledwyn Jones yn athro ysgol a Robin Williams yn weinidog yr Efengyl.[131] Serch hynny, cymerodd yr actorion at eu tasg 'like ducks to water', chwedl Mark Lloyd, ac ymhen rhyw bum mis yr oedd y gwaith ffilmio fwy neu lai wedi dod i ben.[132] Oddeutu £4,000 oedd cyfanswm y gost o greu'r ffilm ddu a gwyn hon ar 35mm a 16mm, swm anferth ar y pryd a thipyn mwy na chost y ddwy ffilm Gymraeg flaenorol.[133] Eto i gyd, *Noson Lawen* oedd y ffilm Gymraeg gyntaf i'w chreu gan uned ffilm broffesiynol, a'r tro hwn nid oedd ariannu'r prosiect yn ffactor hollbwysig wrth wneud penderfyniadau golygyddol. Cafodd yr actorion gyflog hael am eu gwaith: er enghraifft, talwyd seren y ffilm, Meredydd Evans, £75 am 15 niwrnod o waith a £5 am sylwebu.[134] Daeth cyfanswm y cyflogau yn unig yn agos iawn at £500.[135]

Gwisgodd y ffilm hon sawl het ar ei thaith i fodolaeth. Y bwriad gwreiddiol oedd iddi fod yn bropaganda ar gyfer y Mudiad Cynilion Cenedlaethol, ond wrth i'r prosiect fagu nerth daeth yn amlwg fod Mark Lloyd â'i fryd ar greu ffilm broffesiynol a fyddai'n denu cynulleidfa eang. Yr oedd eisoes yn drwm dan ddylanwad un o'r portreadau enwocaf o Gymru, sef *How Green Was My Valley*, oherwydd nododd mewn rhestr o awgrymiadau ar gyfer Sam Jones a John Gwilym Jones yr hoffai seilio'r sylwebaeth ar arddull nofel Richard Llewellyn a ffilm John Ford.[136] Ond yr oedd Sam Jones yn benderfynol o greu ffilm drwyadl Gymreig, ffilm a ddarluniai fywyd cefn gwlad Cymru ac y gallai pobl Cymru ymuniaethu â hi. Y canlyniad oedd mwngrel o ffilm a gynhwysai bropaganda, melodrama a realaeth. Rhaid oedd cynnwys elfen o neges y Mudiad Cynilion gan mai'r mudiad hwn oedd yn ariannu'r ffilm, ond Lloyd fu'n gyfrifol am y melodrama a'r rhamant. Ar ei gais ef y peidiodd John Gwilym Jones â chyfeirio yn ei sgript at elfennau a fyddai'n aml yn llethu bywyd amaethwr, megis colledion blynyddol ar y fferm neu salwch teuluol. Yr unig bwnc gwaharddedig y rhoddwyd sylw iddo yn y ffilm oedd gwewyr meddwl Ifan wrth iddo ailystyried ei ddaliadau crefyddol.

Aeth Mark Lloyd ati'n fwriadol i sicrhau mai teulu cefn gwlad oedd teulu'r Hafod. Gorchmynnodd yr actorion i wisgo eu dillad mwyaf gwladaidd – britshis a gwasgodau gwlân – a gofynnodd am gael Telynores Maldwyn yn ei

gwisg Gymreig er mwyn cadarnhau'r hen ddelwedd o'r Gymru draddod-
iadol.[137] Oni bai am ddygnwch a chadernid Sam Jones wrth ddadlau ei achos,
byddai Lloyd wedi creu darlun ar lun Hollywood petai wedi cael rhyddid i
weithio'n gyfan gwbl ar ei liwt ei hun. Yr oedd Sam Jones yn adnabod ei
gynulleidfa yn well na Lloyd, a da y dywedodd Cledwyn Jones: 'yr oedd
Sam yn gw'bod beth yr oedd pobl 'isio . . . a beth oedd yn dderbyniol gan y
cyhoedd.'[138] Bu sawl ffrwgwd pan geisiai sefyll ei dir yn ddi-ildio yn erbyn
syniadau ffuantus Mark Lloyd. Er enghraifft, ceisiodd y cyfarwyddwr
ddefnyddio Ieuan Rhys Williams, yn hytrach na Charles Williams, fel arwein-
ydd yn y noson lawen yng nghegin yr Hafod.[139] Dro arall honnodd Lloyd y
dylid cael cyfeilyddion proffesiynol ar y delyn a'r piano yn hytrach na Maimie
Noel Jones, Nansi Richards Jones ac Osian Ellis. Gwylltiodd Sam Jones ac
mewn llythyr at Lloyd mynnodd gadw 'the identity of the *Noson Lawen* group
in the film throughout. I do believe it would be fatal to bring in alien elements
into the film.'[140] Ond ni lwyddodd hyd yn oed Sam Jones i ddwyn perswâd ar
Lloyd i newid teitl y ffilm. Yr oedd Mark Lloyd wedi penderfynu mai *Noson
Lawen* fyddai teitl fersiwn Cymraeg y ffilm a *The End* ar gyfer y fersiwn
Saesneg, er gwaethaf y ffaith fod Sam Jones a John Gwilym Jones o blaid y teitl
Y Cynhaeaf yn Gymraeg a *Harvest Home* yn Saesneg.[141] Honnai'r ddau fod
dewis Lloyd yn cyfeirio at un digwyddiad yn unig yn y ffilm ac oherwydd
hynny, meddai Sam Jones, 'It would be a grave mistake to call it *Noson Lawen*'.
Aeth yn ei flaen i ddadlau ei achos o blaid *Y Cynhaeaf*: 'here is a double
meaning', meddai, 'the actual harvest on the farm and reaping the harvest of
savings over the years when the son gets his degree'.[142] Ni chafodd Sam Jones
ei ffordd oherwydd yr oedd Lloyd yn gryf o'r farn y byddai'r teitl *Noson Lawen*
yn denu mwy o gynulleidfa yn sgil apêl y rhaglen radio ac ni ellir llai na
chytuno ag ef. Ond bu cyfaddawd wrth bennu'r teitl ar gyfer y fersiwn
Saesneg: fe'i galwyd *The Fruitful Year*.[143] Un a wyliodd y fersiwn Saesneg o'r
ffilm drwyadl Gymreig hon oedd y Parchedig E. Tegla Davies ac meddai ef, yn
ei ddull crafog ei hun, am berfformiad y cast yn yr iaith fain: 'Y mae pob un o'r
actorion yn gwneud ei waith fel Sais yn dda iawn, ond tebyg ydynt i Gymraes
fynyddig yn ceisio ymbincio fel ei chwaer o'r dref. Nid yw'n gweddu iddi o
gwbl.'[144]

Nid ffilm ddogfen oedd *Noson Lawen*, ac nid drama yng ngwir ystyr y gair
ychwaith. Y mae'n wir fod iddi elfen o ffuglen wedi ei seilio ar ddigwyddiadau
cyfarwydd ym mywyd teuluoedd dosbarth-gweithiol cefn gwlad gogledd
Cymru, ond ar y cyfan disgrifio a chofnodi darlun cywir o'r bywyd hwn a
wneir yn hytrach na'i ddramateiddio. Darlunnir cyfnod pan fyddai teuluoedd
cefn-gwlad yn rhannu eu beichiau a'u llwyddiannau, ac yn gwir fwynhau eu
horiau hamdden prin drwy gynnal adloniant cymdeithasol afieithus. Meddai

Tegla yn ei golofn wythnosol 'O'r Gadair Gan Eisteddwr' am ei deimladau ar ôl gwylio *Noson Lawen*: 'a cherddwn adref megis un yn breuddwydio, am imi weled yn glir, er cymaint a bryderais yn ei gylch, fod yr hen fywyd Cymreig yn dal yn ei rym o hyd . . . Dyma fywyd cefn gwlad Cymru yn ei rin a'i ruddin.'[145] Naturioldeb a hiwmor yw'r ddwy elfen amlycaf yn y ffilm, ac i'r graddau hynny dilynwyd patrwm llwyddiannus y rhaglen radio. Yn ogystal, diolch i grefft Mark Lloyd fel cyfarwyddwr, llwyddwyd yn y ffilm i ddiogelu nid yn unig hen arferion sydd bellach wedi marw o'r tir ond hefyd rai cymeriadau naturiol iawn.

Un o'r delweddau mwyaf swynol oedd y darlun o Dafydd Dafis, hen ŵr y tŷ capel a oedd, yn ôl Tegla, yn 'ymgorfforiad perffaith o'r hen fywyd'.[146] Hwn oedd hoff bortread Sam Jones yn y ffilm, ac elwodd Mark Lloyd yn llawn ar wyneb carismatig yr hen ŵr drwy saethu nifer o olygfeydd tyn ohono.[147] Deuir ar ei draws am y tro cyntaf wrth i Ifan fynd i gyfarfod â'r pregethwr yn y capel bach lleol. Yno gwelir Dafydd Dafis yn weindio'r cloc ac yna'n ddiweddarach fe'i gwelwn yn y sêt fawr â'i lygaid ynghau wrth forio canu. Dyma ddarlun sy'n diferu o realaeth: y mae angerdd yr hen ŵr yn drydanol a gellid yn hawdd gredu ei fod wedi llwyr anghofio bod camerâu yn ei ffilmio yn y gwasanaeth hwnnw. Y mae cymeriadau naturiol fel hyn yn britho'r ffilm. Un o'r uchel-fannau oedd y cymeriad a chwaraewyd gan Bob Roberts, Tai'r Felin. Er ei fod yn tynnu at ei 80 oed ac eisoes yn adnabyddus i wrandawyr y radio, neidiodd Roberts at y cyfle i actio rhan taid Ifan yn y ffilm, gan fanteisio'n llawn ar ei ddoniau cynhenid fel gwladwr ffraeth. Ar ddechrau'r ffilm disgwylid iddo chwarae rhan hen ŵr cloff a difywyd a gâi ei drawsffurfio, megis llencyn llawn asbri, yn ddawnsiwr bywiog yn ystod y noson lawen. Gorchwyl digon anodd oedd perffeithio'r olygfa hon, ac yntau'n chwysu fel mochyn dan y goleuadau llachar, yn enwedig y dasg o ganfod y nod ar y llawr a ddynodai lle y dylai ddychwelyd i sefyll a chanu 'Moliannwn' ar ôl bod yn dawnsio.[148] O sylwi'n fanwl gellir gweld Bob Roberts yn chwilio'n ddyfal am y nod hwnnw! Ond gwnaeth ei waith yn gampus ac, yn ôl Tegla, ni fu'r hen ŵr 'erioed dan ddisgyblaeth graenusach actor am fod y llawenydd yn ffrydio ohono fel ffynnon weirglodd nes gwneud llawenydd celfyddyd y ffraethinebwyr proffes-edig yn llwyd a llipa'.[149] Yn sgil ei ymddangosiad yn y ffilm sicrhaodd Bob Tai'r Felin enwogrwydd ehangach pan dderbyniodd wahoddiad i ganu ar *Picture Page*, rhaglen deledu Leslie Mitchell a Joan Gilbert, ym Mhalas Alexandra.[150]

Ail brif nodwedd lwyddiannus y ffilm – a'r allwedd i'w llwyddiant – oedd ei bod yn fôr o gân. Sam Jones fu'n trefnu pa ganeuon ac emynau i'w defnyddio yn y ffilm a chynhwyswyd llu o hen ffefrynnau'r gyfres radio. Yr oedd Triawd y Coleg yn arwyr poblogaidd yn y cyfnod hwnnw a thrwy gyfrwng eu caneuon hwy, yn enwedig 'Triawd y Buarth' a 'Hen feic peni-ffardding fy nhaid',

3. Poster yn hysbysebu *The Harvest* a ddangoswyd ar 27 Ebrill 1950.
(Archif Prifysgol Cymru, Bangor)

llwyddwyd i gyfleu hiwmor a ffraethineb y Gymru wledig heb fod yn nawdd-oglyd. Yn naturiol, yr oedd i'r ffilm ei gwendidau. Methodd sawl cymeriad â tharo deuddeg. Y mae'r fam (Nell Hodgkins) yn rhy ddramatig a hunan-ymwybodol i fod yn wraig fferm brysur, ac felly hefyd i raddau y chwaer (Meriel Jones). Ceisiodd Sam Jones achub ei cham ym mhapur wythnosol ardal Blaenau Ffestiniog, *Y Rhedegydd*, drwy egluro na chawsai Mrs Jones brofiad o actio o'r blaen ac iddi gael ei dewis i chwarae chwaer Ifan oherwydd ei bod yr un ffunud â Meredydd Evans.[151] Ymhlith gwendidau eraill y ffilm y mae'r ffaith ei bod mor rhyfeddol o fyr. Gellid yn hawdd fod wedi ymestyn y darluniau o'r noson lawen yng nghegin yr Hafod, neu neilltuo mwy o amser i ddigrifwch yr arweinydd Charles Williams, i unawdau'r telynorion Osian Ellis a Nansi Richards Jones, ac efallai i stori gyflawn gan y Co Bach. Man gwan arall yw'r olygfa drwsgl lle y mae'r tri llanc yn curo ar ddrws y bostfeistres cyn ei heglu hi o'r golwg. Ond, heb unrhyw amheuaeth, yr olygfa salaf yn y ffilm yw'r darlun o'r crwt bach yn y swyddfa bost yn gosod ei arian ar adnau gyda'r Mudiad Cynilion Cenedlaethol. Y mae annaturioldeb y bachgen a'i lais anghyffredin o wichlyd yn cymharu'n anffafriol iawn â naturioldeb y bost-feistres Emily Davies.

Dangoswyd y ffilm am y tro cyntaf yn Neuadd Pritchard Jones, Bangor, ar 27 Ebrill 1950.[151] Er bod safon y llun a'r sain yn bur wael, plesiwyd yr 850 o fyfyrwyr a fynychodd y dangosiad, fel y dengys llythyr Sam Jones at Mr A. Gillings, swyddog ffilm y Mudiad Cynilion Cenedlaethol: 'There is no doubt about it, the film is arousing tremendous interest and even though I saw the film under very bad conditions I thought it was highly successful. The reaction of the crowd was certainly excellent.'[152] Aethai Sam Jones i gryn drafferth ymlaen llaw i sicrhau cyhoeddusrwydd i'r ffilm, a manteisiodd yn llawn ar ei swydd trwy gynhyrchu rhaglen radio yn adrodd hanes llunio'r ffilm. Darlledwyd y rhaglen hanner awr Saesneg, *We Made a Film*, ar wasanaeth radio y BBC yn ystod awr y plant, 26 Ionawr 1950, a soniodd Mark Lloyd, ynghyd â Meriel Jones, Ieuan Rhys Williams, Sam Jones a John Gwilym Jones, am eu profiadau wrth ffilmio.[153] Yna, yn Neuadd y Penrhyn, Bangor, ar 19 Mai 1950, cafwyd dangos-iad amgenach a mwy llwyddiannus na'r un yn Neuadd Pritchard Jones. Gwahoddwyd i'r dangosiad nifer o bwysigion tref Bangor, a hefyd Melvin N. Hughes, swyddog Gogledd Cymru y Cyngor Prydeinig. Lluniodd Hughes adroddiad cynhwysfawr ar y ffilm. Er ei fod yn cydnabod bod y cynllun yn fregus a'r elfen ddisgrifiadol yn drech na'r elfen ddramatig, meddai: 'Although it is not perfection itself, I consider it to be the best effort made in the world of films to present an unbiassed picture, within limitation, of an aspect of Welsh life.'[154]

Yn fuan wedi'r dangosiadau swyddogol hyn daethpwyd â'r ffilm i sinema'r

Forum ym Mlaenau Ffestiniog lle y cafwyd ymddangosiadau arbennig gan aelodau o'r cast.[155] Bu'r ffilm yn llwyddiant ysgubol yn y cylch hwn, a honnodd Glyn Bryfdir Jones, rheolwr y Forum ym Mlaenau Ffestiniog, iddo elwa'n sylweddol o ganlyniad.[156] Yna dangoswyd y ffilm ledled Cymru drwy gyfrwng y *National Savings Mobile Cinema Unit*, uned a ymwelai ag ardaloedd amddifad o sinemâu.[157] Derbyniodd Sam Jones hefyd nifer o lythyrau gan wahanol gymdeithasau, gan gynnwys mudiadau crefyddol, yn gofyn am gael benthyg copi o'r ffilm. Daeth y ceisiadau hyn o bell ac agos, o Bontardawe i Lerpwl, ac o Fanceinion i Efrog Newydd.[158] Erbyn diwedd 1950 amcangyfrifai dirprwy gomisiynydd y Mudiad Cynilion yng ngogledd Cymru fod y ffilm wedi ei dangos mewn oddeutu 30 cangen o Sefydliad y Merched, dros 48 o Glybiau Ieuenctid ac yn ffreuturoedd rhai o ddiwydiannau mwyaf sir Gaernarfon.[159] Afraid dweud, felly, y bu *Noson Lawen* yn llwyddiant mawr yng ngogledd Cymru.

Derbyniodd y ffilm nifer o adolygiadau clodforus a chanmolwyd y Mudiad Cynilion Cenedlaethol am ei weledigaeth yn comisiynu ffilm Gymraeg.[160] Honnwyd gan y wasg yng Nghymru y byddai'n ysbrydoliaeth i eraill ac yn gyfrwng gwerthfawr i hybu'r iaith Gymraeg:

> Amlygwyd pryder y byddai i'r darlundai a'r lluniau llafar Saesneg orffen lladd yr iaith Gymraeg, ond dangosodd yr antur newydd a llwyddiannus hon y gellir defnyddio'r dechneg fodern hon yn offeryn i ennyn diddordeb newydd yn yr iaith Gymraeg, ac i estyn ei hoedl.[161]

Cytunai pob colofnydd fod y stori yn gredadwy. Yn ôl Gwilym Roberts yn *The Liverpool Post*, ceid ynddi 'a simple credible tale and none of your sex nonsense. What makes the piece so well worth seeing is the authenticity of the life it presents.'[162] Credai Roberts hefyd y dylai'r ffilm fod ymhlith y rhaglenni cyntaf i'w dangos ar y teledu pan ddeuai i Gymru, a phe ceid, yn sgil hynny, raglenni hanner cystal â *Noson Lawen* na fyddai gan wylwyr Cymru le i gwyno. Ym 1951 honnodd adolygydd yn y *Monthly Film Bulletin* fod y ffilm hon, megis ffilm Gymreig arall y bu Sam Jones yn ymwneud â hi, sef *David*, yn 'fortunately, far removed from the correct, hygienic manner of the usual run of sponsored documentary' a'i bod yn haeddu cylchrediad eang.[163] 'Diffuant' oedd gair mawr y sylwebyddion am y ffilm, a derbyniai Sam Jones lythyrau'n ddyddiol gan wylwyr yn mynegi eu boddhad o weld darlun mor onest o fywyd Cymry. Er enghraifft, meddai Gwyneth Biddle, aelod o Gymdeithas Cymry Caerodr, Bryste: 'It was a very refreshing change to see a film portraying the Welsh way of life so sincerely, and with the complete absence of pseudo-Welsh accents and idioms.'[164] Hon oedd y ffilm broffesiynol lafar Gymraeg gyntaf, ac at ei gilydd, diolch i weledigaeth 'y dewin Sam Jones', llwyddodd yn burion i gipio swyn naturiol bywyd mewn un ardal yng nghefn gwlad Cymru. Caiff y sgriptiwr John Gwilym Jones y gair olaf:

> Far too often on the screen and stage Wales is depicted as a quaint hinterland populated by lovable cretins moved to indiscriminate hymn-singing. *Noson Lawen* may not be realistically true but, with justifiable licence, it aims at presenting a gifted son of an average home.[165]

* * * *

O'r tair ffilm a drafodwyd yn y bennod hon, *Noson Lawen* gan Sam Jones a Mark Lloyd oedd y mwyaf llwyddiannus gan ei bod yn fwy o gyfanwaith na'r ddwy arall. Manteisiodd y ffilm hon ar fformwla a oedd eisoes wedi profi ei gwerth ar ffurf cyfres radio ac yr oedd ganddi hefyd gyllid sylweddol.[166] Bratiog oedd saernïaeth *Yr Etifeddiaeth* ond eto i gyd y mae'r ffilm hon wedi byw oherwydd bod ynddi ddogfennaeth amhrisiadwy ac oherwydd bod Llyfrgell Genedlaethol Cymru wedi ei rhyddhau ar fideo er budd y genedl gyfan. Ffilm arloesol anghyflawn yw *Y Chwarelwr* ond er bod swyn yn perthyn i'r darluniau *cinéma vérité* cofiadwy o chwarelwyr Blaenau Ffestiniog wrth eu gwaith beunyddiol, ni lwyddodd i gipio'r dychymyg. O gofio cyn lleied o nawdd ac adnoddau a oedd ar gael ar gyfer creu ffilmiau Cymraeg eu hiaith a hefyd y gystadleuaeth ffyrnig o du Hollywood, y mae'n wyrth fod cynifer â thair ffilm wedi ceisio diogelu 'hen arferion Cymru gynt' drwy eu delweddu ar seliwloid.

2

Dogfennu'r dirwasgiad yn ne Cymru:
Today We Live ac *Eastern Valley*

Yn ystod dirwasgiad economaidd y 1930au canfu dogfenwyr o Loegr faes ymchwil heb ei ail yng Nghymru, a chofnodwyd gan amryw uned ffilm effeithiau a chanlyniadau echrydus yr hirlwm ar gymoedd de Cymru. Eisoes yr oedd Robert Flaherty a John Grierson wedi paratoi'r ffordd ar gyfer ffilmiau dogfen drwy gynhyrchu gweithiau trawiadol fel *Nanook of the North* (1922) a *Drifters* (1929). Ystyrir yr Albanwr, John Grierson, yn dad y mudiad dogfennol, mudiad a gynrychiolai brif gyfraniad Prydain i fyd y ffilm yn y 1930au a'r 1940au. Wedi cyfnod yn rheoli uned ffilm yr Empire Marketing Board penodwyd Grierson yn bennaeth uned ffilm y Swyddfa Bost Gyffredinol ym mis Medi 1933 ac yno llwyddodd i osod sylfeini cadarn i'r mudiad dogfennol, gan ddenu ato ddyrnaid o ffilmwyr ifainc addawol a rhyddhau nifer o ffilmiau dogfen dylanwadol megis *Song of Ceylon* (Wright, 1934), *Coal Face* (Cavalcanti, 1935), *Housing Problems* (Elton ac Anstey, 1935) a *Night Mail* (Watt a Wright, 1936).[1] Ond daeth dyfodol uned ffilm y Swyddfa Bost Gyffredinol dan fygythiad o du'r Trysorlys, ac er mwyn ceisio cadw'r mudiad dogfennol yn fyw ceisiodd Grierson annog nifer o gyfarwyddwyr a chynhyrchwyr ffilmiau dogfennol i sefydlu eu cwmnïau ffilm annibynnol eu hunain. Felly, yn sgil ei anogaeth ef, ymgymerodd nifer o'i ddisgyblion â'r dasg o sefydlu unedau ffilmiau dogfen annibynnol, sef Uned Ffilm Shell gan Edgar Anstey ym 1935, Uned Ffilm Strand gan Donald Taylor, Paul Rotha a Stuart Legg ym 1935, ac Uned Ffilm Realist Basil Wright ym 1937.[2] Dibynnai'r unedau hyn ar gomisiynau gan gwmnïau fel Cadbury's Chocolate, Austin Motors ac Imperial Airways neu gan adrannau o'r llywodraeth megis y Mudiad Cynilion Cenedlaethol, yr Weinyddiaeth Wybodaeth neu'r Cyngor Prydeinig a oedd yn awyddus i ledaenu gwybodaeth am eu gwaith ymhlith y cyhoedd. Ac yn ôl Paul Swann: 'The "independent" documentary movement grew on the coat-tails of this new school of public relations.'[3] Daethpwyd i ystyried y ffilmiau a grëwyd gan yr unedau hyn yn weithiau pwysig ac argyhoeddiadol oherwydd eu bod yn addysgu gwylwyr heb geisio rhamantu neu glamoreiddio'r pwnc. O ganlyniad, daeth Cymru, yn enwedig y de glofaol a'i ddiweithdra, tlodi a dioddefaint enbyd, yn brif faes ymchwil i sawl cwmni dogfen newydd.

Er i Brydain gyfan brofi effeithiau arswydus dirwasgiad y 1920au a'r 1930au, prin y dioddefodd yr un ardal yn fwy na de Cymru. Sylweddolwyd yn sgil y dirwasgiad fod economi Prydain, yn enwedig Cymru, yn orddibynnol ar ddiwydiannau trwm megis glo, dur a thunplat.[4] Allforid dros hanner cynnyrch blynyddol glo de Cymru i wledydd tramor, ond wrth i'r galw am lo grebachu yn sgil dylanwad amryw ffactorau, gan gynnwys cynnydd mewn cynhyrchu glo ar y Cyfandir, datblygiadau ym myd trydan a defnydd y llynges o olew yn hytrach na glo, bu'r effaith ar gymoedd de Cymru yn wirioneddol enbydus.[5] Caewyd 241 o weithfeydd glo ym Maes Glo De Cymru rhwng 1921 a 1936, gan achosi diweithdra a thlodi affwysol yn y cymoedd.[6] Ffoes cannoedd o deuluoedd ifainc a oedd wedi dibynnu am eu cynhaliaeth ar y gweithfeydd glo i drefi a diwydiannau modern Lloegr. Torrwyd asgwrn cefn cymunedau Cymru, yn enwedig y Rhondda a gollodd 22 y cant o'i phoblogaeth rhwng 1921 a 1931.[7] Chwalwyd strwythur y gymdeithas yn ne Cymru gan ddiweithdra tymor hir, ac effeithiwyd yn ddifrifol ar hyder, hunan-barch ac iechyd meddwl llawer o ddynion di-waith. Honnodd un sylwebydd, yn sgil yr hyn a welsai, 'thousands of men fell into a state of lethargy, some almost into the condition of shell shocked men'.[8]

Bu disgwyl hir am gynllun swyddogol gan y llywodraeth i liniaru ychydig ar y caledi a brofai'r glowyr a'u teuluoedd. Am flynyddoedd lawer, deuai'r unig gymorth o'r tu allan i'r cymunedau glofaol hyn oddi wrth fudiadau gwirfoddol, yn bennaf o du Cymdeithas y Cyfeillion (a adwaenid orau fel y Crynwyr). O 1926 ymlaen, yn enwedig yn sgil effeithiau dreng streic fawr y flwyddyn honno, mabwysiadodd y Crynwyr gymunedau yn ne Cymru er mwyn lleddfu ychydig ar gyflwr truenus y dosbarth gweithiol. Ymhlith y cyntaf i wneud hynny oedd Emma a William Noble a sefydlodd ganolfan Maes-yr-Haf yn Nhrealaw, Rhondda, ym 1927.[9] Sefydlodd y ddau hyn ddull o weithio trwy gynnig cymorth ar ffurf ymarferol, gan ddarparu hadau ac offer. Cynigid hefyd hyfforddiant mewn crefftau a sgiliau newydd, darperid dosbarthiadau addysg, ac anogid teuluoedd i ymorol drostynt eu hunain drwy sefydlu mentrau cydweithredol er budd y gymuned leol gyfan.[10] Buan y dilynwyd esiampl y Nobles gan nifer o Grynwyr eraill: er enghraifft, sefydlodd Peter Scott a Jim Forrester, arweinyddion y Friends Coalfield Distress Committee, ganolfan enwog ym Mryn-mawr ym 1929. Sefydlwyd uned, hefyd, dan ofal Ada Wright yn Senghennydd ym 1928, ym Merthyr gan Gwilym James ym 1930 ac yn Oxford House, Rhisga gan David Wills a'i wraig ym 1931.[11] Canolfannau addysg ar gyfer dynion a gafwyd gan amlaf ond sefydlwyd hefyd ambell ganolfan a drefnai weithgareddau ar gyfer gwragedd, megis uned Ada Wright yn Senghennydd. Menter fwyaf uchelgeisiol y Crynwyr yn ne Cymru, serch hynny, oedd y ganolfan ym Mryn-mawr a sefyd-lwyd er mwyn hybu diwydiannau bychain a chynnyrch ymgynhaliol er budd cymunedau lleol a'r economi leol. Dibynnai canolfannau'r Crynwyr yn llwyr ar wirfoddolwyr, yn ariannol ac o ran cymorth ymarferol, ond wedi 1932 daethai'r dasg o ganfod grantiau yn haws ar ôl i'r llywodraeth enwebu Cyngor Cenedlaethol y Gwasanaethau Cymdeithasol yn brif asiant a chydgysylltydd ar gyfer ymdrechion y mudiadau gwirfoddol mewn ardaloedd anghenus ym Mhrydain.[12] O ganlyniad, hwyluswyd y dasg o rannu grantiau a oedd ar gael o du Cyngor Cenedlaethol y Gwasanaethau Cymdeithasol, Ymddiriedolaeth Carnegie ac Ymddiriedolaeth Pilgrim.

Ffurfiwyd cangen de Cymru a sir Fynwy o Gyngor Cenedlaethol y Gwasanaethau Cymdeithasol ym mis Chwefror 1934, gan ddarparu 'a common platform for the exchange of ideas and proposals and for the stimulation of interest and activity among all the organisations of goodwill throughout the coalfield'.[13] Yn ne Cymru yr oedd gan y Cyngor ddau brif amcan, sef, yn gyntaf, darparu clybiau i'r di-waith a fyddai'n eu galluogi i ymddiwyllio a threulio eu hamser mewn modd proffidiol drwy drwsio esgidiau neu saernïo dodrefn a hefyd ddarparu canolfannau cymdeithasol ar gyfer y gymuned gyfan. Yn ail, hybid y gwaith o sefydlu a chynnal trefedigaethau addysgol fel y gwnaethai'r Crynwyr yn Nhrealaw, Dowlais, Bargoed a Phontypridd.[14] Nod y cymdeithasau hyn, ac eraill tebyg iddynt, oedd adfer hunan-barch unigolion a chymunedau cyfain drwy leddfu effeithiau diweithdra a thlodi, a hefyd beri iddynt godi uwchlaw diflastod a chaledi eu bywyd beunyddiol. Erbyn 1937, pan oedd 144,000 o ddynion yn ne Cymru wedi eu cofrestru'n ddi-waith, yr oedd 230 o glybiau wedi eu sefydlu yn yr ardal a chyfanswm o 30,000 o aelodau yn perthyn iddynt.[15] Megis yn nhrefedigaethau'r Crynwyr, yr oedd disgwyl i'r rhai a geisiai gymorth gan y Cyngor ddangos eu bod yn barod i'w cynorthwyo eu hunain a bod ganddynt feddylfryd bositif ac annibynnol.[16] Helpu'r rhai a fynnai eu helpu eu hunain, sef y tlawd haeddiannol, oedd nod y ddau sefydliad.

Ym 1937 rhyddhaodd y ddwy gymdeithas hyn ffilmiau dogfen a amlygai eu gwaith yng nghymoedd de Cymru. Credai Crynwyr Bryn-mawr a Chyngor Cenedlaethol y Gwasanaethau Cymdeithasol yn gryf y gellid ysbrydoli pobl y cymoedd i'w cynorthwyo eu hunain drwy ddangos ffilmiau a ddarluniai eu hymdrechion a'u llwyddiannau mewn ardaloedd a oedd yng nghrafangau dirwasgiad y tridegau. Gwyddent hefyd y gellid, trwy gyfrwng yr adloniant mwyaf poblogaidd hwn, dynnu sylw gweddill cymunedau Prydain yn weledol at drallod poblogaeth de Cymru. Hyd 1937, dim ond adroddiadau niwtral gwasanaeth radio y BBC a gadwai drigolion Prydain yn ymwybodol o'r caledi yn y cymunedau dirwasgedig.[17] O ganlyniad, comisiynwyd Uned Ffilm Strand i lunio *Today We Live* ar gyfer y Gwasanaethau Cymdeithasol, ac yna *Eastern Valley* ar gyfer Peter Scott, Jim Forrester a'r Crynwyr ym

Mryn-mawr.[18] Daeth llygaid newydd a chyffrous o'r tu allan i ddogfennu a delweddu de Cymru ac i graffu ar ymgais y trigolion i ddygymod â'u hamodau byw truenus a'i groniclo.

'THOUGH BLIGHTED BE THE VALLEYS / WHERE MAN MEETS MAN WITH PAIN / THE THINGS MY BOYHOOD CHERISHED / STAND FIRM, AND SHALL REMAIN':[19]
TODAY WE LIVE

Ymddiriedwyd y dasg o gyfarwyddo *Today We Live* i ddau o weithwyr mwyaf amryddawn Uned Ffilm Strand, sef Ralph Bond a Ruby Grierson, gyda Paul Rotha yn cynhyrchu.[20] Yr oedd angen dau gyfarwyddwr gan fod dau leoliad i'r ffilm, sef ardal amaethyddol South Cerney yn y Cotswolds ac ardal ddiwyd-iannol Cwm Rhondda. Canolbwyntir yn bennaf yma ar y golygfeydd yn ymwneud â de Cymru sydd, fel y mae'n digwydd, yn ymgorffori'r rhan fwyaf o'r ffilm. Penodwyd Bond i ffilmio'r rhan ddiwydiannol ac aeth ei gyd-gyfarwyddwr, Ruby Grierson, i South Cerney i ffilmio'r rhan arall. Cyfarwydd-wraig addawol oedd Ruby Grierson, chwaer John Grierson, ond byr fu ei gyrfa oherwydd fe'i boddwyd pan drawyd *The City of Benares*, y llong plant noddedig yr oedd yn teithio arni, gan dorpedo yn ystod taith i Ganada ym mis Medi 1940. Comiwnydd o Lundain oedd Ralph Bond, gŵr o argyhoeddiadau cryfion a'i fryd ar greu ffilmiau ar gyfer gweithwyr Prydain a fyddai'n darlunio eu brwydrau a'u hawydd i oroesi. Yn ôl David Berry, yr oedd yn 'an incorruptible left-winger . . . [a] lively polemicist and fierce critic of a class-ridden and anodyne British cinema'.[21] Er gwaetha'r ffaith mai dim ond dwy ffilm a gyfarwyddwyd ganddo cyn *Today We Live*, yr oedd Bond yn ffigwr adnabyddus yng nghylchoedd ffilm Prydain yn sgil ei erthyglau niferus a thanllyd am wagedd y sinema fasnachol a'r angen am ffilmiau ar gyfer y dosbarth gweithiol. Edmygai ffilmiau cyfarwyddwyr o Rwsia, megis ffilm Sergei Eisenstein, *Battleship Potemkin* a gweithiau Pudovkin, *Mother, End of St Petersburg* a *Storm Over Asia*, a thybiai fod y ffilmiau grymus hyn yn cael eu gwastraffu ar y dosbarth canol elitaidd – pobl, meddai, 'that would probably never be seen dead in a local fleapit'.[22] Megis Ifan ab Owen Edwards, credai Bond yn gryf fod angen creu ffilmiau am y dosbarth gweithiol ar gyfer y dosbarth gweithiol, yn hytrach na ffilmiau ar gyfer y dosbarth canol a oedd yn portreadu gweithwyr fel cymeriadau doniol neu hanner-pan. Meddai mewn cyfweliad ym 1985:

You never saw working people as anything but comic characters as stupid butlers, idiotic pantry girls or cooks. The working class were shown as rather a stupid lot of people. Our social philosophy was totally contrary to that – we wanted to show the dignity of labour, the importance of labour and working people to the life of the country.[23]

Yn wahanol i Ifan ab Owen Edwards – a roddai bwys ar agweddau cenedl-aetholgar – cyfleu'r frwydr oesol rhwng y cyflogwr a'r cyflogedig a wnâi Bond yn ei ffilmiau ef. Yr oedd pynciau dihysbydd ar gael ar ei gyfer megis di-weithdra, cyflwr tai, dioddefaint plant, streiciau, gorymdeithiau yn erbyn newyn a rhyfel, ac meddai am y ffilmiau y bwriadai eu dangos mewn canol-fannau neu ffreuturau bwyd gweithwyr: 'these alternative films must expose the stupidity and false values [of commercial films] . . . we should aim at achieving naturalism and avoiding obscurity.'[24] Gan adleisio athroniaeth y Workers Film Society, yr oedd Bond yn benderfynol o gyfleu urddas llafur ar y sgrin: 'the dignity of labour, the importance of labour and working people to the economic and social life of the country. This was considered to be a total revolution.'[25]

Erbyn i Uned Ffilm Strand benderfynu ar ardal Pentre, Cwm Rhondda, fel lleoliad ar gyfer y rhan ar ddiwydiant, yr oedd glowyr di-waith Pentre wedi llwyddo yn eu cais am gefnogaeth ariannol gan Gyngor Cenedlaethol y Gwasanaethau Cymdeithasol i adeiladu canolfan ar gyfer dynion di-waith lleol. Yr oedd y gwaith ar y ganolfan, y daethpwyd i'w hadnabod fel y Pentre Riverside Club, eisoes wedi dechrau a bu raid i'r uned ffilm weithio'n gyflym er mwyn ymuno â'r cynllun cyn iddo fynd yn rhy bell.[26] Yn South Cerney, ar y llaw arall, gwragedd lleol a arweiniai'r fenter, ac yno trowyd hen ysgubor yn ganolfan adloniant er mwyn dwyn trigolion y pentref ynghyd. Pan gyrhaeddodd Ralph Bond a'i gynorthwywr Donald Alexander Gwm Rhondda yn ystod gaeaf 1936 fe'u brawychwyd gan amodau byw'r ardal; nid oedd modd dianc rhag y cyni a'r caledi yno, a gwelodd Bond drosto'i hun nad problem gymdeithasol yn gymaint â thrychineb gymdeithasol a'i hamgylchynai. Yn ei dyb ef, yr oedd Cwm Rhondda yn 'a monumental indictment of the ruthless-ness of early mining capitalism'.[27] Ym 1920 amcangyfrifwyd bod 49,000 o ddynion Cwm Rhondda yn gyflogedig yn y glofeydd, ond erbyn adeg ym-weliad Bond yr oedd y ffigwr hwn wedi gostwng i 17,000.[28] O ganlyniad, nid oedd prinder glowyr di-waith a chanfu Bond dri gŵr addas i'w hamlygu eu hunain yn y ffilm, sef Les Adlam, cyn-löwr yng nglofa Pentre, a ymunodd â'r fenter i adeiladu'r ganolfan gan ei fod wedi dilyn cwrs hyfforddiant mewn plastro yn Letchworth; Glyn Lewis, cyn-löwr a oedd, fel Adlam, yn byw ar y dôl; ac Evan Jones, a benodwyd yn ysgrifennydd ar bwyllgor clwb y ganolfan.[29]

Gan fod y tri hyn mor ffraeth penderfynodd Bond nad oedd angen mwy nag amlinelliad o sgript ar gyfer y ffilm ddogfen hon. Yn hytrach na rhoi llinellau

penodol i'r glowyr trafodwyd â hwy bob golygfa yn y senario a luniwyd gan
Stuart Legg, gan adael iddynt gyflwyno'r hyn y ceisid ei gyfleu yn eu geiriau
hwy eu hunain, a hynny'n aml yn syth i'r camera. Gweithiwyd ar y golygfeydd
hyn ar y cyd mewn tafarn leol, ac meddai Ralph Bond mewn cyfweliad â Bert
Hogenkamp ym 1975: 'Literally, the script ended up as a collective thing.'[30] Ac
ym 1984 meddai Les Adlam wrth ddwyn i gof y broses o ffilmio: 'They more or
less told us what to say but they wanted us to say it in our own way, our own
words.'[31] Meddai hefyd ym 1986:

> They would say: 'You say this'. And I said 'You wouldn't do it like that, you put
> it this way down here'. That's the way it went . . . Apparently I have done what
> they wanted without thinking.[32]

Trwy gynnwys ei actorion yn y broses o sgriptio, tybiai Bond fod cyd-
ddealltwriaeth yn tyfu rhyngddynt a cheisiodd gynnwys awgrymiadau'r tri
Chymro.[33] O ganlyniad, erbyn dechrau saethu'r golygfeydd, meddai: 'our
characters understood the script as well as we did ourselves, and this,
combined with the traditional dramatic sense of the Welsh, made retakes . . . a
rare occurrence.'[34]

Ffilm gymharol fer o 22 munud yw *Today We Live*. Egyr â darluniau o gefn
gwlad Cymru yn frith o gaeau ffrwythlon a mynyddoedd glas, golygfeydd
sy'n atgoffa'r gwyliwr mai dyma sut yr oedd cymoedd de Cymru cyn i
ddiwydiant reibio a gweddnewid yr ardal. Y mae'n ddarlun rhamantus
trawiadol, yn enwedig wrth i'r darluniau o Gymru fel 'Afallon' gael eu disodli
gan luniau o domenni gwastraff Cymer a Tylorstown a strydoedd cul a thywyll
Pentre, Treherbert, a Threorci. Dwyseir yr ymdeimlad o siom a dicter gan
eiriau'r sylwebydd Howard Marshall: 'Thousands of houses were built
without plan or conscience to shelter the increasing population. Today these
houses are the slums and shame of Britain.'[35] Yna disgrifir effeithiau alaethus y
dirwasgiad economaidd yn sgil cwymp Wall Street yn Hydref 1929 a chyfleir
trwy ddelweddau trawiadol effeithiau'r anffawd honno ar gymoedd de Cymru
– gatiau ffatrïoedd ynghau, cyfarpar ceg y pyllau yn segur, a chertiau glo yn
wag. Delweddau ydynt a efelychwyd ganwaith wedi hynny ac y daethpwyd
i'w hystyried yn gyfystyr â bywyd beunyddiol ym Maes Glo De Cymru. Wedi
gosod y cyd-destun dengys y ffilm griw o ddynion di-waith yn penderfynu
ceisio am nawdd Cyngor Cenedlaethol y Gwasanaethau Cymdeithasol er
mwyn adeiladu canolfan waith i'w cymuned. Yno, yn arwain y fenter y mae
Les Adlam: ef sy'n hybu'r cynllun ac fe'i penodir yn gadeirydd y pwyllgor,
gydag Evan Jones yn gefnogwr tawel a theyrngar iddo. Tra defnyddir y ddau
hyn i gyfleu rhinweddau Cyngor Cenedlaethol y Gwasanaethau Cymdeithasol

a'r fenter dan sylw, dinoethir gan Glyn Lewis wendidau'r cynllun ac ef hefyd sy'n lleisio gwrthwynebiad cryf i ddulliau'r llywodraeth o drin y di-waith.

Y ddadl dros effeithiolrwydd ymdrechion Cyngor Cenedlaethol y Gwasanaethau Cymdeithasol, felly, yw calon y ffilm ac, o gofio mai'r Cyngor ei hun oedd yn noddi'r gwaith, ceir ymdriniaeth gytbwys iawn. Er bod y ffilm yn cyfleu'r gwaith o adnewyddu'r ysgubor yn South Cerney mewn modd digon bywiog, y stori yn ne Cymru sydd fwyaf diddorol gan y cymhlethir y sefyllfa yno gan wleidyddiaeth a daliadau mwyafrif y gymuned leol. Yn hyn o beth, adlewyrcha'r ffilm i ryw raddau y ddrwgdybiaeth a fodolai ymhlith amryw o fewn y cymunedau tuag at y gwirfoddolwyr a ddaethai i'r cymoedd i geisio lleddfu ychydig ar y dioddefaint. Credai rhai beirniaid fod dull Cyngor Cenedlaethol y Gwasanaethau Cymdeithasol o gynorthwyo pobl yn tanseilio hunan-barch dynion di-waith ac yn tynnu'r pwysau i newid y sefyllfa oddi ar ysgwyddau'r llywodraeth. Cafwyd cryn wrthwynebiad o du'r Comiwnyddion, aelodau o'r Blaid Lafur a'r undebau llafur.[36] Ystyriai amryw mai 'doping the unemployed' oedd gwaith y Cyngor fel y gellid eu cadw dan reolaeth a galluogi'r llywodraeth i gynnal y *status quo*.[37] Gwylltiwyd Syr Percy Watkins gan y cyhuddiad hwn ac meddai ym 1934:

> This system to which I give my whole life is not dope . . . If I thought it was a deep-laid political game to keep the unemployed quiet, I would consider myself a scoundrel of the deepest dye or a simpleton and a dupe. If this is dope, then I am a dupe.[38]

Gwrthwynebai eraill y gofynion a'r amodau a osodid ar aelodau, megis y disgwyl iddynt gadw'n heini a datblygu moesau rhagorach, ac ystyriai amryw hefyd y byddai ymaelodi â'r clybiau hyn yn gyfystyr â rhoi eu cydsyniad mud i ddiweithdra tymor hir.[39] Dadl fwyaf grymus y gwrthwynebwyr hyn, er hynny, oedd na fedrai'r gwaith a argymhellid gan y Cyngor fyth fod yn waith go iawn; ac yng ngeiriau Peter Stead:

> To the unemployed themselves the paradox was always very clear: if the work and the training were worthwhile, of course there would be a threat to their comrades in employment; if there was no threat then they were right to question whether the work was worthwhile and the training comprehensive.[40]

Adleisiwyd y farn honno gan Glyn Lewis yn y ffilm. Lleisiodd ei wrthwynebiad mewn llinellau cofiadwy megis 'it's only killing time . . . we can make wireless sets, grow cabbages and do physical jerks until we are blue in the face, but it isn't paid work', ac meddai am y dasg o gyfrannu at gostau'r cynllun, 'It's hard enough for us to live on 17 bob a week let alone find £15 to build a blinking hut!'[41]

Dyma, yn ddiau, rinwedd bennaf y ffilm, sef ei bod yn mentro beirniadu blaenoriaethau'r Llywodraeth Genedlaethol, dan arweinyddiaeth Stanley Baldwin, yn hytrach na chyfleu'n llywaeth genadwri ei noddwyr. Beirniedir y llywodraeth am dywallt arian i goffrau prosiectau hunangynorthwyol yn hytrach na mynd i'r afael â gwraidd y broblem. Yn hytrach na cheisio gwella rhagolygon gwaith y bobl trwy ddylanwadu ar berchenogion y gweithfeydd glo i gadw'r glofeydd ar agor yn ystod cyfnodau caled, tacteg y llywodraeth oedd ceisio hybu prosiectau oedd yn sicrhau na châi dynion segura ar y strydoedd. Gwyddai Ralph Bond yn iawn mai ateb dros-dro anghyflawn ac annigonol oedd Cyngor Cenedlaethol y Gwasanaethau Cymdeithasol, ond eto teimlai fod i'w waith le yn y gymuned a bod y canolfannau yn darparu adnodd anhepgor i ddynion heb ddim wrth gefn. Nid felly y tybiai Glyn Lewis, a dywedodd mewn cyfweliad â Bert Hogenkamp mai nod y canolfannau eraill a agorwyd gan y Cyngor mewn nifer o bentrefi yng Nghwm Rhondda, gan gynnwys Cwm-parc, Treorci a Threherbert, oedd:

> to spread them all around, so as to keep you quiet, not to cause rampage. But the point was the living of the people, people with families and no work and not much money. That was the problem of the unemployed. They didn't want a club – it was all right for them, but it wasn't the real thing – work was what we wanted.[42]

Er nad oedd cyfraniad y cynllun i fywyd y dynion yn gwbl ddiwerth, dim ond eu cynorthwyo i lenwi oriau'r dydd a wnâi'r ganolfan, gan leddfu'r pwysau ar y llywodraeth i ddelio'n uniongyrchol â'r broblem economaidd. Dengys y dyfyniad sy'n cloi'r ffilm y gwyddai'r cyfarwyddwyr nad oedd gan y Cyngor y gallu i wneud gwahaniaeth mawr i fywyd y di-waith yn ne Cymru, ac er bod y cynllun wedi llwyddo i gynnig diddordebau newydd i rai a chyfle i eraill dreulio'u hamser mewn modd adeiladol: 'Social Services cannot do everything. There are fundamental problems which strike at the very root of our existence. Only by working together with unsparing energy can we hope to solve them.'[43]

Wrth wylio'r ffilm gellid yn hawdd ddod i'r casgliad fod yr ardal amaethyddol yn South Cerney wedi elwa'n fwy sylweddol o'r prosiect nag a wnaeth de Cymru. Gobaith Mrs Heralden a gweddill pentrefwyr South Cerney oedd sicrhau canolfan adloniant, a cheir golygfeydd ohonynt yn mwynhau dosbarthiadau ymarfer corff, dawnsio a drama. Ni cheir fawr o sôn am dlodi yn yr ardal honno, a gwragedd cymharol dda eu byd a welir yn bennaf yn mentro gyda'r cynllun fel petai'n fonws i'r gymdeithas yn hytrach nag yn fodd i bobl adfer eu hunan-barch, fel yr oedd yng Nghwm Rhondda. Ystyrid y cynllun gan y di-waith yn ne Cymru yn damaid i aros pryd, yn gyfle i ymyrwyr daionus leddfu rhai o'u beichiau. Yn sicr, sylweddolwyd nad oedd cael canolfan yn debygol o ddatrys y problemau economaidd sylfaenol nac o ddileu'r cyni parhaus, ond eto gwerthfawrogid pwysigrwydd y cyfleuster newydd fel eithriad i ddiflastod dyddiol eu bywyd. Trawodd newyddiadurwr y *News Chronicle* yr hoelen ar ei phen:

> . . . this is a record, not of misery, but of courage, not of despair, but of hope . . . No bones is made about the problem: it is plain that these Social Schemes do not go to the root of the trouble. But the work they do . . . is worth doing; and this film very worthily commemorates it.[44]

Ymhlith rhinweddau technegol *Today We Live* y mae'r gwaith ffilmio celfydd. Tasg ddigon anodd yw ceisio datgelu dylanwad pa ffilmydd oedd drymaf ar *Today We Live*, a gellid honni ei bod yn glytwaith o gyfraniadau gan amryw o aelodau staff Uned Ffilm Strand. Dros y blynyddoedd honnodd Paul Rotha droeon mai ei gyfraniad ef oedd fwyaf sylweddol, gan fynnu mai ef a ysgwydd-odd brif feichiau'r ffilm, gan gynnwys saethu'r golygfeydd. Dadleuodd hefyd y byddai'r ffilm wedi ymestyn ymhell dros ei chyllideb pe na bai wedi camu i'r adwy: 'I more or less took over direction.'[45] Cydnabu Bond fod cyfraniad ei gyd-weithiwr yn sylweddol, yn bennaf fel golygydd y prolog a chatalydd i'r gwaith, ond mynnai mai ei olygwedd ef a geir yn y ffilm. Heriwyd yr honiadau hyn gan Donald Alexander, a anfonwyd yn ôl i dde Cymru gan Rotha i ffilmio golygfeydd newydd o ddynion yn eu cwrcwd ar y tomennydd glo gwastraff. Yr oedd Alexander eisoes wedi ffilmio golygfeydd cyffelyb ar ffilm 16mm ar gyfer ei ffilm ddogfen fer *Rhondda* a ryddhawyd ym 1935. Ac yntau wedi dotio gymaint ar y rhain, mynnodd Rotha fod Alexander yn dychwelyd i ffilmio'r un math o ddelweddau ar seliwloid 35mm ar gyfer *Today We Live*.[46] Nid oedd Bond wedi ffilmio llawer o olygfeydd o'r glofeydd na'r tomennydd gwastraff, ac yn ddiweddarach honnodd Alexander fod agwedd Bond at y gwaith yn ddiog ac anhrefnus.[47] Y delweddau hyn gan Alexander o'r di-waith ar y tomennydd gwastraff yw'r rhai mwyaf cofiadwy yn y ffilm. Gyda chôr yn canu yn y cefndir emyn adnabyddus Ann Griffiths, 'Wele'n sefyll rhwng y myrtwydd', gwelir haid o lowyr di-waith yn eu cwman ar domennydd glo sbwriel yn cloddio â'u dwylo a hefyd â chribynnau am dalpiau mân o lo a ollyngir gan dramiau sy'n cario'r gwastraff o'r pwll. Gan weithio yn nannedd y gwynt, troediant fel ewigod wrth gamu o'r naill domen i'r llall, a chofiadwy iawn yw'r darluniau o gymylau o lwch glo afiach yn ysgubo drostynt mewn hyrddiau o dawch du. Daeth y golygfeydd hyn yn eithriadol o enwog ym myd y ffilm ddogfen gan eu bod yn mynegi trwy lun anghyfiawnderau cymdeithasol sylfaenol ym

Mhrydain yn ystod y dirwasgiad. Benthyciodd cyfarwyddwyr diweddarach
megis John Eldridge y golygfeydd hyn ar gyfer ffilmiau fel *Wales – Green
Mountain, Black Mountain* (1942) ac fe'u defnyddir heddiw mewn rhaglenni
dogfennol ar y teledu pryd bynnag yr ymdrinnir â'r glöwr a'i fyd yn y 1930au.
Ar wahân i'r golygfeydd gwych hyn, y mae amryw o olygfeydd cignoeth a
thrawiadol eraill i'w cael yn y ffilm, megis y saethiad ongl isel, i gyfeiliant
cerddoriaeth fuddugoliaethus, o'r tri chymeriad yn ystod y gwaith o adeiladu'r
ganolfan. Rhydd y golygfeydd agos o wynebau'r cymeriadau, yn enwedig Les
Adlam, gryn swyn ychwanegol i'r ffilm drwy adlewyrchu caledi eu bywydau
a'r penderfyniad i wario'u harian prin ar y ganolfan. Celfydd iawn, yn ogystal,
yw'r golygfeydd o'r gêm bêl-droed rhwng Tryfan Rovers a Bahaithlon Park, yn
enwedig o'r dorf yn annog y chwaraewyr. A deheuig yw'r gwrthgyferbyniad
rhwng penderfyniad y gweithwyr glofaol di-waith i godi arian drwy drefnu
gêm bêl-droed a phenderfyniad gwragedd dosbarth-canol a chymharol dda eu
byd South Cerney i gynnal gyrfa chwist.[48]

4. Golygfa allan o *Today We Live* o ddynion di-waith ar y tomennydd glo.
(Canal + Image UK Ltd)

Ond y mae ffaeleddau'r ffilm yn dueddol i daflu'r rhinweddau i'r cysgod.
Ymhlith y gwendidau amlycaf yw diffyg strwythur cadarn a'i hanghyd-
bwysedd wrth ddarlunio'r ddwy ardal wahanol. Menter dynion Cwm

Rhondda sy'n derbyn y sylw pennaf oherwydd, yn fwy na thebyg, fod eu brwydr hwy yn galetach nag eiddo gwragedd South Cerney ac oherwydd mai canolfan waith a adeiladwyd ganddynt yn hytrach na chanolfan adloniant. Ynghlwm wrth hyn y mae'r dryswch a grëir wrth i'r ffilm neidio'n sydyn ac yn ddirybudd rhwng y dilyniannau byr o'r naill ardal i'r llall. Â synnwyr trannoeth, credai Paul Rotha, y cynhyrchydd, mai camgymeriad fu hynny ac y dylid bod wedi canolbwyntio ar un ardal ac un stori yn unig ac y gellid hefyd fod wedi datblygu'n ddyfnach natur y cymeriadau a'u bywyd beunyddiol.[49] Amharwyd, hefyd, ar y ffilm gan ei beiau technegol; er enghraifft, cafwyd asio gwael rhwng y llais a'r llun yn y golygfeydd a ffilmiwyd yn y stiwdio. Dichon y gellir priodoli hyn i'r gyllideb fach o £2,000 a oedd ganddynt.[50] Ac er bod llawer ar y pryd yn ystyried safon dechnegol *Today We Live* yn ddi-fai, erbyn heddiw tueddir i ystyried ei safon dechnegol yn bur anaeddfed ac anghelfydd.[51]

Eto i gyd, nid oes amheuaeth nad oedd y ffilm hon yn torri cwys newydd ym 1937. Llwyddodd Uned Ffilm Strand i fynegi, drwy ledaenu gwybodaeth a phropaganda ar ran Cyngor Cenedlaethol y Gwasanaethau Cymdeithasol, haenen bur drwchus o feirniadaeth gymdeithasol ar gyflwr de Cymru yn y 1930au, pwnc y llwyddwyd hyd hynny i'w anwybyddu. Fel y mynegir yn ddi-flewyn-ar-dafod ar ddechrau'r ffilm: 'In this place young and old alike are being deprived of the common rights of the citizen – work and wages are denied them.'[52] Ceir neges bendant yn y ffilm: datgenir mai gwarthus o beth oedd bodolaeth y math hwn o ddioddefaint ym Mhrydain. A thrwy gynnwys gogwydd dynol i'w stori llwyddodd *Today We Live* i ennyn apêl eang ym Mhrydain ac America.[53] Dotiodd newyddiadurwyr y *World Film News* a *The Times*, ymhlith eraill, arni,[54] a chynhyrfwyd Eric Knight, beirniad a golygydd sgriptiau gyda Chwmni Fox yn Hollywood, i ysgrifennu llythyr o ganmoliaeth at Rotha wedi iddo ei gwylio hi ac *Eastern Valley*:

> I can't tell you how terrifically exciting I found the films. While the excitement came partly from the subjects, it came . . . even more from the remarkable and unbeatably stirring cutting . . . The films are a revelation to us; we have had nothing quite like them before in America.[55]

I'r graddau hynny, llwyddodd y ffilm i ehangu ymwybyddiaeth pobl Prydain a'r byd o sefyllfa argyfyngus y di-waith mewn ardal ddirwasgedig fel Cwm Rhondda.

'I ADFYD DIWYDIANT Y DEHEUDIR, GYDA'I DLODI ENBYD, DEUWCH Â HEN DREFN
DIWYDIANT Y TRADDODIAD CYMREIG: ATGYFODER METHOD Y TYDDYN, A RHODDER
YCHYDIG DIR I'R GLOWYR':[56] *EASTERN VALLEY*

Yn fuan wedi rhyddhau *Today We Live* ym 1937 ymddangosodd *Eastern Valley*,
ffilm arall a leolwyd yn un o ardaloedd mwyaf dirwasgedig de Cymru.
Cynhyrchiad Donald Alexander oedd hwn. Dan adain John Grierson yn Uned
Ffilm y Swyddfa Bost Gyffredinol y dysgodd Alexander, mab i feddyg o'r
Alban a anwyd ym 1913, ei grefft, ond wrth weithio i Uned Ffilm Strand y
magodd enw iddo'i hun fel dogfennydd ffilm dawnus.[57] Yn sgil magwraeth
ddosbarth-canol ac addysg mewn ysgol fonedd aeth i Goleg Sant Ioan
ym Mhrifysgol Caer-grawnt, lle y dechreuodd, megis amryw eraill o'i gyd-
fyfyrwyr, yn eu plith Basil Wright a Stuart Legg, ymddiddori mewn ffilmiau
dogfen, yn enwedig cynnyrch gwneuthurwyr ffilmiau yn yr Almaen, Ffrainc a
Rwsia. Credai'n gryf yng ngrym a gallu'r cyfrwng dogfennol i addysgu pobl
a'u hannog i ddangos goddefgarwch tuag at genhedloedd a chanddynt ddiwyll-
iannau ac anghenion gwahanol. Meddai ym 1945: 'what we give back in the
shape of films is really a broad all-embracing reflection of the needs of the
world to-day.'[58]

Cyneuwyd diddordeb Alexander yn nhrafferthion glowyr de Cymru pan
luniodd ym 1935, gyda dwy gyfeilles, Bridget Balfour a Judy Birdwood (merch
yr Arglwydd Birdwood) ffilm ddogfen fer yn y cymoedd, sef *Rhondda*.[59]
Saethwyd ffilm fud fer, 12 munud ei hyd, gan ddefnyddio camera 16mm Filmo
a fenthyciwyd oddi wrth Ralph Elton, mab y ffilmydd dogfen adnabyddus
Arthur Elton, a chamera Kodak Special 16mm Judy Birdwood.[60] Yn ystod y tair
wythnos y bu Alexander yn y Rhondda yng Ngorffennaf 1935 bu'n aros gyda'r
comiwnydd Jim Morton yn 26 Vivian Street, Tylorstown, a chanfu fod pobl y
Rhondda yn rhai hawdd iawn cyfeillachu â hwy. Er mwyn creu senario,
detholwyd a chyfunwyd syniadau Alexander a Judy Birdwood, a chofnodwyd
golygfeydd o strydoedd a phyllau glo Ferndale, Tylorstown, Maerdy, Rhondda
Fawr ac Ystrad.[61] Mynegir effaith yr hyn a welsai Alexander ar ei ymweliad â'r
Rhondda yn glir yn ei ddyddiadur:

We entered Wales at Chepstow . . . Pontypridd was a sort of Hell Gate. In
Trehafod we found a very derelict colliery; and made something of it. Rhondda
Fawr, however, yielded little, except a glorious shot of derelict houses ending
with a notice-board 'This valuable site for sale' . . . After tea we went up the
Rhondda Fawr to Ferndale and Maerdy . . . We then climbed a hill, lay in the
bracken, and made a lazy shot of Ferndale. Finally the great tip – the landmark
and overhanging symbol of the valley . . . As the sun westered, the tip cast a huge
and terrifying shadow along the hill-top.[62]

Wedi cwblhau casglu eu deunydd aeth y tri ffilmydd ifanc ar ofyn Paul Rotha, a oedd yn gweithio ar y pryd i Uned Ffilm y Swyddfa Bost Gyffredinol, am gymorth gyda'r golygu ac am ei farn am y ffilm. Gwnaeth *Rhondda* argraff arbennig ar Rotha, yn enwedig y golygfeydd mewn silwét o lowyr ar y tomennydd gwastraff uchel, ac o ganlyniad cynigiodd swydd i Alexander gyda chwmni newydd Strand.[63] Felly, pan ddaeth Alexander i Gymru i baratoi ei ffilm gyntaf fel cyfarwyddwr, sef *Eastern Valley*, hwn oedd ei drydydd ym-weliad fel ffilmydd â'r cymoedd (cofier iddo hefyd fod ynghlwm wrth ffilmio *Today We Live* yn gynharach ym 1937) ac nid oedd de Cymru yn ardal ddieithr iddo mwyach.

Comisiynwyd *Eastern Valley* gan Jim Forrester a Chymdeithas y Cyfeillion a fynnent greu ffilm am waith y mudiad yn ardaloedd dirwasgedig de Cymru.[64] Rhoddwyd y dasg i gwmni cynhyrchu Strand a phenodwyd Alexander yn gyfarwyddwr a Stuart Legg yn gynhyrchydd, a rhoddwyd iddynt gyllideb o ryw £1,500.[65] Yn union fel yn achos Cyngor Cenedlaethol y Gwasanaethau Cymdeithasol o'i flaen, yr oedd Cymdeithas y Cyfeillion yn awyddus iawn i godi ymwybyddiaeth o'u gwaith a dileu rhai amheuon ynglŷn â gwerth eu hymdrechion. Cyfrannodd y mudiad hwn, a sefydlwyd gan Grynwyr, yn helaeth i'r gwaith o leddfu dioddefaint a grymuso hunan-barch pobl de-ddwyrain Cymru. Fel y nodwyd eisoes, er 1928 yr oedd ganddynt ganolfan ym Mryn-mawr, canolfan a sefydlwyd gan Grynwyr o Birmingham. Crynwyr o Rydychen oedd yng nghanolfan Maes-yr-Haf yn Nhrealaw, a chanolfannau llai eu maint yn Aberdâr a Merthyr.[66] Nid ceisio herio'r drefn a fodolai eisoes oedd nod Crynwyr Bryn-mawr ond, yn hytrach, geisio annog y glöwr di-waith i ddysgu crefft newydd fel y gallai roi cynhaliaeth amgenach i'w deulu a hefyd adennill ychydig o'i hunan-barch. Rhoddai'r Crynwyr o Rydychen, ar y llaw arall, bwyslais ar ddysgu'r di-waith i fod yn greadigol yn ystod eu hamser hamdden yn Nhrealaw. Canolbwyntia'r ffilm *Eastern Valley* ar gyfraniad menter Crynwyr Bryn-mawr.

Trwy gydol y 1930au bu cryn ddioddefaint yn ardal Bryn-mawr. Cyn hynny buasai dynion y dref yn teithio i lofeydd Blaenau a Nant-y-glo i ennill eu tamaid, ond pan ddaeth y dirwasgiad hwy oedd y cyntaf i'w taflu ar y clwt. Ym 1932 cofnodwyd bod 90 y cant o'r dynion hyn yn segur ac ym 1939 amcangyfrif-wyd bod oddeutu 70 y cant yn parhau'n ddi-waith.[67] Ceid yn ardal Bryn-mawr rai o'r ffigurau diweithdra uchaf yng Nghymru'r 1930au. Nid tasg hawdd, felly, a wynebai Peter Scott, arweinydd y Crynwyr ym Mryn-mawr, wrth iddo geisio lleddfu tipyn ar ddioddefaint trigolion yr ardal a chodi eu hysbryd. Cymuned gymysg iawn oedd Bryn-mawr: yr oedd yno bobloedd o gefndir, diwylliant a chrefydd tra gwahanol – yn Gymry Cymraeg a di-Gymraeg, yn Wyddelod a ddaethai i chwilio am waith yn y glofeydd, yn Albanwyr a ddaliai swyddi gweinyddol yn y dref, ac yn fasnachwyr Iddewig.[68] Prin oedd yr ysbryd cymunedol yn y dref oherwydd y gwahaniaethau ethnig, crefyddol a dosbarth hyn. Wedi blynyddoedd o weithio ar gynlluniau i gynorthwyo'r di-waith – megis sefydlu grwpiau o wneuthurwyr esgidiau uchel a dodrefn, adeiladu pwll nofio ac ysgol feithrin – ym mis Mawrth 1935 penderfynodd Peter Scott a Jim Forrester, arweinydd y Subsistence Production Society yn yr ardal, roi cynnig ar un o'u cynlluniau mwyaf iwtopaidd yn ardal Bryn-mawr.[69]

Bwriad y cynllun hwn oedd dysgu crefft newydd i'r glowyr a'r gweithwyr dur di-waith fel y gallent fyw yn hunangynhaliol. Anghytunai Cymdeithas y Cyfeillion â dull y cynlluniau confensiynol o leddfu dioddefaint yr ardaloedd dirwasgedig, sef trosglwyddo teuluoedd i ardaloedd eraill, sefydlu diwydiannau newydd ac yn y blaen, oherwydd, meddent:

> [they] can never touch the root of the problem, largely because those who propose them have little first hand knowledge of the conditions they seek to alleviate and still less appreciation of the circumstances that have gone before, which their pet schemes may only recreate in mor virulent forms.[70]

Tybiai Cymdeithas y Cyfeillion, felly, mai'r unig ffordd o wneud gwir wahaniaeth i fywdau'r teuluoedd hyn oedd trwy gynnig anogaeth newydd iddynt a sianelu eu hegni at 'a new order of society . . . in which production by the consumer, planned economy, quality of materials and workmanship, leisure, and the right human relationships, can all have their true value'.[71] Câi unrhyw ddyn di-waith fod yn aelod o'r cynllun ymgynhaliol hwn ond ni châi dâl fel y cyfryw am ei waith; yn hytrach, câi brynu nwyddau a gynhyrchid drwy'r cynllun am bris oedd wedi ei bennu'n arbennig i ad-dalu costau'r deunydd a chanran o'r gorbenion yn unig.[72] Drwy wneud hyn nid effeithiwyd yn andwyol ar fudd-daliadau dynion di-waith ac yn wir ychwanegwyd traean ar gyfartaledd at eu gallu i brynu.[73] O ganlyniad, erbyn 1937 yr oedd y fenter wedi llwyddo i ddenu 400 o deuluoedd. Ond dynion hŷn, di-waith oedd y rhan fwyaf ohonynt, dynion heb obaith o gael gwaith mwyach yn y glofeydd neu'r gweithfeydd dur.[74]

Sefydlwyd ffermydd fel rhan o'r cynllun. Un ohonynt oedd Court Perrott yn Llandegfedd, fferm 296 erw lle y cedwid rhyw gant o wartheg Ayrshire a gyflenwai laeth i'r aelodau, ynghyd â defaid a moch. Ceid bythynnod ar gyfer rhai o'r gweithwyr yn Court Perrott a theithiai gweddill y gweithwyr yn ddyddiol ar fws o'r dref.[75] Ceid canolfan arddwriaethol 29 erw yn Nhrefethin, ger Pont-y-pŵl, sef Llwyn-y-llan, ac yno tyfid coed afalau, llwyni cyrains duon a ffrwythau eraill ar gyfer gwneud jam, a llysiau o bob math, gan gynnwys letys a chiwcymbrau mewn tai gwydr. Ar dir fferm y Beili Glas agorwyd

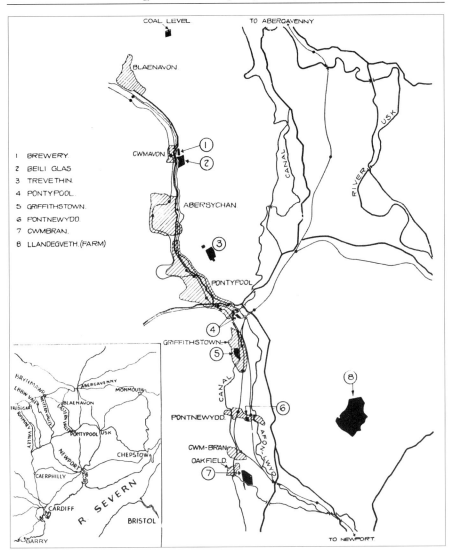

COAL LEVEL

TO ABERGAVENNY

BLAENAVON

CWMAVON

1 BREWERY.
2 BEILI GLAS
3 TREVETHIN
4 PONTYPOOL.
5 GRIFFITHSTOWN.
6 PONTNEWYDD
7 CWMBRAN.
8 LLANDEGVETH.(FARM)

ABERSYCHAN

PONTYPOOL

GRIFFITHSTOWN

PONTNEWYDD

CWM-BRAN
OAKFIELD

TO NEWPORT

5. Map o uned de Cymru Cymdeithas y Cyfeillion.
(*An Order of Friends: An Account of their Activities and Ideas*, 1936,
Llyfrgell Genedlaethol Cymru, Aberystwyth)

chwarel wenithfaen fechan lle y cynhyrchid cerrig ar gyfer adeiladu a thrwsio ffyrdd ac adeiladau, a chalch ar gyfer ei daenu tros y tir.[76] Ceid fferm lysiau a ffrwythau arall ym Mhont-y-pŵl, fferm foch ac ieir yn Griffithstown, cychod gwenyn ar gyfer mêl ym Mhontnewydd, a thyfid gwenith ar gyfer creu bara yng Nghwmbrân.[77] Ond coron y fenter oedd hen fragdy Westlake, Cwmafon, y ganolfan ddosbarthu ar gyfer y cynnyrch, a brynwyd am £3,250 ac a adnewyddwyd yn Nhachwedd 1934. Crëwyd gwahanol adrannau o fewn yr adeilad pum llawr a cheid o dan yr unto ladd-dy a chigydd, melin flawd a bacws, nyddwyr gwlân a brethyn, teilwriaid, stablau a gofaint, cryddion, adran waith coed, ystafell ar gyfer creu jamiau a phicls, cegin a ffreutur ar gyfer darparu pryd dyddiol am ddim i'r gweithwyr ac ystordy i ddosbarthu'r cynnyrch.[78] Yr oedd ganddynt hefyd dair fan ac un lori er mwyn casglu a dosbarthu'r nwyddau.[79] Disgwylid i'r aelodau weithio 30 awr yr wythnos ar y cynllun a phan sylweddolwyd nad oedd llawer ohonynt yn fodlon glynu wrth hynny oherwydd y rheidrwydd arnynt i chwilio am lo ar y tomennydd gwastraff, ychwanegwyd glo rhad yn ogystal â phryd am ddim at eu cyflogau.[80]

6. Cantîn y gweithwyr yn Hen Fragdy Cwmafon.
(*An Order of Friends: Annual Report*, 1936,
Llyfrgell Genedlaethol Cymru, Aberystwyth)

Canolbwyntia'r ffilm 17 munud hon ar gyfleu llwyddiannau'r fenter, gan ddechrau drwy osod y cyd-destun. Traethir, mewn modd digon cyffelyb i'r hyn a glywyd yn *Today We Live*, ar sut y troes y gymuned ei chefn ar fywyd amaethyddol gan gofleidio diwydiannaeth. Dehongliad Marcsaidd ei naws a geir yn y ffilm ac olrheinir dylanwad ac effeithiau diwydiannu ar dde Cymru, yn enwedig ar ardal Bryn-mawr a'r Fenni. Dangosir afonydd wedi eu llygru i'r fath raddau nes achosi i'r pysgod ddiflannu, dyfodiad ac ymlediad y tomennydd gwastraff a fygythiai gartrefi a chymunedau, a thyfiant aruthrol mewn tai

gwael a godwyd ar bennau ei gilydd blith draphlith. Ceir darlun ar ôl darlun o
resi diddiwedd o dai truenus yng nghysgod y glofeydd a'r gweithfeydd dur,
nifer ohonynt â chraciau amlwg yn eu muriau a muriau tai eraill yn cael eu
cynnal gan drawstiau pren. Dilynir hyn gan olygfeydd o wŷr di-waith yn
eistedd o flaen tân pitw yn eu cartrefi neu'n cicio'u sodlau ar gornel strydoedd.
Yr awgrym cryf yw fod diwydianwyr wedi twyllo'r dynion hyn drwy beri
iddynt gredu bod gwell byd i'w gael yn yr ardaloedd diwydiannol cyn eu
gadael heb obaith am y dyfodol. Darlun o gymdeithas wedi ei hanrheithio
gan ddiwydiant a geir yn y ffilm, a chyfleir ynddi ddadrith y trigolion. Yna
darlunnir ymgais un gymuned i oresgyn y digalondid hwnnw ac i wneud y
gorau o'i sefyllfa druenus, sef ymgais aelodau Subsistence Production Society
Bryn-mawr i ddychwelyd at hen ddull o fyw mewn cytgord â natur. Clodforir
menter y teuluoedd hyn a dyrchefir eu hymdrechion i gyfeiliant yr anthem
genedlaethol ac alawon gwerin Cymreig. Ceir golygfeydd o wŷr wrth eu
gwaith ar y ffermydd, rhai yn aredig y tir, yn hau ac yn cynaeafu eu cnydau, ac
eraill yn bugeilio a godro. Yna dangosir y cam nesaf yn rhwydwaith y cynllun,
sef sefydlu'r storfa yn y bragdy yng Nghwmafon. Dangosir y cigydd, nyddwyr
gwlân, teiliwr a chryddion wrth eu gwaith, dyn llaeth ar ei rownd a gwragedd
yn dod i brynu eu nwyddau wythnosol rhad o storfa'r bragdy. Traetha'r
sylwebydd am y modd y bu raid i'r dynion hyn dreulio oriau yn dysgu crefft
newydd, yn ymgyfarwyddo ag oriau gwahanol i'r drefn yn y glofeydd, ac, yn
bennaf oll, yn gweithio ar eu cyfer eu hunain a'u cyd-aelodau. O ganlyniad,
medd y traethiad, 'Money has attained a new value'.[81] Y llinyn cyswllt rhwng y
darluniau hyn o waith y Gymdeithas yw Dai Williams, cyn-löwr a oedd
newydd ymuno â'r fenter hunangymorth. Y mae'r ddyfais hon yn gweithio'n
effeithiol, er gwaethaf anhyblygrwydd yr hen ŵr a'i draethu clogyrnaidd o
flaen y camera, gan y cawn ninnau ein haddysgu wrth i eraill esbonio nod y
fenter wrtho. Daw'r ffilm i ben gydag ymson Mrs Wetton, gwraig leol, sy'n
datgan mor fanteisiol yw'r cynllun iddi hi a'i theulu ac yn annog y gwyliwr i
ddechrau cynlluniau cyffelyb mewn ardaloedd dirwasgedig eraill.

Moliant anfeirniadol i'r tir, i amaethyddiaeth ac i fywyd cydweithredol yw
Eastern Valley – mêl ar fysedd Iorwerth C. Peate a Saunders Lewis. Ni werth-
fawrogir grym y bywyd diwydiannol pan oedd yn ei anterth. Darlun gwynfyd-
edig yw hwn o gymuned yn cydymdrechu er budd ei phobl ei hun, ond er bod
y ffilm yn cyfleu'r cynllun mewn modd deniadol nid yw'n ceisio awgrymu bod
y fenter hunangynhaliol yn ddim byd mwy nag ymgais dros dro i liniaru
ychydig ar angen teuluoedd Bryn-mawr. Arbrawf ydyw sy'n rhoi cyfle i bob
aelod adennill rhywfaint o hunan-barch. Wrth reswm, darlun dethol ydyw o'r
wir sefyllfa ym Mryn-mawr yn ystod y dirwasgiad. Yn naturiol, efallai, ni
chyfeirir unwaith at y ffaith fod cymaint o elyniaeth yn bodoli at y Cyfeillion

pan ddaethant i Fryn-mawr am y tro cyntaf fel y cyfeirid atynt gan drigolion
lleol fel 'the bloody Quakers'.[82] Ni sonnir ychwaith am y ffaith fod Scott a'i
ddilynwyr wedi eu halltudio am flynyddoedd i Henffordd oherwydd y
drwgdeimlad ac na fu modd iddo ddychwelyd i'r Fenni tan 1937, nac i
ymgartrefu ym Mryn-mawr tan 1938.[83] Fel yr esbonia Alun Burge, gwraidd y
broblem oedd y gwahaniaeth rhwng meddylfryd y Crynwyr a syniadaeth
cymunedau dosbarth-gweithiol de Cymru:

> Local society delicately fused individual and collective rights and respon-
> sibilities, with the balance tilted heavily towards collective organisation in a
> work environment. Quaker policy related to unemployed men individually. Any
> external intervention, however well intentioned, was ill founded when based
> upon such absolute differences of socio-organisational culture.[84]

Felly, hyd nes i'r Crynwyr roi heibio eu syniadaeth unigolyddol a chynnwys
aelodau o'r gymuned leol yn eu penderfyniadau a'r gwaith dyddiol o drefnu a
rhedeg y fenter, ni chafwyd fawr o gydweithrediad rhyngddynt. Bu hwn yn
brofiad sobreiddiol i'r Crynwyr, a daliai'r undebau llafur a'r Comiwnyddion i
leisio eu gwrthwynebiad i'w cynlluniau. Ymhlith yr ofnau pennaf yr oedd eu
pryder y gellid atal budd-daliadau, fod y Crynwyr yn sefydlu system cyffelyb
i'r hen siopau tryc atgas, a bod y cynllun yn arbrawf a fyddai'n tanseilio
hunanhyder a balchder dynion di-waith.[85] Yn ogystal, wrth gwrs, pe lliniarid
rhyw gymaint ar ddioddefaint y trigolion, byddai'n bur annhebygol y câi'r
Comiwnyddion gefnogaeth i'r chwyldro y mynnent ei weld. Gwaethygodd y
drwgdeimlad i'r fath raddau nes y câi'r rhai a ymunai â'r fenter eu trin fel
cynffonwyr gan eu cyd-drigolion. Fel y dywedodd adroddiad Cymdeithas y
Cyfeillion ar gyfer 1936: 'Men joining the scheme were in danger of being
ostracised by their neighbours', a nododd Alun Burge 'that collaboration with
the subsistence production work of the Quakers was considered amongst the
most serious of social transgressions'.[86] Eto i gyd, diolch i'w dyfalbarhad,
llwyddodd cynllun y Crynwyr ym Mryn-mawr i oresgyn yr amheuon a'r
drwgdeimlad hyn i raddau helaeth, er na chafodd y Crynwyr eu hunain eu
derbyn yn llwyr yn y gymuned.[87]

   Nod y cynllun ac athroniaeth ei anogwyr yn y bôn oedd adfywio'r cymoedd
trwy ailgyflwyno i'r bobl fywyd sefydlog a hunanddibynnol yr amaethwr. Yn
ôl Peter Stead, daethpwyd i ystyried y cynllun 'as the cutting-edge of social
experiment and of voluntary relief work', gan mai rhoi hyfforddiant ymarferol
i'r di-waith ynglŷn â sut i'w cynnal eu hunain a wnaed yn hytrach na chynnal
dosbarthiadau addysg neu glybiau er mwyn lleddfu diflastod.[88] Deil Gwen
Lloyd Davies mai prif nod Peter Scott oedd ailgartrefu teuluoedd cyfain ar

ystad yn y wlad ar gyrion Bryn-mawr, a chred yr hanesydd celf Peter Lord fod Cymdeithas y Cyfeillion yn ne Cymru o'r farn bod 'dirwasgiad diwydiannol yn gyfle i gynnal arbrawf cymdeithasol lle y gellid dangos bod cysylltiad agos rhwng cyflwr ysbrydol ac economaidd y bobl'.[89] Yr oedd delfrydiaeth Scott yn ddigon diffuant a llwyddodd i elwa ar y ffaith fod gan Fryn-mawr ddelwedd a enynnai ddiddordeb chwiwiau cymdeithasol y tridegau. Trwy brynu cynnyrch Bryn-mawr gallai trigolion Llundain a Rhydychen, noddwyr pennaf y fenter, fynegi eu pryder ynghylch trafferthion y di-waith a'u cefnogaeth i waith y Crynwyr.[90] Sylweddolodd Scott yn ogystal y gellid, trwy hybu Cymreigrwydd y cynllun, gynyddu diddordeb yn y cynnyrch, ac felly rhoddwyd enwau Cymreig i'r dodrefn a'r brethyn a gynlluniwyd yno, megis Talygarth Sideboard, Tretower Table a Mount Chair, a châi'r rhain eu dangos yn flynyddol yn Arddangosfa Gelf a Chrefft yr Eisteddfod Genedlaethol.[91] Y pryd hwnnw, wrth gwrs, ceid cryn ddiddordeb mewn cylchoedd academaidd yng Nghymru yn hanes y werin yng Nghymru. Yr oedd Iorwerth C. Peate wedi sefydlu adran werin yn yr Amgueddfa Genedlaethol ym 1928, a hawdd credu, o gofio ei ddiddordeb ysol yng nghyfraniad amaethyddiaeth – 'craidd bywyd gwerin Cymru' – a chrefftau gwahanol y diwylliant brodorol, ei fod wedi ymddiddori'n fawr yn arbrawf y Crynwyr ym Mryn-mawr.[92] Y mae lle cryf i gredu, hefyd, fod gwaith y Crynwyr ym Mryn-mawr wedi dylanwadu ar bolisi economaidd Plaid Cymru yn y tridegau.[93] Dadleuodd Saunders Lewis yn *Y Ddraig Goch* ym mis Mawrth 1934 y dylid adfer amaethyddiaeth i'w phriod le fel prif ddiwydiant Cymru a sylfaen gwareiddiad y wlad a'i phobl 'er mwyn iechyd moesol Cymru ac er lles moesol a chorfforol ei phoblogaeth, rhaid yw dad-ddiwydiannu Deheudir Cymru'. Aeth yn ei flaen hefyd i gyhuddo'r llywodraeth o ddihysbyddu adnoddau naturiol Cymru er budd Lloegr gan brysur 'wneuthur diffeithwch a'i alw'n wareiddiad'.[94] Fel mae'n digwydd, ni chafodd ei syniadau lawer o ddylanwad ar ei gyd-genedlaetholwyr heb sôn am bobl eraill.

Er na ddangoswyd *Eastern Valley* mewn sinemâu masnachol, fe'i dangoswyd mewn ffreuturau a neuaddau cymuned ledled Prydain. Fe'i dangoswyd i drigolion Bryn-mawr ac i'r rhai a ymddangosodd ynddi ym mharti Nadolig y cynllun a gynhaliwyd yn yr hen fragdy yng Nghwmafon ar 16 Rhagfyr 1937. Cafwyd dangosiad preifat yn Llundain yr wythnos flaenorol ac, yn ôl *The Free Press of Monmouthshire*, yr oedd y frenhines yn bresennol yn y dangosiad hwnnw.[95] Talwyd teyrnged hefyd i dalentau Donald Alexander gan 1,200 o aelodau y Tyneside Film Society.[96]

Nid celfyddyd y ddwy ffilm hyn yn unig a ddenai fryd y gwylwyr. Gwyddent fod *Today We Live* ac *Eastern Valley* yn darlunio drama bywyd pobl eraill o'r un cefndir â hwy, a hawdd oedd ymuniaethu â phrofiadau o'r fath. Y mae natur delynegol sylwebaeth *Eastern Valley* a medrusrwydd y gwaith camera a'r golygu – nodweddion a gysylltid â chwmni'r Strand – yn cynnal diddordeb y gwyliwr gydol y ffilm. Camp fawr Donald Alexander a'i ddau ddyn camera, Alf Jeakins ac S. D. Onions, oedd defnyddio'r gweledol i bwysleisio a chyfoethogi agwedd glywedol y ffilm. Dengys y golygfeydd lle y sefydlir y cyd-destun law gadarn a hyderus Alexander a hefyd yn aml ddylan-wad *Today We Live*, oherwydd gwelir yn *Eastern Valley* yr un math o ddelwedd-au, sef fflamau tân yn dynodi dyfodiad diwydiannaeth i Gymru, dynion yn sefyllian ar gorneli'r stryd, a saethiadau agos o'u dwylo segur ym mhocedi eu trowsusau. Y mae'n gwbl amlwg â phwy y mae cydymdeimlad cynhyrchwyr y ffilm. Dangosodd Alexander gryn sensitifrwydd wrth ymdrin ag amgylch-iadau truenus y dosbarth gweithiol, ac ni chuddiodd y ffaith nad oedd y cynllun hwn yn ateb hirdymor i drafferthion trigolion Bryn-mawr. Y mae rhai golygfeydd tua therfyn y ffilm yn awgrymu nad oedd problemau'r gymuned wedi eu datrys o bell ffordd, yn enwedig y darluniau o dai truenus y gweithwyr yng nghysgod y gweithfeydd segur.

Derbyniodd *Eastern Valley* ganmoliaeth hael dros y blynyddoedd am ei harddull a'i delweddau – yr oedd yn 'first-class specimen of its type', yn ôl *To-day's Cinema*.[97] Honnodd William Farr, â chryn ormodiaith, yn *Sight and Sound* fod iddi ragoriaethau na cheid yn aml iawn mewn ffilmiau, sef: 'natural poetic beauty, imaginative sympathy with men and women, and, most fitting with a subject of this kind, humility in the presence of a human and, in the highest sense, vital problem.'[98] Tybiai Graham Greene ym 1937 fod Donald Alexander wedi elwa ar brofiadau blaenorol a bod hynny wedi grymuso'r ffilm:

> He has learnt from [Edgar] Anstey the value of direct reporting: the appalling cottages held up by struts from falling, dwarfed by the slagheaps; the trout stream turned into a drain, one empty fag packet floating down between the old tins; the direct interview with the wife of an unemployed man; but he has learnt too from Basil Wright how to express poetically a moral judgement. Life as it once was before industry scarred and mutilated the valley; life as it is; life as it should be.[99]

Ac er bod y printiau sydd wedi goroesi erbyn hyn yn wael eu hansawdd sain a gweledol, gellir gwerthfawrogi safon celfydd a chaboledig y gwaith technegol.

* * * *

Gweithiau addysgiadol a geisiai sicrhau gwell cyhoeddusrwydd a chysyllt-iadau cyhoeddus ar gyfer eu noddwyr oedd ffilmiau'r cwmnïau dogfen Strand, Realist a Shell gan amlaf. Gwaetha'r modd, adlewyrchir yng ngweithiau'r cwmnïau hyn y cyfaddawd a wnaed gan y mudiad dogfennol wrth iddynt lunio ffilmiau comisynedig. Wrth bwyso a mesur cynnwys beirniadol y mwyafrif o ffilmiau'r cwmnïau hyn fe'u ceir yn brin oherwydd amharodrwydd y cynhyrchwyr i frathu'r llaw a'u bwydai. Eithriadau yw *Today We Live* ac *Eastern Valley*, dwy ffilm a oedd yn eu dydd yn gam ymlaen yn hanes ffilmiau dogfen noddedig. Ymdrechodd Bond, Grierson a Rotha, fel y gwnaeth Alexander ar eu hôl, i feirniadu a chyfleu'n dreiddgar gyfraniad y mudiadau gwirfoddol a noddai'r ffilmiau i fywyd llwm trigolion di-waith de Cymru. Ceisiwyd, hefyd, ddarlunio'r cymeriadau fel unigolion afieithus mewn modd agos-atoch a oedd yn bur wahanol i'r dull ymataliol ac oeraidd a gafwyd mewn ffilmiau blaenorol megis *Drifters* (Grierson, 1929) ac *Industrial Britain* (Flaherty, 1933). Y mae'r ffaith fod delweddau cignoeth Donald Alexander yn cael eu defnyddio heddiw mewn trafodaethau ar effeithiau'r dirwasgiad ar dde Cymru yn deyrnged i rym a hirhoedledd y ffilmiau hyn. Yn ddiau, y mae'r darluniau cofiadwy o lowyr di-waith yn mentro'u bywydau yn y gobaith o sicrhau clapiau bychain o lo ac eraill yn cicio'u sodlau'n ddigalon ar gorneli strydoedd i'w cyfrif ymhlith prif ddelweddau Cymru'r ugeinfed ganrif. Er i nifer o ffilmiau eraill geisio efelychu'r hyn a wnaed yn *Today We Live* ac *Eastern Valley*, ni lwyddodd yr un ohonynt i ddarlunio'r dirwasgiad yng nghymoedd diwydiannol de Cymru mewn modd mor gignoeth a thrawiadol â'r ddwy ffilm ddogfen hyn.

3

'A swyn mwyn y sinemâu – yn troi'i fryd / I ffoi ennyd o fyd ei ofidiau':[1] Delwedd Hollywood ac Ealing o Gymru

Yn ystod y 1930au, yn sgil galw cynyddol ymhlith cynulleidfaoedd Prydain a chenhedloedd eraill am ffilmiau a gynigiai ddihangfa rhag diflastod a chaledi bywyd, mwynhâi diwydiant ffilm Hollywood oes aur. Canfu astudiaeth o fywyd glowyr ifainc, cyflogedig a di-waith, ym Mhontypridd, Casnewydd a Chaerdydd yn ystod haf 1937 fod mynychu'r sinema yn ail yn unig i gerdded ymysg eu diddordebau a bod 22 y cant ohonynt yn mynd yno ddwywaith yr wythnos yn rheolaidd. Ystyrid y sinemâu yn ddihangfa nid yn unig i'r meddwl ond hefyd i'r corff gan fod amryw ohonynt yn adeiladau moethus a chanddynt seddau cyfforddus ac, ar ben hynny, yn fannau lle y gallai'r bobl fwyaf tlodaidd eu diwyg guddio yn y tywyllwch.[2] Yn baradocsaidd, erbyn y tridegau ym-gorfforai Hollywood ddwy wedd ar ffilm ym Mhrydain. Nid oedd bellach yn ddihangfa ecsotig a lliwgar yn unig gan fod y gynulleidfa ym Mhrydain yn hen gyfarwydd â dull o siarad, gwisg a daliadau cymeriadau mewn ffilmiau Americanaidd, a daethai syniadaeth Hollywood yn rhan naturiol o sinema genedlaethol yr oes. Erbyn y tridegau ystyrid America gan amryw wledydd yn rhan annatod o'u dychymyg sinematig ac, fel yr honnodd yr hanesydd ffilm Andrew Higson, 'Hollywood has become one of those cultural traditions which feed into so-called national cinemas: "America is now within".'[3] O ganlyniad, collasai'r diwydiant ffilm ym Mhrydain ei afael ar ei gynulleidfa gartref. Wrth geisio creu ffilmiau â doniau prin a chyllidebau pitw canfu gwneuthurwyr ffilm ym Mhrydain fod cystadlu yn erbyn grym anferthol Hollywood yn amhosibl. Felly, er mwyn ceisio gwrthweithio dylanwad America, pasiwyd cyfres o ddeddfau yn cyfyngu ar nifer y ffilmiau o Hollywood a ddangosid ym Mhrydain er mwyn sicrhau dangos cyfran benodol o ffilmiau a wnaed ym Mhrydain.[4] Erbyn 1938 yr oedd yn rhaid dosbarthu o leiaf 15 y cant o'r ffilmiau a grëwyd ym Mhrydain a dangos o leiaf 12.5 y cant ohonynt.[5] Ond ymgais lipa iawn oedd y deddfau hyn i atgyfodi'r diwydiant cynhenid ac ofnid yn gyffredinol fod y llywodraeth yn gyndyn i atal y cyfraniad sylweddol a wnâi ffilmiau Americanaidd i'r economi.[6] Buan y sylweddolodd cwmnïau yn America mai'r ffordd orau o danseilio'r deddfau hyn oedd sefydlu canghennau ym Mhrydain, gan gyflogi ambell Brydeiniwr er mwyn tawelu'r dyfroedd.

Y cwmni cyntaf i sefydlu cangen ym Mhrydain oedd cwmni Louis B. Mayer, Metro Goldwyn Mayer, a ffurfiodd MGM-British yn Denham ym 1936. Aeth MGM-British ati'n ddi-oed i greu ffilmiau Prydeinig, ond gan sicrhau mai cyfarwyddwyr Americanaidd a oedd wrth y llyw. Ym 1938 rhyddhawyd ffilm Jack Conway, *A Yank at Oxford*, ac yna, gan fod addasu nofelau ar gyfer y sgrin fawr yn boblogaidd ar y pryd, fe'i dilynwyd gan *The Citadel*, dan gyfarwyddyd King Vidor, ac addasiad o nofel James Hilton, *Goodbye Mr Chips* gan Sam Wood ym 1939. Bu'r tair ffilm hyn yn llwyddiant ysgubol ym Mhrydain ac America ac, er bod dylanwadau Americanaidd yn drwm arnynt, fe'u derbyniwyd yn llawen gan gynulleidfaoedd a beirniaid ym Mhrydain.[7] Bu eu hymddangosiad yn fodd i Brydain ymfalchïo o'r newydd yn ei diwydiant ffilm. Yn *Sight and Sound*, gorfoleddodd Alan Page wrth ffarwelio â'r flwyddyn 1938:

> The old year departed in a blaze of glory so far as films made in this country are concerned . . . If these two films [*A Yank at Oxford* a *The Citadel*] are the direct outcome of the Films Act, then hurrah for the Act, because although it may check quantity, it definitely enhances quality.[8]

Ond nid dyna'r unig reswm paham yr oedd cynifer yn ymfalchïo yn niwydiant ffilm Prydain yn y tridegau. Er bod miloedd o fynychwyr y sinema yn ymgolli mewn rhamant, antur a chomedïau ar drothwy'r Ail Ryfel Byd, oherwydd dylanwad y mudiad dogfennol daeth galw am realaeth gymdeithasol mewn ffilmiau nodwedd ac o ganlyniad crebachodd y galw am ffilmiau argraffiadol, mynegiadol a swrrealaidd.[9] Mewn ymateb i'r chwiw ddiweddaraf hon agorwyd y llifddorau gan ffilmiau megis *The Citadel* (Vidor, 1938), *The Stars Look Down* (Reed, 1939) a *The Proud Valley* (Tennyson, 1940) a pharatowyd y ffordd ar gyfer sawl ffilm a ddinoethai'n ddeifiol realiti bywyd gweithwyr Prydain, megis campwaith John Baxter, *Love on the Dole* (1941).[10] Bu galw cyffelyb hefyd yn America gyda ffilmiau megis *Boys Town* (Taurog, 1938) a *The Grapes of Wrath* (Ford, 1940) yn wirioneddol boblogaidd, er na fu pall hefyd ar y galw am gomedïau hwyliog fel *The Philadelphia Story* (Cukor, 1940) a *His Girl Friday* (Hawks, 1940), a ffilmiau melodramatig fel *Wuthering Heights* (Wyler, 1939), *Gone with the Wind* (Fleming, 1939) a *How Green Was My Valley* (Ford, 1941). At hynny, yr oedd oes aur y ffilmiau *noir*, megis *The Maltese Falcon* (Huston, 1941), ar fin dechrau.

Nid yw'n syndod, o gofio bod cymoedd diwydiannol de Cymru wedi profi'n gymaint o dynfa i ddogfenwyr, fod cynhyrchwyr a chyfarwyddwyr ffilmiau nodwedd hefyd yn llygadu'r ardal honno. Y ffilm nodwedd Gymreig ei thestun gyntaf i gyrraedd y sgrin oedd *The Citadel* a ryddhawyd ar 28 Hydref 1938. Am y tro cyntaf erioed yn hanes y ffilm nodwedd Brydeinig gwnaethpwyd ffilm a ddarluniai broblemau cymdeithasol y dosbarth gweithiol ac a roddai sylw i'r glowyr, y garfan fwyaf niferus a gwleidyddol eu hanian ymhlith gweithwyr Prydain.

'Very good film. Dr Manson would have done much more good for mankind if the Welshmen had not been such fools':[11]
The Citadel

Seiliwyd *The Citadel* ar y nofel o'r un teitl gan A. J. Cronin, awdur poblogaidd o Cardross, swydd Dumbarton yn yr Alban.[12] Ar ôl ennill gradd mewn meddygaeth ym Mhrifysgol Glasgow ym 1919 a threulio cyfnodau yn gweithio mewn ysbytai yn y ddinas, penodwyd Cronin yn feddyg yn Nhreherbert.[13] Yn ei hunangofiant soniodd am ei ymweliad cyntaf â'i gartref newydd yn ne Cymru ar ddechrau'r 1920au:

> a strange, disfigured country . . . a grey mist was swirling down between the black mountains which rose on either side, scarred by ore workings, blemished by great heaps of slag on which a few mangy sheep wandered in vain hope of pasture . . . First impressions of a place often prove misleading but in this instance they showed a melancholy accuracy . . . Tregenny [Treherbert] was unquestionably grim.[14]

Wedi treulio cyfnod byr yn Nhreherbert symudodd Cronin i Dredegar lle y'i cyflogwyd gan gyfundrefn iechyd arbennig y glowyr lleol.[15] Cyfundrefn oedd hon a ragflaenai Wasanaeth Iechyd Aneurin Bevan. Cyfrannai'r glowyr rywfaint o'u cyflog wythnosol er mwyn sicrhau, yn ôl yr angen, ofal meddygol yn rhad ac am ddim. Ond ar ôl dioddef blynyddoedd o weithio oriau hir ac o galedi bywyd de Cymru gadawodd Cronin am gyfoeth a manteision bywyd Llundain, gan agor meddygfa ger Marble Arch.[16] Pan dorrodd ei iechyd, rhoes y gorau i'w yrfa feddygol a throi'n nofelwr. Ym 1931 cyhoeddwyd ei nofel gyntaf *Hatter's Castle* ac, ar ôl ymddangosiad tair nofel arall, ym mis Gorffennaf 1937 cyhoeddodd gyfrol a oedd yn seiliedig ar ei brofiadau fel meddyg yn ne Cymru ac yn Llundain, sef *The Citadel*.[17] Bu'r nofel yn llwyddiant ysgubol a daeth yn un o'r llyfrau mwyaf adnabyddus i'w cyhoeddi ym 1937 ledled y byd. Hanfod apêl y nofel oedd stori gadarn am feddyg ifanc yn brwydro yn erbyn llygredd a rhagfarn, ond achoswyd y cynnwrf mwyaf gan yr enghreifftiau o ddiglemdod ac aneffeithlonrwydd a brofodd yr awdur yn ystod ei yrfa fel meddyg. Trwy guddio ei feirniadaethau treiddgar a chignoeth mewn nofel boblogaidd ac iddi haenau o antur a serch, llwyddodd Cronin i ddyfnhau ymwybod y cyhoedd â gwendidau'r gyfundrefn iechyd heb roi cyfle i'w broffesiwn ysgubo ei gyhuddiadau o'r golwg. Yr oedd deunydd ffilm ardderchog yn y nofel, ond, fel y cawn weld, cymhwyswyd y nofel er mwyn sicrhau llwyddiant ysgubol y ffilm a chuddiwyd gwendidau'r gyfundrefn iechyd gan stori garu.

Plannwyd hedyn creu'r ffilm *The Citadel* yn fuan wedi cyhoeddi'r nofel pan brynodd Victor Saville, y cynhyrchydd a'r cyn-gyfarwyddwr dylanwadol, yr hawliau ffilm am £14,000.[18] Yn ystod Hydref 1937 cafodd Saville gynnig cytundeb i weithredu fel cynhyrchydd oddi wrth Louis B. Mayer ar gyfer MGM-British ac, ar ôl derbyn y swydd, gwerthodd hawliau *The Citadel* i'w gyflogwr newydd. Buan y canfu ei hun yn gynhyrchydd ar *The Citadel* ac yn bennaeth ar gangen Brydeinig y cwmni yn sgil ymddiswyddiad Michael Balcon, a oedd wedi diflasu'n llwyr ar ôl dioddef misoedd digon anghysurus yn cynhyrchu *A Yank at Oxford*.[19] Ei sylw diweddarach oedd: 'Some cynics say that Mayer only signed me to get *The Citadel*', ac o gofio natur ddidostur byd ffilmiau Hollywood ac archwaeth anniwall Mayer, hawdd credu bod y sinigiaid yn llygad eu lle![20] Rhagwelodd Mayer gyfle i sicrhau bod MGM yn cwblhau eu dogn o ffilmiau Prydeinig yn unol â'r gyfundrefn gwota drwy ffilmio *The Citadel* ac, er mai Saville a fyddai'n cynhyrchu'r ffilm Brydeinig hon, yr oedd ymysg y lleiafrif oherwydd anfonodd Mayer amryw o dechnegwyr o'i stabl yn America, gan gynnwys y cyfarwyddwr King Vidor, er mwyn diogelu a chynnal sglein a safon ffilmiau MGM.

Sicrhawyd nifer o arbenigwyr eraill i weithio ar *The Citadel* er mwyn diogelu'r graen technegol a oedd yn nodwedd mor amlwg o ffilmiau America. Denwyd Charles Frend i olygu'r ffilm, cafwyd gwaith camera effeithiol gan Harry Stradling, a cherddoriaeth gan Louis Levy, arweinydd cerddorfeydd sinematig enwog o gyfnod euraid y ffilmiau mud.[21] Cafwyd, yn ogystal, y gorau o fyd sgriptio i gydweithio ar addasu'r nofel i'r sgrin. Credai Louis B. Mayer yn gryf na ddylid rhoi'r cyfrifoldeb o addasu nofel neu ddrama i'r sgrin i awdur y gwaith, rhag ofn i hynny arwain at addasiad anhyblyg. O ganlyniad, defnyddiai sgriptwyr ac awduron eraill i'r perwyl hwnnw, a'r gŵr a ddewiswyd i addasu *The Citadel* oedd John van Druten, dramodydd a oedd newydd ddod i amlygrwydd drwy gyfrwng ei ddrama *Young Woodley*.[22] Ond, wrth geisio ym-gyrraedd at sgript berffaith, nid oedd yn anarferol i MGM roi'r un sgript i fwy nag un addaswr, gan beri i un sylwebydd ffraeth gellwair 'that MGM bought a subject when it was topical and made it when it was typical'.[23] Felly y bu yn achos *The Citadel* oherwydd rhoes Ian Dalrymple, Commander Frank Wead ac Emlyn Williams, yn ogystal â Saville a Vidor eu hun, gynnig ar fireinio'r sgript. Sylweddolwyd ym mis Mawrth 1938 nad oedd van Druten wedi llwyr ddeall 'the terrific humaneness and scope that is in the book' a bod ei fersiwn ef yn hepgor y stori serch rymus a fodolai rhwng y meddyg a'i wraig.[24] Siomwyd Vidor gan y sgript ac meddai mewn llythyr at Saville ym Mawrth 1938: 'I've carefully restored many of the good lines from the book where van Druten had a tendency to rewrite for no apparent reason, and in many cases greatly devitalizing Cronin's excellent dialogue.'[25] Erbyn 24 Mai 1938, cafwyd sgript orffenedig ar gyfer *The Citadel*, ac yng nghasgliad MGM ceir fersiwn sy'n nodi'n fanwl gyfraniadau'r gwahanol awduron.[26]

7. *The Citadel*: King Vidor (cyfarwyddwr) ac A. J. Cronin (awdur y nofel).
(University of Southern California)

Seiliwyd y sgript orffenedig ar olygfeydd amlycaf y nofel, megis Dr Manson yn cyrraedd de Cymru i ddechrau ei swydd gyntaf mewn meddygfa fechan yn Blaenelly.[27] Wedi dechrau digon simsan yno, a'r glowyr yn ei ddrwgdybio, llwydda i ennyn eu parch drwy achub baban marwanedig a hefyd, ar y cyd â'i gyfaill newydd Philip Denny, meddyg sydd wedi ei lwyr ddadrithio gan y proffesiwn, llwydda i ddinistrio'r garthffos sy'n gyfrifol am achosi teiffoid yn y dref.[28] Y mae Manson hefyd yn cwrdd â Christine Barlow, athrawes leol, ac ar ôl ffrae â Blodwen Page, gwraig perchennog y feddygfa, try Dr Manson ei olygon at Aberalaw, gan dderbyn swydd yno fel meddyg ar ran Cymdeithas Cymorth Meddygol y Glowyr. Yn sgil amod sy'n cyd-fynd â'r swydd, sef mai dynion priod yn unig a gaiff eu hystyried, y mae'n gofyn i Christine ei briodi. Yn ei swydd newydd ceisia Manson fynd at wraidd anhwylderau'r glowyr ond dinistrir ei waith ymchwil i gyd ganddynt.[29] Ac yntau wedi ei ddadrithio'n llwyr, gedy Manson a'i wraig am Lundain, gan agor yno feddygfa newydd ar gyfer haenau uchaf y brifddinas. O ganlyniad, y mae'n colli parch ei wraig a'i gyfaill Denny. Ni ddaw Manson at ei goed nes i Denny farw yn sgil llaw-driniaeth flêr, ac o hynny ymlaen ymrwyma i drin y gwir anghenus yn unig ac i ymchwilio er lles y dosbarth gweithiol.

Gŵr a chanddo enw am greu ffilmiau a oedd yn llawn angerdd a sylwebaeth gymdeithasol gref oedd King Vidor. Ac yntau wedi ei gyflogi gan MGM er 1923, yr oedd wedi ennill cryn fri yn sgil cyfarwyddo ffilmiau megis *The Big Parade* (1925), *The Crowd* (1928) ac *Our Daily Bread* (1934), a dywedodd un beirniad amdano ym 1939:

> King Vidor has stature not so much for his brilliancy of rendition or profundity of filmic conception as for a certain sincerity and viewpoint that has, time and again, lifted his films out of the regular run of entertainment trivialities . . . Attuned to the times, his belief that a picture should say something worth while, may still lift his form higher than it has ever been and give him a value superseding many greater craftsmen.[30]

Penodwyd cast ar gyfer *The Citadel* yn hwyr ym 1937 ac ni fu'r broses heb ei helyntion. Y gyntaf i dderbyn rhan yn y ffilm oedd Elizabeth Allen a recriwt-iwyd ym Mhrydain ar 30 Tachwedd 1937 i chwarae rhan Christine, gwraig y prif gymeriad, Dr Andrew Manson. Yn ddiweddarach y diwrnod hwnnw hysbys-wyd y wasg o'r bwriad i greu ffilm ar sail y nofel yn ystod gwanwyn 1938 ac y byddai Allen yn un o'r sêr.[31] Gan na fynnai King Vidor deithio i Brydain tan ychydig wythnosau cyn dechrau'r ffilmio, bu raid i Victor Saville, fel cynhyrch-ydd y ffilm, fynd i America i drafod gweddill y trefniadau. Tra oedd yn America daeth yntau a Vidor i'r casgliad nad oedd Allen yn gweddu i ran Christine gan fod y sgriptwyr wedi newid natur y cymeriad yn y nofel. O ganlyniad, gollyng-wyd yr actores yn ddisymwth yn ystod mis Mawrth 1938. Gwylltiodd Allen a dwyn achos llys yn erbyn MGM am dorri'r cytundeb, ac ym mis Mawrth 1939 dyfarnodd y llys o'i phlaid, gan bennu iawndal o £3,400.[32] Ond caniatawyd i MGM apelio yn erbyn y ddedfryd a chollodd Elizabeth Allen yr achos. Yn ôl Vidor, yr oedd nod Ben Goetz, pennaeth MGM-British, yn amlwg: 'His attitude was not so much that the casting for this part was so important, but that if this girl won, it would mean that you never would be able to change the casting in a film in England again.'[33] Yn y cyfamser daethpwyd o hyd i Americanes o'r enw Rosalind Russell i chwarae rhan Christine Manson, gan beri i undebau actorion

Prydain gwyno'n hallt bod Americanes wedi cael y rhan ar draul Prydeines. Yn ôl Russell ei hun, 'my being there caused a furore!'[34]

Ar y llaw arall, bu penodi Rex Harrison a Ralph Richardson yn broses ddigon diffwdan, er bod y ddau actor yn brysur ar lwyfannau Llundain ar y pryd, ffaith a enynnodd barch ac edmygedd Vidor.[35] Yn eironig iawn, o gofio ei fod yn ŵr pruddglwyfus iawn, cafodd Harrison ran Freddie Lawford, y meddyg llwgr o Lundain, tra cafodd Richardson ran Philip Denny, y meddyg meddw ond hoffus a oedd yn dwyn i gof ymarweddiad ac ymddygiad Dylan Thomas. Penodiad diddorol arall oedd dewis Emlyn Williams i chwarae rhan Owen, ysgrifennydd cydwybodol Cymdeithas Cymorth Meddygol Aberalaw. Yr oedd Williams ar ben ei ddigon oherwydd câi chwarae rhan Cymro ar y sgrin am y tro cyntaf; meddai: 'the role will help me to steer away from the fate of being typed in perpetual villainous parts.'[36] Ond efallai mai'r penodiad mwyaf ysbrydoledig oedd dewis Dilys Davies o Flaengwynfi i chwarae rhan Mrs Blodwen Page, gwraig y meddyg gwael ei iechyd y gweithiai Manson ar ei ran. Trwy gyd-ddigwyddiad, gwraig i feddyg oedd Dilys Davies yn ei bywyd go iawn, ac actores a berffeithiodd ei chrefft gyda Chymdeithas Ddrama Gymraeg Abertawe. Cafwyd ganddi 'a full-throttle performance' fel 'one of the finest of all scolds and viragos in Welsh film' ac ni ellir llai na chanfod tebygrwydd rhwng yr ysguthan farus a chrintachlyd hon a Leusa Jones, y jaden benchwiban yn nofel T. Rowland Hughes, *William Jones*.[37]

Yna, ym mis Mai 1938, llofnododd Robert Donat, actor ifanc o Fanceinion a wnaethai gryn enw iddo'i hun yn *The Private Life of Henry VIII* (A. Korda, 1933) a *The Count of Monte Cristo* (Lee, 1934), gytundeb pedair blynedd ag MGM-British i wneud chwe ffilm ym Mhrydain am £25,000 yr un, gan ddechrau â *The Citadel*.[38] Yr oedd Vidor wedi disgwyl cyfarfod gŵr golygus a llawn hyder, ond nid felly y bu ei gip cyntaf ar eilun diweddaraf y sgrin fawr ym Mhrydain:

> Instead I saw a frail, hollow-chested fellow in a Norfolk jacket and tweed cap standing in the doorway. He carried a battered brief-case and looked more like a shy book-keeper or reticent bank clerk than the romantic star I had seen on the screen.[39]

Serch hynny, buan y daeth Vidor i werthfawrogi dawn Donat wrth baratoi *The Citadel* a'i gyfraniad sylweddol i'r ffilm. Yn y bag a gariai Donat bob amser ceid nodiadau a sylwadau ar y nofel a'r sgript, sgetsys o'r dillad y byddai yn eu gwisgo, a lluniau o leoliadau i'w hystyried yn ne Cymru.[40] Gan na ellid ffilmio'r golygfeydd mewn trefn gronolegol, creodd siart fanwl a'i galluogai i ddilyn datblygiad emosiynol ei gymeriad trwy gydol y ffilm.[41] Esboniodd wrth un newyddiadurwraig:

8. Penodi Dr Manson (Robert Donat) yn feddyg Cymdeithas Cymorth Meddygol
Aberalaw. Saif Emlyn Williams ar y dde. ('THE CITADEL' © 1938 Warner Bros.
Cedwir pob hawl.)

The life story of Manson has many climaxes, but none so great as that which
occurs in the trial scene at the end. I knew that it would be fatally easy to give all
I had before this great moment was reached. To have nothing left then would
have made it merely an anti-climax.[42]

Enghraifft arall o'i ymrwymiad llwyr i'w grefft ac i'r ffilm oedd y ffaith iddo
wisgo dillad ei gymeriad yn barhaol, hyd yn oed wedi i'r ffilmio ddirwyn i ben
bob dydd. Rhyfeddai Vidor at barodrwydd Donat i dreulio sawl penwythnos yn
crwydro cymoedd de Cymru fel y gallai 'let things soak into me'.[43] Yn ogystal, er
mwyn amsugno cymaint ag y gallai o wybodaeth a fyddai o fudd i'w gymeriad,
ymunodd Donat â Vidor pan aeth i dde Cymru i chwilio am syniadau ar gyfer y
setiau. Meddai Vidor ym 1988: 'we went into the mine shafts, and even went into
some of the miner's homes, and Bob was right there all the time.'[44] Talodd y
gwaith cartref hwn ar ei ganfed oherwydd bu dehongliad Donat o'r meddyg
ifanc trwsgl yn angor cwbl ddiogel i'r ffilm, a hynny er gwaethaf ei acen
Albanaidd simsan. Chwistrellodd Donat afiaith a brwdfrydedd heintus i
gymeriad y meddyg ar ddechrau'r ffilm a chynnil iawn yw ei bortread o Manson
yn suddo'n ddyfnach i ffyrdd llygredig y proffesiwn yn Llundain.

Dewiswyd Abertyleri yn batrwm ar gyfer pentrefi dirwasgedig de Cymru
ym 1924, a galwyd y ddau bentref ffuglennol a grëwyd ar ddarn o dir 27,000 o

droedfeddi sgwâr yn stiwdios Denham yn Blaenelly ac Aberalaw.[45] Seiliwyd y setiau ar y golygfeydd a'r sgetsys o Gwm Rhondda a dynnwyd gan Lazare Meerson, cyfarwyddwr artistig y ffilm, ar ei daith drwy dde Cymru.[46] Saernïwyd dros 60 o setiau gwahanol ar gyfer y ffilm, gan gynnwys gwythïen lo lle y gellid ffilmio glowyr yn gweithio, cartrefi glowyr tlawd de Cymru, a meddygfa foethus Manson yn Llundain. Ond, chwedl y *South Wales Evening Post*: 'One of their greatest settings, a fourteen-day construction job, was that of a complete Welsh mining town street, gaunt, rain-swept, rising to the background of grey hills and pit-head gear.'[47] Ac eithrio'r olygfa agoriadol (sy'n driw iawn i'r nofel), lle y gwelir Dr Manson yn syllu trwy ffenestr y trên ar strydoedd llwm a thomenni glo gwastraff Treherbert, saethwyd y ffilm yn Denham yn ystod Mehefin a Gorffennaf 1938.[48] Nid arbedwyd dim ar y gost wrth ail-greu'r golygfeydd hyn nac ychwaith wrth geisio cynnal dilysrwydd y darlun o fywyd glowyr de Cymru. Cyflogwyd David Davies, cyn-löwr o Faerdy fel cynghorydd technegol y ffilm, ynghyd â Joseph Norman, cyn-löwr arall o Abercynon a oedd yn aelod o staff Denham. Tasg y ddau hyn oedd sicrhau bod yr actorion yn creu darlun credadwy o'r Gymru lofaol drwy eu trwytho yn arferion y gymdeithas ddiwydiannol, megis sut i glymu siôl ar gyfer dal baban a sut i glymu hancesi am wddf i ddynodi'n union pa waith a fyddai gan bob dyn o dan y ddaear. Aethpwyd hefyd ar ofyn rhai o lofeydd de Cymru er mwyn benthyg rhawiau, ceibiau, helmedau, lampau Davy, offer diogelwch a chyflenwad o lo![49] Gan fod cymaint o ôl paratoi manwl arnynt, cymharodd y dogfennwr adnabyddus Basil Wright y setiau a'r golygfeydd glofaol yn *The Citadel* â'r rhai a ddangoswyd yng nghampwaith Georg Wilhelm Pabst, *Kameradschaft*, ym 1931.[50]

Yn ôl arfer yr oes bu sensoriaid ar waith cyn i'r broses ffilmio gychwyn. Cafodd y nofel ei hystyried gan y British Board of Film Censors (BBFC) yn ystod mis Gorffennaf 1937, ar adeg pan ddangosai'r diwydiant ffilm gryn ddiddordeb yn yr hawliau.[51] Cafwyd dau adroddiad digon gwahanol gan ddau sensor amlwg, sef y Cyrnol J. C. Hanna a Mrs N. Crouzet. Credai Hanna, prif sensor y BBFC ar y pryd, nad oedd y nofel yn rhy llawdrwm ar feddygon a phe gellid sicrhau na fyddai gwendidau'r meddygon llwgr a ddarlunnid yn ysgwyd hyder y genedl yn y proffesiwn nid oedd lle i boeni. Yr oedd barn Mrs Crouzet yn hollol wahanol:

> There is so much that is disparaging to doctors in this book, that I consider it unsuitable for production as a film. I think it dangerous to shatter what faith the general public has in the medical profession.[52]

Er hynny, barn y Cyrnol Hanna a orfu, fel y dengys telegram Joseph Brooke

Wilkinson, ysgrifennydd y BBFC rhwng 1913 a 1948, at gyfarwyddwr y Production Code Administration (PCA) yn America, Joseph I. Breen:

> In our opinion novel does not constitute attack on medical profession although several undesirable types of doctors are included. Ideals of Manson constructive and being put into practice gradually. We suggest that faults of undesirable types be not presented as to shake confidence of nation in medical profession or make suggestions which would lead to believe they are rule and not exception.[53]

Bu'r mater hwn yn bwnc llosg yn y wasg yn ogystal. Cyhoeddodd *The Era* erthygl, yn dwyn y teitl 'Cronin's *The Citadel*: Should it be filmed?', yn fflangellu'r nofel am ddinistrio hyder y cyhoedd yn y byd meddygol:

> Of all the professions with which the masses come into contact there is not one in which they have half so much confidence as that of medicine . . . Why do anything that might tend to shatter it?[54]

Er gwaethaf yr amheuon hyn, parhau â'u cynlluniau ar gyfer y senario a wnaeth MGM, gan dreulio gwanwyn 1938 yn sgriptio. Wedi cyflawni'r ffilm, fodd bynnag, bu raid i MGM blygu i ofynion y BBFC a'r PCA neu wynebu dirwy hallt. Wedi gwylio'r ffilm ar 14 Medi 1938, mynnodd Joseph Breen a'i gydweithwyr yn y PCA y dylid newid y golygfeydd a ddangosai'r wraig feichiog yn 'unduly exposed' a hefyd y dylid tymheru'r golygfeydd a drafodai fywddyrannu.[55] Yn ogystal, mewn ymateb i bryder Breen ynghylch yr effaith bosibl ar enw da y proffesiwn meddygol, ychwanegwyd rhagair a luniwyd gan Nicholas Schenck, cadeirydd MGM, at y fersiwn Americanaidd a ryddhawyd ar 4 Tachwedd 1938:

> This motion picture is a story of individual characterizations and is in no way intended as a reflection on the great medical profession which has done so much towards beating back those forces of nature that retard the physical progress of the human race.[56]

Nid yw'r ymwadu hwn i'w gael yn y fersiwn a ryddhawyd ym Mhrydain ar 22 Rhagfyr 1938, ond yn ôl nodiadau sensoriaid y BBFC galwyd am gryn newidiadau i'r ffilm orffenedig pan gafodd ei chyflwyno ger eu bron yn ystod Tachwedd 1938. Nid oes modd gwybod yn union pa doriadau a wnaed i'r ffilm Brydeinig ond deil J. C. Robertson, awdurdod yn y maes, i'r sensoriaid yn y pen draw ganolbwyntio ar faterion gwleidyddol yn hytrach na cheisio amddiffyn delwedd y meddyg.[57]

Nid oes unrhyw amheuaeth na fyddai'r ffilm wedi ei thocio'n llymach petai wedi glynu'n dynn wrth gynllun nofel Cronin. Hepgorwyd nifer o benodau ym mywyd Manson yn y ffilm, megis camesgoriad Christine Manson, ymgais Manson ei hun i frwydro yn nannedd anfanteision i sefyll a phasio ei arholiadau MRCP, ac nid yw'r berthynas rhyngddo ef a Toppy le Roy hanner mor ddiniwed a llipa yn y nofel ag y mae yn y ffilm. Serch hynny, y newid pennaf a geir yn y ffilm yw'r diweddglo lle y lleddir Denny, y meddyg gonest a meddw, yn hytrach na Christine Manson, a hynny yn sgil diofalwch llaw-feddyg a oedd yn gyfaill i Manson. Pwrpas y farwolaeth yw rhoi ysgytiad i Manson, peri iddo agor ei lygaid i ffaeleddau ei broffesiwn, a'i annog i ddychwelyd at ei ddaliadau a'i egwyddorion yn hytrach na pharhau i fyw bywyd moethus yn Llundain. Canfu Saville fod A. J. Cronin wedi dewis lladd Christine Manson yn y nofel er mwyn i'w arwr godi i uchelfannau'r byd meddygol heb wraig i'w lyffetheirio. Credai'r cynhyrchydd fod y rheswm hwn yn dila ac yn annheg, ac oherwydd bod cynulleidfaoedd mor awyddus i weld diweddglo hapus diwygiwyd clo y nofel.[58] Ffactor bwysig arall yn y penderfyniad i sicrhau bod Christine Manson yn cael byw i weld ei gŵr yn callio oedd bod Rosalind Russell, y seren Americanaidd ifanc ac iddi ddyfodol disglair, wedi ei dewis i chwarae'r rhan honno. Yr oedd y newid hwn yn y plot yn asio'n berffaith â dymuniad Cronin i gyfleu Dr Manson yn ailddarganfod ei egwyddorion ac, o ran y gynulleidfa, nid oedd y teimlad o golled yn rhy ingol gan mai rhan fechan yn unig a chwaraeasai Denny hyd hynny yn y ffilm. Ond y mae'r newid hwn, er gwaethaf yr ymgais i sicrhau diweddglo a fyddai'n ennyn gwerthfawrogiad y gynulleidfa, ynghyd â'r olygfa o araith Dr Manson gerbron y General Medical Council (GMC), yn ffurfio dilyniant sy'n gwanhau clo'r ffilm. Tanseilir y realiti a grëwyd yn ystod y ffilm wrth i Donat draethu'n danbaid a theatraidd am ffaeleddau'r proffesiwn meddygol cyn chwipio'n benuchel o'r ystafell a'i wraig yn glynu'n dynn wrth ei fraich. Rhoes y diweddglo amwys ac anghyflawn hwn gyfle i James Bridie, dramodydd a chyfaill i Robert Donat, fynegi ei farn flodeuog fel a ganlyn:

> I thought it a delightful neat and tidy bit of work, like a fair flower growing from a midden. But what on earth did all of you mean by that crazy and irresponsible ending? The speech meant nothing at all . . . though it was a beautifully delivered piece of balderdash, and nobody had the least idea what happened to the young couple, to the General Medical Council or to anybody else in the play except Ralph Richardson [sef Denny].[59]

Drwy fynd i'r afael â syniadaeth King Vidor ynglŷn â nod ffilmiau a phosibiliadau'r cyfrwng, gellir deall yn well ei gymhellion wrth lunio *The Citadel*. Athroniaeth fawr Vidor oedd ei gred mewn ffilmiau a gynigiai neges i'r ddynoliaeth. Dywedodd ym 1920 ei fod yn credu mewn creu ffilmiau 'that will help humanity to free itself from the shackles of fear and suffering that have so long bound it with iron chains'.[60] Nid gwau stori gref a chymeriadau cyflawn oedd ei bennaf nod ond, yn hytrach, lunio ffilmiau a ymwnâi ag egwyddorion ac ymateb dynion i'r egwyddorion hynny. O'r herwydd, prin yw'r cymeriadau amlochrog yn ei ffilmiau, ac yn eu lle ceir archdeipiau a ysgogir gan eu hunplygrwydd a'u gonestrwydd angerddol. Yn achos *The Citadel*, y mae Dr Manson yn cael ei ddallu gan gyfoeth Llundain ac, o ganlyniad, y mae'n cefnu ar ei egwyddor o sicrhau gofal meddygol i bawb, ni waeth pa ddosbarth y maent yn perthyn iddo. Ni all y ffilm hon orffen hyd nes i arwr Vidor droedio'r llwybr cul unwaith eto. Aberthir y cymeriadau eraill ar allor egwyddorion y cyfarwyddwr: rhaid arddangos Manson fel un sy'n cael ei ddadrithio, ei lygru ac yna, yn y diwedd, ei waredu. Erfyn yw Denny i sicrhau'r ysgytwad sy'n dod â'r meddyg at ei goed, a Christine Manson yw'r wraig fythol ffyddlon sy'n gefn iddo ar hyd y daith. Yma caiff hoffter tra chyfarwydd Vidor o arddangos eithafion emosiynau benrhyddid llwyr, a'r canlyniad yw diweddglo lle y caniateir i felodrama gario'r dydd ar draul neges wleidyddol y ffilm. Yr awgrym cryf yw mai fel unigolyn dewr y gall Manson wneud y gwahaniaeth mwyaf i'r gyfundrefn iechyd, ac anwybyddir y galw cyfoes am genedlaetholi'r proffesiwn.

Ond gwendid pennaf y ffilm hon yw ei delwedd lurguniedig o gymunedau a thrigolion de Cymru yn y 1920au. Darluniodd Vidor gymdeithas na wyddai fawr ddim amdani, ac er gwaethaf y ffaith ei fod yn honni pleidio daliadau adain-chwith dilynodd nofel Cronin yn hytrach na phortreadu'r hyn a ganfu drosto'i hun yn ystod ei ymweliadau mynych â de Cymru.[61] Darlun dethol a gafwyd gan Cronin, ac o ganlyniad gan Vidor hefyd, o'r gymdeithas lofaol yn ne Cymru. Portreedir y glowyr fel rhai pwdr a thwyllodrus yn ceisio cafflo'r system budd-daliadau iechyd gan roi, yn y pen draw, gynhaliaeth i fasnach feddygol lwgr a diog. Nid darlun o gymdeithas groesawgar Gymreig a geir naill yn y nofel nac yn y ffilm, ond yn hytrach gip ar gymuned gyntefig, ddrwgdybus ac anghroesawgar yn ymdrybaeddu mewn ofergoeliaeth lawn cymaint â duwioldeb.[62] Ni cheir ynddi unrhyw ymgais i bortreadu'r math o lowyr diwylliedig a ymddiddorai mewn barddoniaeth, llenyddiaeth a gwleidyddiaeth, delwedd a oedd mor gyfarwydd yn ne Cymru yn y 1930au a'r 1940au, fel y dengys gweithiau Lewis Jones a Jack Jones.[63]

Y mae'n anodd iawn deall paham na roes Vidor, o gofio natur ei ffilmiau eraill megis *The Crowd* (1928) ac *Our Daily Bread* (1934) – dwy ffilm a ddarluniai pobl yn brwydro i ddal y ddeupen ynghyd – yr un parch i gymdeithas lofaol de Cymru. Efallai nad oedd ei galon yn y gwaith a'i bod yn haws ganddo dderbyn portread y nofel fel un cywir. Dichon hefyd ei fod o'r farn fod Cronin yn sylwebydd dibynadwy gan ei fod wedi ei gyflogi yn ystod blynyddoedd cynnar ei yrfa yn ne Cymru gan Gymdeithas Cymorth Meddygol y Gweithwyr yn Nhredegar rhwng Rhagfyr 1921 a Ionawr 1922. Rheolid y fenter soffistigedig a llwyddiannus hon gan 30 o gynrychiolwyr, y mwyafrif ohonynt yn lowyr, a dyna oedd asgwrn y gynnen pan gyfansoddodd Cronin ei nofel. Sut yn y byd y gallai criw o lowyr diaddysg sefydlu a chynnal y fath gynllun? Fel y mynegodd yr hanesydd D. G. Green mor danbaid yn ei ysgrif ar y sefydliadau hyn yng Nghymru:

> It is particularly perverse that Cronin should have singled out Tredegar as an example of how the ignorant mob could not be trusted with freedom, for until it was pushed aside in 1948, it was one of the finest primary medical care schemes anywhere in the country.[64]

Cymdeithas freintiedig ei chyfleusterau meddygol oedd Tredegar o'i chymharu â chymunedau eraill yn ne Cymru. Ym 1946, ddwy flynedd cyn iddi gael ei chwalu gan ddyfodiad y Gwasanaeth Iechyd Gwladol, yr oedd gan Gymdeithas Feddygol Tredegar 22,800 o aelodau allan o boblogaeth o 24,000. Trwy dalu dwy geiniog am bob punt a enillid yn wythnosol câi glowyr a gweithwyr dur, yn ôl y galw, wasanaeth a gofal pum meddyg, un llawfeddyg, dau fferyllydd, ffisiotherapydd, deintydd a'i gynorthwyydd, a nyrs ardal.[65] Yn ogystal, caent fanteision wrth ymorol am sbectolau, dannedd dodi a gofal ysbyty, a chynigid iddynt aelodau gosod, pigiadau, bwydydd patent, cyffuriau, gwallt gosod a phelydr X am ddim.[66] Hwyrach na allai deallusyn fel Cronin gredu bod modd i weithwyr cyffredin drefnu a chynnal cynllun gofal iechyd soffistigedig ac, o ganlyniad, ceir yn ei nofel ddarlun o gymdeithas Tredegar (fe'i gelwir yn Aberalaw yn y nofel) sy'n arwynebol a nawddoglyd. Fel yr honnodd un adolygydd ar y pryd: 'the author appears to be interested in miners only as malingerers or silicosis cases'.[67]

Daw uchafbwynt trahauster Cronin wrth i Dr Manson ymadael am fywyd moethus Llundain. Gedy ei swydd a'r gymuned lofaol er iddo lwyddo i ddarbwyllo'r glowyr anneallus o'r angen am ymchwil i'r afiechydon a'u blinai. Gellir ond dyfalu mai'r rheswm dros yr ymadawiad disymwth hwn yw nad oedd gan y meddyg ifanc hunandybus hwn yr amynedd i arwain pobl gyndyn ddim mwy. Yn nhyb Cronin – y dyn dŵad dosbarth-canol, proffesiynol – ni allai gweithwyr mor rhagfarnllyd ac anneallus fyth wireddu eu breuddwyd:

> It was a wonderful ideal, this group of working men controlling the medical services of the community for the benefit of their fellow workers. But it was only an ideal. They were too biased, too unintelligent ever to administer such a scheme progressively.[68]

Tybiai Cronin mai dim ond pobl o'r un brethyn ag ef a allai reoli gwasanaeth iechyd o'r fath ac yn y ffilm ceisir rhwbio halen i'r briw drwy ddangos y glowyr yn ceisio dinistrio canlyniadau arbrofion a wnaed gan y meddyg oherwydd eu bod o'r farn mai gwaith y diafol ydyw. Y mae'r portread hwn yn gwbl chwerthinllyd, o gofio bod y glowyr yn llwyr ymwybodol o effaith eu gwaith ar eu hiechyd.[69] Prif ofid y glowyr yn ystod y 1920au oedd diffyg cyd-nabyddiaeth gyhoeddus a chymorth o du'r llywodraeth. Bu galw cynyddol yn ystod y 1920au am iawndal ar gyfer dynion a ddioddefai o lid yr ysgyfaint, ac ym 1929 crëwyd system iawndal i gynorthwyo glowyr a ddioddefai yn sgil gweithio yn y glofeydd ar dalcenni carreg galed.[70] Er bod lle i ganmol y ffilm am fod y gyntaf o'i bath i roi sylw i'r afiechyd creulon hwn, y mae'r ymgais i bortreadu'r glowyr fel rhai na wyddai ddim am niwmoconiosis yn anghredadwy. A hwythau'n ingol ymwybodol bod cannoedd o'u cyd-weithwyr yn ymddeol yn gynnar neu'n marw'n ifanc, go brin y byddent wedi ceisio rhwystro arbrofion er mwyn canfod ffyrdd o atal neu leddfu symtomau'r afiechyd.[71] Da y dywedodd David Berry am bortread Vidor o'r glowyr, 'there is neither identification with them nor real compassion'.[72]

Y mae'n gwbl amlwg hefyd nad oedd Vidor na Cronin yn ymwybodol o rym yr undebau llafur ym mywyd trigolion de Cymru. Ni cheir trafodaeth syn-hwyrol ar gyfraniad yr undebau yn narlun Vidor. Cânt eu portreadu fel sefydliad caethiwus a llwgr, yn rhwystr i bob ymgais gan feddygon neu swyddogion y llywodraeth a fynnai amgenach bywyd ar gyfer cymunedau'r dosbarth gweithiol. Yn ôl Peter Stead, y mae hyn yn brawf fod dylanwad Hollywood ac America ar y ffilm, ond deil David Berry mai sensoriaeth a oedd yn bennaf cyfrifol am yr esgeulustod hwn.[73] Darlun afreal a geir trwy lygaid nofelydd a chyfarwyddwr na fynnent edrych y tu hwnt i lwch y lofa a gwerth-fawrogi amodau byw a diwylliant unigryw y gymdeithas lofaol Gymreig.

Tasg arall yw dyfalu paham na chafwyd gan Vidor ddarlun teg o'i destun. Y mae'n amhosibl credu na wyddai ef, fel y gwnâi cynifer o wneuthurwyr ffilm a ddaeth o'i flaen ac ar ei ôl, yn ddogfenwyr a chyfarwyddwyr ffilmiau nod-wedd fel ei gilydd, am amodau gwaith glowyr de Cymru. Y gwir amdani yw nad oedd Vidor yn poeni rhyw lawer am fanylion y stori; pwysicach o lawer iddo ef oedd bod Dr Manson yn edifarhau – dyna yw neges a chalon ei ffilm. Ni lwyddodd ychwaith i ymysgwyd oddi wrth ddylanwad ei brentisiaeth gynnar ym myd y ffilmiau mud, ac, o ganlyniad, y mae'r ffilm yn gyforiog o olygfeydd melodramatig. Y mae un ohonynt yn bur drawiadol, sef yr olygfa lle y ceisir ad-fywio baban marwanedig. Y mae grym yn perthyn i bob rhan o'r olygfa hon, o'r goleuo sy'n taflu cysgodion trawiadol ond yn goleuo wyneb Donat i ongl isel y camera a rydd statws arwrol i broffesiwn y meddyg. Eto i gyd, ceir rhai golygfeydd sy'n bradychu natur drwsgl ac anfedrus Vidor â geiriau; er enghraifft, araith hirwyntog Donat gerbron y General Medical Council a ddisgrifiwyd gan Bridie fel 'balderdash'.[74] Gellid, wrth gwrs, ddadlau bod dylanwadau eraill wedi profi'n drech nag ef a'i fod wedi gorfod ildio i farn y sgriptwyr, y stiwdio ac yn y pen draw y gynulleidfa. Deil y beirniad ffilm Raymond Durgnat fod *The Citadel* yn hybrid rhwng ffilmiau mwyaf personol Vidor a'r daliadau a orfodwyd arno gan drefn y stiwdios yn ystod ei yrfa.[75]

9. Yr olygfa enwog o Dr Manson (Robert Donat) yn adfywio'r baban.
('THE CITADEL' © 1938 Warner Bros. Cedwir pob hawl.)

Er yr holl feirniadu mewn oes ddiweddarach, bu'r ffilm yn llwyddiant masnachol diamheuol ym Mhrydain ac yn America adeg ei rhyddhau. Fe'i henwebwyd am Osgar fel ffilm orau'r flwyddyn ac fe'i gwobrwywyd hefyd fel ffilm orau 1938–9 gan nifer o sefydliadau megis The National Board of Review of Motion Pictures a The New York Film Critics.[76] Mynegi'r farn gyhoeddus, gan amlygu prinder ffilmiau Prydeinig da, a wnaeth adolygydd y *South Wales Echo and Express*: 'A review of *The Citadel* should start with the word excellent. It should finish with the word excellent. And all the words in between should be excellent.'[77] Canmolwyd realaeth golygfeydd y ffilm gan y mwyafrif o'r beirniaid, ond honnodd amryw fod dechrau'r ffilm yn dipyn cryfach na'i diweddglo.[78] Cwynodd un aelod o gynulleidfa Slough a gafodd wylio'r ffilm cyn ei rhyddhau i'r cyhoedd: 'Why did you have to deviate so much from the original? The book ended on a very much better note and, you know, cinema audiences don't always insist on a "happy ending".'[79] Ar y llaw arall, aeth un beirniad, Guy Morgan ar ran y *Daily Express*, mor bell â honni ei bod 'a very great film which in ten years time will probably be shown by film societies as an outstanding example of the film art in the "thirties"'.[80] O'i hystyried fel adloniant yn unig, y mae'r ffilm yn llwyddo'n burion, ond er ei bod yn hoelio sylw'r gwyliwr, ni ellir anwybyddu'r ffaith ei bod yn ddarlun annheg ac anghytbwys o fywyd glowyr yng nghymoedd de Cymru yn y 1920au. Er nad yw'n ffuglen gwbl wacsaw y mae'n llwyr ddibynnol ar felodrama a delwedd ddyfeisiedig o'r gymuned lofaol Gymreig. Fe'i hysbysebwyd fel ffilm a roddai ddarlun gonest o fywyd y dosbarth gweithiol, ond y gwir yw mai darlun gwyrgam a chibddall gan Albanwr ac Americanwr ydyw. Er mai cyfle a gollwyd yw *The Citadel*, bu'n fan cychwyn reiol i ddehongli trafferthion y dosbarth gweithiol ym Mhrydain ac yn sail i ffilmiau tipyn mwy realistig megis *The Stars Look Down* a *The Proud Valley*.

'MÔR O GÂN YW CYMRU I GYD':[81]

THE PROUD VALLEY

Flwyddyn wedi rhyddhau *The Citadel*, ymddangosodd delweddau o gymun-edau diwydiannol de Cymru unwaith eto ar y sgrin fawr, y tro hwn mewn ffilm a gynhyrchwyd gan stiwdio Brydeinig Ealing. Er na fu *The Proud Valley* (1940) yn ffilm gwbl lwyddiannus, ymserchodd y Cymry yn fawr ynddi, yn anad yr un ffilm arall, oherwydd perfformiad atyniadol ei phrif seren, Paul Robeson, yr actor du o New Jersey, a phortread cofiadwy Rachel Thomas o'r fam Gymreig weithgar ac unplyg. Eto i gyd, fel y dengys hanes creu'r ffilm, ni ellir llai nag amau y byddai ei dylanwad wedi bod yn gryfach o lawer petai wedi cael dilyn ei chwrs gwreiddiol. Dagrau pethau yw na chafodd y ffilm ei chreu yn unol â gweledigaeth radical y gŵr a greodd esgyrn sychion y stori, sef Herbert Marshall, Comiwnydd rhonc ac arbenigwr ar ddramâu Rwsiaidd. Ar ben hynny, daethai rhyfel byd a'i effeithiau i darfu ar rediad y stori. Er mwyn llawn werthfawrogi *The Proud Valley*, felly, y mae'n bwysig rhoi sylw i'r rhesymau paham y glastwreiddiwyd ac y gwanhawyd sgript a neges y ffilm, beth yn union oedd swyddogaeth Paul Robeson ynddi, ac yn olaf, i ddadansoddi'r delweddau a grëwyd o fywyd Cymry yn y cymoedd diwydiannol tua diwedd y 1930au.

Nid oes unrhyw amheuaeth nad oedd cwmni Ealing wedi rhag-weld y byddai *The Proud Valley* yn gyfrwng i ddatblygu ac arddangos doniau amrywiol a chyfoethog Paul Robeson, gŵr a oedd yn seren hynod boblogaidd ym Mhrydain erbyn diwedd y 1930au.[82] Ond Herbert Marshall a roes fywyd i'r stori a'r ffilm ac i rai o'i ddaliadau sosialaidd ef a Paul Robeson. Mawr fu ymdrech Robeson ei hun i ledaenu ei neges dros hawliau'r dyn du trwy'r cyfrwng sinematig ond, er iddo ganfod ei gynulleidfa ehangaf yn y sinemâu, llugoer fu'r ymateb i'w fwriadau a'i ddaliadau. Nod gwreiddiol y ffilm, a sgriptiwyd gan Marshall dan yr enw *David Goliath*, ei brif gymeriad, oedd darlunio ymdrech dyn du o America i ganfod gwaith yng nghymoedd glofaol de Cymru a chael ei dderbyn yn rhan o'r gymuned drwy ennyn serch y trigolion lleol.[83] Yr oedd hefyd ogwydd gwleidyddol cryf i'r sgript, yn enwedig oherwydd y tensiynau beunyddiol a fodolai rhwng glowyr Cymru a pherchenogion Seisnig cyfoethog y glofeydd.[84] Cyfarfu'r dramodydd â Paul Robeson pan aeth yr actor Americanaidd i Rwsia am y tro cyntaf ym 1934, ymweliad a arweiniodd at edmygedd oes ar ran Robeson tuag at y wlad honno a'i phobl.[85] Aeth Marshall yno i berffeithio ei grefft drwy astudio wrth draed y gwneuthurwr ffilm Sergei Eisenstein ym Moscow.[86] Yn sgil y cyfarfyddiad hwn ffurfiwyd cyfeillgarwch rhyngddynt ac ymunodd Robeson â menter unigryw yr oedd Marshall yn rhan bwysig ohoni, sef Unity Theatre.[87] Theatr adain-chwith i amaturiaid oedd hon a ffurfiwyd ym mis Chwefror 1936 gan rai o fawrion diwylliannol Prydain megis Tyrone Guthrie, Margaret Webster, Victor Gollancz, Harold Laskie, Maurice Brown a Sean O'Casey. Hon oedd theatr sosialaidd gyntaf Lloegr a bu ei dylanwad yn bellgyrhaeddol gan iddi gyflwyno i Brydain bantomeimiau dychanol, gweithiau gwleidyddol a gweithiau Brecht, Odets a dramodwyr Rwsia. Nod y theatr oedd:

> to foster and further the art of the drama in accordance with the principle that true art, by effectively presenting and truthfully interpreting life as experienced by the majority of the people, can move the people to work for the betterment of society.[88]

Apeliai'r egwyddor hon yn fawr at Robeson oherwydd yr oedd yn dal i chwilio am fodd i ddarlunio'r dyn du mewn modd realistig. Ym 1938 cafodd gyfle i ymddangos yn nhrydydd cynhyrchiad y cwmni, dan gyfarwyddyd Marshall, sef drama yr Americanwr, Ben Bengal, *Plant in the Sun*.[89] Cam naturiol wedi hynny oedd i Marshall a Robeson drafod ffilm a fyddai'n diwallu awydd Robeson i weld portread teg a gonest o'r dyn du ar y sgrin. Cymaint oedd ei ffydd yn Marshall nes y ceisiodd Robeson sicrhau y byddai'n cyfarwyddo'r ffilm yn ogystal â'i sgriptio, ond chwalwyd y gobaith hwnnw wedi i radicaliaeth eithafol sgript Marshall godi gwrychyn sawl un. Nododd Monja Danischewsky, pennaeth cyhoeddusrwydd Ealing ym 1939, fod y sgript wreiddiol, er bod ganddi botensial i greu portread credadwy o'r gwrthdaro rhwng y glowyr a pherchenogion y glofeydd, yn rhy agos i'r asgwrn:

> The original script reached so great a degree of realism that none of the coal-owners approached would grant the facilities required for shooting the film, as the argument presented by the story was that the miners acting on a co-operative basis among themselves, better served the community and themselves than did private ownership.[90]

Gwrthdrawodd syniadau Marshall â bwriadau'r cynhyrchydd Michael Balcon ar gyfer y ffilm, sef creu adloniant ysgafn, ac er iddo gyfrannu'r syniad gwreiddiol a dechrau ar y gwaith o sgriptio ni chafodd orffen y gwaith nac ychwaith ei gyfarwyddo.[91] Ar ôl diswyddo Marshall dechreuodd Balcon a'i dîm ar y gwaith o lastwreiddio'r sgript.

Newydd ymuno ag Ealing yr oedd Michael Balcon pan ddechreuwyd trafod ffilm am Gymru. Fe'i penodwyd yn bennaeth ar y cwmni ym Mehefin 1938 ar ôl i Basil Dean, y cyfarwyddwr a'r sefydlydd er 1929, golli ei ffordd ym myd y ffilmiau a dychwelyd at ei gariad cyntaf, sef y theatr. Ac yntau newydd ddioddef dwy flynedd annifyr dan lygaid barcud a thafod lem Louis B. Mayer yn rhinwedd ei swydd fel prif gynhyrchydd MGM-British, denwyd Balcon i lenwi esgidiau Dean gan y ffaith y câi reolaeth lwyr dros y cwmni, ac erbyn mis Medi yr oedd wedi gollwng yr enw Associated Talking Pictures a'i ailfedyddio yn Ealing, er mwyn cyfateb i leoliad y stiwdio.[92] O'r cychwyn cyntaf ei fwriad oedd creu stiwdio gartrefol a chanddi enw da am greu ffilmiau a adlewyrchai gymeriad cenedlaethol Prydain a hynny mewn modd wleidyddol niwtral a fyddai'n uno pob dosbarth cymdeithasol.[93] Yn sgil y weledigaeth hon, daethpwyd i ystyried Ealing yn stiwdio a chanddi enw am fod yn 'acceptable, modest, quality-conscious and culturally responsible' a gadawyd y gwaith o ddenu penawdau'r newyddion i ffilmiau ysblennydd ond afradlon Alexander Korda a gweithiau moesol a rhinweddol J. Arthur Rank.[94] Erbyn heddiw caiff

Ealing ei chofio'n bennaf am ei chomedïau ac i raddau llai am ei ffilmiau rhyfel, ond ffaith bwysig i'w dwyn ar gof yw fod Balcon a'i dîm wedi arbrofi â nifer fawr o *genres* yn Ealing.[95] Yn arbennig, gwelai Balcon gyfle i ddarlunio trwy ffilmiau Ealing ei ddelwedd ef o Brydeindod: 'He saw a nation tolerant of harmless eccentricities, but determinedly opposed to anti-social behaviour. He venerated initiative and spirit, personal achievement rather than reliance on some higher authority.'[96] Un enghraifft amlwg o'r fformwla hon yw *The Proud Valley*, y gyntaf o ffilmiau'r stiwdio i ddarlunio Cymru a'i phobl; hon hefyd oedd y ffilm gyntaf gan Ealing i ymddangos ar ôl i'r Ail Ryfel Byd ddechrau.[97]

Rhoes Balcon y gwaith o gyfarwyddo'r ffilm i un o'i gyfarwyddwyr ieuengaf, Penrose Tennyson, gor-ŵyr y bardd Alfred Lord Tennyson. Buasai Tennyson dan adain Balcon yng nghwmnïau Gaumont-British ac MGM-British ac fe'i denwyd i Ealing i ymuno â sgriptwyr fel Ian Dalrymple, Roland Pertwee ac Allan MacKinnon, ynghyd â chyfarwyddwyr fel Walter Forde, Robert Stevenson a Basil Dearden. Ac yntau wedi troi ei gefn ar Goleg Balliol, Rhydychen, er mwyn dilyn gyrfa yn y diwydiant ffilm, bwriasai Pen Tennyson ei brentisiaeth wrth draed Balcon ac Alfred Hitchcock, ac ar ôl ymuno ag MGM-British cynorthwyodd Jack Conway fel cyfarwyddwr *A Yank at Oxford*, King Vidor yn *The Citadel* a Sam Wood yn *Goodbye Mr Chips*.[98] Ym 1938 dilynodd Balcon i Ealing er mwyn cyfarwyddo ei ffilm gyntaf yno, sef *There Ain't No Justice*. Rhoes y ffilm hon, a seiliwyd ar nofel James Curtis ac a drafodai fyd llwm bocsiwr dosbarth-gweithiol, gyfle i Pen i ddangos ei dueddiadau adain-chwith wrth ddarlunio'r problemau a wynebai ddosbarthiadau isaf Prydain. Magodd Pen ddaliadau pur radical er gwaethaf ei gefndir breintiedig ac yn ystod haf 1939 cafodd gyfle pellach i hybu rhai o'i syniadau gwleidyddol a chymdeithasol yn *The Proud Valley*.

Er gwaethaf diddordeb Tennyson ym mywyd a gwaith y dosbarth gweithiol, nid oedd ganddo ddim profiad o amodau byw a gwaith glowyr Cymru ac ni wyddai ddim ychwaith am Gymru a'i diwylliant.[99] Felly, er mwyn cryfhau'r sgript a sicrhau dilysrwydd y darlun recriwtiwyd yr awdur Jack Jones, cynlöwr, cyn-filwr ac awdur y nofelau *Black Parade* (1935), *Rhondda Roundabout* (1934) a *Bidden to the Feast* (1938) a'r ddrama *Land of my Fathers* (1937).[100] Buan y sylweddolodd Jones, er hynny, na feddai ar ddigon o brofiad i drin gwaith gwreiddiol pobl eraill, heb sôn am geisio paratoi deunydd ar gyfer ffilm, ac wedi iddo fethu deirgwaith â chreu sgript newydd dihangodd o Ealing i Riwbeina.[101] Cytunodd i roi cynnig arall arni wedi iddo dderbyn addewid y câi gymorth y nofelydd adain-chwith, Louis Golding, ond er i Golding gyfrannu a derbyn cydnabyddiaeth am ei lafur dygwyd y pen trymaf o'r gwaith gan Jack Jones, Penrose Tennyson a Sergei Nolbandov, y cynhyrchydd.[102] Prin fod hyn wedi argoeli'n dda ac, fel y cyfaddefodd Syr Charles Tennyson, tad Penrose, 'there could hardly have been three men more dissimilar in character and upbringing than Pen, Sergei and the shy, imaginative Welsh miner-playwright'.[103] Yn ôl Jack Jones, yntau, profiad digon blinderus fu'r cydweithio:

> We had to make a film about South Wales and mining and singing and I was the only one of the three that knew what was really what. Damn it all, I would shout, you can't do that. I've never known a miner do anything like that. I was then told that we were not working on what is called 'a documentary', but a film to entertain people.[104]

Ond nid caboli'r sgript fu unig gyfraniad Jack Jones i'r ffilm. Fe'i cyflogwyd yn ogystal fel ymgynghorydd technegol er mwyn sicrhau bod y ffilm yn ddilys o ran ei golygfeydd a'i setiau, bod Cymreictod y darlun yn gredadwy, ac er mwyn gloywi acenion Cymreig yr actorion Saesneg, Edward Chapman, Simon Lack a Janet Johnson.[105] At hynny, fe'i dewiswyd i chwarae rhan amlwg yn y ffilm, sef Ned Thomas, un o'r glowyr.[106] Cafodd y wasg wledd wrth drafod sut y cafodd y dramodydd enwog brawf llwyddiannus ar gyfer rhan 'that almost parallels his own life'.[107]

Pan ddechreuwyd ar y gwaith o ffilmio ar 23 Awst 1939, byrdwn neges y ffilm, a oedd eisoes wedi ei glastwreiddio er dyddiau Marshall, oedd brwydr y glowyr dros wladoli'r glofeydd. Ond 11 diwrnod yn ddiweddarach gwanhawyd y sgript ymhellach wedi i Brydain gyhoeddi rhyfel yn erbyn lluoedd Hitler.[108] Gyda'r galw am lo yn cynyddu, daeth y glowyr i ddeall-twriaeth dros dro â'u rheolwyr ac aethpwyd ati'n daer i gynhyrchu ar raddfa helaeth iawn. Yn wyneb hyn, penderfynodd Balcon, a oedd eisoes yn anghyff-orddus â gogwydd sosialaidd y stori, y byddai defnyddio clo gwreiddiol y sgript, sef y glowyr yn llwyddo i gymryd rheolaeth o'r lofa eu hunain a'i rhedeg fel menter gydweithredol, yn tanseilio cyfraniad sylweddol y diwydiant glo i'r alwad genedlaethol am danwydd i gyflenwi anghenion y rhyfel.[109] O ganlyniad, aberthwyd yr alwad am wladoli'r diwydiant nid yn unig er budd y llywodraeth ond hefyd er mwyn creu propaganda defnyddiol. Yn y pen draw, felly, dangoswyd y glowyr a'r perchenogion yn cyd-dynnu, gan ddileu unrhyw elfen o wrthdaro dosbarth. Yn wir, trefnwyd bod un o'r perchenogion yn aberthu ei fywyd er mwyn ei weithwyr. Ac yntau'n aelod o'r Royal Naval Volunteer Reserve, hawdd dychmygu i Pen Tennyson dderbyn y drefn, er gwaethaf ei ddaliadau sosialaidd, ond cyfaddefodd Balcon yn ddiweddarach, 'It was not, perhaps, quite the film Pen wanted to make in the first instance.'[110] Cyfaddawd oedd y sgript derfynol, ac yn sgil gwangalondid Balcon ac ymyrraeth y rhyfel llesteiriwyd calon sosialaidd y ffilm a'i gwrthdroi'n llwyr er mwyn dangos y perchenogion yn eu lliwiau gorau.

Gan nad oedd sgript *The Proud Valley* yn adlewyrchu'r tensiynau yng nglofeydd de Cymru, yr oedd ei hymdrech i sicrhau realaeth drwy ddefnyddio lleoliadau go iawn a setiau credadwy yn ddiystyr. Gwrthodwyd caniatáu unrhyw ffilmio yng nglofeydd de Cymru gan gwmnïau preifat oherwydd fod y sgript wreiddiol wedi creu darlun mor anffafriol ohonynt. Felly, defnyddiwyd glofeydd Cwmni Shelton Coal and Iron yn ardal Stoke-on-Trent ar gyfer Blaendy, y pwll glo ffuglennol.[111] Ond er i lawer o'r ffilmio gael ei gyflawni ar leoliad, cynlluniwyd ac adeiladwyd, yn ogystal, setiau dan do yn Ealing gan un o gyfarwyddwyr celf gorau'r stiwdio, sef Wilfred Shingleton. Yn eu plith yr oedd y gwythiennau glo a chartref y teulu Parry.[112] Rhoes y setiau hyn sail gadarn i ddelweddau cynhaliol y ffilm, sef Paul Robeson yn chwarae rhan y canwr, y cymodwr a'r merthyr David Goliath, Rachel Thomas yn chwarae rhan y fam Gymreig sy'n wynebu trallod yn stoicaidd, a hefyd y darlun o fywyd a gwaith y glöwr. Ceir, yn awr, ymdriniaeth yn eu tro o'r tair ddelwedd hyn.

Y mae'n ddiau mai gweithredu fel cyfrwng ar gyfer doniau amrywiol a chyfoethog Paul Robeson oedd prif nod *The Proud Valley*, ond bu'r testun yn ddewis ysbrydoledig o gofio awydd y seren ei hun i gefnu ar y ddelwedd dreuliedig o'r dyn du fel gwas tlawd a gorthrymedig. Enillasai'r cawr addfwyn hwn serch glowyr de Cymru oddi ar ei ymweliad cyntaf â'r ardal ym 1929. Taniwyd diddordeb Robeson yn nhrafferthion y glowyr ym 1928 pan gyfarfu ar hap â dirprwyaeth ohonynt a ddaethai i Lundain i amlygu eu dioddefaint. Cyfrannodd, o'i gyflog o'r sioe *Show Boat*, yn helaeth y tro hwnnw at gronfeydd ar gyfer bwydo a dilladu plant, ynghyd ag at ysbyty Tal-y-garn, y Cartref Adfer i Lowyr. Ymwelodd droeon wedi hynny â de Cymru cyn dechrau ffilmio *The Proud Valley*, gan gynnal cyngherddau gyda'i gyfeilydd Lawrence Brown er budd y gweriniaethwyr yn Rhyfel Cartref Sbaen.[113] Câi ei atgoffa gan amgylchiadau gwaith ac amodau byw y cymoedd o'r annhegwch a ddioddefai ei bobl ef ei hun ym mhlanigfeydd tybaco Gogledd Carolina a glofeydd Gorllewin Virginia.[114] Er iddo weithio ym Mhrydain droeon er 1922, nid ymgartrefodd yno tan 1928 pan ddaeth i Lundain gydag Eslanda Goode, ei wraig a'i reolwraig, ac yno y bu'n byw a gweithio am y degawd nesaf, degawd hynod ffurfiannol yn hanes datblygiad ei weledigaeth wleidyddol. Rhwng 1928 a 1938 sylweddolodd Robeson gymaint o ddylanwad a feddai galwedigaeth yr actor a phenderfynodd ei defnyddio'n llawn drwy weithredu fel 'artist gwleidyddol'. Yn ystod y cyfnod hwn, hefyd, canfu fod bywyd y dyn du yn haws a thipyn tecach ym Mhrydain nag yr oedd yn America. Câi leisio ei gred wleidyddol, megis ei farn am y brwydro yn Sbaen a'i edmygedd o sosialaeth Rwsia, a châi ryddid ac anogaeth i fynegi ei obeithion mewn ffilmiau ac ar y llwyfan. Bu diddordeb Robeson yn nhrafferthion Sbaen yn fodd i atyfnerthu'r cysylltiad rhyngddo a Chymru ac fe'i gwahoddwyd i areithio ar 7 Rhagfyr 1938 mewn cyfarfod coffa a gynhaliwyd yn Aberpennar i goffáu aelodau Cymreig o'r International Brigade a fuasai farw yn Sbaen.[115] Swynwyd y dorf gan ei ddiffuantrwydd:

> I am here tonight because . . . I feel that in the struggle we are waging for a better life, an artist must do his part. I am here because I know that these fellows fought not only for Spain but for me and the whole world. I feel it is my duty to be here.[116]

Erbyn 1937, yn bennaf yn sgil y siom a gawsai yn nefnydd Alexander Korda o'r ffilm *Sanders of the River* ym 1935, penderfynodd ymddeol o'r sgrin fawr hyd nes y câi gynnig rhan a ddarluniai'r dyn du nid yn unig fel person gwâr a deallus ond hefyd fel dyn cyffredin. Syrffedodd ar bortreadu stereoteipiau dirmygedig megis yr Uncle Tom gwasaidd, yr anwar brwnt a'r 'Stepin Fetchit' diog, a'u hebychiadau 'Yes'm' neu 'Yassuh Massa Barb'. 'I'm sick of caricatures', meddai, 'Hollywood can only visualize the plantation type of Negro . . . it is absurd to use that type to express the Modern Negro as it would be to express modern England in terms of an Elizabethan ballad.'[117] Dyheai am gyfle i chwarae rhai o'i arwyr pennaf megis Pushkin, Dumas, Hannibal, Menelik, Chaka, Samuel Coleridge-Taylor a Joe Louis.[118] Ac er nad oedd *The Proud Valley* yn cynnig portread o arwr hanesyddol, fe'i denwyd yn syth gan ddiffuantrwydd y cymeriad David Goliath.[119] Gwelodd gyfle euraid yn rhan y cawr annwyl â'r llais gwych i wireddu ei freuddwyd o chwarae dyn du a gâi ei ystyried yn ŵr cyfartal â phobl wynion ac o ddyrchafu enw glowyr y cymunedau a edmygai gymaint yng Nghymru. Meddai, 'I am quite satisfied that I have found something that will give me enormous pleasure, and I am starting work for the studios again with a real thrill of satisfaction.'[120]

Y mae rhai beirniaid wedi bychanu cyfraniad Robeson i'r ffilm hon. Deil amryw fod cwmni Ealing wedi rhwydo'r 'Colossal Bronze' hwn yn unig oherwydd ei lais gwych a'i gorff cydnerth.[121] Ond nid *The Proud Valley* oedd yr unig ffilm i fanteisio ar allu cerddorol Paul Robeson – meddylier, er enghraifft, amdano'n canu 'Ole Man River' ac 'Ah Still Suits Me' yn *Show Boat*. Ar sail hynny, honnodd Richard Dyer 'in the twenties and thirties he [Robeson] was often little more than a body and a voice. In this regard, his treatment is typical of the treatment of black people, female and male, in western culture.'[122] Er hyn, dylid cofio mai perfformiwr proffesiynol o'r iawn ryw oedd Robeson, ac y câi ei wahodd i ymddangos mewn ffilmiau ym Mhrydain oherwydd ei fod yn ŵr poblogaidd a edmygid gan gynulleidfaoedd helaeth. Y mae'n ddigon gwir fod actorion du yn cael eu defnyddio gan gynhyrchwyr ffilmiau er mwyn creu difyrrwch ysgafn ond llwyddodd Robeson, yn sgil ei bersonoliaeth gref a'i egwyddorion cadarn, i godi uwchlaw'r stereoteipiau hyn a phetai wedi parhau i wneud ffilmiau ym Mhrydain ar ôl cwblhau *The Proud Valley* byddai ei gyfraniad wedi bod yn fwy dylanwadol fyth.[123] Yn ddiau, câi cynulleidfaoedd eu swyno gan ei ganu llesmeiriol ac ymhlith uchafbwyntiau *The Proud Valley* ceir ei ddehongliad o 'Lord God of Abraham' allan o'r oratorio *Elias* gan Mendelssohn, yn ogystal â 'Deep River', 'All Through the Night' a 'Land of My Fathers'. Y mae'r darlun ohono'n canu 'Deep River' mor ddiymdrech i gyfeiliant côr meibion yn un o drysorau byd ffilm Cymru a rhydd portread Rachel Thomas o'r weddw ddrylliedig hefyd ddyfnder grymus i'r olygfa. Fel yr honnodd Gareth Williams, buasai canu corawl a'r traddodiad eisteddfodol yn rhan annatod o fywyd diwylliannol cymunedau glofaol Cymru ers oes Victoria:

> It galvanized communities, mobilized armies of supporters and inflamed local passions to a white heat . . . it was one of the most significant cultural practices by which artistic aspirations and social and emotional satisfactions of ordinary people were met and enriched.[124]

Yr oedd canu yn y cyfnod hwn yn parhau i fod yn un o brif ddiddordebau trigolion cymoedd de Cymru a thynnir sylw yn syth at hyn ar ddechrau'r ffilm pan ddywed Bert y tramp (Edward Rigby), 'These Welsh are daft about music and as open-handed as the sun.'[125] Dro ar ôl tro amlygir pwysigrwydd canu ym mywydau trigolion Blaendy ac at ei gilydd y mae'n ddarlun ffyddlon ac argyhoeddiadol, ac yn wahanol iawn i'r hyn a gafwyd gan ffilmiau diweddarach fel *How Green Was My Valley* (1942) a *The Corn is Green* (1945).

Gwaetha'r modd, prin gyffwrdd a wnaeth y ffilm â'r pwnc ymfflamychol a chymhleth hwnnw, sef hiliaeth. Ar ddiwedd y 1930au a dechrau'r 1940au yr oedd hwn yn destun radical, megis yr oedd yr ymgais i ddarlunio caledi'r dosbarth gweithiol mewn modd realistig. Ond gan i'r ffilm ddarlunio David Goliath fel cyfaill a chymodwr, gwthiwyd o'r neilltu unrhyw wrthdaro a allasai godi oherwydd hiliaeth.[126] Darluniwyd David Goliath fel gŵr addfwyn, rhadlon, parod ei wên ac un na fynnai gorddi'r dyfroedd mewn unrhyw ffordd. Yn ôl un beirniad ceryddgar, sicrhawyd bod y cymeriad yn ddim mwy nag 'a black man whose working-class solidarity hovers on the edge of obsequiousness. Except for the size of the role, he [Robeson] had advanced a black cinema presence no farther than the Negro convicts in prison movies or the black sailor in *Yankee Clipper*.'[127] Cefnogir y ddadl hon gan y ffaith na chaiff y cymeriad, David Goliath, ffurfio carwriaeth ag unrhyw gymeriad yn y ffilm. Ni chaiff ychwaith fod yn rhan o'r penderfyniadau a wneir gan y glowyr, megis y trafodaethau â pherchenogion y lofa. O ganlyniad, cymeriad ymylol ydyw. Ar y llaw arall, gellid dadlau y bu'r ffilm yn ddatblygiad yn hanes delweddu'r dyn du gan fod y cymeriad hwn nid yn unig yn ŵr dynol ac aml-ochrog, ond hefyd yn gyfaill ffyddlon ac yn gymodwr doeth. A thrwy aberthu ei fywyd yn y diwedd, fe'i dyrchefir yn arwr.[128] Yr oedd Paul Robeson ei hun yn argyhoeddedig bod *The Proud Valley* wedi cyfoethogi a dyrchafu'r dyn du, ac ymfalchïai'n fawr ynddi fel ffilm.[129]

10. *The Proud Valley*: David Goliath (Paul Robeson) a Bert (Edward Rigby) ar ddechrau'r ffilm.
(Canal + Image UK Ltd)

Er i David Goliath fod yn rhan o esblygiad delweddau ffilm o'r dyn du, ni cheisiodd y ffilm ddarlunio a thrafod hiliaeth o fewn cymdeithas. Tynnir sylw yn fynych at liw David Goliath yn rhan gyntaf y ffilm, yn bennaf yn ystod y sgwrs rhwng David Goliath a Bert y tramp, er mwyn i'r gynulleidfa ddeall nad oedd unrhyw gyfyngu ar symudiadau a gweithgarwch dynion du yn ne Cymru. Yn ddiweddarach yn y ffilm ceir sefyllfa fwy annymunol wrth i Seth Jenkins, a chwaraewyd gan Clifford Evans, edliw i Dick Parry (Edward Chapman) y ffaith ei fod wedi canfod gwaith i ddieithryn, gan anwybyddu'r rheol answyddogol o benodi gweithwyr yn ôl eu profiad. Wrth i'r ddadl boethi dywed Seth, 'This fellow wants a black man to work down the pit.' Ymateb oeraidd ond ymataliol David Goliath yw 'Well, what about it?' Tawelir y dyfroedd gan ffraethineb cyfleus Dick Parry, 'Now listen lads, Dave here is more than a good singer. He's as good a butty as ever worked down that pit, aye, and he's a decent chap into the bargain. Here's Seth talking about him bein' black. Why damn and blast it, man, aren't we all black down that pit?'[130] Y mae'r chwerthin braf o ollyngdod gan y glowyr yn chwalu'r tensiwn ac yn awgrymu mai cenedl o bobl groesawgar a goddefgar yw'r Cymry. Buan y lleddfir y sefyllfa ffrwydrol drwy beri i'r newydd-ddyfodiad du ei groen ganu 'All Through the Night'. Fe ellid dadlau, wrth gwrs, nad oedd gan lowyr y de ragfarn yn erbyn pobl dduon, ac yn garn i hynny gellid dyfynnu sylw a wnaed ar y ffilm gan wraig i löwr o'r Pentre, y Rhondda:

> A man's colour makes no difference to us, black, white or yellow; he's as welcome as the flowers in May, if he is a real man. There are several well respected coloured men living around this valley who have never been looked down on.[131]

Ond deil yr hanesydd Neil Evans mai rhai annoddgefar oedd y Cymry yn y cyfnod hwnnw: 'There is little evidence of inherent tolerance in the Welsh psyche. When there have been conflicts they have been amongst the most vicious within Britain', a'r Iddewon a'r Gwyddelod a ddioddefai'n bennaf.[132] Adleisir hyn yn nofel Richard Llewellyn, *How Green Was My Valley*, lle y beiir y Gwyddelod a'r Saeson am unrhyw ddrwgweithredoedd neu ddatblygiadau gwrthun yn y cwm. Dengys *The Citadel* hefyd wedd ddigon ymfflamychol ac annoddefgar ar ymddygiad rhai o lowyr Cymru.[133] Rhwng popeth, ni ellir peidio â chredu na chollwyd cyfle yn *The Proud Valley* i roi amlygrwydd i bwnc llosg. Dyma enghraifft bellach o ymdrech y cyfarwyddwr i gerdded y llwybr canol.

Ail ddelwedd gynhaliol ac, yn wir, galon Cymreictod y ffilm yw'r fam Gymreig addfwyn, Mrs Parry. Fel yn achos Jack Jones, *The Proud Valley* oedd ffilm gyntaf Rachel Howell Thomas, merch i löwr a chyn-athrawes a hanai o'r Alltwen, Cwm Tawe, ac a fwriodd ei phrentisiaeth fel actores mewn dramâu radio ac ar lwyfannau amatur. Cawsai Rachel Thomas eisoes dipyn o brofiad yn chwarae rhan 'y fam fwyn' mewn dramâu radio a gynhyrchwyd gan T. Rowland Hughes ar gyfer y BBC.[134] Y mae'r tafodi ffraeth rhyngddi a'r actores Dilys Davies sy'n chwarae rhan Catrin Owen, y bostfeistres a'r siop-wraig fusneslyd, ymhlith uchafbwyntiau *The Proud Valley*.[135] Y mae swyn hefyd yn perthyn i'w pherthynas â David Goliath, yn enwedig wrth iddi wynebu ei dyfodol ansicr yn stoicaidd, yn sgil marw ei gŵr, gan gynnal yr uned deuluol yn ddewr gyda chymorth ei lojer newydd. Y mae portread Rachel Thomas o'r Gymraes ddewr ac addfwyn – calon y teulu Cymreig ac asgwrn cefn y gymuned lofaol – yn gwbl driw i'r stereoteip o'r Fam Gymreig a gafwyd mewn llenyddiaeth Gymraeg ers oes Victoria, sef y fam gynnes a chariadus a'r wraig angylaidd a ffyddlon.[136] Y mae hefyd yn berfformiad tipyn mwy urddasol na'r portread gwamal a gafwyd ddwy flynedd yn ddiweddarach gan Sara Allgood yn *How Green Was My Valley.*

Eto i gyd, ni cheir unrhyw awgrym yn y ffilm o'r caledi enbyd a brofai gwragedd Cymru yn y 1930au a'r 1940au. A'r Rhyfel Byd Cyntaf wedi troi'r byd wyneb i waered a'r bygythiad o ryfel arall yn bosibilrwydd cryf, magwyd delwedd dderbyniol a dylanwadol gan y wasg o'r wraig berffaith a oedd yn cynnal ei theulu ar yr aelwyd yn ddirwgnach. Gwgid at y ffeminyddion a ymladdai ar y naill law am hawliau cyfartal o ran addysg, llais gwleidyddol a gyrfa, ac ar y llaw arall am welliannau yn y cartref, megis lwfans plant a baddonau ger y glofeydd. Ni welir yn *The Proud Valley* bortread cignoeth o'r fam ar ei chythlwng yn ceisio sicrhau bod digon o fwyd gan ei gŵr a'i phlant, yn glanhau ac yn sgwrio'r tŷ yn ddiddiwedd, ac yn poeni am yr afiechydon a'r marwolaethau cynnar a oedd yn rhemp. Tanseilir hygrededd y portread drwy beri bod tlodi a chaledi yn destun hiwmor. Ymhlith yr enghreifftiau amlycaf ceir yr olygfa lle y ceisia Mrs Parry osgoi dyn y rhent drwy anfon ei merch hynaf, Dilys, at y drws i ddweud bod ei mam yn wael yn y gwely. Defnyddir y cymeriad Dilys, a chwaraewyd yn annwyl iawn gan Dilys Thomas, droeon er mwyn ysgafnhau golygfa a pheri difyrrwch.[137] Y mae'n ffaith adnabyddus fod gwragedd yn y cymoedd diwydiannol yn ceisio ymestyn cyflogau pitw eu gwŷr ar adegau o gyni drwy osgoi talu dyledion megis y rhent er mwyn sicrhau bod bwyd ar y bwrdd. Byddent hefyd, fel y gwna Phoebe, yr hen wreigan yn y ffilm, yn rhygnu byw drwy geisio nwyddau ar gownt yn eu siopau lleol, gan addo talu pan ddôi dyddiau gwell.[138] Yn hytrach na thurio'n ddyfnach i'r profiadau beunyddiol hyn, yn *The Proud Valley* boddir y Fam Gymreig mewn môr o sentimentaleiddiwch a chanmolir yn ddiddiwedd ei hagwedd bositif, ei gofal dros dyaid o blant, a'i ffyddlondeb i'w gŵr mewn cyfnod o adfyd. Er i Rachel Thomas honni ym 1988, 'I'm very proud of the fact that I've helped to put the Welsh Mam on the map', poblogeiddio delwedd dreuliedig ac unochrog a wnaeth cyfarwyddwr *The Proud Valley*.[139]

Y drydedd ddelwedd bwysig yw'r portread o fywyd a gwaith y glöwr. Un o brif ogoniannau'r ffilm yw'r golygfeydd credadwy ac effeithiol o lafur y dynion yn y lofa a'r peryglon enbyd a'u hwynebai. Gwelir ôl dylanwad yr ysgol ddogfennol ar realaeth y darluniau ac yn gynnar yn y ffilm atgoffir y gwyliwr o erchylltra'r damweiniau a ddigwyddodd yn Senghennydd a mannau eraill drwy gyfres o ffrwydradau a thanchwaoedd. Diolch i setiau hynod realistig Wilfred Shingleton a gwaith camera ongl-isel celfydd, y mae'n hawdd dychmygu arswyd glowyr wrth sylweddoli bod eu tranc gerllaw. Llai derbyniol a chredadwy yw ymddygiad llywaeth y glowyr yng ngŵydd perchenogion y pwll. Ôl llaw Balcon sydd yma, wrth gwrs, a sicrhaodd ef fod y meistri glo yn cael eu portreadu fel pobl gymedrol, hawdd eu trin, a chyd-ymdeimladol. Yn wir, drwy beri bod un ohonynt, y peiriannydd Mr Lewis (George Merritt), yn marw yn y lofa wrth geisio achub bywyd glöwr mewn golygfa hynod gyffrous (diolch i'r golygu cyfrwys) y mae'r ffilm yn eu clodfori. Syndod o'r mwyaf yw'r ffaith na chaiff nerth, dylanwad a phoblogrwydd yr undebau llafur yn ne Cymru eu darlunio yn *The Proud Valley*. Eir ati i gyfleu undod y glowyr a'r gymuned drwy gyfrwng cerddoriaeth, a chôr meibion yn enwedig. Ni cheir unrhyw gyfeiriad yn y ffilm at allu'r undebau i drefnu a chefnogi ymgyrchoedd er budd y glowyr; yn hytrach, gadewir y gwaith o frwydro dros ailagor y lofa a sicrhau dyfodol y pentref i Emlyn Parry a chriw bychan o lowyr sy'n dal pen rheswm â'r perchenogion yn Llundain. Y mae'r esgeulustod hwn yn anhygoel o gofio bod 'y Fed', ers ei ffurfio yn Hydref 1898, wedi bod yn flaenllaw iawn ym mrwydrau'r glowyr dros well safonau gwaith a byw, ac ni ellir llai na chredu bod y ddau a gredai mor gryf yng ngrym undebaeth, sef Jack Jones a Pen Tennyson, wedi gorfod plygu i ewyllys Michael Balcon.[140] Ceisia *The Proud Valley* gyfleu undod y gymuned drwy ddefnyddio caneuon yn fwyaf arbennig yn ystod cyfnodau o drasiedi, megis pan fo David Goliath a'r côr yn canu emyn y Negro, *Deep River*, er cof am Dick Parry a'r gwŷr eraill a gollwyd yn nhanchwa glofa Blaendy. Defnyddir yr un trosiad yn ddiweddarach wrth i Rachel Thomas ganu emyn mawr Dafydd William, Llandeilo Tal-y-bont, 'Yn y dyfroedd mawr a'r tonnau' ar y dôn 'Ebeneser' a

11. Mrs Parry (Rachel Thomas) yn ledio'r emyn 'Yn y dyfroedd mawr a'r tonnau'. (Canal + Image UK Ltd)

hithau, fel y dyrfa o'i chwmpas, yn disgwyl wrth geg y lofa am newyddion am ei mab a'r llond llaw o lowyr eraill a oedd yn brwydro dan y ddaear i achub y lofa a bywoliaeth dynion y pentref.[141] Y mae'n werth nodi, hefyd, i'r un dechneg gael ei defnyddio er mwyn cyfleu gobaith; er enghraifft, pan fo'r ddirprwyaeth o lowyr yn gadael am Lundain i bleidio'u hachos gerbron y perchenogion, daw'r trigolion ynghyd i'w hanfon ar eu hynt dan ganu'n arwyddocaol iawn, 'You Can't Stop Us Singing'.[142]

Ar un olwg, y mae'r ffilm yn driw i un agwedd ar berthynas y glowyr a'r rheolwyr, sef eu parodrwydd i gydweithio dros dro er mwyn hybu'r dasg o ennill y rhyfel. Ond yn wahanol i'r wir sefyllfa, awgryma'r ffilm fod y drwg-deimlad wedi peidio ar ôl i'r lofa ailagor a bod y glowyr yn fodlon ailgydio yn eu dyletswyddau heb ymgyrchu mwyach am well amodau gwaith a chyflog. Bu hyn, ynghyd ag agweddau eraill o'r ffilm, yn dân ar groen sawl beirniad. Fflangellwyd yr agweddau hyn gan Anthony Bower, adolygydd ffilm *The New Statesman and Nation*:

> *The Proud Valley* is likely to prove a disappointment to those looking for social significance, an attitude towards mining conditions, an approach to the colour question or even to the mere seeker after entertainment . . . it is regrettable that coalmining which is excellent cinema material should have been used for a picture such as this.[143]

Cydsyniai Jane Morgan yn *The Daily Worker*: 'It is obvious that *The Proud Valley* is planned to be as innocuous as possible, calculated perhaps, to arouse pity rather than anger.'[144] Diflaswyd Graham Greene yn llwyr gan y damweiniau glofaol: 'No picture of a mining district ever seems to be complete without a disaster (we have two in this picture): the warning syren [sic] is becoming as familiar as the pithead gear shot against the sky.'[145] Adleisiwyd ei sylwadau gan Mrs Pugh, gwraig i löwr yn y Rhondda a fynnai nad oedd y darlun yn taro deuddeg yn aml: 'It's true we get pit accidents . . . We don't get umpteen one after an other all in the same pit.'[146] Bu beirniaid eraill yn brysur yn ei chymharu'n anffafriol â *The Stars Look Down*, ffilm a ryddhawyd ychydig wythnosau ynghynt.[147] Prin, felly, oedd y ganmoliaeth a roddwyd i *The Proud Valley*. Serch hynny, cafwyd un llais cyfarwydd a oedd yn ymladd yn erbyn y llif, sef David Lloyd George a nododd, cyn rhyddhau'r ffilm yn swyddogol, mewn llythyr at Michael Balcon:

> I should like to tell you how grateful I am to you for giving me the opportunity of seeing your remarkable film *The Proud Valley*. It is one of the most moving and dramatic films I have ever seen. It throbs with genuine emotion and the acting is superb. I must congratulate you upon producing such a work which, apart from its artistic merits, has real educational value.[148]

The Office of **The Rt. Hon. D. Lloyd George,** O.M.,M.P.

Bron-y-de.

Churt. Surrey.

DLG/FLS　　　　　　　　　　　　　　January 8th.1940.

Dear Mr.Balcon,

　　　I should like to tell you how grateful I am
to you for giving me the opportunity of seeing your
remarkable film "THE PROUD VALLEY".　It is one of
the most moving and dramatic films I have ever seen.
It throbs with genuine human emotion and the acting
is superb.　I must congratulate you upon producing
such a work which, apart from its artistic merits,
has a real educational value.

　　　　　　　With many thanks,

　　　　　　　　　Ever sincerely,

　　　　　　　　　D. Lloyd George

Michael Balcon Esq.,
Ealing Studios Limited,
Ealing Green
LONDON
W.5

12. Llythyr y Gwir Anrhydeddus David Lloyd George at Michael Balcon,
9 Ionawr 1940.
(Casgliad Jonathan Balcon)

Er bod potensial i'w ganfod yn niffuantrwydd y cyfarwyddwr ifanc Pen Tennyson ac yn enwedig yn ei ymdrech i ddarlunio cymeriadau'r dosbarth gweithiol yn realistig, ni sylweddolwyd yn llwyr faint ei ddawn tan ei farwolaeth. Eto i gyd, ar wahân i Paul Robeson, a longyfarchwyd yn gynnes am ei ganu ac am ei wên wefreiddiol, dim ond cyfraniad un actores a glodforwyd, sef Rachel Thomas. Brithir y sylwadau amdani ag ansoddeiriau fel 'diffuant', 'urddasol' a 'syml', a chytunodd amryw i'w hymddangosiad cyntaf ar y sgrin fawr wneud argraff ddofn. Meddai C. A. Lejeune yn llawen, 'What a pleasure it is to look at a real woman's face on the screen.'[149] Derbyniodd Thomas ganmoliaeth uchel hefyd gan Robeson ei hun ac meddai Balcon amdani, 'she brings to the field of drama what Gracie Fields has brought to the field of comedy – a warmth of personality and understanding that goes straight to the heart of the audience'.[150] Denwyd cannoedd o bobl i wylio *The Proud Valley* yng Nghymru drwy drefnu ei bod hi, ynghyd â Jack Jones a Dilys Thomas, yn ymddangos yn bersonol yn y sinemâu.[151]

13. Ymddangosiad personol Jack Jones, Dilys Thomas a Rachel Thomas yn sinema'r Empire, Caerdydd, 1940.
(Casgliad Delyth Davies/*Western Mail*)

Ni fu creu'r ffilm hon yn dasg hawdd gan fod y rhyfel wedi amharu cymaint ar hynt y cynhyrchiad. Collwyd amryw o'r technegwyr wrth iddynt gael eu

galw i wasanaethu yn y lluoedd arfog, bu trafferthion yn sgil prinder petrol a'r
blacowt, a bu anniddigrwydd ymysg y cast Cymreig oherwydd eu hawydd i
ddychwelyd at eu teuluoedd yng Nghymru.[152] Serch hynny, llwyddodd y
stiwdio i gwblhau'r ffilm ym mis Medi 1939, dridiau yn unig yn hwyr. Er
gwaetha'r ffaith fod dyfodol y diwydiant yn y fantol gan fod amryw o sinemâu
Prydain ynghau oherwydd pryderon y llywodraeth ynghylch diogelwch y
cyhoedd, rhyddhawyd y ffilm ar 8 Mawrth 1940 yn Theatr Leicester Square,
Llundain. Ond, ar un olwg, megis dechrau yr oedd problemau Ealing ynghylch
The Proud Valley. Yr oedd Robeson wedi dychwelyd i America yn fuan wedi
gorffen y ffilm er mwyn osgoi adfyd y rhyfel ym Mhrydain.[153] Yna, yn Efrog
Newydd ym mis Hydref 1939, dywedodd wrth haid o newyddiadurwyr mai
ffolineb ar ran llywodraeth Prydain oedd mynd i ryfel a'i fod yn cefnogi safiad
Rwsia i'r carn. Pan argraffwyd ei ddatganiad ysgubol gan y wasg ym
Mhrydain cynddeiriogwyd llawer un, a neb yn fwy na'r teicŵn dylanwadol, yr
Arglwydd Beaverbrook. Clywodd Monja Danischewsky trwy ei gysylltiadau
â'r wasg fod y rhyfelgarwr Beaverbrook wedi gwylltio i'r fath raddau nes
gorchymyn fod Robeson yn cael ei osod ar ei 'restr ddu' o *persona non grata*. O
ganlyniad, yr oedd yn disgwyl y byddai papurau'r *Express* yn llawdrwm iawn
ar Robeson.[154] Sylweddolodd Balcon yn llawn y byddai'r cyhoeddusrwydd
gwael hwn yn debygol o danseilio llwyddiant *The Proud Valley* a threfnodd
gyfweliad ag Arthur Christiansen, golygydd y *Daily Express*, a Syr Leslie
Plummer, rheolwr papurau'r grŵp *Express*, gyda'r bwriad o geisio cyrraedd
rhyw fath o gytundeb er mwyn achub y ffilm. Dadleuwyd bod y ffilm yn
bropaganda da ar gyfer y rhyfel ac y byddai'n annheg peryglu ei llwyddiant
oherwydd daliadau gwleidyddol un o'r actorion. Fe'u hatgoffwyd hefyd o'r
ffaith i Robeson, yn wahanol i nifer o sêr eraill y cyfnod, aros ym Mhrydain i
gwblhau ei gytundeb cyn dychwelyd i America.[155] Derbyniodd Balcon, yn
ddiweddarach, alwad ffôn ddigon annymunol gan Beaverbrook yn poeri ei
ragfarn yn erbyn Robeson, ond, oherwydd ei hoffter personol o Balcon,
dywedodd na fyddai ei bapurau yn condemnio'r ffilm ond yn hytrach yn ei
hanwybyddu'n llwyr. 'Thus', meddai Balcon, '*The Proud Valley*, one of the first
British films to be shown after the outbreak of war, went without a single
reference in three important papers.'[156]

Go brin y byddai'r ffilm wedi llwyddo hyd yn oed petai wedi cael ei thrin a'i
thrafod yn ffafriol gan wasg Beaverbrook. Er i edmygedd a serch y Cymry tuag
at Robeson sicrhau na fu *The Proud Valley* yn fethiant llwyr, enillodd y ffilm ei
phoblogrwydd pennaf ymysg beirniaid a chynulleidfaoedd mewn cyfnod
diweddarach oherwydd fod ynddi ddarlun o'r gorffennol y dylid ei drysori ac
oherwydd iddi gynorthwyo i agor y llifddorau ar gyfer ffilmiau a drafodai'r
rhyfel. Hawdd cytuno â barn Jane Morgan mai ffilm a gynlluniwyd i fod mor

ddiniwed â phosibl oedd *The Proud Valley*.[157] Gresyn i'r fath gyfle euraid gael ei golli o greu ffilm radical a gonest a ddarluniai'r gwir densiynau a'r gwrth-drawiadau a nodweddai'r gymdeithas lofaol Gymreig.

Yn rhyfedd iawn, pum mlynedd ar ôl rhyddhau *The Citadel* crëwyd ffilm Gymreig enwog arall ar sail dychmygion nofelydd, sef *How Green Was My Valley* (1941). Nofel Richard Llewellyn, yr enwocaf o holl nofelau'r awduron Eingl-Gymreig, oedd sail y ffilm adnabyddus hon, nofel a ystyrir hyd heddiw yn gampwaith gan filoedd o ddarllenwyr ond yn hunllef gan nifer o feirniaid llenyddol. Gŵr tra hynod oedd Llewellyn a daenodd, hyd ei farwolaeth ym 1983, doreth o gelwyddau ac ystraeon ffug am ei yrfa nes creu cryn benbleth ymhlith nifer o ysgolheigion sydd wedi ceisio dehongli ei gymhellion ynghyd â mesur dylanwad ei waith. Gwyddom erbyn hyn na chafodd ei eni yn Gymro. Fe'i ganwyd ar 8 Rhagfyr 1906 yn 28 Bellin Road, Llundain, ac nid yn Nhyddewi fel yr honnai ef gydol ei oes.[159] Llwyddodd i guddio'r gwir am ei fan geni am flynyddoedd drwy fynnu na chafodd ei enedigaeth ei chofrestru oherwydd fod ei dad-cu ar ochr ei fam yn tybio mai arferiad Seisnig ydoedd. O ganlyniad, honnodd i'w enedigaeth gael ei nodi, yn ôl y traddodiad Cymreig, ym Meibl Mawr y teulu, eithr dinistriwyd y cofnod hwnnw, ynghyd â'r Beibl, gan fomiau'r Almaen yn ystod y rhyfel ym 1944.[160] Ond ym 1999, yn sgil ymchwil a gyflawnwyd gan gwmni teledu Cambrensis wrth baratoi rhaglen i ddathlu cyhoeddi *How Green Was My Valley*, 60 mlynedd ynghynt, canfuwyd tystysgrif geni Llewellyn ymhlith ei bapurau yng Nghanolfan Ymchwil Harry Ransom yn Austin, Tecsas.[161] Dengys y dystysgrif hon mai ei enw llawn oedd Richard Herbert Vivian Lloyd, mai ei enw bedydd oedd Vivian, mai Llundain oedd ei fan geni ac mai rheolwr tŷ bwyta (ac nid glöwr) oedd ei dad.[162]

Un enghraifft yn unig yw hon o batrwm cyson o dwyll bwriadol gan yr awdur a'r llurguniadau o'i eiddo sydd wedi ychwanegu cryn dipyn at y chwedloniaeth a bery ynghlwm wrth ei enw a'i nofel enwocaf.[163] Er nad ymunodd erioed â Phlaid Cymru, honnai Llewellyn ei fod yn genedlatholwr twymgalon a'i fod, megis Saunders Lewis, o'r farn fod diwydianeiddio de Cymru yn ffactor a oedd yn lladd yr hen ffordd Gymreig o fyw ac mai dychwelyd at amaethyddiaeth a bywyd cefn gwlad fyddai'r unig achubiaeth i Gymru. Ond gallai hefyd bleidio Prydeindod rhonc. Ym 1968, ac yntau'n byw ar y pryd yn Sao Paolo, Brasil, er mwyn osgoi talu trethi i'r llywodraeth Brydeinig, meddai, 'I don't categorically damn all things English or laud everything Cambrian. To the contrary. If we could succeed in being simply British, we'd do splendidly.'[164] Ar sail ei osgo a'i ymddygiad, hawdd y gellid tybio mai Prydeiniwr ydoedd. Byddai'n torsythu'n filitaraidd hyderus yn ei siwt drwsiadus a'i esgidiau drudfawr, a gwisgai rosyn coch a het drilbi byth a hefyd.[165] Cawn gip ar yr elfen ragrithiol yn ei gymeriad gan un o'i edmygwyr pennaf, sef ei wraig Susan Heimann:

> His likes? Intelligent people of all ages who are able to discuss without descending into argument for its own sake. Dislikes? Falseness and dishonesty, wherever and however they appear.[166]

Anodd peidio â chilwenu at eironi y gosodiad hwn, o gofio aml gelwyddau a dichellion ei gŵr. Yn wir, ni ellir deall arwyddocâd y nofel *How Green Was My Valley* na'r ffilm a seiliwyd arni heb gydnabod bod twyll bwriadus yn rhan annatod o gymeriad Richard Llewellyn.

14. Tystysgrif geni Richard Herbert Vivian Lloyd (Richard Llewellyn), cofrestrwyd 15 Ionawr 1907.
(Harry Ransom Humanities Research Center, Prifysgol Tecsas, Austin.)

Magwyd Llewellyn yn Wood Green, Llundain, lle y gweithiai ei dad yng ngwesty Claridges.[167] Yn fuan ar ôl ei ben blwydd yn 16 oed ufuddhaodd i ddymuniad ei dad drwy ymuno â staff Claridges fel golchydd llestri ac yno y bu nes ei anfon i weithio yng ngwestai mawr Rhufain, Fflorens, Fenis a Messina. Erbyn 1924 yr oedd wedi syrffedu'n llwyr ar hyn ac mewn pwl o wrthryfel ymunodd â'r fyddin. Gwasanaethodd yn India ac yn ddiweddarach yn Hong Kong. Wedi iddo ddychwelyd i Brydain derbyniodd swydd fel newyddiadurwr gyda'r *Cinema Express* cyn dechrau gyrfa newydd fel awdur sgriptiau ffilmiau.[168] Tra oedd yn India dechreuodd gyfansoddi nofel wedi ei lleoli yng nghymdeithas lofaol de Cymru, nofel a oedd yn dwyn y teitl 'The Slag'. Erbyn 1937, cwblhawyd y ddrafft gyntaf ac fe'i dangoswyd i'r cyhoeddwr a'r asiant llenyddol, Michael Joseph. Comisiynodd yntau'r nofel yn syth ac aeth Llewellyn i Langollen i'w chwblhau.[169] Ar 2 Hydref 1939, dair wythnos ar ôl i'r Ail Ryfel Byd ddechrau, cyhoeddwyd *How Green Was My Valley* ym Mhrydain ac yna yn America ar 6 Chwefror 1940.[170]

Creodd Llewellyn yn ei nofel ddarlun twymgalon a rhamantus o gymdeithas lofaol grefyddol Gymreig yn ne Cymru ar ddiwedd y bedwaredd ganrif ar bymtheg, cymdeithas a oedd, os bu erioed ei thebyg, wedi llwyr ddiflannu pan aeth yr awdur ati i'w phortreadu. Y mae hanes un teulu, sef y Morganiaid, yn ganolog i'r stori ac fe'i hadroddir trwy gyfrwng y mab ieuengaf, Huw. Cyflwynir y darllenydd i'r tad Gwilym, aelod blaenllaw o'r gymdeithas gapel-gar a glöwr ymroddgar; i'r fam, Beth, curiad calon yr uned deuluol; i'r meibion Davy, Ianto, Gwilym ac Owen a'u hegwyddorion gwleidyddol radicalaidd; Ivor a'i wraig newydd Bronwen; ac i'r ddwy chwaer deyrngar a gweithgar, Ceridwen ac Angharad. Dilynir eu hanes trwy gyfnodau llawen megis priod-asau a digwyddiadau cymdeithasol sy'n uno'r gymuned gyfan, a hefyd trwy gyfnodau llawn tristwch a chaledi megis marwolaethau yn y lofa a streiciau'r glowyr. Yn gefnlen i'r cyfan, ceir mewnfudiad o deuluoedd Seisnig a Gwyddel-ig, yr arfer newydd o streicio a gwrthryfela, dadfeiliad y gymuned a llygredig-aeth y cwm.

Yn ôl traddodiad ffuglen hanesyddol ysgafn, nid oes raid i awdur fod yn gwbl eirwir nac yn driw i'w destun. Ond y mae nofel Llewellyn yn amlwg yn seiliedig ar ddychymyg llwyr ac yn bortread o Gymru ar ddiwedd oes Victoria fel y dymunai'r awdur iddo fod. Meddai Lorna Lloyd, chwaer Llewellyn, am ei brawd, 'He was a romancer. He wanted things to be the way he wanted. But that wasn't the way they were.'[171] Honnodd Llewellyn ei hun ym 1968, 'very, very little research goes into a novel, simply because a novel is people, and fact is a nuisance'.[172] Felly, o gofio hyn, ynghyd ag ymagweddu Llewellyn gydol ei oes wrth drafod Cymru, y mae'n amlwg nad cronicl hanesyddol a geir, ond yn hytrach, fyth grymus a hir ei barhad ynglŷn â bywyd glofaol dilwgr cymoedd de-ddwyrain Cymru. Er gwaethaf darlun sentimental ac afreal Llewellyn, yr oedd darllenwyr Saesneg a lwyr ddadrithiwyd gan ddatblygiadau gwlei-dyddol oddi ar 1918 yn ei groesawu, ac fe'i derbyniwyd yn eiddgar gan yr Americaniaid hwythau. Rhoddai'r nofel ddihangfa iddynt rhag cymylau du'r Ail Ryfel Byd a rhag y caledi a oedd wedi parhau er dyddiau'r dirwasgiad. Dygid y darllenydd i fyd plentyn diniwed lle'r oedd gwleddoedd bendigedig a rhwymau teuluol clòs yn bwrw unrhyw fygythiadau i'r cysgodion. Hyd heddiw, y mae gan y nofel rym sy'n hoelio'r darllenydd, sef ei helfen

ddihangol, ei naratif bywiog a'i naws farddonol. Hyd heddiw hefyd, deil i
gorddi teimladau ymhlith beirniaid llenyddol a haneswyr oherwydd ei darlun
afreal o'r dosbarth-gweithiol Cymreig.

Brithir adolygiadau cyfoes a thrafodaethau diweddar ar y nofel gan
sylwadau megis 'a staggering and accomplished piece of literary hokum',
'Richard Llewellyn takes off from reality into fantasy', 'forget that it is supposed
to be Welsh, and you will enjoy this novel', a hyd yn oed 'Ignore this Trash'.[173]
Fe'i fflangellwyd yn bennaf gan y Cymry oherwydd ei darlun o lowyr hapus
eu byd yn canu ddydd a nos, ei disgrifiadau manwl o'r bwydydd annhebygol
o wych a daenid ar fwrdd y Morganiaid, a thafodiaith ac arddull letchwith a
chloff y cymeriadau. Cythruddwyd rhai beirniaid y tu hwnt i Glawdd Offa gan
y gosodiadau gwrth-Seisnig, ynghyd â'r hiliaeth a oedd ymhlyg yn yr awgrym
mai dieithriaid a oedd wrth wraidd pob drwg o fewn y gymuned Gymreig.[174]
Ond efallai mai'r gŵyn bennaf a leisiwyd oedd parodrwydd yr awdur i
anwybyddu'n llwyr bynciau dadleuol megis annhegwch yn y glofeydd a'r
cymorth a ddarperid gan undebau'r glowyr. Canolbwyntiodd Llewellyn, yn
hytrach, ar allu daliadau gwleidyddol i greu rhwygiadau mewn teulu, ynghyd
â'r bygythiad cynyddol a ddeuai o du'r glofeydd i wyrddni'r cwm. O gofio
magwraeth Llewellyn yn Llundain, nid yw'n syndod iddo nid yn unig
ddibynnu ar ei ddychymyg er mwyn creu ei bortread o'r teulu glofaol ond
hefyd droi at eraill am hanesion a gwybodaeth am y cymoedd diwydiannol.
Tystiodd Teifion Griffiths i Llewellyn ymweld â'i dad-cu, Joseph Griffiths, yn y
Gilfach-goch yn ystod 1938 er mwyn cael tipyn o hanes yr ardal a glofa'r
Britannic.[175] Un arall y bu Llewellyn yn ei holi'n fanwl er mwyn dysgu mwy
am fywyd y glöwr oedd Jack Jones, y nofelydd. Yn ei hunangofiant sonia Jones
am y sgwrs a gawsant ym 1938 ac am ei farn am yr awdur:

> He did not know much about the life and work of the mining community of
> South Wales, but he was very much in sympathy with them and had made up his
> mind to try and do them justice in the novel he was writing.[176]

Eto i gyd, nid yw'r darganfyddiadau a'r honiadau hyn wedi pylu dim ar
boblogrwydd y nofel, ac er nad yw dehongliad Llewellyn yn cyd-fynd â realiti
deil llawer o Gymry a thramorwyr fel ei gilydd i ymddiried yn ei fytholeg.

Prawf arall o boblogrwydd y nofel yw'r ffaith iddi gael ei chyfieithu i ragor
nag ugain iaith.[177] Ac, wrth gwrs, y mae'r ffaith i sawl cynhyrchiad sgrin,
teledu, llwyfan a radio gael ei seilio arni yn tystio i'w swyn parhaol. Y
cynhyrchiad cyntaf, ac un sydd, chwedl John Osmond, yn parhau i ailadrodd ei
neges ogoneddus ond angheuol yw ffilm John Ford ym 1941.[178]

Fis wedi iddo ryddhau ei lwyddiant ysgubol *The Grapes of Wrath* yn gynnar ym 1940, prynodd Darryl F. Zanuck, pennaeth Twentieth Century-Fox, yr hawliau ffilm ar gyfer *How Green Was My Valley*.[179] Gwelsai ddeunydd ffilm ardderchog yn y nofel a dymunai benodi Nunnally Johnson fel sgriptiwr a John Ford yn gyfarwyddwr. Canfu, er hynny, fod y ddau yn brysur ar y pryd yn cynhyrchu *Tobacco Road* ac felly rhoes Zanuck y gwaith o addasu'r nofel i'w gefnder, Liam O'Flaherty, awdur y nofel *The Informer*, ac un, yn ôl Zanuck, a allai gydymdeimlo'n ddwys â'r testun a'r cymeriadau gan ei fod yn Wyddel.[180] Ond wedi i O'Flaherty gefnu ar brif thema'r nofel a chanolbwyntio ar yr ychydig wleidyddiaeth a oedd ynddi rhoes Zanuck y comisiwn i Ernest Pascal, edmygydd mawr o waith Llewellyn a llywydd y Screen Writers Guild yn America. Siomwyd Zanuck unwaith eto gan sgript Pascal ym Mai 1940, 'mainly because it has turned into a labor story and a sociological problem story instead of a great human, warm story about real living people'.[181] Dengys hyn y trywydd y dymunai Zanuck ei ddilyn. Megis ei ymgynghorwyr sgript Aidan Roark, Robert Bassler, Henry Duffy, Jason S. Joy a Henry Lehrman, tybiai Zanuck fod y sgript yn rhy ymfflamychol, yn enwedig y diweddglo lle'r oedd yr undeb yn trechu'r perchenogion. Meddai'n llym, 'I'll be damned if I want to go around making the employer class out-and-out villains in this day and age . . . Producing this picture as it is written is about the best Nazi propaganda you can find.'[182] Nid oedd yn awyddus i gynhyrchu ffilm arall llawn realaeth gymdeithasol megis *The Grapes of Wrath*; yn hytrach, yr oedd am greu ffilm a fyddai, gyda'i darluniau o'r byd trwy lygaid plentyn, yn meddalu'r galon galetaf. Felly, trodd at awdur sgriptiau arall, sef Philip Dunne ac, er mawr ollyngdod i bawb, erbyn Rhagfyr 1940 yr oedd Dunne wedi llwyddo i fodloni gofynion Zanuck.[183]

Bwriadwyd saethu *How Green Was My Valley* mewn 'Technicolor' yng Nghymru, gan gynnwys ynddi actorion adnabyddus a fyddai'n bwrw llwyddiant diweddaraf David O. Selznick, *Gone With The Wind*, ar ei phen i'r cysgodion. Ar gais Zanuck, yr oedd Dunne wedi creu sgript bedair awr o hyd a oedd yn frith o'r math o ddeialog ac ebychiadau a geid yn y nofel, megis 'There's lovely you are!' a 'Wait you, now'. Plesiwyd Zanuck yn fawr gan barodrwydd Dunne i ganolbwyntio ar ddiniweidrwydd byd y plentyn yn hytrach na chaledi bywyd a gwleidyddiaeth y cymunedau glofaol Cymreig, ond, er gwaethaf ei gais blaenorol, mynnodd gwtogi'r sgript yn sylweddol. Llwyddodd Dunne i docio'r sgript yn ôl y gofyn hwn drwy osgoi canolbwyntio ar elfennau hagr y nofel megis y gwrthdaro diwydiannol, undebaeth, diweithdra, trais a hiliaeth, a phwysleisiodd yn hytrach rinweddau rhwymau teuluol. Methwyd â gwireddu'r bwriad o ffilmio yng Nghymru oherwydd y rhyfel, a chan nad oedd lleoliad newydd y ffilm, sef ransh Twentieth Century-Fox yn Nyffryn San Fernando, Califfornia, mor wyrdd a ffrwythlon â chymoedd de Cymru bu raid rhoi'r gorau i'r syniad o greu'r ffilm mewn lliw.[184] Siomwyd un Cymro – William Jones Williams o Gefnddwysarn ger y Bala – yn fwy na neb gan y datblygiadau hyn. Yr oedd Williams wedi ei ddewis i chwarae rhan Huw yn y ffilm, ond yn ystod haf 1940, yn sgil suddo nifer o longau teithio rhwng America a Phrydain gan longau tanfor o'r Almaen, ni ellid teithio'n ddiogel ar draws yr Iwerydd a chollodd Williams ei gyfle i wireddu ei freuddwyd.[185]

Yn y cyfamser yr oedd Zanuck wedi benthyg William Wyler oddi wrth Sam Goldwyn, cynhyrchydd annibynnol mwyaf llwyddiannus y cyfnod, i gyfarwyddo *How Green Was My Valley*.[186] Ystyrid Wyler, a oedd newydd orffen ffilmio *The Letter* gyda Bette Davis a Herbert Marshall, yn gyfarwyddwr galluog a chyffrous, er bod ganddo enw drwg am fod yn afradlon â'i adnoddau ac yn araf i orffen ffilmiau oherwydd ei obsesiwn â pherffeithrwydd.[187] Wedi treulio ychydig wythnosau yn tacluso'r sgript yng nghwmni Dunne yn Arrowhead Springs ymhell o afael Zanuck, aeth Wyler ati i rwydo'r prif actorion. Eisoes perswadiwyd Tyrone Power i chwarae rhan Huw Morgan yn oedolyn, ond torrwyd y cytundeb hwnnw wedi i Wyler neilltuo Roddy McDowall ar gyfer rhan Huw yn fachgen a phenderfynu defnyddio Huw yn oedolyn fel sylweb-ydd yn unig.[188] Tybiai Wyler fod McDowall mor ddawnus fel y gallai gynnal y ffilm gyfan.[189] Bu trafodaethau hirfaith ynghylch gweddill y castio[190] ond yng nghanol Rhagfyr 1940 taflwyd y prosiect oddi ar ei echel pan ddechreuodd cyllidwyr y stiwdio yn Efrog Newydd, mewn cyfnod o ryfel, fynegi amheuon ynglŷn â stori a oedd yn trafod caledi a thrasiedïau bywyd, heb sôn am y costau cynhyrchu o fod dan law Wyler.[191] O ganlyniad, gwrthodwyd cyllido'r ffilm ymhellach. Ar ben hynny bu raid i Wyler, ynghyd â'i ddyn camera dawnus Gregg Toland, ddychwelyd ym mis Ionawr 1941 at stiwdio Goldwyn er mwyn cwblhau eu hymrwymiad i ffilmio *The Little Foxes*.[192] Ond nid un i ildio'n rhwydd oedd Zanuck, ac ychydig wythnosau wedi iddo herio'r cyllid-wyr yn Efrog Newydd drwy fygwth creu'r ffilm dan adain stiwdio arall yr oedd yn ôl wrth y llyw fel cynhyrchydd ac wedi cyflogi John Ford i gyfarwyddo'r gwaith.[193] Dechreuwyd ar y gwaith ffilmio ar 9 Mehefin 1941 a chwblhawyd y cyfan ymhen wyth wythnos. Meddai Zanuck mewn memor-andwm hyderus a anfonwyd at Ford:

> I have every confidence that this will be one of the great pictures of the year . . . it will be the greatest directorial job that you have ever turned in . . . This is going to be a masterpiece – not only a classical masterpiece, but a masterpiece of sure-fire commercial entertainment.[194]

Mab i Wyddel a ymfudodd i America, gan ymgartrefu yn Cape Elizabeth,

Maine, oedd John Ford.[195] Fel yn achos awdur y nofel *How Green Was My Valley*, treuliodd Ford, neu John Martin Feeney fel y'i bedyddiwyd, ei oes yn ceisio dygymod â'i wreiddiau.[196] Yn ôl ei ŵyr, Dan Ford, 'he alternately embraced and rejected his Irish origins', ond ar ei deulu ef ei hun y seiliodd y Morganiaid yn y ffilm, sef ei rieni, John Feeney a Barbara Curran, a'i frodyr Patrick, Francis ac Eddie.[197] Ac yntau'n ansicr ynglŷn â pha genedl yn union y perthynai iddi, aeth ati i drafod mewn nifer o'i ffilmiau thema a allai roi sicrwydd iddo, sef y teulu. Yn ôl Jeffrey Richards, 'For Ford, the greatest tragedies in life are either not belonging and having no home, or in losing your home and your sense of belonging.'[198] Ymddengys y thema hon droeon mewn ffilmiau o'i eiddo megis *Four Sons* (1928), *The Grapes of Wrath* (1940) a *The Searchers* (1956). Felly, nid eithriad mo *How Green Was My Valley* o bell ffordd. Neges gryfaf ffilmiau Ford yw ei gred mai cariad teuluol yw'r unig garreg sylfaen ar gyfer cymdeithas wâr, gan adlewyrchu ei gred bersonol mai'r hyn sydd bwysicaf mewn bywyd yw tir, teulu, cyfiawnder, traddodiad moesol, cywirdeb personol, aberth a gwaith wedi ei gyflawni'n dda.[199] Talu teyrnged i ddewrder ac undod teulu oedd nod Ford wrth gynnig portread arwrol o'r Morganiaid ar ddelw Hollywood. Ar lawer ystyr, nid ffilm am Gymru ydyw o gwbl.

Ni thybiodd Ford y byddai'n tramgwyddo neb trwy ddarlunio'r Cymry yn y nofel mewn dull Gwyddelig. Felly hefyd mewn cyfnod diweddarach pan luniodd ei bortread mympwyol o Iwerddon yn *The Quiet Man* (1952), ffilm a roes gyfle i Gary Willis honni bod Ford yn ystyried Iwerddon fel 'a confection of the mind'.[200] Er bod nifer wedi ei feirniadu'n hallt am ddewis actorion o bob cenedl heblaw Cymru, nid yw hynny'n hollol deg ag ef oherwydd bu Wyler a Zanuck yn gyfrifol am yr amrywiaeth rhyfedd o acenion a geir yn y ffilm. Eisoes clustnodwyd Donald Crisp (Albanwr), Roddy McDowall (Sais), a Walter Pidgeon a hanai o Ganada gan Zanuck a Wyler, ac aeth Ford yn ei flaen i benodi'r Gwyddelod Sara Allgood, Maureen O'Hara a Barry Fitzgerald a'r Saesnes Anna Lee oherwydd eu cysylltiadau ag Iwerddon.[201] Yr unig actor o Gymro a ddaeth ar gyfyl y set oedd Rhys Williams, brodor o Glydach a ddenwyd o Broadway lle'r oedd yn perfformio yn nrama Emlyn Williams, *The Corn is Green*. Fe'i dewiswyd i chwarae rhan y bocsiwr Dai Bando a'i siarsio i hyfforddi gweddill y cast i ynganu fel gwir Gymry.[202] Ceisiwyd amddiffyn y diffyg Cymreictod hwn drwy honni bod prinder actorion Cymreig yn America adeg y ffilmio oherwydd y rhyfel, ond y mae'n gwbl amlwg mai ffilm am Gymru drwy lygaid a lleisiau Gwyddelig a gynhyrchwyd yn y diwedd gan Twentieth Century-Fox. A dyma un o'i diffygion pennaf.

Ymhlith y golygfeydd sy'n bradychu anwybodaeth affwysol Ford a'r stiwdio am Gymru a'i phobl ceir dathliadau priodas Ivor (Patric Knowles) a Bronwen (Anna Lee).[203] Er bod Ford wedi ei ragrybuddio gan Dunne fod y golygfeydd o

Crisp yn dawnsio jig Wyddelig fel rhyw goblyn bach yn hollol anghymreig, wfftiodd at hyn:

> Like Byron's Sennacherib, I came down on the set like a wolf on the fold, but Ford soon defanged the wolf with a bit of blarney and a nonchalant: 'Ah, go on! The Welsh are just another lot of micks and biddies, only Protestants.'[204]

15. Y lofa a thai'r glowyr yn *How Green Was My Valley.*
('HOW GREEN WAS MY VALLEY' © 1941 Twentieth Century-Fox. Cedwir pob hawl.)

Dangosodd Ford yr un ystyfnigrwydd wrth ffilmio'r hyn y mynnai ef ei ddangos, megis pan wisgwyd hen wreigan fechan y siop, a chwaraewyd gan Elizabeth (Tiny) Jones, mewn gwisg Gymreig a het gorun uchel. Ond yr enghraifft fwyaf chwerthinllyd o ddiffyg gwybodaeth y cyfarwyddwr a'i griw, gan gynnwys Zanuck a Wyler, am Gymru yw'r setiau a seiliwyd ar sgetsys o 'Cerrig Ceinnen a Clyddach-cum Tawe, Rhondda'![205] Lleolwyd canolbwynt y pentref, sef y lofa, yn anghredadwy ar ben bryn gyda'r tai yn swatio'n daclus yn ei chysgod.[206] Ac er bod yr olygfa o'r glowyr wedi diwrnod caled o waith yn ymlwybro'n llawen o'r lofa dan ganu yn ddigon hoffus, y mae ei rhamant yn sarhad ar y Cymry a ddioddefasai galedi enbyd ym mhyllau glo y cymoedd diwydiannol. Gwnaethpwyd nifer o gamgymeriadau elfennol eraill. Er enghraifft, crëwyd set fewnol ar gyfer bwthyn y Morganiaid a oedd yn llawer mwy na'r set allanol. Dodrefnwyd yr ystafelloedd eang â chelfi llawer rhy gyfforddus a go brin y gwelid toi mor uchel a ffenestri bae gyda golau'n llifo'n hardd drwyddynt yn nhai teras llwm cymoedd de Cymru y pryd hwnnw.[207] Hawdd hefyd amau dilysrwydd rhai o'r darluniau o arferion y teulu, megis y tad a'i feibion yn ceisio golchi llwch y glo oddi ar eu cyrff ar ddiwedd shifft mewn baddonau yn yr iard gefn! Tybed faint o lowyr Cymru a olchai 'mas y bac', a hwythau'n byw ar ben ei gilydd mewn rhesi o dai teras mewn gwlad lawog ac oer! Y mae'n werth nodi sylw treiddgar y beirniad ffilm Jeffrey Richards:

> Whether or not it is an accurate picture of the life of a mining family is irrelevant, for it is life as seen through the eyes of a small boy, and the family is classically Fordian: 'My father was the head of our house; my mother was its heart.'[208]

Dyna galon y gwir. Wrth ddefnyddio'r bachgen Huw i gynnal y stori llwyddodd Dunne a Ford i osgoi'r angen i drafod materion difrifol a bwysai ar feddyliau oedolion, megis ystyriaethau gwleidyddol a phroblemau yn ymwneud â'r diwydiant glo, gan gynnwys gwrthdaro dosbarth, allfudo a diweithdra. Ond, yn wahanol i ddarllenwr y nofel a all, oherwydd bywiogrwydd y naratif, an-wybyddu rhamantiaeth Llewellyn, ni all gwyliwr y ffilm osgoi na chyfiawnhau'r darluniau afreal ar y sgrin o'r Cymry fel 'simple, primitive people'.[209] Da y dywedodd David Berry am John Ford: 'he has defused a community's politics and problems, robbed pit families (by presenting them through the roseate glow of memory) of their vitality and has created icons rather than human beings.'[210]

Er gwaethaf ei athrylith amlwg y tu ôl i'r camera, cymeriad digon astrus oedd John Ford ac, megis Richard Llewellyn, llwyddodd i feithrin nifer o chwedleuon amdano ef ei hun. Gwrthodai dderbyn awgrymiadau gan eraill ynghylch onglau camera, y setiau neu'r sgript oherwydd gwyddai pe ilidai fodfedd y collai reolaeth lwyr ar ei ffilm. Eto, er ei ystyried yn dipyn o deyrn gan actorion megis Henry Fonda, James Cagney a Robert Montgomery, tueddai'r mwyafrif yn y diwydiant i anwybyddu ei natur gecrus a gwawdlyd. Un o'r rhain oedd y Wyddeles bengoch Maureen O'Hara. *How Green Was My Valley* oedd ffilm gyntaf y ferch y daethpwyd i'w hadnabod fel 'The Queen of Technicolor' dan gyfarwyddyd Ford.[211] Gwyddai O'Hara, fel y gwnâi John Wayne, Anna Lee, Harry Carey Jr a Katharine Hepburn ymysg eraill, y byddai Ford yn ei thrin yn ddidostur er mwyn cuddio'r ffaith ei bod ymysg ei ffefrynnau. Wrth regi a gweiddi ar ei actorion ceisiai Ford guddio unrhyw deimladau sentimental atynt. Er gwaethaf hyn, y mae llawer o'i ffilmiau, yn enwedig *How Green Was My Valley*, yn diferu o ordeimladrwydd.

Meddai Ford ar ddull o ffilmio a oedd yn hollol wahanol i ddull cyfarwyddwyr eraill. Tueddai i chwarae pob golygfa yn ei feddwl ymlaen llaw er mwyn osgoi'r angen i edrych trwy lens y camera. Yn hytrach, dibynnai ar ddisgrifiadau ei ddyn camera, sef Arthur C. Miller yn achos *How Green Was My Valley*, o'r hyn a welai ef trwy'r lens. Yn ôl Miller, ni fyddai Ford byth yn gwylio'r hyn a saethwyd y diwrnod blaenorol ac, o ganlyniad, anaml iawn y byddai'n ailsaethu golygfeydd: 'It seemed he was constantly striving for naturalness.'[212] Creu golygfeydd syml ond trawiadol oedd nod Ford, ac yn hytrach na thynnu'r camera oddi ar ei goes drithroed er mwyn sicrhau golyg-feydd symudol defnyddiai'r camera i wyro neu banio yn unig. Yn *How Green Was My Valley* ni cheir yr un olygfa a grëwyd trwy ddefnyddio naill ai *dolly* neu *boom*. Pan ddaeth yn amser i olygu'r ffilm, oherwydd dull Ford o ffilmio ni chafodd y golygydd, James B. Clark, fawr o ddewis o ran golygfeydd a dim ond 100,000 troedfedd o ffilm a saethwyd ar gyfer y ffilm gyfan.[213] Trwy fynnu ffilmio fel hyn, sicrhaodd Ford mai ei waith ef yn anad neb arall a geid yn y ffilm ac nid yw'n syndod, felly, iddo gyfaddef wrth Zanuck fod y gwaith golygu a wnaed yn achos *How Green Was My Valley* gyda'r gorau a welsai erioed![214]

Un enghraifft drawiadol o'i athrylith yn hyn o beth yw'r dull a ddefnydd-iodd i saethu golygfeydd o briodas Angharad (O'Hara). Cyfarwyddwyd Miller gan Ford i ddilyn Angharad yn gadael yr eglwys cyn panio ychydig i'r chwith er mwyn dangos silwét unig o Mr Gruffydd (Pidgeon) yn ei gwylio yn y pellter. Meddai Miller:

> This was one of those rare occasions when Ford did his thinking out loud. Looking at the minister in the distance for a few seconds, he mumbled, if I make a close-up, somebody will want to use it.[215]

Ni saethwyd darlun agos o wyneb Pidgeon ac erbyn heddiw ystyrir yr olygfa hon yn un o'r rhai mwyaf trawiadol a sensitif yn y ffilm gyfan. Yng nghanol dathlu digon digalon y pentrefwyr, ac Angharad a'i gŵr newydd yn ymadael, gwelir yn y pellter un ffigur unig yn gwylio'r cyfan. Gadewir i'r gwyliwr geisio dychmygu ei anobaith arteithiol. Gwelir yr un dechneg yn yr olygfa lle y cwyd Beth Morgan o'i gwely a cherdded yn simsan at wely ei mab ieuengaf. Wedi golygfa-sefydlu lawn o Beth yn sefyll ar waelod y grisiau a Huw yn ei wely, cawn saethiadau agos o wynebau'r ddau cyn torri i saethiad eithaf llydan ohonynt yn cofleidio. Yna, er mwyn llacio'r cyffro a grëwyd, encilia'r camera a'u gwylio am eiliadau o hirbell. Golygfeydd eraill a erys yn y cof yw'r rhai tua diwedd y ffilm pan ddigwydd ffrwydrad a thanchwa yn y lofa. Ymgasgla gwragedd y gymuned wrth geg y pwll yn y gobaith y cânt newyddion am eu tadau, eu gwŷr a'u meibion. Adlewyrcha'r portread hwn y darluniau trallodus aml a welid yn y wasg, gan arlunwyr ar droad yr ugeinfed ganrif, a hefyd yn *The Citadel* a *The Proud Valley* lle y gwelwyd lluniau o wragedd llwyd a gofidus tan gysgod eu siolau yn swatio'n glòs wrth gynnal ei gilydd yng nghysgod peiriannau'r lofa. Yn *How Green Was My Valley* rhydd gwaith camera Arthur C. Miller harddwch ingol i'r darluniau, ac ychwanegir at ddyfnder emosiynol y golygfeydd gan gyfeiliant côr pedwar llais yn canu emynau Cymraeg dwys.

16. Y gwragedd yn ymgasglu wrth geg y pwll. O'r chwith i'r dde:
Mr Gruffydd y gweinidog (Walter Pidgeon), Dai Bando (Rhys Williams),
Huw (Roddy McDowall), Beth Morgan (Sara Allgood), Angharad (Maureen
O'Hara) a Bronwen (Anna Lee).
('HOW GREEN WAS MY VALLEY' © 1941 Twentieth Century-Fox. Cedwir pob
hawl.)

Erfyn arall a ddefnyddiwyd yn llwyddiannus gan Ford a Zanuck oedd y gerddoriaeth. Gwyddai'r ddau ohonynt y gallai cerddoriaeth ychwanegu'n ddirfawr at emosiwn unrhyw ffilm a thrwy ddewis cyfeiliant doeth a phwrpasol gellid sicrhau bod gwylwyr yn gadael y sinema yn eu seithfed nef. Yn graff iawn, sylweddolwyd yn ogystal y gellid goresgyn y broblem o geisio darlunio undod y gymdeithas heb ymhél â gwleidyddiaeth cymoedd de Cymru drwy gyfrwng cerddoriaeth. Penderfynwyd tynnu darluniau o'r gymuned yn uno i ganu mewn harmoni er mwyn creu'r ddelwedd o gwlwm brawdol a chariadus, ac o ganlyniad saethwyd nifer o olygfeydd o drigolion y pentref yn ymgasglu tan ganu ar adeg o lawenydd neu dristwch, gan amlaf y tu allan i gartref y Morganiaid. O fewn ychydig filltiroedd i stiwdios Fox daethpwyd o hyd i gôr capel Presbyteraidd Cymraeg, a denwyd ei aelodau, ynghyd â Tudor Williams eu harweinydd, i ganu ac i ymddangos fel actorion ychwanegol.[216] Canfu Alfred Newman, y gŵr a gomisiynwyd i drefnu'r sgôr gerddorol, y rhan fwyaf o gerddoriaeth y ffilm yn *repertoire* y côr a dewisodd yr emynau a'r tonau mwyaf ysbrydoledig, gan bennu 'Myfanwy' fel arwyddgan y ffilm. Y mae'r gerddoriaeth gan amlaf yn asio'n weddus iawn â darluniau nodweddiadol felodramatig ac ystrydebol Ford. Gwelir ei hoffter amlwg o olygfeydd tra emosiynol trwy gydol y ffilm, ac ymhlith y golygfeydd gorfelys a gaiff eu dwysáu gan y gerddoriaeth y mae ymweliad cyntaf Bronwen â'r teulu a Huw yn dysgu cerdded o'r newydd. Ychwanegodd Ford ei ddyfais gerddorol ei hun i'r ffilm hefyd drwy ddarlunio Angharad a Huw yn cyfarch ei gilydd ar ffurf cân.

Ond os oedd Ford yn feistr ar olygfeydd twymgalon, yr oedd hefyd yn ddiguro wrth greu golygfeydd ysmala. Prin fu ychwanegiadau neu newidiadau Ford i sgript Dunne a Wyler, ond, yn ôl Dunne, bu ei newidiadau yn fodd i ysgafnhau'r ffilm, yn enwedig y bartneriaeth rhwng Dai Bando a Cyfarthfa.[217] Ychwanegodd Ford y ddau gymeriad hyn i'r sgript oherwydd ei hoffter o drafod brawdoliaeth ac, yn ôl Dunne, petai Wyler wedi cael cyfarwyddo'r sgript byddai llai o bwyslais wedi ei roi ar y brodyr ac ar Cyfarthfa a Dai Bando, a byddai'r stori serch wedi dwyn ei fryd.[218] Gwirionodd Zanuck yntau ar un o ychwanegiadau Ford, sef yr olygfa lle y gwelir Huw yn ei wely yn ymdrechu i daro'r to â choes brws er mwyn cyfathrebu â'i fam sydd yn ei gwely yn y llofft uwchben.[219] Er bod golygfeydd ysgafn fel hyn wedi ennyn edmygedd sawl beirniad, fe'u cynhwyswyd ar draul nifer o ddigwyddiadau pwysig ac ar draul cymeriadau eraill a fyddai wedi rhoi mwy o gydbwysedd a phraffter i'r gwaith. Dathlu undod honedig y teulu oedd nod Ford, ac o ganlyniad llurguniwyd y nofel ac anwybyddwyd pennod bwysig ac arwyddocaol yn hanes cymunedau diwydiannol de Cymru. Yn gwbl ddiedifar, meddai Zanuck yn ddiweddarach:

> When I think of what I got away with . . . and won the Academy Awards with the picture, it is really astonishing. Not only did we drop five or six characters but we eliminated the most controversial element in the book which was the labor and capital battle in connection with the strike.[220]

Gwanhawyd y ffilm yn ogystal wrth i rai cymeriadau, megis y meddyg a Beth Morgan, gael eu portreadu fel cymeriadau dychanol er mwyn ychwanegu hiwmor at y ffilm. Droeon gwneir Beth Morgan yn gyff gwawd ym mhortread Sara Allgood, diau ar anogaeth Ford a welsai ynddi ei fam ef ei hun.[221] Y mae'n anodd cynhesu at ei phortread o'r fam yn cyflawni castiau megis taflu bwcedaid o ddŵr oer dros ei gŵr, yn gwneud sioe o grïo ym mhriodas ei mab ac yn bygwth taro Parri'r diacon â phadell ffrio. Ystumir y darlun o Gymry balch y bedwaredd ganrif ar bymtheg ymhellach wrth bortreadu'r trigolion yn fynych fel rhai gwasaidd a di-asgwrn-cefn. Y mae Gwilym y tad yn deyrngar i'w feistri yn y lofa, yn ufudd i'r rhai a ŵyr yn well nag ef, yn gwrthod derbyn yr egwyddorion a elwir ganddo yn 'socialist nonsense', ac adeg ymweliad y cyflogwr â chartref y Morganiaid y mae Beth a Gwilym yn moesymgrymu'n wylaidd o'i flaen. Ar ben hynny, brygowthwyr yw'r glowyr sy'n brwydro'n unedig yn erbyn gorthrwm y perchenogion yn ôl *How Green Was My Valley*. Wedi i Llewellyn gyflwyno darlun llurguniedig o'r Gymru lofaol i'r byd, aeth Ford â'r ffantasi gam ymhellach drwy bortreadu'r bobl fel rhai dof a di-glem.

Cwblhawyd y ffilm yn ystod mis Awst 1941 a gwariwyd $1,250,000 arni.[222] Fe'i dangoswyd am y tro cyntaf yn America ar 28 Hydref 1941 yn Theatr Rivoli yn Efrog Newydd ac aeth yr elw at y Navy Relief Society.[223] Wedi i'r Production Code Administration adolygu'r ffilm ar 6 Hydref 1941, fe'i cyflwynwyd ar ei ffurf orffenedig i'r British Board of Film Censors ar 11 Rhagfyr 1941.[224] Yn wahanol i'r drefn yn America, ni ddangoswyd y sgript i'r BBFC cyn i'r gwaith cynhyrchu ddechrau ac felly bu raid iddynt ystyried cynnwys y ffilm orffen-edig.[225] Er i fwyafrif taleithiau America dderbyn y ffilm yn llawen, nid felly y gwnaeth Pennsylvania ac Ohio, dwy dalaith a chanddynt gyfartaledd uchel o Gymry Ymneilltuol ac a fynnai ddileu'r ymadroddion canlynol gan Beth Morgan: 'I am Beth Morgan, as you damn well know' a 'To hell with the wrath: And I'm saying it plain to be heard'. Yr oedd dwy elfen arall yn broblem i'r sensoriaid ym Mhrydain.[226] Y gyntaf oedd y streic yn y lofa. Yn ystod y Rhyfel Byd Cyntaf gwaharddwyd unrhyw drafodaeth ar gysylltiadau diwydiannol mewn ffilmiau ym Mhrydain ac, yn sgil y galw cynyddol yn ystod yr Ail Ryfel Byd am lo, ni roddwyd sylw i ddadleuon a allai ysigo'r berthynas fregus rhwng gweithwyr a pherchenogion y gweithfeydd glo, fel y gwelwyd yn *The Proud Valley*. Yr ail ffactor i'w ystyried gan y sensoriaid oedd yr awgrym o garwriaeth rhwng y gweinidog Mr Gruffydd ac Angharad, a oedd eisoes yn briod. Ofnid y byddai'r stori yn tarfu ar bolisi'r BBFC o beidio â dangos unrhyw olygfeydd a allai beri tramgwydd i sefydliadau crefyddol.[227] Ond bedwar diwrnod yn ddiweddarach rhoddasant sêl eu bendith ar *How Green Was My Valley* a dim ond mân doriadau a wnaed. Un esboniad posibl am hyn yw'r ffaith fod America hithau erbyn hynny wedi ymuno yn y frwydr yn erbyn lluoedd Hitler. Hawdd credu bod hyn yng nghefn meddyliau'r sensoriaid a'u bod o'r farn mai camgymeriad fyddai darnio ffilm gan un o gyfarwyddwyr mwyaf dylanwadol y cynghreiriad newydd. Dangoswyd y ffilm am y tro cyntaf ym Mhrydain yn Llundain ar 27 Ebrill 1942.[228]

Profodd y ffilm lwyddiant ysgubol a phrysurai'r cyhoedd i'w gwylio ar ôl darllen neges ddramatig y posteri, 'Rich is their humor! Deep are their passions! Reckless are their lives! Mighty is their story!' A'r Ail Ryfel Byd yn taflu cysgodion du dros fywyd pawb, bu'r ffilm yn ddihangfa i bobl ac yn gyfle i hiraethu am ddyddiau da honedig, fel y dengys un llythyr canmoliaethus a anfonwyd at Ford gan aelod o luoedd arfog America ym 1942:

> Our world is in chaos and no matter in which direction we look, nothing but trouble stares at us in the face . . . I have felt that we of the younger generation have had very little to look forward to. Darkness over us and darkness in front of us and no light to ease our way . . . Nothing to ease our minds . . . last night I saw a truly great motion picture . . . thank you for a little light you've spread on the road of darkness.[229]

Nodwyd ymateb aelodau o'r cyhoedd ym Mhrydain yng nghofnodion y mudiad Mass-Observation. Arwynebol iawn oedd eu sylwadau. Disgrifiwyd y ffilm gan fyfyriwr meddygaeth 18 oed fel 'a fine study of South Wales, and its people' ac fel 'an all-round Gallic excellence' gan fyfyriwr ifanc arall o Matlow.[230] Denwyd gwragedd tŷ i'w gwylio ac i'w chanmol: 'I thought this was a beautiful film. It was so natural and human, true to life', meddai un wraig o Huddersfield; 'A lovely change from war films . . . very moving', meddai un arall o Potters Bar; a 'The great majority of us are poor and we have plenty of tragedy and comedy that could be filmed to advantage. I think that is why I was so impressed with *How Green Was My Valley*', meddai gwraig arall o Harrogate.[231] Ar y llaw arall, cythruddwyd darlithydd prifysgol anhysbys o Aberystwyth gan ei darlun gwacsaw a sentimental:

> *How Green Was My Valley* – excellent example of what complete ruin some picture producers will make of a book. Much of this was just sheer nonsense. I know some Welsh mining valleys, schools, and houses and miners. Much of this film is just tosh. I was so bored I could scarcely keep awake. High-grade slush.[232]

Er i'r ffilm ennyn edmygedd y mwyafrif, adleisiwyd beirniadaeth lem y darlithydd hwn gan sawl beirniad ffilm amlwg. Yn ôl Dilys Powell, ffilm hawdd ei hanghofio ydoedd gan na wyddai Ford y nesaf peth i ddim am fywyd cymdeithasol glowyr de Cymru.[233] Honnodd Herman G. Weinberg o Efrog Newydd fod Ford wedi llwyddo i brofi 'that he's no better than his scenario, which is a dull thing . . . England's *The Stars Look Down* and *Love on the Dole* were much better'.[234] Er mawr syndod, prin yw'r adolygiadau treiddgar a beirniadol a gafwyd yn newyddiaduron Cymru. Anogwyd y Cymry gan adolygydd y *Western Mail* i anwybyddu'r gymysgedd ryfedd o acenion yn y ffilm gan ei bod yn 'vivid and for the most part a true picture of the Welsh miner's life'.[235] Er i 'Hesgin' drafod yn *Y Faner* wendidau ffeithiol y ffilm, megis yr ymolchi yn yr awyr agored, Beth Morgan yn casglu sylltau gloyw o gyflogau ei gŵr a'i meibion, y siopwraig yn ei gwisg Gymreig, y diffyg gweddeidd-dra wrth fwrw Meillyn Lewis allan o'r seiat ac, wrth gwrs, y 'canu "bob whip stitch"', rhoes ganmoliaeth uchel iddi, 'o gofio bod cryn dipyn o orliwio mewn pob drama a darlun gellir dywedyd bod y darlun hwn o bobl Cwm Rhondda yn niwedd y ganrif ddiwethaf yn un pur agos i'w le'.[236] Ceisiodd 'Stroller' yn y *South Wales Echo* berswadio darllenwyr fod gan brif aelodau'r cast, ac eithrio Walter Pidgeon, gysylltiadau cryf â Chymru:

> London born Donald Crisp knows the Neath Valley intimately; Maureen O'Hara and Sara Allgood have toured South Wales in theatrical shows; Rhys Williams . . . is a Glamorgan man.[237]

Gadawyd y dasg o ddinoethi anwybodaeth Americanwyr am Gymru i'r Parchedig E. Cynolwyn Pugh, a oedd yn weinidog ar y pryd gyda'r Eglwys Bresbyteraidd Gymreig yn Efrog Newydd.[238] Cyfansoddodd lythyr hirfaith at Will Hays, yr henadur Presbyteraidd a phennaeth y Motion Picture Producers and Distributors of America, cymdeithas fasnach y diwydiant ffilm yn America, gan fynegi ei gŵyn ynglŷn ag agweddau cyfeiliornus y nofel a'r ffilm.[239] Er cydnabod bod y ffilm yn adloniant gwych, tybiai fod y setiau'n gwbl afreal:

> There are many errors of pronunciation in the singing: in those days, there were no carpets on the floors of colliers' houses and certainly no collier would enter the house by the front door in his working clothes! The home of Gwilym Morgan as depicted on the screen is altogether too elaborate – it is not a miner's home.[240]

Ond yr hyn a'i digiodd fwyaf oedd y darlun o ragrith honedig y Cymry:

> People who know little or nothing about the Welsh people would conclude that *we* are a Beer-drinking and Hymn-singing crowd, and that these two things are done by the same people at the least provocation! Mr Gwilym Morgan is a Church Elder. Never did I hear of an elder who sent to the Public House for a cask of beer so that there might be free beer for all and I have never known of a Minister of the Gospel who could handle a tankard of beer with such signs of experience! . . . one might gather from the screen that Church life in Wales is sheer hypocrisy.[241]

Rhoes daw ar ei bregeth drwy rybuddio ynghylch dylanwad hanesyddol a moesol andwyol y ffilm ar ei chynulleidfa: 'I doubt whether they will go out of the Movie House with a true picture in their minds of the life of our little land. Indeed, I know they will not.'[242]

Er gwaethaf y gwahaniaeth barn amdani, llwyddodd *How Green Was My Valley* i dderbyn deg enwebiad am Osgar ym 1941 ac i ennill chwech. Enillwyd categori Ffilm Orau'r Flwyddyn ar draul *Citizen Kane* (Welles) a *The Maltese Falcon* (Huston). Dyfarnwyd Ford hefyd yn gyfarwyddwr gorau'r flwyddyn ar draul cyfarwyddwyr dawnus fel Orson Welles, Charlie Chaplin, Alfred Hitchcock, George Cukor a Frank Capra ac, yn eironig iawn, William Wyler. Ni ellir llai na chydymdeimlo â Wyler o gofio i Ford ennill pluen arall i'w het ar ei draul ef. Dengys y ffilm orffenedig ddylanwad amlwg Wyler ar y sgript, y setiau a drefnasai gyda Richard Day, a'r actorion a benodwyd ganddo.[243] Ond i Ford yr aeth y clod. Fe'i dewiswyd yn Gyfarwyddwr Gorau 1941 gan y New York Film Critics a daeth *How Green Was My Valley* yn ail yn rhestr y *National Board of Review Magazine* o ddeg ffilm orau 1941.[244]

Y mae *How Green Was My Valley* yn ffilm sydd wedi ennyn, ac sy'n parhau i ennyn, cryn drafodaeth a gwahaniaeth barn yn sgil ei ddarlun gor-ramantaidd, yn enwedig yng ngoleuni sylwadau brathog a didostur David Thomson. Disgrifiwyd *How Green Was My Valley* ganddo ef fel 'a monstrous slurry of tears and coal dust' a honnodd fod angen 'the flush of drink in the viewer before it is sufficiently lulling to disguise the lack of intellectual integrity' yn 'the cinema of distracting pipe dreams' y cyfarwyddwr.[245] Er na fynnai Ford roi ystyriaeth i wirionedd hanes, ar y llaw arall meddai ar allu hynod i adrodd stori ac ar lygad sinematig dda nad oedd yn ddibynnol ar saethiadau cymhleth. Efallai nad yw'r darluniau o Gymru a'i phobl yn *How Green Was My Valley* yn rhai triw a dilys ond y maent, o'u hystyried fel cymuned ffuglennol, yn llawn swyn hyd yn oed i'r Cymry eu hunain. Crisialodd Kim Howells yr agwedd ddeublyg a pharadocsaidd a amlygir hyd heddiw tuag at y ffilm wrth gyfeirio at ei brofiad ef o'i gwylio ar ddiwedd y 1960au:

> I remember thinking for the first time this is a film extolling the virtues of scabs, full of Welshmen with Irish accents, and it's absolute nonsense; yet I looked around and the entire audience had their eyes filled with tears. In one of the most left-wing constituencies in Britain.[246]

* * * *

Tair ffilm dra gwahanol i'w gilydd, felly, a gafwyd o Gymru a'i phobl gan stiwdios mawr Prydain ac America yn y 1930au a'r 1940au. Er mai bywyd glowyr a ddarlunnir yn y tair, ac er bod elfennau o'r tri phortread yn gorgyffwrdd, nid oes yr un ohonynt yn wir realistig. Diau mai *The Proud Valley* sy'n cyfleu orau amodau byw a gwaith y Gymru ddiwydiannol. Er mai cefndir i stori garu egwan yw trafferthion y gymuned lofaol Gymreig yn *The Citadel*, a chefnlen i chwalfa deuluol yn *How Green Was My Valley*, hanfod sgript *The Proud Valley* yw brwydr y glowyr a'u teuluoedd i oroesi. Ni cheir ymdrech gan yr un o'r tair i fod yn gwbl driw i'w testun, ac y mae hyn i'w ddisgwyl o gofio mai ffilmiau nodwedd wedi eu creu er mwyn diddanu rhagor na digalonni cynulleidfa dan bwysau rhyfel oeddynt. Megis dechrau'r gwaith o ddarlunio realiti bywyd yr oedd ffilmiau nodwedd cyfnod y rhyfel, ac nid tan ar ôl 1945, pan oedd pobl wedi eu llwyr ddadrithio gan ddelweddau sentimental, y mentrwyd creu ffilmiau gonest yn dadlennu tlodi a chaledi bywyd y dosbarth gweithiol.

4

Y bardd fel propagandydd ffilm:
Cymru Dylan Thomas

Yn ystod blynyddoedd cynnar yr Ail Ryfel Byd daeth yn gynyddol amlwg y gallai'r ffilm ddogfen fod yn arf pwerus yn erbyn twf ffasgaeth. Sylweddolwyd ei bod yn fodd nid yn unig i sicrhau bod pobl yn deall yr hyn a ddigwyddai yn Ewrop ac i ennill eu cydweithrediad ond hefyd i daenu propaganda effeithiol. Amcangyfrifwyd ym 1939 fod tua 19 miliwn o bobl ym Mhrydain yn mynychu eu sinema leol yn wythnosol, ac erbyn 1945 yr oedd y nifer hwn wedi cynyddu'n aruthrol i dros 30 miliwn.[1] Mewn cyfnod o drybini yr oedd y sinema yn cyfrannu'n helaeth at y dasg o godi a chynnal ysbryd y bobl gyffredin ac o'u cynorthwyo i ymlacio. Er gwaethaf y ffaith mai dim ond naw allan o gyfanswm o 22 stiwdio a oedd yn parhau i weithio ym Mhrydain a bod trethi ychwanegol (y Dreth Adloniannau a'r Dreth ar Elw Atodol), ynghyd â phris mynediad uwch, prinder offer a gweithwyr allweddol yn y sinemâu, yn llethu'r diwydiant, bu canol y 1940au ar y cyfan yn gyfnod hynod lewyrchus yn hanes diwydiant ffilm Prydain.[2] Nid ffilmiau melodramatig a sicrhaodd fod y 1940au yn Oes Aur y sinema ym Mhrydain ond, yn hytrach, gyfuniad o ffilmiau dogfen a nodwedd.

Curiad calon propaganda Prydeinig yn ystod yr Ail Ryfel Byd oedd yr Weinyddiaeth Wybodaeth a ysgwyddai'r cyfrifoldeb dros gynhyrchu a dosbarthu propaganda cenedlaethol, rheoli newyddion a chynnal ysbryd y bobl. Yn gynnar ym 1940, pan oedd yr Weinyddiaeth Wybodaeth dan arweiniad yr Arglwydd Macmillan, rhyddhawyd memorandwm yn rhoi canllawiau ar gyfer y math o bropaganda y dymunid ei greu gan y diwydiant ffilm. Rhannwyd themâu'r propaganda yn dair adran: 'What Britain is fighting for; How Britain fights; The need for sacrifices if the fight is to be won.'[3] Wrth geisio cyfleu yr hyn yr ymladdai Prydain drosto pwysleisid annibyniaeth barn, dewrder di-ildio a dyfalbarhad: 'our independence, toughness of fibre, sympathy with the under-dog, etc. *Goodbye Mr Chips* is an obvious example of this kind.'[4] Fel y dywedodd Jeffrey Richards: 'War always brings the concept of national identity into sharp focus for identity is at the heart of the national propaganda effort.'[5] Byddai dangos yr hyn a gollid pe goresgynnid y wlad gan luoedd Hitler yn bropaganda effeithiol ac felly bu hyn yn rhannol gyfrifol am y twf mawr a gafwyd mewn ffilmiau a bortreadai fywyd a nodweddion gwahanol

ardaloedd ym Mhrydain yn ystod y 1940au.[6] Gogwydd arall ar y rhyfel y
ceisiwyd ei ddangos oedd sut yr âi Prydain ati i frwydro. Dibynnid yn helaeth
ar ffurf y ffilm ddogfen a'r *news reels* wrth ateb y gofyn hwn, gan ddangos
gweithwyr cyffredin yn adeiladu llongau rhyfel neu'n gweithio mewn
ffatrïoedd cyflenwi arfau. Wrth grynhoi, pwysleisiodd y memo y dylid sicrhau
bod ffilmiau yn diddanu ac mai'r dull mwyaf nerthol o daenu propaganda
effeithiol oedd trwy beri bod hynny'n digwydd yn ddiarwybod i'r gynulleidfa.

Ar ddechrau'r 1940au yr oedd enwogrwydd Dylan Thomas fel bardd yn
gyfyngedig i gylch dethol o gyfeillion ac academyddion darllengar. Fe'i
dyrchefid yn bennaf yng Nghymru gan lenorion a beirdd Eingl-Gymreig,
carfan a ddaethai i'r amlwg yn nhridegau'r ganrif ac a achosodd 'ddadeni
llenyddol Cymreig', chwedl John Harris.[7] Rhoddwyd llais i weithiau'r garfan
hon gan y cyfnodolyn newydd, *Wales*, a sefydlwyd ym 1937 gan fardd ifanc o
sir Gaerfyrddin, Keidrych Rhys, ac erbyn heddiw ystyrir Dylan Thomas yr
amlycaf o ddigon yn eu plith.[8] Agorwyd y llifddorau ar gyfer llenyddiaeth
Eingl-Gymreig ym 1915 pan gyhoeddodd Caradoc Evans ei gyfrol o straeon
byrion *My People* ac, yng ngeiriau dihafal Gwyn Jones, 'it was as though some
new-style yahoo had flung a bucket of dung through the Welsh parlour
window, and in case anyone genteel or well-meaning enough not to notice
anything amiss, had flung the bucket after, with a long-reverberating clangour'.[9]
Yng nghysgod y dirwasgiad profasai llenorion a beirdd a fynnai ysgrifennu yn
Saesneg, naill ai trwy ddewis neu drwy raid ieithyddol, gyfnod hynod
gynhyrchiol, gan gwmpasu rhychwant eang o arddulliau a themâu. Er i ambell
un, yn enwedig Rhys Davies a Dylan Thomas, edmygu arweiniad Caradoc
Evans a'i ddychan o'r Cymry plwyfol a'r cymunedau Ymneilltuol cul, nid pawb
a'i hefelychodd. Cafwyd awduron megis Richard Llewellyn ac Alexander
Cordell yn rhamantu am hanes Cymru, gan ddiwallu anghenion darllenwyr
llenyddiaeth boblogaidd, ac aeth Jack Jones, ac yn ddiweddarach Gwyn
Thomas, ati i hel atgofion ac i ddyrchafu bri y Gymru ddiwydiannol. Trafod
cymunedau'r ffin a wnâi Margiad Evans, Raymond Williams ac eraill; rhoes
Idris Davies, Lewis Jones, Glyn Jones a Gwyn Jones lais i weithiau proletaraidd
eu naws, a moderniaeth sy'n nodweddu gwaith David Jones, megis gwaith
Dylan Thomas ei hun. Yna erbyn y 1940au cafwyd gwedd newydd ar weithiau'r
garfan hon, sef yr angerdd cenedlaetholgar gwleidyddol a hydreiddiai gerddi
R. S. Thomas a nofelau Emyr Humphreys. Prin oedd nifer y llenorion a'r beirdd
Cymraeg eu hiaith a edmygai'r ffenomen newydd hon a ddeilliai yn bennaf o'r
Gymru ddiwydiannol. Diau y ceid elfen o snobyddiaeth ymhlith y Cymry
Cymraeg a ymhyfrydai yn eu traddodiad hynafol ac a wfftiai at y garfan len-
yddol newydd a fynnai draethu yn Saesneg. Tân arbennig ar eu croen oedd
tuedd y llenorion Saesneg i ddifrïo iaith, diwylliant a chrefydd y Cymry

Cymraeg. Deuai Dylan Thomas yn aml dan lach ceidwaid y ddelwedd o'r Gymru rinweddol a goleddwyd ers cywilydd y Llyfrau Gleision.[10] Fel y dengys y bennod hon, buan y goferodd y ffrae rhwng y ddau draddodiad yng Nghymru o fyd llenyddiaeth a barddoniaeth i faes ffilm. Ac yno, yn ei chanol, yr oedd Dylan Thomas.

Yn ystod yr Ail Ryfel Byd crafu bywoliaeth ansicr a wnâi Dylan Thomas, fel y gwnâi nifer o lenorion a beirdd eraill, wrth i'r heldrin wasgu ar adnoddau Prydain, a châi gryn anhawster i gyhoeddi ei waith mewn cylchgronau a llyfrau. Ac yntau'n anobeithio, ac yn benderfynol o osgoi gorfod ymuno â'r lluoedd arfog, troes Thomas ei olygon at fyd y ffilm, gan fynd ar ofyn sawl person amlwg yn y byd llenyddol a gwleidyddol. Erfyniodd fel a ganlyn ar ei gyfaill, y llenor a'r beirniad John Davenport:

> It's this War. I am trying to get a job before conscription, because my one-&-only body I will not give . . . all I want is time to write poems, I'm only just getting going now . . . For my little money-sources . . . are diminishing or dying. Soon there will not be a single paper paying inadequately for serious stories and poems . . . Does the film-world want an intelligent young man of literary ability, 'self-conscious, punch-drunk', who must (for his own sake) keep out of the bloody war.[11]

Trwy lwc, ynghyd â chymwynas gan Davenport ei hun, daeth Thomas o hyd i waith yn y 'film-writing racket' pan gyflwynwyd ef ym 1940 i Ivan Moffat, mab yr actores Americanaidd Iris Tree.[12] Yr oedd Moffat yn gweithio ar y pryd fel prentis gyfarwyddwr i gwmni ffilmiau dogfen Strand, cwmni a dorasai dir newydd yn y tridegau â ffilmiau megis *Today We Live*, ac ef a gyflwynodd Thomas i bennaeth y cwmni, Donald Taylor.[13] Er nad oedd Thomas y bardd yn adnabyddus iawn y pryd hwnnw, yr oedd ei enw a'i waith yn gyfarwydd i Taylor ac erbyn Ionawr 1942 yr oedd gan y bardd swydd fel sgriptiwr ffilmiau gyda chwmni Strand yn 1 Golden Square, Soho.[14] Yn ystod blynyddoedd y rhyfel, nod pennaf Taylor, trwy gyfrwng ffilmiau dogfen, oedd rhoi cyfle i bobl Prydain dystio i'r 'fine part that their native land is playing in helping to win the war . . . and to make people all over the world, as well as the inhabitants of this country, appreciate for what we are fighting'.[15] Felly, yn Uned Ffilmiau Strand erbyn 1945 yr oedd Thomas wedi cyfrannu at ddeg cynhyrchiad o'r math hwn o leiaf, gan gydweithio â nifer o sgriptwyr dawnus eraill megis Graham Greene, Philip Lindsay a Julian Maclaren-Ross.[16] Cwmni Strand oedd y cwmni ffilmiau dogfen annibynnol cyntaf i'w sefydlu,[17] a châi Thomas weithio oriau hyblyg ar yr amod y cwblhâi'r gwaith mewn da bryd, ac o dro i dro câi hefyd ddychwelyd i weithio yn ei wlad enedigol.[18] Mantais fawr arall i

Thomas oedd nad oedd perygl iddo gael ei alw i ymrestru gan yr ystyrid gwaith y cwmni fel cynhyrchwyr ffilmiau propaganda amlwg, yn rhan bwysig o'r ymdrech i gynnal ysbryd pobl Prydain. At hynny, nid oedd unrhyw gymal yng nghytundeb Thomas yn ei rwystro rhag cyflawni unrhyw waith arall. Yn ddiweddarach, felly, llwyddodd hefyd i ennill rhagor o arian drwy ddarlithio, barddoni a darlledu ar y radio.[19]

Er bod Thomas yn ymserchu yn y sinema, yr eironi pennaf yw iddo lunio'r sgriptiau hyn er mwyn ennill bywoliaeth. Barddoni oedd ei ddiléit ac, yn ôl ei gyfaill Constantine Fitzgibbon, ni chredai Thomas fod ei waith yn 'prostitution of his talents, nor did he believe he should assert his artist's integrity by adopting a patronizing attitude towards his employer's needs'.[20] Ni feddai, er hynny, ar y rhyddid i fynegi ei safbwyntiau personol yn ei sgriptiau ffilm oherwydd yr oedd disgwyl iddo fodloni dymuniadau'r comisiynwyr a'r noddwyr. Teimlai Caitlin Thomas mai gwastraff ar ei ddoniau a'i amser oedd y sgriptiau hyn, a dywedodd fwy nag unwaith wrth Donald Taylor ei fod yn tarfu ar yrfa ei gŵr ac yn llygru ei ddawn.[21] Y mae'n ffaith amlwg erbyn heddiw nad sgriptiau ffilm Thomas, er eu bod yn grefftus ac o ddiddordeb i haneswyr, sydd wedi diogelu ei enw, ond ni ddylid ar unrhyw gyfrif eu hanwybyddu na'u tanbrisio. Er i Thomas droi ym 1947 at sgriptio ffilmiau nodwedd, ei gyfraniad pwysicaf i fyd y ffilm oedd y dogfennau a wnaeth yng nghyfnod y rhyfel.

Cyfrannodd Thomas at y broses o greu a sgriptio nifer o ffilmiau, y mwyafrif ohonynt ym 1942. Yn eu plith yr oedd *This is Colour*, lle y clywid ei lais fel sylwebydd; *Balloon Site 568*, ffilm a ddarluniai fywyd gwragedd yn y Women's Auxiliary Air Force ac a gyfarwyddwyd ganddo ar y cyd ag Ivan Moffat; a dwy o ffilmiau pwysicaf Strand, sef *New Towns for Old* (1942) a *These are the Men* (1943) parodi o gampwaith esthetig Leni Riefenstahl, *Triumph of the Will* (1934). 'Elaborate symphonies of images and sound' yw'r ffilmiau hyn yn ôl David Berry, dogfennau sy'n talu gwrogaeth i ddewrder pobl Prydain yn ystod y rhyfel.[22] Ond y ddwy ffilm ddogfen y bu Thomas yn gweithio arnynt y mae iddynt gysylltiad uniongyrchol â Chymru oedd *Wales – Green Mountain, Black Mountain* (1942) ac *Our Country* (1944). Y mae'r ddwy hyn yn haeddu sylw pellach gan eu bod yn cynnwys darluniau cyfoethog o Gymru yng nghyfnod yr Ail Ryfel Byd, ynghyd â dirnadaeth unigryw Dylan Thomas o hunaniaeth Cymru. Rhoddir sylw hefyd yn y bennod hon i'r ffilm nodwedd *The Three Weird Sisters* (1948) gan ei bod yn bwrw golwg dros Gymru a'i phobl mewn dull crafog a dadleuol.

Y gyntaf o'r ddwy ffilm ddogfen y bu Thomas yn gweithio arni oedd *Wales –
Green Mountain, Black Mountain* (1942), ffilm ddogfen ddu a gwyn 12 munud ei
hyd a gomisiynwyd gan y Cyngor Prydeinig ac a grëwyd gan gwmni Strand.
Nod y Cyngor Prydeinig oedd defnyddio'r ffilm hon i hybu delwedd Cymru
a'i phobl o fewn Prydain yn ogystal ag mewn gwledydd tramor, ond nid felly y
bu. Wedi i'r Cyngor sylweddoli bod amryw o gyfeiriadau yn *Wales – Green
Mountain, Black Mountain* at ddiweithdra, penderfynodd atal ei nawdd. Yn sgil
hyn cynigiwyd y ffilm i'r Weinyddiaeth Wybodaeth ac, fel rhan o'u protocol
hwythau, anfonwyd y ffilm at swyddfa'r Weinyddiaeth yng Nghymru. Wedi
oedi hirfaith hysbyswyd yr Weinyddiaeth yn Llundain fod darluniau'r ffilm yn
bodloni'r adran yng Nghaerdydd yn fawr ond bod y sylwebaeth yn gwbl
anaddas. Yn ôl pob tebyg, tybiai'r gweinyddwyr yng Nghaerdydd nad Dylan
Thomas oedd y dewis gorau ar gyfer y gwaith ac y dylid cyflogi athro
Cymraeg i gyfansoddi sgript newydd.[24] Nid oedd Thomas, yn eu tyb hwy, yn
gynrychiolydd teg o Gymru gan nad oedd bellach yn byw yn ei famwlad a
chan ei fod yn dilyn gyrfa lenyddol yn yr iaith fain. Ond anwybyddwyd y farn
honno yn Llundain a rhyddhawyd y ffilm, ynghyd â sylwebaeth gyflawn
Thomas, ym 1942.[25] Ymgorfforwyd *Wales – Green Mountain, Black Mountain*,
felly, yn rhan o gyfres a baratowyd gan gwmni Strand ar gyfer yr Weinyddiaeth
Wybodaeth o ffilmiau dogfen dwy rîl a astudiai Brydain fesul ardal. Galwyd y
gyfres yn *Pattern of Britain*.[26] Yr oedd i'r gyfres gryn fri mewn cylchoedd
antheatraidd ac eisoes cyhoeddwyd ffilmiau yn ymdrin â'r Alban a Gogledd
Iwerddon.[27] Nid oedd disgwyl i'r ffilmiau hyn ennill poblogrwydd mawr
oherwydd nid ffilmiau masnachol oeddynt ac ni chaent eu dangos dramor. Fe'u
dangosid i gynulleidfaoedd mewn ffreuturiau ffatrï, neuaddau eglwys, ysgolion
a sefydliadau'r gweithwyr ym Mhrydain er mwyn ysgogi trafodaeth ar yr hyn a
gyflwynwyd yng nghwmni aelodau o'r Weinyddiaeth Wybodaeth.[28] Cyfar-
wyddwyd y ffilm gan John Eldridge, brodor o Folkestone, a gŵr a feddai ar
gryn brofiad yn y maes dogfennol. Donald Taylor oedd y cynhyrchydd, Jo Jago
y dyn camera ac Eric Cripps y golygydd. Penodwyd dau berson, sef David
Raymond a William Griffiths, i adrodd sylwebaeth Dylan Thomas ar gyfer dau
lais, dyfais a oedd yn rhagredegydd i *Under Milk Wood*.[29] Yn y cyfamser, ar ôl
gwrthod fersiwn gwreiddiol *Wales – Green Mountain, Black Mountain*, aeth y
Cyngor Prydeinig ati i gynhyrchu, gyda chymorth y BBC, ffilm arall a oedd yn
cyflawni eu bwriadau hwy, sef cyfleu Cymru mewn goleuni ffafriol heb
ddangos unrhyw wendidau megis diweithdra a thlodi. Rhyddhawyd y fersiwn
hwn dan y teitl *Wales in Peace and War* ym 1944 a chynhaliwyd y dangosiadau

cyntaf yng Nghymru ar 7 Gorffennaf 1944 yng Nghaerdydd ac yn y Rhyl.[30]
Aflwyddiannus fu *Wales in Peace and War*, a chythruddwyd cynghorwyr y Rhyl
yn ddirfawr gan y darlun o Gymru. Honnodd y Cynghorydd C. O. Edwards ei
bod yn 'sheer hypocrisy to invite the intelligensia of Wales to view the film',
ffilm a oedd, yn ôl John Brookes, un o'i gyd-gynghorwyr, yn 'misrepresentation
of Welsh life . . . an insult to the Welsh nation'. Tybiai'r Cynghorydd Brookes
fod y ffilm yn annog y sawl a'i gwyliai i gredu 'that Wales was made from coal,
and that the coal was drawn while a choir was singing . . . it only touched the
fringe of the industrial wealth, the rural beauty and the cultural life of Wales',
ac o ganlyniad mynegodd ei fwriad i geisio atal dangos y ffilm ar y Cyfandir.[31]

Nid sgriptio oedd unig gyfraniad Dylan Thomas i *Wales – Green Mountain,
Black Mountain*; cafodd hefyd droi ei law at gynorthwyo Donald Taylor fel
cynhyrchydd. Yn wir, deil Giles Goodland mai Thomas a oedd yn gyfrifol am
benderfynu pwy yn union a fyddai'n sylwebu a pha leoliadau i'w saethu.[32]
Cred sawl beirniad mai dyn y filltir sgwâr oedd Dylan Thomas ac na hidiai ryw
lawer am ogledd Cymru. Ei ardal drefol enedigol, sef Uplands, Abertawe,
ynghyd â'r ardaloedd lle'r oedd ganddo dai haf yng Ngheinewydd a
Thalacharn, a bortreedid gan amlaf yn ei waith creadigol. Dengys ei atgofion
yn *Reminiscences of Childhood* ei ymlyniad wrth Abertawe a'i ddihidrwydd
ynghylch gweddill Cymru:

> I was born in a large Welsh industrial town at the beginning of the Great War: an
> ugly, lovely town . . . This sea town was my world; outside, a strange Wales, coal-
> pitted, mountained, river run, full, so far as I knew, of choirs and sheep and
> story-book tall hats, moved about its business which was none of mine; beyond
> that unknown Wales lay England.[33]

Dylanwadodd ei fagwraeth yn drwm iawn ar ei waith ac, yn ôl James A. Davies,
yr oedd y bardd 'most at ease when he could function within familiar para-
meters'.[34] Tir anghysbell oedd gogledd Cymru, ac iddo ef rhywle 'just a bit
further on, one way or the other' y tu hwnt i Harlech![35] Mewn gwrthgyfer-
byniad, câi cymeriadau cymoedd de Cymru eu dychanu'n finiog a chofiadwy,
yn eu plith y meddwyn o Ddowlais a chanddo anafiadau o'r lofa ar fochau ei
ben ôl a'r 'Toop little Twms from the Valleys' a oedd ar fin chwydu.[36] Ond yn
Wales – Green Mountain, Black Mountain y mae Thomas yn cefnu ar y traddodiad
hwn o lynu wrth ei filltir sgwâr. Caiff Cymru gyfan ei chynrychioli'n deg gan
ddarluniau o fywyd a gwaith sawl ardal, yn ddiwydiannol ac yn amaethyddol.
Dengys y ffilm, yn ogystal, ddarluniau cyfoethog o Gymreictod ynghyd â rhai o
draddodiadau cyfoethocaf y genedl, gan gynnwys crefydd ac eisteddfota. Gan
nad oes unrhyw le i gredu bod Thomas wedi tymheru ei ragfarn yn hyn o beth,

y mae'n rhaid ei fod wedi gorfod dilyn cyfarwyddyd ei feistri wrth lunio'r sgript er mwyn ateb gofynion yr Ail Ryfel Byd ac er mwyn uno trigolion Prydain mewn cwlwm gwladgarol. O ganlyniad, fel y dywed John Ackerman: 'Certainly it is Dylan Thomas's most many-faceted and comprehensive picture of Wales and Welsh life . . . it is perhaps the finest of his documentary scripts.'[37]

Trwy gyfrwng ei sylwebaeth, a draddodir yn rhyddieithol, ceisia Thomas gyfleu cyfoeth hanes Cymru, gan gysylltu doe a heddiw trwy gyfrwng rhyfel. Egyr y sylwebaeth, i gyfeiliant darluniau nodweddiadol Geltaidd o gestyll a niwl, â'r geiriau:

> Morning mist glides over Snowdon, over the mountains where men of Wales for centuries fought their enemy, the English, over the castles, over Harlech and Conway and Caernarvon garrisoned by the English kings in the long and faraway wild wars.[38]

Dyma linyn cyswllt nodweddiadol sydd i'w weld yn amlwg mewn amryw o weithiau llenyddol Cymreig. Rhamantu'r gorffennol a wneir, gan greu darlun o Gymru fel gwlad llawn dirgelwch ac iddi hanes arwrol hir. Ond buan y peidia'r rhamantu am y gorffennol yng ngoleuni'r heldrin presennol:

> Morning is breaking over Wales at war. Not the long and faraway wild war of the mountain Welshmen and English kings, but the terrible near war of England and Wales and her brothers and sisters all over the earth, against the men who would murder man.[39]

Yn dilyn y cyflwyniad hwn, canolbwyntia Thomas ar y mynyddoedd a'r arfordir caregog fel delwedd o Gymreictod. Y tir sy'n uno'r bobl nid eu hanes – yn y mynyddoedd y ceir cryfder y genedl – 'Wales is a mountain of strength.'[40] Ceir yma olwg newydd ar dirlun Cymru, o gymunedau yn llochesu yng nghseiliau'r mynyddoedd – 'trysordy hen bethau . . . ceidwad yr hen draddodiadau . . . y mynyddoedd yw caerau ein hanes', chwedl Iorwerth C. Peate – darluniau sy'n rhagflaenu'r hyn a gafwyd wedi hynny yn *Yr Etifeddiaeth* (1949) a *Noson Lawen* (1950).[41] Darlunnir dygnwch a diwydrwydd y genedl drwy ymdrin â gwaith beunyddiol y bobl gyffredin ar y tir a than y ddaear, gan gyfleu brwydr y werin Gymreig, megis eu meibion ar y Cyfandir, am ryddid. Defnyddir y ddyfais o ailadrodd y cymal 'they fight . . .' droeon er mwyn cyfleu cyfraniad di-ildio'r genedl, ac yn ddiweddarach pwysleisir y geiriau 'never again' yn yr un modd.[42] Rhydd tonyddiaeth rymus y sylwebyddion fywyd i'r geiriau, ac y mae'r ail lais (er ei fod braidd yn or-ddramatig) yn ymdebygu'n rhyfeddol i lais ac ynganiad Dylan Thomas ei hun. Darlunnir yn y delweddau o weithwyr dur Llanelli a Chwm Tawe, glowyr Cwm Rhondda, a docwyr y de yn llwytho'r llongau rhyfel ymdrechion dygn y dosbarth gweithiol yn ne Cymru er mwyn sicrhau buddugoliaeth Prydain dros luoedd yr Almaen. Delweddir gogledd Cymru hefyd trwy gyfrwng darluniau cyfarwydd o'r bugail a'i ddefaid ar elltydd gwyrddion, a'r chwarelwr yn hongian ar ei raff simsan uwchben ceudwll chwarel Llanberis. Dwg y golygfeydd hyn ar gof y delweddau prin a gafwyd mewn ambell ffilm ddogfen ar chwareli'r gogledd. Cofnodwyd peryglon y gwaith hwn gan *Men Against Death*, ffilm yn cynnwys sain gan C. H. Dand ym 1933, a *Slate Quarrying of North Wales* a ffilmiwyd yn fud yn chwarel Dinorwig, Llanberis, ym 1936 gan G. L. Hawkins. Ond, yn bennaf oll, dilyn ôl traed ffilm Syr Ifan ab Owen Edwards a John Ellis Williams, *Y Chwarelwr*, a wneir yn ffilm Dylan Thomas.

Nid diwydiant yn unig a drafodir yn y ffilm hon oherwydd rhydd *Wales – Green Mountain, Black Mountain* gryn sylw i arferion a thraddodiadau'r genedl, gan gynnwys Ymneilltuaeth, hoff gocyn hitio Dylan Thomas. Rhoddir yr un pwyslais ar y capel ag a roddir i'r mynyddoedd: darlunnir cyfres o gapeli cyn canolbwyntio ar gynulleidfa un enwad yn morio canu emynau Cymraeg:

> Bethesda, Smyrna, Capel Horeb, Capel Seion . . . a rock of respectability in the strange new industrial life that went on at the foot of the mountain, the tall stern father and mother of a mountain, grey and bare over the blackened chapel roof.[43]

Ceir yma awgrym cryf mai crefydd sy'n cynnal hunaniaeth y genedl, delwedd a fynegwyd yn ddiweddarach yn *Yr Etifeddiaeth*. Er na honnai Dylan Thomas ei fod yn Gristion bu crefydd yn ddylanwad trwm arno yn ystod ei blentyndod ac fe'i gwelir yn amryw o'i weithiau yn dychanu'n finiog bregethwyr yn mynd i *hwyl* yn y pulpud ynghyd â rhagrith eu cynulleidfaoedd.[44] At hynny, gellir gweld dylanwad dull pregethwyr y diwygiadau mawr o lafarganu ar arddull, rhythm a swyn rhai o gerddi Thomas. Adlewyrchir yn *Wales – Green Mountain, Black Mountain* ffrwyth y dylanwad Ymneilltuol cynnar hwnnw ar Thomas, ynghyd â deallltwriaeth lawn y bardd fod crefydd, er drwg ac er da, yn parhau yn rhan annatod o Gymru'r 1940au. Ni chaniatawyd i agwedd wawdlyd Thomas at Ymneilltuaeth ymddangos yn sgript y ffilm hon, yn bennaf oherwydd mai ei bwriad oedd uno cymunedau a chynnal eu hysbryd mewn cyfnod llawn cystudd.

Ar y llaw arall, caiff syniadau gwleidyddol Dylan Thomas gryn amlygrwydd yn y ffilm. Diau y digwyddodd hyn oherwydd ei fod o'r un anian â'r mwyafrif o aelodau'r mudiad dogfennol a oedd mor ddylanwadol yn y 1930au a'r 1940au. Er nad ystyrir Thomas yn fardd tra gwleidyddol, y mae ei dueddiadau adainchwith yn amlwg yn sgriptiau ei ffilmiau dogfen a gwyddys mai yn ystod cyfnod y dirwasgiad yng Nghymru y plannwyd hadau ei ragdybiau. Er na feddai Thomas, yn ôl ei gyfaill Julian Maclaren-Ross, ar 'the true Documentary Mind', drwy sgriptio ffilmiau dogfen cwmni Strand yr hogodd fin ar ei syniadau gwleidyddol a chymdeithasol, ac erbyn cyfnod *Wales – Green Mountain, Black Mountain* yr oedd ei neges yn dra amlwg.[45] Galwyd ar bobl Cymru i barhau i gefnogi'r Cynghreiriaid yn y rhyfel nid yn unig er mwyn gwaredu'r byd o Natsïaeth ond hefyd er mwyn sicrhau gwell amodau byw iddynt hwy eu hunain ac er mwyn sicrhau na phrofid byth eto ddirwasgiad economaidd difaol. Camp Thomas oedd rhoi dwyster i'r neges rybuddiol hon trwy fynegi'r sylwebaeth ar ffurf cerdd a oedd yn efelychu arddull barddoniaeth W. H. Auden. Diau fod Thomas yn ymwybodol bod yr arddull hon wedi profi'n dra effeithiol yn achos dwy ffilm ddogfen arall a ddefnyddiodd ddawn Auden fel bardd a llefarydd sef *Coal Face* gan Alberto Cavalcanti ym 1935 a *Night Mail* gan Basil Wright a Harry Watt ym 1936.[46] Nid oes amheuaeth nad yw grym teimladau Dylan Thomas yn miniogi'r geiriau awdurdodol canlynol yn *Wales – Green Mountain, Black Mountain*:

> Remember the procession of the old-young men
> From dole queue to corner and back again,
> From the pinched, packed streets to the peak of slag
> In the bite of the winters with shovel and bag,
> With a drooping fag and a turned up collar,
> Stamping for the cold at the ill lit corner
> Dragging through the squalor with their hearts like lead
> Staring at the hunger and the shut pit-head
> Nothing in their pockets, nothing home to eat.
> Lagging from the slag heap to the pinched, packed street.
> Remember the procession of the old-young men.
> It shall never happen again.[47]

Yn wir, rhoddir mwy o sylw i galedi'r tridegau yn y ffilm hon nag a wneir i flynyddoedd argyfyngus y rhyfel. Telir teyrnged i ddyfalbarhad y bobl yn ystod y cyfnod, fel y gwnaed yn *Today We Live* ac *Eastern Valley*, a'u hannog i barhau felly yn ystod y rhyfel:

> Britain at war has asked these once-denied, helpless and hopeless men for all their strength and skill at the coalseam and the dockside, the foundry and the factory. The world shall know their answer, and the world shall never deny them again.[48]

Dyfais effeithiol arall a ddefnyddir yn y ffilm hon er mwyn atgyfnerthu dadl neu neges yw'r dechneg a elwir yn *cueing device*, lle y benthycir delweddau gweledol a chlywedol allweddol oddi ar ffilmiau eraill a wnaed flynyddoedd ynghynt. Er mwyn cyfleu'r neges na ddylid caniatáu i ddirwasgiad arall andwyo Prydain, cynhwyswyd yn *Wales – Green Mountain, Black Mountain* olygfeydd a saethwyd gan Donald Alexander yn ystod caledi'r blynyddoedd hynny. Dangoswyd y deunydd ffilm hwn am y tro cyntaf – sef gatiau glofa ynghau, tai â chraciau echrydus ynddynt, glowyr yn cyrcydu ar y tomenni glo gwastraff yn chwilio am glapiau o lo, ac eraill yn begera yn y stryd am arian – yn y ffilmiau *Rhondda*, *Today We Live* ac *Eastern Valley*.[49] Ychwanega'r darluniau trawiadol hyn rymuster aruthrol i ffilm Eldridge a Thomas.

17. *Wales – Green Mountain, Black Mountain*: golygfa o dlodi a chyni yn ne Cymru. (Imperial War Museum, Llundain (IWM FLM 2218))

Nid tasg hawdd yw ceisio mesur llwyddiant *Wales – Green Mountain, Black Mountain* a'i dylanwad ar gynulleidfa'r cyfnod hwnnw oherwydd ni dderbyniodd fawr o sylw gan y wasg. Ni fwriadwyd i'r ffilm gael ei dangos ledled Prydain oherwydd cynhwyswyd ym mhob ffilm yn y gyfres *Pattern of Britain* elfennau ac arddulliau gwahanol y bwriadwyd iddynt fod yn addas ar gyfer gwahanol wledydd a rhanbarthau ym Mhrydain. Yn achos Cymru, tybid y byddai barddoniaeth a dawn eiriol Dylan Thomas yn gweddu orau iddi hi. Daethpwyd, er hynny, i ystyried *Wales – Green Mountain, Black Mountain* gan aelodau o'r mudiad dogfennol yn enghraifft wych o'r math o bropaganda a lwyddodd orau yn ystod blynyddoedd y rhyfel.[50] O safbwynt cyfraniad *Wales – Green Mountain, Black Mountain* i hanes ffilm yng Nghymru, ceir ynddi ddeunydd hanesyddol amhrisiadwy, gan gynnwys darluniau o effeithiau'r dirwasgiad yng Nghymru, a phortread cofiadwy o ddylanwad y rhyfel ar fywyd y genedl gyfan. Tystia hefyd i ddawn dweud nodedig Dylan Thomas. Dengys y ffilm fod Thomas wedi dechrau magu hyder yn y maes arbenigol hwn ac aeth yn ei flaen i lunio sawl sgript cyn creu ffilm arall sy'n darlunio Cymru, sef yr enwocaf o'i sgriptiau dogfennol, *Our Country*.

'WITH HYMNS AND COAL AND CASTLES AND TINPLATE / PITHEAD AND PLOUGHLAND AND RICKETTY STREETS':[51] *OUR COUNTRY*

O holl ffilmiau dogfen Dylan Thomas, *Our Country*, ffilm hanner can munud a gyfarwyddwyd gan John Eldridge, a gafodd y sylw pennaf.[52] Comisiynwyd y cwmni ffilm Gryphon, a ddisodlodd gwmni Strand ym 1943, i greu'r ffilm gan yr Weinyddiaeth Wybodaeth, a oedd ar y pryd dan reolaeth Jack Beddington.[53] Bwriad gwreiddiol y ffilm oedd dangos i'r byd, yn enwedig yr Undeb Sofiet-aidd, wydnwch di-ildio pobl Prydain yn ystod y rhyfel ond cyn iddi gael ei chwblhau newidiwyd y gynulleidfa darged i America.[54] Oherwydd hyn, ac er budd y gynulleidfa Americanaidd, cynhwyswyd ar ddechrau'r ffilm araith fer gan yr is-gapten Burgess Meredith. Tros ddarluniau o gyrchfannau cyfarwydd dinas Llundain, megis Big Ben, Piccadilly Circus ac Eglwys Gadeiriol Sant Paul a hefyd ddinas Glasgow, cyflwyna'r is-gapten fwriadau'r ffilm ynghyd â thywysydd y gynulleidfa ar y daith trwy Brydain, sef yr ail beiriannydd David Sime. Yn wahanol i *Wales – Green Mountain, Black Mountain*, a nifer o ffilmiau cyfoes eraill, cafodd *Our Country* gyhoeddusrwydd a chylchrediad eang yn sgil ei dangosiadau cyntaf yn sinema'r Empire yn Leicester Square ac yn sinema'r Academy yn Oxford Street, Llundain.[55]

Stori ddigon syml a geir yn y ffilm hon. Ar un olwg golygfa banoramig o fywyd ym Mhrydain ym 1944 a geir ynddi, ac ymhlith yr ardaloedd yr ymwelir â hi'n frysiog y mae de Cymru. Daw morwr yn ôl i Brydain am seibiant byr ar ôl treulio dwy flynedd ar y môr gyda'r llynges fasnachol. Treulia ei amser hamdden yn teithio o gwmpas Prydain. Dyfais yw'r morwr hwn, sef yr ail beiriannydd David Sime o South Shields, er mwyn arwain y gynulleidfa o gwmpas Lloegr, Cymru a'r Alban, gan ddarlunio dyfalbarhad a chryfder ysbryd y bobl mewn cyfnod o argyfwng. Ymddengys Sime, a ddilynodd draddodiad ei deulu drwy ymuno â'r llynges fasnachol, yn gymeriad digon anghyffredin gan iddo ddioddef sawl profiad hunllefus yn ystod y pedair blynedd y bu'n ymladd yn y rhyfel cyn creu'r ffilm. Suddwyd un o'r llongau yr oedd ar ei bwrdd mewn môr llawn siarcod. Yna, wedi ymosodiad arall gan dorpido ar long ei benodiad nesaf, fe'i golchwyd i'r lan ar dir y gelyn yng ngorllewin Affrica a'i garcharu nes iddo lwyddo i ddianc. Yn fuan ar ôl iddo orffen ffilmio *Our Country* dychwelodd i'r môr (yn eironig iawn) ar 6 Mehefin 1944, sef D-Day, gan ddioddef ymosodiad arall.[56] Nid Sime, serch hynny, yw'r unig gymeriad yn y ffilm. Dewiswyd Molly Staniland, merch 17 oed o Sheffield a oedd yn deipyddes yn yr Weinyddiaeth Gyflenwi, i ddarlunio cyfraniad merched i'r 'war effort' mewn ffatri arfau. Dyma'r unig ddau brif gymeriad yn y ffilm, ond yn ystod taith y morwr o gwmpas Prydain darlunnir nifer o gymeriadau diddorol wrth eu gwaith beunyddiol yn ystod cyfnod y rhyfel. Ymhlith y cymeriadau yr ymwelir â hwy ceir hen wraig fferm wydn ei gwedd sy'n pwytho sanau tyllog Sime, ysgolfeistr chwyrn yr olwg o Aberdâr, a chriw o dorwyr coed croenddu hwyliog o'r Alban.

Ystyrid *Our Country* yn arbrawf ym myd y ffilm yng nghyfnod y rhyfel. Llwyddodd i ymwrthod â'r traddodiad o ddefnyddio naratif didoriad a chrëwyd arddull newydd drwy gynnwys elfen farddol delynegol a thrwy ddefnyddio darluniau a oedd yn drwm dan ddylanwad argraffiadaeth. Cynhyrfwyd Edgar Anstey i'r fath raddau nes iddo honni yn *The Spectator* mai *Our Country* oedd y ffilm fwyaf cyffrous a phryfoclyd a welsai ers llawer dydd.[57] Ni ellir llai nag edmygu crefft Jo Jago, y gŵr camera, gan fod ei ddarluniau o'r ynys yn syfrdanol. Y mae ei feistrolaeth ar ei grefft yn grymuso nod y ffilm, sef atgoffa'r gwyliwr paham yn union ei fod yn gorfod dioddef bomio parhaus, prinder bwyd a dillad, a'r boen o golli cenhedlaeth o fechgyn ifainc. Yn hyn o beth, dengys y ffilm ddylanwad arddull athrylith y ffilm bropaganda, sef Humphrey Jennings, gŵr a wyddai'n union mai'r dull gorau o annog y gwyliwr i aberthu dros ei wlad oedd cyfleu gogoniant Prydain mewn cyfnod o heddwch a'r hyn a ddigwyddai pe collid y rhyfel. Law yn llaw â delweddau ysgytiol o glogwyni Dover wedi eu hamgylchynu â weiren bigog a llu o danciau arfog yn eu hamddiffyn, gynnau amddiffyn Prydain yn dinistrio un o awyrennau'r Almaen a sgwadron awyr Prydeinig yn gadael y wlad er mwyn bomio cyrchfannau arfog y gelyn, cawn luniau syml o drigolion yng Nghaint wrthi'n ddiwyd yn casglu afalau ar gyfer creu seidr, Côr Pendyrus yng Nghwm Rhondda yn ymarfer, a'u balchder yn amlwg ar eu hwynebau, a thirwedd ysblennydd yr Alban. Hawdd credu y byddai'r golygfeydd hyn wedi argyhoeddi unrhyw Sais, Gymro neu Albanwr fod yr achos yn teilyngu aberth.

Ategir grym y darluniau cain hyn o dirwedd Prydain gan sylwebaeth bwerus Thomas ac ychwanegir at naws ddramatig y ffilm gan gyfeiliant cerddorfa lawn urddasol.[58] Wrth drafod Prydain a'i phobl, yn wahanol i *Wales – Green Mountain, Black Mountain*, ni cheir unrhyw ramantu gan Thomas. Yn hytrach, pentyrrir darluniau cras a gonest o dirwedd y wlad a chaledi bywydau ei phobl. Nid y dirwasgiad a'i effeithiau a gaiff y sylw pennaf ond yn hytrach erchylltra ac arswyd rhyfel a oedd bellach yn ei bumed flwyddyn. Dychrynid Thomas, megis miliynau eraill, yn enbyd gan y rhyfel a'i effeithiau a dengys ei sgript nad oedd gronyn o ramant yn perthyn i'w olwg ef ar fywyd mwyach.[59] Dengys ymson Molly Staniland yn y ffilm ddwyster yr argyfwng:

> Night after night, night after night, walking back from the factory all alone, all alone, and then the warning going, and looking up at the sky just like someone looking up to see if it's going to rain to-night, quite calm you'd think from looking at me but running home all the same because you never know . . . and then suddenly all the houses falling down on you and everybody you knew lying all dead in the streets.[60]

Y mae ei ddelweddau o Gymru a'i phobl hefyd yn wahanol i'w ffilm flaenorol ar Gymru gan ei fod yn hepgor unrhyw ddarluniau o'r gogledd neu o'r canol-barth amaethyddol, yn bennaf oherwydd prinder gofod mewn ffilm a oedd yn trafod Prydain gyfan. Eto i gyd, wrth ganolbwyntio ar dde Cymru dilyn arfer gwneuthurwyr ffilm y cyfnod a wna *Our Country* yn hyn o beth. Rhydd y ffilm, megis eraill o'i blaen, sylw amlwg i lofeydd Cwm Rhondda ynghyd â'i stryd-oedd cywasgedig, gan ddarlunio'r glowyr ar eu ffordd i'r pyllau, y gwragedd wrthi'n golchi a glanhau, a'r côr yn ymarfer yn frwd. Darluniau pur ystrydebol o Gymreictod yw'r rhain, er gwaetha'r ffaith eu bod yn ymddangos yn naturiol a heb eu llwyfannu. Er hynny, ar y cyd â chymariaethau a delweddau cignoeth sylwebaeth Thomas, y mae'r darluniau yn llwyddo i gynnal sylw'r gwyliwr. Ac y mae'r sylwebaeth, sy'n cyd-fynd â'r darluniau o Gymru, yn gwbl nod-weddiadol o arddull Thomas:

> And a man may journey still within the island gates
> through valleys and troubles over hills slag-black or grey as slates
> or through fat lovely fields all lying green under their flower folds
> to where Wales waits
>
> with hymns and coal and castles and tinplate
> pithead and ploughland and ricketty streets
> grit wind in the mine mounds
> snow over the rough mountain hair
> meadow and chapel and huge bitten sea coast
> humpbacked irontracked bricked over smoked out spreadeagled
> bundle of valleys:
> the valley's voice.

The voice of the pick in the hand hewn seam
the hunger born pit boy and blind pony
denial of defeat
the grief-fed country's furnace
the fire in men:
the valley's voice.[61]

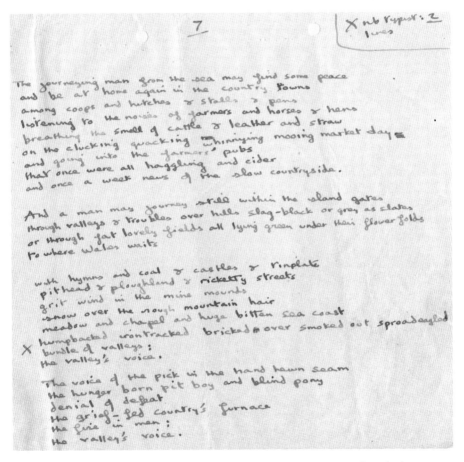

18. *Our Country*: darlun Dylan Thomas o Gymru yn ei lawysgrifen ef ei hun.
(Harry Ransom Humanities Research Center, Prifysgol Tecsas, Austin)

Er bod cyfraniad Jago i'r ffilm yn feistraidd, nid yw ffotograffiaeth *Our Country* yn berffaith o bell ffordd: bradycha rhai darluniau y ffaith fod y criw wedi gorfod ffilmio dan amodau digon anodd yn sgil diffyg offer priodol. Pur simsan yw'r gwaith camera ar adegau ac y mae'r golygfeydd ar y diwedd o Sime yn dychwelyd i'r môr at haig o lamhidyddion yn druenus o sentimental. Fel yn achos *Wales – Green Mountain, Black Mountain*, y mae *Our Country* hefyd yn cynnwys rhai darluniau sydd wedi eu benthyg oddi wrth ffilmiau dogfen eraill, tystiolaeth ychwanegol o brinder adnoddau ar y pryd. Nodir ym mhapurau'r Weinyddiaeth Wybodaeth fod pedair golygfa a saethwyd eisoes gan John Eldridge ar gyfer ffilm arall ddienw wedi eu cynnwys yn *Our Country*, megis y llun o longau yn nociau Llundain a gwylanod ar glogwyni Dover.[62] Cafwyd ar fenthyg, hefyd, luniau o awyren ryfel yn gadael am y Cyfandir o ffilm Harry Watt, *Target for Tonight* (1941), y gynnau 'ac-ac' mawr o'r gyfres *Universal News*, y darluniau o'r blitz o *Britain Can Take It* (1940), ffilm arall gan Harry Watt a Humphrey Jennings, a'r tu mewn i ffowndri haearn o ffilm Montgomery Tully, *Behind The Guns* (1940).[63] Ond o blith holl olygfeydd y ffilm, darluniau Jago ynghyd ag ymson Molly Staniland a ddarlledir fynychaf mewn rhaglenni dogfen cyfoes ar fywyd Prydain yn ystod yr Ail Ryfel Byd.

Er i'r wasg ganmol gwaith camera Jo Jago a cherddoriaeth fawreddog William Alwyn, bu cryn feirniadu ar arddull amleiriog Dylan Thomas:

> what ruins the film and nags at Jo Jago's beautiful pictures is the commentary, full of that inflated prose-poetry which adds up to little more than wordy self-consciousness. The film is a visual medium: it does not need topping-up with words.[64]

Ategwyd y farn hon gan William Whitebait yn *The New Statesman and Nation* a honnodd na ellid mwynhau'r delweddau ar y sgrin a cheisio dirnad ystyr y farddoniaeth ar yr un pryd: 'The words, as in oratorio, should be easily taken in, should be repeated, should indicate rather than express.'[65] Pryder pennaf beirniad y cylchgrawn *Kinematograph Weekly*, ar y llaw arall, oedd y byddai'r sylwebaeth drom a throfaus yn debygol o ddrysu tramorwyr yr anelwyd y ffilm atynt.[66] Ni cheisiodd Dylan Thomas newid ei arddull farddol arferol wrth gyfansoddi'r sylwebaeth ar gyfer *Our Country* – y mae'r sgript ar ffurf cerdd rydd yn llawn delweddau gwreiddiol sy'n ddibynnol ar sain y geiriau. Weithiau y mae'r arddull hon yn gyfeiliant effeithiol i olygfeydd megis taith Sime ar y trên o Waterloo i Dover. Wrth i'r camera ddilyn y golygfeydd sy'n gwibio heibio i ffenestr y cerbyd, y mae'r sylwebydd yn pwysleisio rhai geiriau yn ôl rhythm y trên, gan gyfleu drwy hynny gyflymder y trên:

> Going home now
> going home to a quiet county
> going to war now
> going to that strange country
> going away
> coming back to the ten million-headed city
> or going away never to come back.[67]

At ei gilydd, y mae sylwebaeth Thomas yn rhy amleiriog a chwmpasog ar gyfer celfyddyd mor weledol â'r sinema, ac, o ganlyniad, y mae'r sylwebyddion yn gorfod brysio i orffen eu brawddegau cyn i'r olygfa berthnasol ddiflannu. Dinistriwyd i raddau yr awyrgylch a grëwyd mor ofalus gan y darluniau wrth i Thomas fethu â deall yn llwyr rym y darluniau. Wrth ystyried *Our Country* fel cyfanwaith – y sgript, y gwaith camera, y cymeriadu a'r golygu – ni ellir osgoi'r casgliad mai grym y delweddau gweledol sy'n dwyn sylw pennaf y gwyliwr yn hytrach na geiriogrwydd Thomas. Nid yw'r ffilm gyfan, felly, yn asio'n llwyddiannus. Nododd adolygydd y *Monthly Film Bulletin*: 'Our Country succeeds only as an album of wonderful photography, but as a film it is disappointing' a thybiai adolygydd *Our Time* fod yr 'imaginative approach' a gafwyd ar gyfer testun y ffilm yn blwyfol, yr union lyffethair a gwendid y ceisiai Thomas ddianc rhagddo yng Nghymru![68] Bu'r *Documentary News Letter* hefyd yn llawdrwm iawn ar Thomas:

> the film suffers from vagueness and woolliness. It has one of those 'poetic' commentaries . . . which pound on and on with very little relation to what the picture's doing – like somebody determined to finish a funny story in spite of the fact that all the company is busily engaged on something else.[69]

Y mae'n amlwg, serch hynny, fod Thomas yn ystyried ei gyfraniad i'r ffilm yn un pwysig a gwrthwynebai'n chwyrn fwriad y cynhyrchydd Donald Taylor i gyhoeddi'r sylwebaeth mewn rhaglenni printiedig y bwriadwyd eu paratoi ar gyfer dangosiad cyntaf y ffilm. Gwelai Taylor gyfle i ddyrchafu ac amlygu gwaith y bardd, ond mynnai Thomas mai sgript i'w llefaru a'i chlywed yn unig a luniwyd ganddo. Teimlai y byddai cyhoeddi'r sylwebaeth ar wahân yn awgrymu 'artiness' a moderniaeth nad oedd i'w cael yn y ffilm a bod grym y geiriau ynghlwm wrth y darluniau:

> The words were written to be spoken & heard, & not to be read . . . Written down, the verse looks a little chaotic – as it's bound to be . . . Heard spoken to a beautiful picture, the words gain a sense and authority which the printed word denies them.[70]

Er gwaethaf y beirniadu a fu ar sylwebaeth *Our Country* ac ar y ffaith ei bod ar adegau yn niwlog ei hystyr, y mae lle i ganmol y ffilm am ei natur arbrofol ac yn enwedig am ei darluniau trawiadol. Gellir maddau ambell nam o gofio'r ffaith i'r broses ffilmio gymryd oddeutu dwy flynedd a hefyd o gofio'r ansicrwydd ynglŷn â pha gynulleidfa y dylid ei hanelu ati. Derbyniwyd ar y pryd ei naws deimladwy gan ei bod yn ffilm genedlaetholgar a luniwyd mewn cyfnod o ryfel, ac erbyn heddiw barn beirniaid megis David Berry sy'n cario'r dydd, sef ei bod yn ffilm sy'n gweithio'n dda iawn fel 'a coherent, impressionistic and affirmative little essay'.[71]

Fel y dywedwyd eisoes, nid ei waith fel sgriptiwr ffilm sydd wedi anfarwoli Dylan Thomas yn gymaint â'i farddoniaeth a'i ddarllediadau radio tanllyd a dramatig. Eto i gyd, gellir tybio bod cyfnod Thomas gyda chwmni ffilm Strand wedi bod o gryn fudd i'w waith creadigol diweddarach. Ceir yn ei gerddi cynnar or-ddefnydd o gyffelybiaethau chwyddedig ac y maent weithiau yn bur aneglur. Serch hynny, yn ystod y rhyfel gorfodwyd y bardd i ymarfer ysgrifennu yn syml a darbodus ar gyfer y ffilmiau dogfen, a gwelir ôl y brentisiaeth hon yn y cerddi 'Fern Hill', 'Lament' a 'Do Not Go Gentle Into That Good Night'.[72] Ni ddylid, felly, ddibrisio cyfraniad Dylan Thomas i fyd y ffilmiau. Rhoes ei sylwebaethau, er gwaethaf eu gwendidau amlwg, apêl gadarn a chynhyrfus i ddarluniau ysgubol Jo Jago a chyfarwyddo craff John Eldridge. Y mae David Berry yn llygad ei le wrth awgrymu bod y ffilmiau yn cario 'a resonance in wartime which may not be readily apparent in hindsight'.[73] Ond os bu'r ffilmiau dogfen yn gymorth i Thomas loywi ei ddoniau barddol, bu ymhél â ffilmiau nodwedd, yn enwedig y ffilm *The Three Weird Sisters*, yn fodd iddo berffeithio ei allu dramatig, gan fraenaru'r tir ar gyfer ei gampwaith enwocaf *Under Milk Wood*.

'LAND OF MY FATHERS! . . . MY FATHERS CAN KEEP IT':[74]
THE THREE WEIRD SISTERS

Pan ddaeth yr Ail Ryfel Byd i ben peidiodd y nawdd a dderbyniai amryw o gwmnïau ffilmiau dogfen o du'r llywodraeth a sefydliadau eraill a geisiai fanteisio ar ffilm fel cyfrwng propaganda. Yn sgil y prinder ariannol hwn a'r ffaith i ysbrydoliaeth sawl cynhyrchydd ddiflannu ar ddiwedd y rhyfel, daeth terfyn ar gyfnod hynod lewyrchus yn hanes ffilmiau dogfen Prydain. Eto, allan o ddinistr y diwydiant hwn crëwyd adfywiad o fewn y diwydiant ffilmiau nodwedd ym Mhrydain. Ac ymhlith y rhai a gafodd waith, yn sgil ei brofiad yn y maes dogfennol, yn sgriptio ffilmiau nodwedd yr oedd Dylan Thomas. Er nad ydynt i gyd yn orffenedig, cyfansoddodd Thomas wyth sgript ffilm nodwedd yn ystod ei oes. Lluniwyd y gyntaf, *The Doctor and the Devils*, ym 1944, ac yntau ar y pryd yn gweithio i Gryphon Films.[75] Er na wnaed ffilm o'r sgript honno y pryd hwnnw, crëwyd ffilmiau ar sail dwy sgript y bu'n eu caboli ar gyfer stiwdio fechan British National yn Elstree, sef *The Three Weird Sisters* (1948) a *No Room at the Inn* (1949), y naill a'r llall wedi eu cyfarwyddo gan Daniel Birt.[76] Cyfansoddodd Thomas dair sgript arall tra oedd yn gweithio dan adain Sydney Box yn stiwdio Gainsborough.[77] Eto i gyd, ni chynhyrchwyd y sgriptiau hyn gan na lwyddodd Thomas i'w cwblhau'n foddhaol.[78] Prin, felly, yw nifer y sgriptiau gan Thomas a wnaed yn ffilmiau nodwedd yn ystod ei oes, a phrofodd ei lwyddiant pennaf ym maes ffilmiau dogfen. Ond er mwyn taflu llinyn mesur dros allu Thomas fel sgriptiwr ffilmiau nodwedd, dewiswyd y ffilm ias-a-chyffro *The Three Weird Sisters* gan ei bod yn mynegi, drwy gyfrwng melodrama, lais a barn y bardd am Gymru a Chymreictod.

Addasiad o'r nofel *The Case of the Three Weird Sisters* gan yr awdures Americanaidd Charlotte Armstrong yw *The Three Weird Sisters*. Rhyddhawyd y ffilm bedair blynedd wedi cyhoeddi'r nofel ond nid oes fawr o debygrwydd rhwng sgript y ffilm a nofel Armstrong, ac eithrio'r teitl a rhai o'r prif gymeriadau, megis y tair chwaer ryfedd.[79] Lleolwyd nofel Armstrong yn Oganuee, Michigan, yn ystod y 1940au, ond lleolwyd stori'r ffilm yn ne Cymru yn ystod cyfnod cythryblus y dirwasgiad. Cyflogwyd Dylan Thomas ym 1947 i ychwanegu'r ddeialog at esgyrn sychion addasiad David Evans o'r nofel, a chafodd gydweithio â Louise Birt, gwraig cyfarwyddwr y ffilm Daniel Birt.[80] Fel y cawn weld, llais Dylan Thomas sydd i'w glywed gan mwyaf yn y sgript, a chaiff ei synnwyr digrifwch a'i farn ddeifiol am Gymru a'i phobl le blaenllaw iawn ynddi. Yn wir, gan fod grym y ddeialog yn llawer mwy cofiadwy na'r darluniau, gellir honni bod ei ddylanwad ef ar gyfansoddiad y ffilm yn anhraethol fwy nag eiddo Dan Birt, a oedd yn cyfarwyddo ei ffilm nodwedd gyntaf. Ffilm Dylan Thomas yw hon yn ddiau, ac fel y dengys y cyfraniad a wnaeth i drafodaeth y Cinema 16 Symposium yn Efrog Newydd, 12 diwrnod cyn ei farwolaeth ym mis Hydref 1953, tybiai mai wrth benelin y cyfarwyddwr oedd priod le awdur sgript ffilm fel y gallai gadw llygad barcud ar ei waith creadigol a chynnig sylwadau er mwyn cynnal ei weledigaeth ef ei hun.[81]

Hanfod stori Thomas yw'r gwrthdaro rhwng Owen Morgan-Vaughan, gŵr busnes sydd wedi gwneud ei ffortiwn yn Llundain, a'i dair hanner chwaer hŷn sy'n dreth ar ei enillion ym mhentref Cwmglas, de Cymru. Dychwel Morgan-Vaughan i blasty ei deulu, yng nghwmni ei ysgrifenyddes Claire Prentiss, er mwyn hysbysu ei hanner chwiorydd na chânt yr un geiniog goch y delyn ganddo byth mwy. Wedi cyrraedd Cwmglas profa nifer o ddamweiniau sy'n awgrymu'n gryf fod gan y tair chwaer gynlluniau i ladd eu brawd a'i ysgrifenyddes er mwyn etifeddu ei ffortiwn. Ond chwelir cynlluniau'r chwiorydd gan dirlithriad sy'n llyncu'r tŷ ac yn lladd y tair ohonynt. Cwblhaodd Thomas y sgript erbyn gwanwyn 1947 ac yn fuan wedyn penodwyd y cast ar gyfer y felodrama ias-a-chyffro hon. Penodwyd Raymond Lovell i chwarae rhan Owen Morgan-Vaughan, Nova Pilbeam i ran yr ysgrifenyddes Claire Prentiss, Anthony Hulme i ran y meddyg lleol Dr David Davies, a Hugh Griffith i ran y glöwr brwd ei wleidyddiaeth Mabli Hughes. Chwaraewyd rhannau'r tair chwaer gan Nancy Price (Gertrude), Mary Clare (Maude) a Mary Merrall (Isobel). Ym mis Mai 1947 bu cryn gyffro yng Nghwmaman, y pentref a ddewiswyd fel prif leoliad y ffilm, a defnyddiwyd amryw o'i drigolion, megis Irene Williams a Harry Williams, ar gyfer rhannau ychwanegol, yn enwedig yr olygfa agoriadol lle y dymchwelir rhai o dai pentref Cwmglas gan dirlithriad oherwydd seiliau gwan y lofa leol.[82] Yn ogystal â defnyddio lleoliadau yn ne Cymru, megis hen lofa Shepherd's Pit a thai Heol Glanaman uwchben Cwmaman, defnyddiwyd setiau mewn stiwdio. Adeiladwyd atgynhyrchiad o Heol Glanaman yn stiwdio Elstree fel y gellid dymchwel y chwe thŷ cyntaf gan dirlithriad, a chodwyd hefyd gapel a chofgolofn i Morgan-Vaughan a seiliwyd ar Hen Dŷ Cwrdd Trecynon a chofgolofn Caradog yn Sgwâr Victoria, Aberdâr. Yn y stiwdio hefyd y crëwyd y plasty gothig, a oedd mor nodweddiadol o blastai ffilmiau arswyd, lle y trigai'r tair chwaer ac fe'i dodrefnwyd yn hynod gredadwy a manwl er mwyn ychwanegu at hygrededd y ffilm.

19. *The Three Weird Sisters*: y capel a'r gofeb i Morgan-Vaughan yn stiwdio Elstree.
(*Aberdare Leader*, 23 Awst 1947, Llyfrgell Genedlaethol Cymru, Aberystwyth)

Er nad yw'r ffilm *The Three Weird Sisters* yn ffilm o'r radd flaenaf, y mae iddi rai rhinweddau amlwg.[83] Dengys ddawn cymeriadu Dylan Thomas i'r eithaf, gan roi rhagflas o'r hyn y byddid yn ei gael ganddo yn ei ddrama leisiau ddiweddarach *Under Milk Wood* (1954). Yn wir, ymddengys enwau cyfarwydd yn y ffilm ar gyfer dau o drigolion Cwmglas, sef Daddy Waldo a Polly Probert, prototeipiau o'r cymeriadau a anfarwolwyd yn *Under Milk Wood*, sef Rosie Probert, Mr Waldo a Polly Garter. Ymddengys amryw o gymeriadau yn y ffilm a oedd, yn nhyb Thomas, yn ddrych i'r llu o gymeriadau nodweddiadol a drigai yng nghymunedau de Cymru. Yn eu plith ceir y rhingyll hamddenol, y cyfreithiwr busneslyd ('a forensic ferret'), Mr Price y gweinidog gwenieithus, a Mabli Hughes y glöwr gwleidyddol.[84] Ond y tair chwaer, 'the three furies', chwedl Thomas, yw cymeriadau mwyaf cofiadwy y ffilm.[85] Portreedir y tair hen ferch fel gwrachod wedi ymgolli yn eu cocŵn hen-ffasiwn, ond sy'n ceisio cadw wyneb er bod eu coffrau yn wag. Awgrymir, i ddechrau, y dylid cyd-ymdeimlo â hwy oherwydd eu bod dan anfantais corfforol – y mae Gertrude yn ddall, Maude yn fyddar ac Isobel yn dioddef o'r gwynegon. Eto i gyd ceir awgrymiadau digon anghynnil yn gynnar yn y ffilm nad yw'r tair mor ddiniwed â hynny, yn enwedig wrth iddynt bryfocio eu brawd diamynedd yn ddibaid drwy wawdio cefndir israddol ei fam a fu'n gogyddes i'r teulu ac a fu farw ar ei enedigaeth. Datgelir eu seicoleg fesul tipyn gan Thomas, a rhydd sylw arbennig i Gertrude, y chwaer hynaf a theyrn y teulu, sy'n honni mai'r Beibl yw ei chanllaw pennaf ac sy'n mwynhau cerddoriaeth organ hynod felancolig. Er hynny, a hithau'n ymgomio â thylluan ac yn paratoi cynlluniau anfad ar gyfer Owen, deellir yn syth mai chwaer sinistr yw hon. Y mae gan Maude, y chwaer ysgafala a chanddi wên dwyllodrus, obsesiwn â marwolaeth ac fe'i cyffroir yn ddirfawr wrth ailadrodd hanes marwolaeth boenus ei mam faeth. Dwyseir chwerwedd bygythiol Isobel drwy ganiatáu i'r camera oedi uwchben ei dwylo anffurfiedig sy'n grafangau anystwyth hyll.

Er bod perfformiadau Price, Merrall a Clare, yn ogystal â Nova Pilbeam a Hugh Griffith, yn ddigon clodwiw, ailddweud hen stori yn bur lastwraidd a wneir yn y ffilm hon. Fel ffilm ias-a-chyffro nid oes ganddi ddim byd newydd na ffres i'w gynnig, ac eithrio fel mynegiant o farn a rhagfarn un o feirdd enwocaf yr ugeinfed ganrif. Yn ogystal, adlewyrcha'r ffilm ddylanwadau ar Dylan Thomas ei hun yn ogystal â'i waith. Un o'r dylanwadau amlycaf hyn oedd cyfrwng y ffilm ei hun, fel y dengys ymateb Thomas ym 1938 i feirniad-aeth ei gyfaill Henry Treece ar ei gerddi:

> it is evasive to say that my poetry has no social awareness – no evidence of contact with society – while quite a good number of my images come from the cinema and the gramophone and the newspapers.[86]

Un a wyddai'n dda am ddiddordeb ysol Thomas ym myd ffilm oedd Theodora Fitzgibbon, a nododd yn ei hunangofiant:

> Dylan and I were cinema-crazy and our taste was omnivorous . . . [but] particularly the early silent cinema, where as small children we had been entranced in the wonderful world of imagery, in which anything could happen: *Der Golem*, *Dr Mabuse*, *The Cat and the Canary*, *The Cabinet of Dr Caligari*, and in the thirties, James Whale's *The Old Dark House*. The latter we knew almost by heart.[87]

Cyfareddwyd Thomas gan allu unigryw y cyfrwng i greu delweddau, ac y mae'n gwbl amlwg iddo wirioni'n arbennig ar *The Old Dark House* (1932). Bu dylanwad y ffilm adnabyddus a hynod hon mor gryf arno fel yr ymddengys elfennau amlwg ohoni yn y sgript a gyfansoddodd ar gyfer *The Three Weird Sisters*.[88]

Megis *The Three Weird Sisters*, seiliwyd *The Old Dark House* ar nofel, sef *Benighted* (1927) gan J. B. Priestley. Ceir ynddi hanes noson helbulus a dreuliwyd gan griw o deithwyr yng nghwmni teulu hanner-call mewn plasty diarffordd yng Nghymru. Fe'i cyfarwyddwyd, dan deitl Americanaidd y nofel, sef *The Old Dark House*, gan James Whale, cyn-actor a chyfarwyddwr theatr Seisnig, a oedd newydd gyflawni camp orchestol drwy gyfarwyddo'r ffilm *Frankenstein*.[89] Ym 1932, ac yntau'n gyflogedig gan stiwdio Universal, nod Whale oedd canfod ffilm iasoer arall a fyddai'n arddangos i'r eithaf ddoniau Boris Karloff, seren ddiweddaraf Universal. Trawodd ar nofel Priestley a neilltuo rhan Morgan, sef bwtler anifeilaidd y teulu Femm, ar gyfer Karloff. Cynhwysodd Priestley feirn-iadaeth gymdeithasol a seicolegol dan orchudd stori iasoer ei nofel, ond canol-bwyntiodd Whale ar gynhyrchu cyfres o ysgytiadau a golygfeydd twyllodrus er mwyn creu, yng ngeiriau Mark Gates, 'a flamboyant, hilarious and absolutely bizarre film'.[90] Creodd Whale yn y pen draw ffilm a ystyrir, uwch-law pob un o'i ffilmiau eraill, yn waith *auteur* a'r esiampl orau o'i arddull gynhenid.[91]

Yn ddiau, ceir sawl elfen gyffelyb yn ffilm Whale a sgript Dylan Thomas ar gyfer *The Three Weird Sisters*, ond yr amlycaf yw'r defnydd o hiwmor du a'r awydd i chwarae triciau â'r deunydd ac â'r gwylwyr. Adwaenid Whale fel chwaraewr triciau diedifar ym myd y ffilmiau a phrin bod angen nodi bod synnwyr digrifwch Thomas yn chwedlonol. Ymhlith campau mwyaf egosentrig Thomas yn *The Three Weird Sisters* yw'r chwarae â'i enw canol Marlais: gelwir cartref y teulu Morgan-Vaughan yn Morlais House. Hawdd credu, hefyd, fod yr enw Mabli Hughes, a roddwyd i gymeriad Hugh Griffith, yn seiliedig ar un o gŵn Thomas, sef Mably.[92] O gofio'r olygfa ddoniol lle y mae Mabli Hughes yn areithio'n frwdfrydig o flaen haid o gŵn sy'n gwrando'n astud arno, y mae'r ddamcaniaeth hon yn bur debygol. Y mae'r olygfa hon, sy'n barodi ar arwein-wyr undebol yn areithio gerbron torf o lowyr, yn gwbl nodweddiadol o hiwmor Thomas. Cawn adleisiau eraill o *The Old Dark House* yn sgript Thomas, megis yr olygfa lle y mae Maude, yr ail chwaer, yn ymgyffroi drwyddi wrth ddadlennu wrth yr ysgrifenyddes hanes marwolaeth arteithiol mam Owen. Dwg yr olygfa hon ar gof Rebecca Femm (Eva Moore) yn *The Old Dark House* yn ymhyfrydu yn ei hatgof o'i chwaer Rachel yn marw'n boenus wedi damwain wrth farchogaeth. Enghraifft arall o awydd Thomas i chwarae tric ar y gynulleidfa, fel y gwnaeth Whale yn *The Old Dark House*, yw ei ymdriniaeth o'r cymeriad Tomos, mab hurt a sarrug Beattie, howsgiper y tair chwaer. Meddai Whale ar ddawn hynod i gyfareddu ei gynulleidfa â'i hiwmor du a llwyddai felly i beri iddynt ymlacio'n llwyr cyn rhoi tro annisgwyl yng nghynffon y stori. Yn *The Old Dark House*, yn gwbl annisgwyl, creodd Whale uchafbwynt cyffrous i'w ffilm drwy gyflwyno cymeriad y bu'n cyfeirio'n gyfrwys ato gydol y ffilm, sef Saul, brawd hynaf y teulu Femm. Awgrymwyd bod y brawd hwn yn ynfyd ac er diogelwch i eraill ei fod wedi ei gloi mewn ystafell ar lawr uchaf y tŷ gan ei fod yn byromaniad. Ond, ac yntau wedi ei ryddhau o'i garchar gan ei geidwad, Morgan, tanseilir disgwyl-iadau'r gynulleidfa wrth i Saul (Brember Wills) ymddangos, ac yntau'n ddyn bychan gwanllyd yr olwg, gan fynnu mai celwydd yw honiadau ei deulu. Megis dechrau y mae drygioni Whale, ac mewn dilyniant a olygwyd yn wych ganddo ymdodda gwedd radlon a diniwed Saul yn edrychiad o wallgofrwydd llwyr wrth iddo ddechrau dial am ei garchariad. O hynny ymlaen hyd ddiwedd y ffilm ysgydwir y gynulleidfa gan y naill sioc ar ôl y llall gan Whale. Ceisiodd Thomas yntau chwarae'r math hwn o dric ar ei gynulleidfa drwy awgrymu ar ddechrau'r ffilm mai Tomos, y llabwst araf, oedd y drwg yn y caws. Gwaetha'r modd, nid yw ymgais Thomas mor llwyddiannus ag eiddo Whale oherwydd iddo fethu â chynyddu'r tensiwn a chynnal y twyll. Buan y sylweddola'r gynull-eidfa mai'r tair chwaer ysgeler sydd wrth wraidd y drygioni. At hynny, y mae clo *The Three Weird Sisters*, o'i chymharu ag eiddo *The Old Dark House*, yn chwythu ei blwc yn fuan a throes Thomas at dirlithriad cyfleus i ddwyn ei ffilm ddryslyd i ben.

Er ei bod yn ymdrech lew i greu sgript a ffilm ecsentrig, nid yw *The Three Weird Sisters* yn cyrraedd yr un safon â *The Old Dark House*. Nid sgript Thomas yn unig sydd ar fai am hyn oherwydd gellir priodoli'r gwendidau yn bennaf i gyfarwyddo amaturaidd Dan Birt. Ni chafwyd, er enghraifft, ymdrech gan Birt i arbrofi drwy ddefnyddio onglau camera newydd neu drwy olygu'n gyfrwys, fel y gwnaeth Whale, a methiant llwyr fu'r ymgais i greu tensiwn drwy ddadlennu ymddygiad dieflig y chwiorydd. Yn achos Dylan Thomas, creu cymeriadau cofiadwy a deialog fywiog oedd ei ddawn bennaf, yn hytrach na sefydlu a chynnal plot a stori gadarn. Brithir y ddeialog â'i harddull ddihafal ei hun a thrwy bentyrru geiriau'n ddeheuig ffurfir delweddau byw. Ymhlith ei linellau mwyaf lliwgar ceir: 'Hanky-panky, hocus pocus, professional soft-soap and treacle. Old Gertrude looming there like a cheated vulture!'[93] Ond drwy ganolbwyntio ar wedd lafar y ffilm a'i britho ag areithiau hirion methodd Thomas ag atgynhyrchu fformwla lwyddiannus Whale. Diflanna ogwydd bisâr y ffilm wrth i Thomas ddilyn y trywydd hwn, gan golli'r cydbwysedd a ganfu Whale rhwng y gair a'r darlun. Creu ffilm er mwyn diddanu a dychryn oedd bwriad Whale, a thrwy hepgor unrhyw feirniadaethau cymdeithasol llwyddodd i gyrraedd ei nod. Anodd dirnad beth yn union oedd bwriad Thomas ar gyfer ei ffilm ef. Diau y'i cyflogwyd i greu sgript gyffrous, ond wrth i'r gwaith fynd rhagddo fe'i corddwyd gan ei deimladau am Gymru.

Darlun difrïol iawn o Gymru a geir yn *The Three Weird Sisters*. Yn y sgript hon yr ymddangosodd y llinell anfarwol, 'Land of my Fathers, . . . my Fathers can keep it' am y tro cyntaf.[94] Amlygir teimladau cymysg a gwrthgyferbyniol Thomas ynghylch ei Gymreictod yn yr hyn a ddywedir nid yn unig am grefydd, gwleidyddiaeth, diwylliant a phlwyfoldeb y Cymry, ond hefyd am y ddelwedd boblogaidd o Gymru. Gwelir yn ei ymosodiadau geiriol ar Gymru a'i phobl ôl yr ail ddylanwad mawr ar Thomas yn y ffilm hon, sef y llenor Eingl-Gymreig enwog, Caradoc Evans a'i gyfrol *My People*. Gwyddys bod Dylan Thomas yn edmygu'r llenor hwn a ystyrir gan amryw yn dad llenyddiaeth Eingl-Gymreig. Ymwelodd Thomas â'i arwr yn Aberystwyth am y tro cyntaf ym 1934 yng nghwmni'r llenor a'r bardd Glyn Jones a bu eto yn ei gwmni ym 1937.[95] Un o'r rhesymau paham y cynhesodd Thomas at Evans yw'r ffaith iddo dynnu nyth cacwn i'w ben drwy gyhoeddi *My People* ym 1915, cyfrol herfeiddiol a feirniadai'r Gymru Ymneilltuol yn chwyrn.[96] Yn sgil ei ymweliad cyntaf, dywedodd mewn llythyr at Pamela Hansford Johnson:

> Last weekend I spent in Aberystwyth with Caradoc Evans. He's a great fellow. We made a tour of the pubs in the evening, drinking to the eternal damnation of the Almighty & the soon-to-be-hoped for destruction of the tin Bethels. The university students love Caradoc & pelt him with stones whenever he goes out.[97]

Ac yntau hefyd yn hoff o dynnu blew o drwyn y Cymry Cymraeg, carfan a'i hystyriai yn fradwr oherwydd ei fod yn ysgrifennu yn Saesneg ac yn dianc dros y ffin mor aml (fel y profasai gyda sgript *Wales – Green Mountain, Black Mountain*), ysai Thomas am gyfle i efelychu gwaith ei arwr a pha ffordd ragorach o wneud hynny na thrwy gyfrwng diddanwch mwyaf poblogaidd yr oes, sef ffilm? Datgela'r araith a draddodwyd ganddo gerbron llenorion yng ngwesty'r Scotia yng Nghaeredin ar 4 Medi 1948, ychydig fisoedd wedi rhyddhau *The Three Weird Sisters*, ei ddirmyg at ragrith honedig y werin Ymneilltuol Gymreig:

> I am a Welshman who does not live in his own country, mainly because he still wants to eat and drink, be rigged and roofed, and no Welsh writer can hunt his bread and butter in Wales unless he pulls his forelock to the *Western Mail*, Bethesdas on Sunday, and enters public houses by the back door, and reads Caradoc Evans only when alone and by candlelight.[98]

At hynny, dengys ei eiriau ei chwerwedd ynglŷn â'r ffaith na allai gael gwaith yng Nghymru nid yn unig oherwydd diffyg nawdd ond hefyd oherwydd ei fod bob amser yn sefyll ar y cyrion:

> Regarded in England as a Welshman (and a waterer of England's milk), and in Wales as an Englishman, I am too unnational to be here at all. I should be living in a small private leper-house in Hereford or Shropshire, one foot in Wales and my vowels in England. Wearing red flannel drawers, a tall witch's hat, and a coracle tiepin.[99]

Cyfaddefodd ym 1949 wrth un o'i brif noddwyr Margaret Taylor, gwraig yr hanesydd enwog A. J. P. Taylor: 'I am not popular with the authorities, being non-Welsh speaking, non-nationalist, non-degreed, non-chapel going & not to be trusted.'[100] Codai'r tensiwn hwn oherwydd ei fod yn byw ar ffin aneglur dau ddiwylliant a oedd yn aml benben â'i gilydd. Amlygir ei ymdeimlad o wrthodedigaeth a rhwystredigaeth yn *The Three Weird Sisters*.

Lleisir barn y bardd yn y ffilm yn bennaf gan dri chymeriad, sef Owen Morgan-Vaughan, Mabli Hughes a Dr David Davies ac y mae i'r tri eu hagweddau gwahanol. Rhydd pob un o'r cymeriadau hyn gipolwg hynod ddiddorol inni ar syniadaeth Thomas, ond gan Owen Morgan-Vaughan y ceir yr ymsonau mwyaf ysgytiol, ac fe'u traddodir yn dra effeithiol gan Raymond Lovell. Y mae'r areithiau llym hyn, er eu bod yn faith, yn ychwanegiadau o ddiddordeb mawr i'r hanesydd cymdeithasol. Hawdd dychmygu llais Dylan Thomas ei hun yn traethu deialog Owen a chlywir adlais o'i chwerwedd personol at y genedl yn ei ymosodiadau hallt ar Gymru:

> ... slag heaps and pit heads and vile black hills. Huh! How vile was my valley! I'm sick of all this Celtic claptrap about Wales. My Wales! Land of my Fathers! As far as I'm concerned, my fathers can keep it ... Huh, little black back-biting hypocrites, all gab and whine! Black beetles with tenor voices and a sense of sin like a crippled hump ... [101]

Daw Ymneilltuaeth hefyd dan lach Thomas, yn enwedig yng ngeiriau'r glöwr Mabli Hughes. Dywed ef wrth y gweinidog wrth weld y dinistr a achoswyd gan y tirlithriad: 'So this is one of your acts of God, Mr Price! He moves in a mysterious way.'[102] Crechwenus hefyd yw sylwadau Owen am yr hen do crefyddol: 'self-righteous little humbugs with the *hwyl*, old men with beards in their noses cackling at you, blue gums and clackers.'[103] Tynnir blewyn o drwyn yr Ymneilltuwyr ymhellach drwy ddychanu Mr Price yn ystod angladd y tair chwaer ar derfyn y ffilm. Drwy barodïo Mr Price yn mynd i hwyl wrth dalu teyrnged i noddwyr ymadawedig pentref Cwmglas, cawn atsain amlwg o

sylwadau dychanol Caradoc Evans yn *My People*, ynghyd â chwarae ar y teitl
yn y bregeth:

> And we are gathered here on this most mournful occasion to pay our last
> respects to the departed, for the sins they have committed. And none of us is free
> from sin! My people! We can only pray for their forgiveness. But let us never in
> Cwmglas forget the dignity, the great dignity, the great love, the genial warmth,
> and the profound humanity of those dear ladies, Gertrude, Isobel and Maud.
> Now with us no longer.[104]

Y mae'r dyfyniad uchod, a rhai tebyg iddo, wedi peri i hanesydd ffilm fel David
Berry feirniadu'r ddeialog fel 'a toe-curling imitation of the sardonic style of
Caradoc Evans' ac i ddadlau bod y ffilm yn isafbwynt yng ngyrfa ffilm fer Dylan
Thomas.[105] Ond er bod Thomas yn edliw culni diwylliannol Cymru ac yn wfftio
at biwritaniaeth gweinidogion, gall hefyd edmygu dygnwch ac aberth y glöwr.
Yr oedd yn haws ganddo ymuniaethu â gweithwyr broydd diwydiannol Cymru
na'u cymheiriaid yng nghefn gwlad lle yr oedd Ymneilltuaeth yn ei grym. Fel
hyn y mynegodd ei feddwl uchel o hen lowyr drwy'r cymeriad Dr Davies:

> People often come down to the mining valleys . . . They see it bare and ugly! Look
> where they live, isn't it grim and grey and horrible! I can't understand how they
> can put up with it. *I can.* You can be honourable . . . even when you're scrutting
> like a rat in the guts of the earth. The old men scarred and twisted . . . when a man
> works hard for himself and for other men – it's the truth, and it isn't the truth of
> the chapel, or the Morgan-Vaughans, or the trippers.[106]

Wrth sgriptio *The Three Weird Sisters* cafodd Thomas dipyn mwy o ryddid nag a
brofasai wrth greu ei ffilmiau dogfen. Yn wir, cafodd frygowthan ynddi yn
ddilyffethair. Er iddo gyfeirio at ei famwlad fel 'this arsehole of the universe,
this hymnal blob, this pretty, sick, fond sad Wales' ac iddo fynnu ym 1933,
'It's impossible for me to tell you how much I want to get out of it all, out of
narrowness and dirtiness, out of the eternal ugliness of the Welsh people, and
all that belongs to them . . . this bloody country's killing me', nid casineb at ei
genedl sydd yma yn gymaint â rhwystredigaeth gŵr sy'n methu'n deg â
dygymod â'i Hymneilltuaeth gul a rhagrithiol.[107] Megis ei eilun Caradoc Evans,
mynnai Thomas weld Cymru yn deffro o'i thrwmgwsg diwylliannol drwy
ymwrthod ag Ymneilltuaeth.

Ni lwyddodd Thomas i greu gwaith mor ysgytiol â chyfrol Caradoc Evans
nac ychwaith ffilm James Whale. Ymddengys ei efelychiad o arddull *My People*
yn bur lipa ac y mae *The Old Dark House* yn bwrw *The Three Weird Sisters* i'r
cysgod. Nid enynnodd y ffilm hon y sylw a gawsai gwaith Evans a Whale

ychwaith. Croeso llugoer a roddwyd i'r ffilm ac y mae adolygiadau'r wasg ohoni yn hynod brin. Hawdd credu bod hyn yn dipyn o siom i Thomas, o gofio'r ymateb a gawsai cyfrol Caradoc Evans yn y wasg. Diddorol nodi, er hynny, i un o gofianwyr Dylan Thomas honni wedi ei farwolaeth:

> This film is bitterly resented by Welsh people, as it dwells upon the weaknesses of Welsh people, describes the Welshman as having 'a lie in his teeth and a hymn on his lips'.[108]

Nid oes dystiolaeth gadarn i gefnogi'r honiad hwn gan na roddwyd fawr o sylw i'r ffilm yn newyddiaduron Cymru. Cafwyd, serch hynny, bytiau amdani ym mhapur ardal Cwmaman wrth i'r sinemâu yno rag-weld cyfle i hybu eu busnes drwy dynnu sylw at ffilm a wnaed yn lleol.[109] Siomwyd adolygydd yr *Herald of Wales* gan duedd y stori i ymfalurio 'on the lines of a "shilling shocker"'.[110] Ni thrafodwyd rhagfarnau gwrth-Gymreig y ffilm gan yr un o'r adolygiadau Cymreig ac anwybyddwyd y ffilm yn llwyr gan *Y Cymro*, *Y Faner* a'r *Western Mail*. Er nad oedd croeso'r wasg Seisnig yn dwymgalon, rhoddwyd peth sylw iddi. Mwynhaodd Richard Winnington, adolygydd y *News Chronicle*, awyrgylch y ffilm a deialog grafog Dylan Thomas, ond tybiai fod y ffilm yn syrthio'n brin o'i nod: '[it] falls over itself being eerie and arrives at the semi-comic.'[111] Plesiwyd adolygydd y *Monthly Film Bulletin* gan actio Price, Merrall a Clare a chredai fod y ffilm, er gwaethaf y melodrama trymaidd a'r cyfarwyddo gwan, yn cynnwys 'considerable dramatic skill'.[112] Yr unig bapur i synhwyro arwyddocâd ac effeithiau tebygol areithiau tanbaid Dylan Thomas oedd *The Times* a ystyriai'r ffilm yn dipyn o hwyl ac yn debygol o droi 'the green of the valleys white with rage'.[113]

Ffilm aflwyddiannus yw *The Three Weird Sisters*. Saif ei gwerth yn y ffaith mai ymarferiad ydoedd gan Thomas ar gyfer un o'i gampweithiau, *Under Milk Wood*. Gellir ei hystyried hefyd yn adlewyrchiad cynnar o seicoleg bardd a ystyrid gan amryw fel:

> a rare one, a gay dog, a boon companion, liable to be as boastful and as earthy as Bottom the weaver, as exuberant a rascal as Falstaff, and as wise in his folly as Lear's Fool.[114]

Diau y cafodd Thomas fodd i fyw wrth gyfansoddi *The Three Weird Sisters* gan iddi roi cyfle iddo draethu'n danllyd ar wendidau Cymru a'i phobl, ond ei gamp fwyaf oedd cymhwyso cyfrwng mwyaf poblogaidd y 1940au er mwyn lledaenu ei bropaganda ef ei hun.

5

Yr alltud hiraethus:
Cymru Emlyn Williams

Trown yn awr at y delweddau a grëwyd gan ddramodydd a ffilmydd o ogledd Cymru am faes glo y gogledd-ddwyrain a bywyd gwledig sir Feirionnydd. Emlyn Williams oedd yr alltud hiraethus hwn a geisiodd, gyda chymorth stiwdios Warner Brothers a British Lion, i ddarlunio Cymru fel y tybiai yr oedd yn ystod y 1890au. Ef yw'r mwyaf lliwgar, cymhleth ac enigmatig o'r Cymry Cymraeg a roes gynnig ar gynnal delwedd arbennig o'r genedl ar ffilm. Megis Richard Llewellyn, dibynnai Emlyn Williams gryn dipyn ar ei ddychymyg wrth ddarlunio ei famwlad ond, yn wahanol i Llewellyn, gallai ddwyn i gof atgofion am ei blentyndod mewn ardal a oedd, yn ôl Richard Findlater, yn parhau i wrthsefyll datblygiadau modern, sef gogledd-ddwyrain Cymru.[1] Rhoes bro ei febyd a'i fagwraeth destun dramâu iddo, a threuliodd ran helaeth o'i yrfa fel dramodydd yn bwrw golwg hiraethus a melodramatig yn ôl ar fywyd y genedl ar ddiwedd oes Victoria. Y mae nifer o'i weithiau, diau yn ddiarwybod iddo ef ei hun, yn ddrych i'w deimladau a'i ddaliadau personol, ac yn arbennig i'w deimladau cymysg ynghylch ei gefndir. Amlygwyd y cymhlethdod a'r paradocs hwn ganddo yn ei hunangofiannau lle y cofnodir ei ymadawiad am Rydychen ac yna Lundain. Yn ei ymdrech i ddathlu a choffáu byd a oedd yn prysur ddiflannu, sef cefn gwlad Cymru yn y bedwaredd ganrif ar bymtheg, rhamanteiddiodd Emlyn Williams ei famwlad a'i phobl yn null awduron megis Allen Raine.[2] Trwy gyfrwng ei ddramâu, ceisiodd Williams gymodi Cymru a Lloegr drwy ddarlunio sut y gallai'r ddwy genedl gyd-fyw, heb unrhyw elyniaeth rhyngddynt, yn rhan o Brydain Fawr. Ymysg y gweithiau sy'n dadlennu yn bennaf ei ddaliadau ceir un o'i ddramâu a addaswyd ar gyfer y sgrin fawr, sef *The Corn is Green* (1945), a'r unig ffilm a gyfarwyddwyd ganddo, sef *The Last Days of Dolwyn* (1949).

Ganwyd Emlyn George Williams ar 26 Tachwedd 1905, yn fab hynaf Richard a Mary Williams, yn 1 Jones Terrace ym mhentref Rhewl Fawr yn sir y Fflint.[3] Am flynyddoedd cyn geni George (fel y'i gelwid gan ei deulu a'i gyfeillion), bu ei dad yn arbrofi â sawl galwedigaeth, gan weithio am gyfnodau fel morwr, glöwr a pherchennog siop groser. Ond yn ystod blynyddoedd cynnar magwraeth George troes Richard Williams ei law at redeg tafarndy'r Llew Gwyn yng Nglanrafon. Achosai hyn densiwn ar yr aelwyd, ac oherwydd crefyddoldeb dwys ei fam ac anwadalwch ei dad dihangai George Williams i'w ddychymyg, dawn a fyddai'n gaffaeliad mawr iddo yn ddiweddarach yn y byd adloniant. Ar ôl derbyn ei addysg gynnar yn ysgol Lleiandy Talacre, mynychodd Ysgol Picton ac Ysgol Trelogan, gan ennill ysgoloriaeth i Ysgol Sirol Treffynnon ym 1916. Yno daeth dan ddylanwad yr athrawes Ffrangeg, Miss Sarah Grace Cooke, gwraig benderfynol a gweithgar a fudasai o Leeds i ogledd Cymru. Buan y sylweddolodd Miss Cooke fod George Williams yn llanc ifanc hynod addawol ac aeth i gryn drafferth i feithrin ei ddoniau.[4] Yn sgil ei gofal a'i hanogaeth ymgeisiodd George yn llwyddiannus am ysgoloriaeth i astudio yng Ngholeg Iesu, Rhydychen, ym 1923. Anodd yw gorbwysleisio dylanwad Sarah Grace Cooke ar ei ddatblygiad fel person ac yn ddiweddarach, fel y cawn weld, fel dramodydd. Tra oedd yn astudio yn Rhydychen magodd George Williams ddiddordeb ysol mewn actio a chyfansoddi dramâu. Er mwyn mynegi ei unigolrwydd ac, efallai, ei Gymreictod ymhlith ei gyd-fyfyrwyr penderfynodd arddel yr enw Emlyn Williams. Wrth yr enw hwnnw y daeth y cyhoedd i'w adnabod ac wedi iddo lwyfannu ei ddrama gyntaf, *Full Moon*, yn Rhydychen ym 1927 yr oedd yn amlwg fod gyrfa ddisglair o'i flaen. Rhwng 1927 a 1938 cyfansoddodd oddeutu wyth o ddramâu, yn eu plith *Glamour*, *Night Must Fall* a *He Was Born Gay*. Ond ni allai ddianc rhag dylanwad Sarah Cooke ac, ym 1938, ar awgrym ei wraig, Molly, cyfansoddodd ddrama a oedd yn seiliedig ar ei hoff athrawes, sef *The Corn is Green*, yr enwocaf o'i holl weithiau.[5]

'A DRAMA OF THE PITIFUL IGNORANCE AND BIGOTRY OF THE WELSH MINERS':[6]
THE CORN IS GREEN

Cynhwysodd Emlyn Williams elfennau hunangofiannol yn *The Corn is Green*, ond er mwyn osgoi rhoi'r argraff fod yr holl ddigwyddiadau yn seiliedig ar ei fywyd ef ei hun fe'i gosododd ym 1895 a throi hanes sefydlu'r ysgol leol, calon y stori, yn hanes menter bersonol gan un wraig. Y wraig honno, Miss Moffat, yw prif gymeriad y ddrama ac nid oes unrhyw amheuaeth nad yw'n seiliedig ar Miss Cooke. Yn y ddrama, etifedda'r athrawes benderfynol hon fwthyn ei hewythr yng Nglansarno, pentref anghysbell yng ngogledd-ddwyrain Cymru.[7] Daw i gefn gwlad Cymru gyda'i howsgiper, Mrs Watty, a'i merch Bessie, i hawlio'r bwthyn. Y mae'n cyfarfod dau o drigolion y pentref ffuglennol, sef John Goronwy Jones, clerc i gyfreithiwr a chapelwr selog, a Miss Ronberry, hen ferch â'i bryd ar y sgweier lleol. Gan synnu'n ddirfawr at ddiffyg addysg trigolion Glansarno, y mae'n penderfynu sefydlu ysgol yn y pentref a'i chynnal yn ei bwthyn. Wrth i'r ddrama ddatblygu, daw'n amlwg fod un llanc eithriadol o addawol ymhlith y disgyblion, sef Morgan Evans, glöwr amddifad, ac ymegnïa Miss Moffat i'w hyfforddi a'i baratoi ar gyfer addysg ym Mhrifysgol Rhydychen. Morgan Evans yw *alter ego* Emlyn Williams ei hun, ond tynnir Morgan oddi ar y llwybr cul wrth iddo ddioddef gwawd ei gyd-lowyr yn sgil ei ymroddiad i addysg, ac fe'i cythruddir gan arfer Miss Moffat o'i wthio'n galed i ddysgu heb ganmol dim ar ei gynnydd. Ac yntau'n ansicr o'r hyn ydyw bellach, try Morgan at y ddiod gadarn a breichiau croesawgar Bessie Watty. Byr yw gwrthryfel y glöwr penboeth wrth iddo sylweddoli bod y dyfodol a gynigia Miss Moffat iddo dipyn rhagorach nag oes o chwysu dan ddaear. Chwedl ef ei hun, 'I want to get more clever still', ac ymgeisia, fel y gwnaeth Emlyn Williams ei hun, am ysgoloriaeth i Rydychen a'i hennill.[8] Terfyna'r ddrama'n ddramatig pan ddychwel Bessie Watty, a anfonwyd i Lundain i weini, a phlentyn Morgan Evans gyda hi. Gobaith Bessie yw cael y llaw uchaf ar ei gelyn, Miss Moffat, trwy ddinistrio bywyd a gyrfa academaidd Morgan Evans. Ond mewn ymgais i gloi'r ddrama'n daclus llwydda Emlyn Williams i greu diweddglo melo-dramatig ac anghredadwy sy'n golygu bod yr hoeden, Bessie, yn bodloni ar y cyfle i ddychwelyd i'w bywyd penchwiban yn Llundain, gan adael ei phlentyn yng ngofal Miss Moffat. Abertha Miss Moffat ei dyfodol, felly, er mwyn sicrhau bod Morgan Evans yn cyflawni ei addewid. 'Since the day I was born', meddai Evans, 'I have been a prisoner behind a stone wall, and now somebody has given me a leg-up to have a look at the other side . . . they cannot drag me back again, they cannot, they must give me a push and send me over!'[9]

A'r ddrama wedi ei chwblhau a bwriadau ar droed i'w llwyfannu, anfonodd Emlyn Williams gopi ohoni at Miss Cooke:

> Here is the play – I am most anxious to hear your verdict . . . It would be useless to pretend that the character of Miss Moffat is not based very largely on yourself, though as you'd realize there has to be a great deal of dramatic licence . . . I hope you'll find a great deal to amuse and please you, and nothing to offend or annoy . . . As you know there could be no completely accurate representation of a real person, you have to add and subtract, it is like high lights in painting I suppose.[10]

Cafodd ymateb calonogol gan Miss Cooke: 'Reading it gives me a most curious feeling. Of course you've said nothing to hurt me . . . It is all so unreal in its reality that I can't believe it is there in black and white . . . I never expected anybody to be interested in me.'[11] Wedi cael sêl ei bendith aeth Emlyn Williams ati i lwyfannu'r ddrama, a chafwyd y perfformiadau cyntaf yn Nhŷ Opera Manceinion rhwng 15 a 20 Awst 1938.[12] Yna fe'i llwyfannwyd am y tro cyntaf yn Llundain ar 20 Medi 1938 yn Theatr y Duchess.[13] Y prif actorion oedd Sybil Thorndike (Miss Moffat), John Glyn-Jones (John Goronwy Jones), Christine Silver (Miss Ronberry) ac Emlyn Williams (Morgan Evans).[14]

Bu adolygiadau'r wasg yn llawn canmoliaeth, a honnodd Vernon Noble: 'When a Welshman sits down to write about his own people he usually dips his pen in vitriol . . . But Emlyn Williams is not out to ridicule the land of his fathers or the people who live in it.'[15] Er gwaethaf canmol y mwyafrif, canfu ambell feirniad fannau gwan yn y ddrama, yn bennaf yn y clo melodramatig ac annhebygol o daclus. Cwynai R. J. Finnemore fod y ddrama, a oedd wedi addo gwrthdrawiadau cymdeithasol ar y dechrau, yn gorffen fwy neu lai fel comedi gonfensiynol, ac ofnai Ap Cadwgan nad oedd ynddi'r un neges amlwg: 'Ofer y cais neb neges yng ngwaith Emlyn Williams. Cewch eich swyno, eich hawntio, eich goglais ac ystumiadau cyffelyb, ond am wers neu genadwri nid ydynt ar gael.'[16] Honnodd nad oedd yn bosibl i *The Corn is Green* gyflwyno unrhyw wers gadarn gan mai dychymyg yr awdur oedd sail y gwaith, a therfynodd ei erthygl â'r gosodiad damniol canlynol:

Digwyddiad oedd i Emlyn Williams gael ei eni yng Nghymru, ac y mae'r ychydig a ŵyr ef am ei famwlad, gydag ychwanegiad o'i ddychymyg, wedi talu'n dda iddo. Ond ni fedd ef unrhyw argyhoeddiad parthed bywyd Cymreig a barnu yn ôl ei ddramâu.[17]

Serch hynny, enillodd y ddrama fri rhyngwladol, ac ym mis Tachwedd 1940 cafwyd cynhyrchiad hynod lwyddiannus ohoni ar Broadway, gydag Ethel Barrymore yn chwarae rhan Miss Moffat.[18] Yng Nghymru cafwyd cynhyrchiad ohoni ar y radio, gyda Gladys Young yn chwarae rhan Miss Moffat a Richard Burton yn chwarae rhan Morgan Evans.[19] Ond yr hyn a sicrhaodd lwyddiant pennaf y ddrama a'i dwyn i sylw miloedd mwy o bobl nag a fynychai'r theatr oedd y ffilm a wnaed ohoni ym 1944–5, ffilm a roes hwb pellach i'r darlun mytholegol o Gymru.[20]

Cyflwynwyd fersiwn cyntaf Warner Brothers o'u haddasiad o *The Corn is Green* gerbron Joseph I. Breen a'r Production Code Administration ar 28 Chwefror 1941. Gwrthodwyd y sgript honno yn syth oherwydd 'Improper treatment of illicit sex. Bastardy' ac, er cyflwyno sgript arall gan Casey Robinson a Frank Cavett gerbron y PCA ar 4 Medi 1943, yr oedd honno hefyd yn annerbyniol i Breen a'i gyd-weithwyr.[21] Honnwyd nad oedd y sgript yn egluro bod ymddygiad Bessie Watty yn anfoesol ac yn annerbyniol gan gymdeithas:

it would be necessary that some tragedy be injected into the story in order to make certain that the 'sin' is not accepted as a mere trifling or unimportant thing. We might be able to arrange some way to have the girl slapped down by villagers, or the squire, or somebody else – or, possibly, killed in some way.[22]

Wedi ymgeisio droeon llwyddodd Warner Brothers ar 1 Rhagfyr 1943 i foddhau Breen a dechreuwyd trefnu'r gwaith ffilmio ar gyfer haf 1944. Cafwyd amod, serch hynny, gan y PCA, sef mai ar ôl gwylio'r ffilm orffenedig y câi'r penderfyniad terfynol ynglŷn â'i gweddustra ei wneud. O ganlyniad, bu Breen a'i griw yn pwyso'n drwm ar war Warner Brothers gydol y cyfnod ffilmio.[23]

Rhwydwyd Irving Rapper i gyfarwyddo *The Corn is Green* a Jack Chertok i gynhyrchu'r ffilm. Denwyd Rapper yn gyfarwyddwr ifanc o Broadway i Warner Brothers ym 1937, a phedair blynedd yn ddiweddarach cafodd gyfle i gyfarwyddo ei ffilm gyntaf, *Shining Victory*, ffilm a seiliwyd ar ddrama gan A. J. Cronin.[24] Daeth pinacl ei yrfa ym 1942 pan gwblhawyd *Now Voyager*, y gyntaf o bedair ffilm lwyddiannus a gyflawnodd ar y cyd â'r actores amryddawn, Bette Davis. *The Corn is Green* oedd y ffilm nesaf i'r ddau gydweithio arni a chafodd Davis chwarae'r brif ran, rhan yr oedd wedi gwirioni arni ers iddi weld perfformiad Ethel Barrymore ar Broadway.[25] Cymaint fu dylanwad cynhyrchiad Broadway o'r ddrama ar Davis nes iddi fynnu, wedi iddi ennill rhan Miss Moffat, fod rhaid cael yr actorion Rhys Williams, Mildred Dunnock, Rosalind Ivan a Gwenyth Hughes yng ngwisg Gymreig ei mam-gu i ail-chwarae eu rhannau yn y ffilm.[26] Llwyddodd Davis i sicrhau castio'r actorion hyn, ond ni chafodd ei ffordd ei hun wrth gastio rhan Morgan Evans. Yr oedd wedi rhoi ei bryd ar gael Richard Waring, a oedd eisoes wedi chwarae'r rhan ar Broadway, ond galwyd ef i wasanaethu yn y rhyfel a bu raid i Davis wneud y tro ag actor newydd, anaeddfed braidd, sef John Dall.[27] Cwblhawyd y castio ym mis Mehefin 1944 pan benodwyd Joan Lorring i chwarae rhan Bessie Watty a Nigel Bruce i bortreadu'r sgweier.

Dechreuwyd ar y gwaith ffilmio ar 20 Mehefin 1944 ar lwyfan mwyaf stiwdios Warner Brothers, sef llwyfan saith.[28] Tasg ddigon helbulus fu'r gwaith, fel y dengys cofnodion Eric Stacey, rheolwr yr uned ffilmio, gan fod tuedd gan Bette Davis, er gwaethaf ei henw da fel actores amryddawn, i fod yn dipyn o *prima donna* ar y set. Fel y dengys nodiadau Stacey, ar y diwrnod cyntaf un methodd Davis ag ymddangos ar y set oherwydd gwddf tost. Meddai'r rheolwr wedi tridiau o ddisgwyl, a'i amynedd yn pallu, 'we are shooting scenes around Miss Davis, who is supposedly sick at Laguna and does not want to come in until next MONDAY'.[29] Ond megis dechrau yr oedd ymgais Davis i gynddeiriogi gweddill y cast a'r criw gan iddi fynnu, bedwar diwrnod wedi iddi ddod i'w gwaith, ei bod am wisgo wig er mwyn edrych yn hŷn. Golygai hyn, wrth gwrs, fod y deunydd a ffilmiwyd eisoes yn ddiwerth a bod angen dyddiau lu o ailffilmio. Erbyn hynny, yr oedd Rapper yn gynddeiriog, ac meddai Stacey: 'Mr Chertok [y cynhyrchydd] is trying to pacify her and, as Rapper said to me this morning, what she needs is a psychiatrist – not a director.'[30] Er i Stacey honni, pan oedd y ffilmio'n dirwyn i ben, fod ymddygiad

Davis yn rhagorach na'r hyn a gafwyd ganddi mewn cynyrchiadau eraill, talwyd pris uchel am ei chastiau: cwblhawyd y ffilm 12 niwrnod yn hwyr a £50,000 dros ben y gyllideb ar 15 Medi 1944.[31] Fe'i dangoswyd am y tro cyntaf ar 23 Mawrth 1945 yn Theatr Hollywood, Efrog Newydd.[32]

Syndod o'r mwyaf yw'r portread o Gymru yn *The Corn is Green* fel gwlad tylwyth teg lawog ac ynddi bobl hanner-pan yn gwisgo dillad traddodiadol Gymreig neu'n ymlwybro dan ganu tua'r lofa, yn enwedig o gofio i Warner Brothers dreulio cryn amser yn ymchwilio ar gyfer y ffilm ac i fwy nag un Cymro o waed gynnig ei wasanaeth fel ymgynghorydd. Bu Warner Brothers yn ymchwilio am fisoedd lawer ymlaen llaw i gefndir hanesyddol, gwleidyddol a thraddodiadol y Cymry ac i natur ddaearyddol y wlad. Dengys ffeiliau ymchwil y stiwdio iddynt bori trwy lyfrau ar Gymru megis rhai A. G. Bradley a Charles G. Harper, *Wales* gan O. M. Edwards, *In Search of Wales* gan H. V. Morton, *My Wales* Rhys Davies a *The Land of Wales* gan E. P. Lewis.[33] Pendronwyd hefyd ynghylch natur y cnydau a dyfid yng Nghymru, y dodrefn cynhenid, a dillad y werin bobl yn y 1890au.[34] Daeth cynigion o wasanaeth ymgynghorol i law oddi wrth Edmond Breon, a chwaraesai ran y sgweier yng nghynhyrchiad Broadway o'r ddrama, a'r Parchedig John Parry Jones, gweinidog gyda'r Eglwys Bresbyteraidd Gymraeg yn Los Angeles. Y mae'n dda o beth na dderbyniwyd cynnig Breon oherwydd ni wyddai'r 'Celt by birth' hwn fawr ddim am yr iaith nac am ganu Cymraeg gan mai ei faes gwybodaeth arbennig ef oedd bywyd a diddordebau'r bonheddwr, sef hela llwynogod, saethu, pysgota a bridio cŵn a cheffylau.[35] Cafwyd gwell cynnig gan John Parry Jones a fu, meddai ef, yn ymgynghorydd i John Ford ar *How Green Was My Valley*. Adwaenai ogledd Cymru yn dda iawn o ran 'dialect, outlook and customs' a nododd yn glir y dylid ei hystyried yn ardal hollol wahanol i gymoedd de Cymru.[36] Ond collodd Warner Brothers gyfle arall i sicrhau dilysrwydd eu portread o Gymru drwy fethu â chyflogi Gareth Hughes fel ymgynghorydd. Cymro a chyn-actor enwog o gyfnod y ffilmiau mud yn Hollywood oedd Hughes. Wrth i ffilmiau sain ennill tir yn y 1930au colli eu poblogrwydd a wnaeth ffilmiau Hughes a oedd, yn ôl David Berry, yn ymgorfforiad o'r 'ludicrous plotting, lurid melodramas and laughable and crass moralizing of so much screen entertainment hell-bent on winning a mass audience yet desperate to strike the right moral pose'.[37] O ganlyniad, enciliodd yr actor, a anwyd yn Llanelli ym 1894, i fynachlog yn Cambridge, Massachusetts. Ond ym 1942, ar ôl dwy flynedd o encil yn y fynachlog, anfonodd seren y ffilmiau *Every Mother's Son* (1919), *Eyes of Youth* (1919) a *Sentimental Tommy* (1921) lythyr at Hermann Lissauer, pennaeth adran ymchwil Warner Brothers, yn gofyn am waith fel ymgynghorydd ar gyfer y ffilm *The Corn is Green*. Honnodd ei fod yn awdurdod ar Gymru a'i fod yn siarad

Cymraeg yn rhugl ac yn aelod o Orsedd y Beirdd.[38] Gwaetha'r modd, er bod gan Hughes gymwysterau rhagorol ar gyfer y swydd, yn ôl ei honiadau ef ei hun, ni chyflogwyd mohono.[39] Dengys rhestr gydnabod y ffilm mai Rhys Williams, yr actor o Glydach, Cwm Tawe, a fudodd yn bedair oed i Pennsylvania gyda'i deulu, fu'n cyflawni gwaith yr ymgynghorydd.[40] Fel y dengys y ffilm, cof egwan iawn a feddai Williams o'i famwlad a'i phobl.

Yn naturiol ddigon, bu cryn drafod ar berfformiadau'r actorion a ddewis-wyd ar gyfer *The Corn is Green* a disgwyliwyd pethau mawr gan Bette Davis oherwydd ei bod yn un o actorion grymusaf a mwyaf dawnus Hollywood. Serch hynny, ni fu Davis yn gaffaeliad o gwbl i'r ffilm. Er iddi bortreadu'r athrawes benderfynol yn ei dull meistrolgar arferol nid oes yma'r grym a'r tanbeidrwydd a welir yn nifer o'i pherfformiadau eraill, er enghraifft, fel Julie yn *Jezebel* (Wyler, 1938). Calon y gwir yw fod perfformiad Davis yn *The Corn is Green*, o'i gymharu â rhai o'i gweithiau blaenorol, yn anysbrydoledig ac yn llwyr haeddu beirniadaeth ddi-flewyn-ar-dafod James Agee:

> I have seen her play extremely well; but I did not find much in this performance to bring one beyond liking, respect, and, I am afraid, a kind of sympathy which no healthily functioning artist needs. It seems to me she is quite limited, which may be no sin but is a pity, and that she is limiting herself beyond her rights by becoming more and more set, official, and first ladyish in mannerism and spirit . . . In any case, very little about her performance seemed to me to come to life.[41]

Siom ar y cyfan, felly, a gawsai beirniaid ffilm Prydain ac America ym mherfformiad Bette Davis. Diau i Davis gael ei denu at y cymeriad gan fod Miss Moffat, megis hi ei hun, a hefyd Miss Cooke, yn wraig benderfynol a meistrolgar, ond bregus a diargyhoeddiadol yw ei phortread, a chamgymeriad dybryd gan gynhyrchwyr *The Corn is Green* oedd dibynnu arni i gynnal ffilm a geisiai drafod themâu digon cyfyng eu hapêl.[42] Nid yw'n syndod, felly, i Davis, a oedd wedi ei henwebu ar gyfer Osgar bum gwaith yn olynol rhwng 1938 a 1942, fethu â chael enwebiad ym 1945 am ei pherfformiad yn *The Corn is Green*.

O ran saernïaeth, cymeriadu a thechneg, yr oedd y ffilm yn bur ddiffygiol. Er i *Today's Cinema* ei hystyried yn 'illuminating social commentary' ac i Otis L. Guernsey Jr. ei disgrifio yn y *New York Tribune* fel 'a notable item of film fare, a full, ripe ear of emotion and enjoyment', credai'r *Showmen's Trade Review* ei bod yn 'overlong and could have been cut judiciously'.[43] Cythruddwyd beirniaid ffilm gan hoffter Rapper o ddefnyddio lluniau agos o wynebau'r cymeriadau, wyneb Bette Davis gan amlaf, mewn ymgais i amlygu eu hemosiynau.[44] Y mae'n amlwg fod y gorddefnydd o'r dechneg hon wedi tarfu'n ddirfawr ar berfformiad Davis. Camsyniad technegol arall a wnaeth Rapper oedd glynu'n rhy dynn wrth y rheol a greodd adeg ei drosglwyddo o fyd y theatr i ffilm, sef 'to keep the camera moving, make the movements as fluid as can be . . . avoid stillness . . . and keep the flow'.[45] Er cymaint oedd dawn Sol Polito, y cyfarwyddwr ffotograffiaeth, y mae *The Corn is Green*, oherwydd cyfarwyddiadau Rapper, yn ffilm sydd mor gyforiog o olygfeydd byr a gwasgaredig fel na chaiff y gwyliwr fawr o gyfle i ymgynefino â hwy nac i fagu diddordeb yn hynt y cymeriadau. Canolbwyntiodd y cyfarwyddwr hefyd ar fân themâu a chymeriadau'r stori, gan darfu yn y pen draw ar ei rhediad. Ond ei wendid pennaf oedd rhoi gormod o sylw i sefyllfaoedd ffraeth y ddrama ar draul turio'n ddyfnach i'r tensiynau rhwng y gwahanol gymeriadau. Defnyddiodd Emlyn Williams, a Rapper i raddau tipyn mwy, hiwmor er mwyn osgoi'r tensiwn rhwng y gwahanol ddosbarthiadau. Un o'r cymeriadau a ddefnyddiwyd bron yn unswydd er mwyn ychwanegu at ddoniolwch y ddrama oedd y sgweier siofinaidd. Dro ar ôl tro fe'i gwelwn yn cael ei sathru a'i wastrodi mewn dadleuon â Miss Moffat. Ef, yn hytrach na'r werin Gymreig, sy'n drwgdybio cymhellion Miss Moffat fwyaf a hynny oherwydd na fynn golli gwasanaeth gweithwyr rhad yn y lofa. Oherwydd eu gwahaniaeth barn ynghylch manteision addysg ac ynghylch gallu gwragedd a'u safle mewn cymdeithas, ceir cryn dipyn o dyndra rhwng y ddau hyn. Ond caiff digrifwch ei ddefnyddio i leddfu'r tyndra, a sicrheir mai Miss Moffat sy'n ennill y dydd bob tro. Felly hefyd yr ymdrinnir â thuedd nawddoglyd y sgweier tuag at y Cymry â'u 'absurd lingo'. Trwy ei bortreadu fel cymeriad anwybodus a difalais, lleddfir y rhagfarn a ddengys tuag at y Cymry, a thrwy hynny chwelir unrhyw ymdeimlad o densiwn a gwrthdaro yn y ffilm.

Nodwedd annerbyniol arall o'r ffilm oedd ffalsedd y setiau. Cafwyd cefnlenni paentiedig a oedd yn amlwg yn artiffisial, ac ymdebygai peth adeiladwaith, megis y bont fechan, i setiau cardbord. Er defnyddio dwy fil o fagiau o gypsum, sef eira artiffisial, ac ugain tunnell o dyweirch glaswellt a fu'n wledd i'r cant o eifr a oedd yn ychwanegiadau digon blinderus, ni lwyddwyd i greu darlun credadwy.[46] O gofio bod setiau a lleoliadau credadwy wedi eu creu ar gyfer *The Citadel*, anodd derbyn na ellid bod wedi creu rhai addas gan Warner Brothers ar gyfer y ffilm hon hefyd. Nododd sawl beirniad ei anghymeradwyaeth, yn eu plith adolygydd *The Times* yn Llundain a ddisgrifiodd y setiau fel rhai cwbl echrydus.[47] Enynnodd y ffilm feirniadaeth bellach oherwydd ei defnydd gwael o effeithiau creu tywydd. Da y dywedodd Richard Mallet yn *Punch* am duedd y cynhyrchiad i orddefnyddio'r peiriant creu niwl: 'there are moments when one seems to have nothing to think about except the falsity of the sets . . . A Welsh mining village should not continually remind one of piles of illuminated ice-cream.'[48] Yr oedd y gorddefnydd hwn o darth yn awgrymu nad oedd cymuned wladaidd Glansarno yn rhan o'r byd go iawn ac wrth wylio'r niwl trwchus yn chwyrlïo o gwmpas bwthyn Miss Moffat gellid yn hawdd dyngu mai pentref breuddwydiol, annaearol megis *Brigadoon* Cymreig oedd Glansarno. Yn ôl Dilys Powell, a oedd ei hun yn Gymraes, yr oedd y darlun o'i mamwlad, ynghyd â'r glaw di-baid, yn gwbl afrealistig:

> The film is the work of a number of people about as intimate with Wales as I am with the Aleutians. And it is going to take some pretty good acting to persuade me that its setting of dim antiques, vague village streets and tracks hopping with tropical rain as the miners march by, singing with the intonations of a cathedral choir, bears any relation to the soft April country, with the bare hills and the bleak little towns and the scars of quarry and coal-tip.[49]

Yr oedd Powell yn llygad ei lle, yn enwedig wrth gystwyo'r ffilm am ddarlunio'r glowyr yn ymlwybro o'r lofa tan ganu mewn pedwar llais fel rhyw gorws o angylion. O safbwynt y defnydd o law trofannol, esboniodd Rapper yn ddiweddarach ei fod, ar ôl cyfarwyddo *Now Voyager*, wedi cynnwys glaw fel arwyddnod yn ei ffilmiau gan ei fod yn ychwanegu cymaint at densiwn golygfa.[50] Yn *The Corn is Green*, er hynny, lladd realaeth brin y ffilm a wna'r glaw.

20. *The Corn is Green*: y glowyr yn ymlwybro drwy'r niwl o'r lofa.
('THE CORN IS GREEN' © 1945 Warner Bros. Cedwir pob hawl.)

Pobl hen-ffasiwn a sentimental yw'r werin bobl yn *The Corn is Green*, ac ymdrechir i hybu dilysrwydd y darlun hwn drwy ddefnyddio alawon gwerin Cymreig megis 'Yr Hufen Melyn', 'Bugeilio'r Gwenith Gwyn' a 'Dacw Nghariad' fel cerddoriaeth gefndirol, arwyddion ffyrdd Cymreig, ynghyd â gwisgoedd traddodiadol Gymreig a sgyrsiau (carbwl ac weithiau annealladwy) yn Gymraeg. Darlunnir y bobl gyffredin fel rhai di-glem a phenchwiban. Gweilch ffraeth a drygionus a fynycha'r dafarn yw'r glowyr. Gwŷr ydynt na chaiff eu mennu rhyw lawer gan addysg a chrefydd ac sydd, yn ôl Miss Ronberry, yn barod i ganu mewn pedwar llais 'at the slightest provocation', hyd yn oed wedi shifft galed yn y lofa.[51] Truenus oedd ymgais John Dall i bortreadu Morgan Evans, y glöwr galluog ifanc, rhugl ei Gymraeg â'i fryd ar ehangu ei orwelion a gwella'i fyd. Y mae ei acen Gymreig yn gwbl chwerthin-llyd ac yn aml y mae'n swnio'n debycach i Wyddel nag i Gymro Cymraeg. Ni ellir peidio â gwenu wrth wrando arno'n ynganu'r gair 'Oxford' ac yn cyfeirio at Miss Moffat fel 'Miss More Fat'! Wrth rowlio'r gytsain 'r' rhydd Morgan Evans yr argraff ei fod yn llanc hanner-pan yn hytrach nag yn fachgen annibynnol ei farn ac ynddo awydd cryf i ymddiwyllio. Y mae John Goronwy Jones, y 'solicitor's clerk who is a pinchbeck minnow at clerking but a whale at saving souls',[52] a chwaraewyd gan Rhys Williams, yn ymgorfforiad o'r gwerinwr tadol sy'n gofalu am fuddiannau tymhorol ac ysbrydol ei gyd-bentrefwyr. Er mai ef, yn ôl amryw ddeallusion Cymreig, fyddai'r ymgorfforiad o'r Cymro delfrydol, cyff gwawd ydyw yn nwylo Emlyn Williams ac Irving Rapper, yn bennaf oherwydd ei natur wylaidd a'i dduwioldeb dwfn. Yng ngŵydd Miss Moffat, y mae megis un arall o'r ffyliaid sy'n ymgreinio wrth ei thraed ac, er gwaethaf ei barch ef ati, fe'i bychenir yn aml ganddi. Pan ddywed wrtho: 'you are educated beyond your sphere, and yet fail to qualify for the upper classes. You feel frustrated, and fall back on being saved, am I right?', ei ateb tila yw, 'It is such a terrible thing you have said that I will have to think it over.'[53] Er bod Cymreictod Rhys Williams yn ychwanegu at hygrededd y cymeriad, gŵr ysbaddedig yw John Goronwy Jones yn y ffilm, cysgod o'r cymeriad deifiol a geir yn y ddrama.[54] Hepgorir un o'i sylwadau mwyaf miniog yn llwyr o'r ffilm, sef ei ymateb coeglyd i bryder Miss Ronberry ynghylch un-ieithrwydd Cymraeg:

It is terrible, isn't it, the people on the green fields and flowery hillsides bein' turned out of Heaven because they cannot answer Saint Peter when he asks them who they are in English? It is wicked isn't it, the Welsh children not bein' born knowing English, isn't it?[55]

Fel yn achos John Goronwy Jones, caiff pob cymeriad yn ei dro wingo dan feirniadaeth hallt Miss Moffat, yn enwedig dau o'r cymeriadau a gynhwysir er mwyn hybu doniolwch yn unig, sef Miss Ronberry a'r sgweier. Er mai fel gwerin anneallus ac anwaraidd y portreedir y Cymry, caiff y boneddigion hefyd eu cyfleu fel dau benchwiban, hunanol ac anwybodus er gwaethaf eu haddysg. Pryder pennaf Miss Ronberry, a gaiff ei phortreadu'n ddigon difyr gan Mildred Dunnock, yw ei hymarweddiad, ac y mae ei hofn o'r glowyr afieithus sy'n mynychu ysgol Miss Moffat yn destun sbort. Ond wrth i Miss Moffat, sydd ei hun wedi hen roi heibio'r syniad o briodi, danseilio mor anystyriol a thrahaus obaith Miss Ronberry o ganfod gŵr ni ellir llai na theimlo trueni dros y greadures wamal. Honnodd David Berry fod y gwahaniaeth barn hwn rhwng Miss Moffat a Miss Ronberry yn datgelu gwrthddywediadau yng nghymeriad Miss Moffat. Deil Berry fod y ddrama a'r ffilm ar y naill law yn portreadu Miss Moffat fel ffeminydd, ond ar y llaw arall yn ei dangos yn beirniadu Miss Ronberry trwy lygaid dynion.[56] Ond nid ffeminydd yw Miss Moffat; y mae'n gas ganddi gael ei nawddogi ac er mwyn osgoi hynny ei thuedd yw ymosod yn gyntaf a thrin pawb yn swta. Er iddi ennill gradd MA nid oes ynddi awydd arbennig i hybu addysg merched ac y mae'n fodlon aberthu ei sicrwydd ariannol ei hun er mwyn hybu dyfodol un dyn, sef Morgan Evans. Llwyddodd Emlyn Williams, felly, i bortreadu Miss Cooke yn driw iawn. Fel y dywedodd ei gyn-athrawes wrtho: 'you know I've never been a bit of a "feminist", I rarely trouble to argue the point . . . moreover, whatever my "faith" may be, I believe that the happiness of folk depends on happiness in the home, therefore it is more important that a married man should have the chance to lead a fuller life than a spinster.'[57]

Gan mai teyrnged i waith Miss Moffat (alias Miss Cooke) yw'r ffilm, a chan mai Bette Davis oedd y seren, Miss Moffat yw calon y ffilm. Caiff yr athrawes ei phortreadu'n hynod felodramatig fel arwres â'i bryd ar achub y Cymry rhag eu hanwybodaeth. O ganlyniad, ni chaiff y bygythiad i Gymreigrwydd pentref Glansarno yn sgil dyfodiad Miss Moffat a'i ffyrdd estron ei drafod gan Emlyn Williams oherwydd, ar y naill law, ei berthynas agos â Miss Cooke, ac, ar y llaw arall, oherwydd na fynnai dramgwyddo cynulleidfaoedd yn Lloegr. Yn wir, deil M. Wynn Thomas fod gan Emlyn Williams nod arall pan gyfansoddodd *The Corn is Green* ym 1938, sef ceisio lleddfu gofidiau'r dosbarth-canol Seisnig ynghylch radicaliaeth y glowyr.[58] Llwyddodd i wneud hynny drwy eu perswad-io mai addysg a fyddai'n caniatáu i'r dosbarth gweithiol gael ei gymathu â'r gymdeithas frodorol. Afraid dweud, serch hynny, nad oedd ei ddarlun ef o sefyllfa addysg Cymru ym 1895 – 'next to none' yn gallu darllen neu ysgrifennu, chwedl Mr Jones wrth Miss Moffat – yn adlewyrchiad teg.[59] O gyfnod Deddf Addysg 1870 ymlaen bodolai lliaws o ysgolion cynradd yng Nghymru a gynigiai addysg elfennol drwy'r Saesneg, ac ar ôl pasio Deddf Addysg

Ganolradd a Thechnegol Cymru (1889) hybid yr iaith Saesneg yn yr ysgolion canolradd hefyd.[60] Erbyn 1893 yr oedd Prifysgol Cymru ei hun wedi ei sefydlu, a gallai Emlyn Williams fod wedi dewis rhwng Aberystwyth, Bangor neu Gaerdydd a gwneud mynediad i Brifysgol Cymru yn uchelgais i Morgan Evans, ond y mae'n amlwg fod mynd i Rydychen yn cael ei gyfrif yn fwy o gamp ac yn adlewyrchiad triw o'i brofiad personol ef ei hun. Fel llawer o'i gyd-Gymry, yr oedd Emlyn Williams yn byw dan gysgod collfarn comisiynwyr addysg 1847.[61] O gyfnod Brad y Llyfrau Gleision ymlaen, tybiai llawer o Gymry mai'r unig ffordd o brofi eu teilyngdod gerbron Saeson oedd drwy ymddiwyllio yng Nghaer-grawnt neu Rydychen a dod ymlaen yn y byd wedi hynny. Dyma un rheswm dros bortread unllygeidiog Williams o Gymru, hynny yw, na fu ef ei hun yn rhan o'i ddatblygiad ac nid oedd yn llwyr ymwybodol ychwaith o natur bywyd cymdeithasol modern y genedl. Darlun dethol a chyfyng, felly, yw'r un a geir ganddo o fywyd Cymru yn *The Corn is Green*, darlun gan Gymro o'r tu allan a wêl Gymru drwy sbectol oes Victoria o'i wneuthuriad ei hun. Er i'r ffilm ennill ei lle yng nghalonnau miloedd o wylwyr, ni ellir llai na gresynu bod ei phortread o Gymru a'i phobl mor ddifrifol o hen ffasiwn a chamarweiniol.[62] Rhyngddynt llwyddodd Emlyn Williams a Warner Brothers i ymwrthod â realaeth ac i ym-fodloni ar greu darlun mytholegol. Ac fel pe na bai hynny'n ddigon, aeth y Cymro yn ei flaen i gyfarwyddo ffilm arall a oedd hefyd yn portreadu Cymru ym machlud oes Victoria, sef *The Last Days of Dolwyn*.

'. . . MUCH OF THIS FILM GOES SAILING OUT OF REALITY INTO FANTASY . . . IN THIS WALES NO ONE DIGS COAL OR EATS LEEKS':[63] *THE LAST DAYS OF DOLWYN*

Drwy hap a damwain y mentrodd Emlyn Williams i'r byd ffilmiau fel cyf-arwyddwr. Ym 1946, yn sgil gyrfa hynod lwyddiannus ac weithiau gythryblus fel ffilmydd, llwyddodd y cynhyrchydd byd-enwog Alexander Korda i gipio cyfran reolaethol o'r cwmni dosbarthu a chynhyrchu, British Lion.[64] Erbyn 1948 yr oedd y cwmni wedi dioddef colledion enfawr a sylweddolodd y llywod-raeth, pe dymchwelai British Lion, y gallai'r effaith ar ddiwydiant ffilm Prydain gyfan fod yn echrydus. Er mwyn atal y drychineb economaidd honno crëwyd y National Film Finance Company, ac un o dasgau cyntaf ei fwrdd rheoli oedd sicrhau benthyciad sylweddol i Korda a British Lion fel y gallai'r cwmni ailsefydlogi.[65] Bu'r arian hwn yn fanna o'r nefoedd i'r cwmni a chafodd Korda wireddu, ymysg cynlluniau eraill, un fenter arbennig iawn. Yn rhannol trwy gyfrwng y benthyciad hael hwn, cynigiodd Korda gytundebau i dri o'i hoff actorion, sef Robert Donat, Ralph Richardson ac Emlyn Williams, i gyf-arwyddo ffilm. Yr oedd Korda eisoes wedi datgan na fyddai bellach yn cymryd rhan weithredol mewn cynhyrchu ffilmiau, ond rhoes gyngor hael i'w dri egin-gyfarwyddwr.[66] Wedi iddo gymeradwyo sgriptiau'r tair ffilm, pennodd gyllideb o £50,000 yr un i'r tri a phenododd gynhyrchwyr a chyfarwyddwyr profiadol i'w cynorthwyo.[67] Cafodd y tri rwydd hynt hefyd i ddefnyddio technegwyr ac actorion gorau'r stiwdio. O ganlyniad, ym 1949 ymddangosodd y ffilm gyntaf, sef *The Last Days of Dolwyn* gan Emlyn Williams, ac, yn ôl Karol Kulik, hon oedd y ffilm orau o blith ymdrechion y tri actor-gyfarwyddwr.[68]

Erbyn 1948, sef adeg ei gyfle cyntaf i gyfarwyddo, meddai Emlyn Williams ar gryn brofiad fel actor. Er ei ymddangosiad cyntaf ar y sgrin fawr yn *The Case of the Frightened Lady* (Hunter, 1932), yr oedd wedi perfformio mewn nifer o ffilmiau poblogaidd fel *Broken Blossoms* (Brahm, 1936), lle y chwaraeodd arwr Tsieineaidd, a *They Drive By Night* (Woods, 1938), lle y portreadodd garcharor dieuog. Yr oedd hefyd wedi chwarae rhannau mewn fersiynau ffilm o dair nofel gan A. J. Cronin: yn *The Citadel* (1938), ef oedd Owen, asiant y glowyr; yn *The Stars Look Down* (Reed, 1939), ef oedd y dihiryn Joe Gowlan; ac yn *Hatter's Castle* (Comfort, 1941), ef oedd Dennis, y gwalch diffaith. Er gwaethaf ei brofiad fel actor ar y sgrin a'r ffaith fod dwy o'i ddramâu wedi eu haddasu'n ffilmiau, sef *The Corn is Green* a *Night Must Fall*, ni feddai Emlyn Williams ar ddigon o wybodaeth dechnegol i gyfarwyddo ffilm ar ei ben ei hun. O ganlyniad, penododd Korda un o'i dechnegwyr mwyaf dawnus i'w gynorthwyo, sef Russell Lloyd. Cyn iddo ymuno â'r Llynges Frenhinol yn ystod yr Ail Ryfel Byd, bu Lloyd, a anwyd yn y Sgeti, Abertawe ym 1916, yn gweithio fel golygydd i Korda rhwng 1932 a 1938.[69] Dychwelodd i weithio dros Korda wedi'r Rhyfel, ac yn sgil cryfder ei waith fel cyfarwyddwr cynorthwyol ar ffilm Julien Duviver, *Anna Karenina* (1947), cafodd gyfle arall i ddangos ei ddoniau fel cyd-gyfarwyddwr yn *The Last Days of Dolwyn*.[70] Plesiwyd Emlyn Williams yn fawr gan y cytundeb hwn a chytunodd y ddau mai Lloyd a fyddai'n gofalu am ochr dechnegol y ffilmio, sef y gwaith camera a saethu'r golygfeydd, ac y byddai Emlyn Williams yn cymhwyso'r sgript ac yn cyfarwyddo'r actorion.[71] Meddai Lloyd mewn cyfweliad a wnaed ym 1998:

> it was up to me to decide the set-ups, what the artists movements were, when they did this and when they did that, and also the great thing of saying 'action' and saying 'cut' at the end.[72]

Y mae rhywfaint o ddirgelwch yn parhau ynglŷn â sut y darganfu Emlyn Williams destun ei ffilm. Yn ôl ei dystiolaeth ef ei hun, mewn erthygl a gyhoeddwyd yn *The Listener*, daeth yr ysbrydoliaeth tra oedd yn teithio mewn bws trwy ogledd Cymru:

with not an idea in my head except that it would be about Wales and Edith Evans must be set in it like a jewel in a case . . . we had swerved round a corner: a grey expanse of lake between the mountains – that was ordinary enough: but emerging from the midst of the lake, the upper half of a church tower . . . The bus moved on; and so did my mind, suddenly. 'There's my film', I was saying to myself.[73]

Y mae'n fwy na thebyg mai cyfeirio at gronfa ddŵr Llyn Efyrnwy a wnâi Emlyn Williams yn yr erthygl uchod. Boddwyd safle pentref Llanwddyn er mwyn creu Cronfa Efyrnwy yn ystod y 1880au ac ailgodwyd y pentref, a ddinistriwyd cyn y boddi, i'r dwyrain o'r gronfa. Gan i adeiladau Llanwddyn gael eu dymchwel, nid oes modd gweld tŵr eglwys dan ddŵr Efyrnwy. Gellir, felly, awgrymu mai'r adeilad a welsai'r awdur oedd y tŵr addurniadol bychan a saif ar lan y llyn. Eto i gyd, yn ôl newyddiadurwr *Y Cymro*, bu'r frwydr i atal boddi Dyffryn Ceiriog yn y 1920au yn ddylanwad mawr ar Emlyn Williams.[74] Diau fod rhywfaint o wirionedd yn hyn oherwydd magwyd Emlyn Williams yn yr ardal yn ystod y cyfnod hwnnw. Ond yn achos Dyffryn Ceiriog brwydrodd cymwynaswyr lleol, megis Syr Alfred T. Davies, yn llwyddiannus i atal boddi pentrefi'r cwm, sef Llanarmon, Tregeiriog a Phentre Bach, gan Gorfforaeth Warrington.[75] Wrth i'w syniad egino a blodeuo, dechreuodd Emlyn ddychmygu pentref bychan di-arffordd tua'r flwyddyn 1892 yn cysgodi yng nghesail mynyddoedd, a chanddo gapel, tafarn, bacws, siop fechan a ffynnon gyhoeddus at reidiau'r trigolion. Dyma bentref a'i hatgoffai o'i fagwraeth ef ei hun ac fe'i bedyddiodd yn Dolwyn.[76]

Egyr *The Last Days of Dolwyn* â chyflwyniad swynol sy'n cyfleu awyrgylch hynaws a chynnes y pentref a bywyd beunyddiol syml y trigolion. Fel yn achos *The Corn is Green*, y mae cymuned Dolwyn yn ymgorfforiad o'r darlun traddodiadol o'r werin Gymreig a feithrinwyd gan ddeallusion Cymru mewn ymdrech i gryfhau hunaniaeth y genedl. Yn wir, datblygiad yw Dolwyn o'r pentref gwladaidd a ddarlunnir yn *The Corn is Green*, sef Glansarno, ac y mae'r ddau leoliad yn deillio o atgofion Emlyn Williams am bentref ei fagwraeth, sef Glanrafon. Buan y rhwygir undod honedig y gymuned gan ymwelydd tra anghynnes, Rob Davies. Mab afradlon yw Rob Davies sy'n dychwelyd i Ddolwyn yn ddyn llwyddiannus flynyddoedd wedi iddo gael ei erlid o'r pentref pan oedd yn fachgen am ddwyn arian o gasgliad y capel. Dim ond un peth sydd ar ei feddwl, sef dial am y driniaeth a gawsai gan drigolion Dolwyn. Ei fwriad yw cynorthwyo ei gyflogwr, yr Arglwydd Lancashire, i adeiladu cronfa ddŵr a fydd yn boddi'r pentref er mwyn diwallu anghenion dŵr cymunedau gogledd Lloegr. Llwydda i berswadio'r pentrefwyr y byddai bywyd yn Lerpwl yn dipyn brasach, a gwêl y Foneddiges Dolwyn hithau ei chyfle i ail-lenwi ei choffrau gwag drwy ymadael. Cytuna pawb, felly, i fudo, ac eithrio Merri, gofalwraig y capel, ac un o'i meibion maeth, Gareth. Pendilia'r ffilm rhwng cyffro a dathlu'r pentrefwyr a thristwch a gofid Merri wrth iddi geisio rhag-weld ei dyfodol. Yna, y mae Gareth yn darganfod dogfen sy'n datgelu mai Merri yw perchennog prydles ei bwthyn ac na all neb ei gorfodi i ymadael. Ceisia'r Arglwydd Lancashire ei ddarbwyllo, ond llwydda Merri i'w argyhoeddi bod ei chartref a'r pentref yn werth eu hachub, a phenderfyna'r hen ŵr rhadlon y dylid newid llwybr y dŵr a chaniatáu i'r pentref oroesi. Gwylltia Rob Davies wrth glywed y newyddion hyn, ac y mae'n penderfynu boddi'r pentref ei hun. Dihanga'r pentrefwyr i gyd (ac eithrio Merri sy'n benderfynol o farw yn ei chartref) i'r mynyddoedd pan glywant y corn rhybudd, ond wedi iddo fethu ag agor yr argae ceisia Rob Davies losgi'r pentref yn ulw. Daw Gareth, sy'n dychwelyd o ben y mynydd i chwilio am ei fam, ar ei draws ac mewn ymdrech i atal Davies rhag cyflawni'r anfadwaith ceir ffrwgwd rhyngddynt a lleddir Rob Davies yn ddamweiniol. Er mwyn arbed ei mab rhag carchar neu waeth, y mae Merri yn agor y llifddorau ac yn boddi ei phentref annwyl, ynghyd â chorff Rob Davies.

21. Golygfa o Rob Davies (Emlyn Williams) yn dychwelyd i bentref Dolwyn. Y gweinidog (Hugh Griffith) sy'n eistedd wrth ei ymyl.
(*The Listener*, Cyfrol 41, rhif 1065, 23 Mehefin 1949, Llyfrgell Genedlaethol Cymru, Aberystwyth)

A'r stori a'r sgript wedi eu cwblhau, a'r frwydr gyda Korda ynghylch cynnwys pytiau o ddeialog Gymraeg wedi ei hennill, aeth Emlyn Williams ati i benodi ei gast.[77] Yr oedd eisoes wedi penderfynu y byddai ei arwres y Fonesig Edith Evans yn chwarae rhan Merri, ac y byddai ef ei hun yn chwarae rhan y dihiryn dialgar Rob Davies.[78] Yna dewisodd Emlyn ambell gyfaill arall i ymddangos yn ei ffilm, er enghraifft, Barbara Couper fel y Foneddiges Dolwyn, ac Alan Aynesworth ar gyfer rhan yr Arglwydd Lancashire. Yn ogystal, rhoes gyfle ardderchog mewn rhannau llai i amryw o'i gyd-wladwyr. Trywydd newydd oedd hwn mewn cyfnod pan oedd cynifer o Wyddelod, Saeson ac Americaniaid yn cael eu dewis i bortreadu Cymry mewn ffilmiau nodwedd am Gymru. Er ei fod yn hoff iawn o hyrwyddo gyrfaoedd Cymry eraill y deuai ar eu traws yn Lloegr, diau fod Emlyn Williams, yn sgil yr ymateb i *The Corn is Green*, hefyd yn awyddus i sicrhau bod mwy o realaeth yn perthyn i'r ffilm arbennig hon. Ymysg yr actorion a dderbyniodd y rhannau amlycaf yr oedd Roddy Hughes o Borthmadog, a chwaraeodd ran Caradoc y tafarnwr, a Hugh Griffith o Farianglas a bortreadodd y gweinidog.[79] Rhwydwyd Kenneth Evans i chwarae rhan Jabbez, gyrrwr coets y Foneddiges Dolwyn a'r pregethwr cynorthwyol, ac ef hefyd oedd yr ymgynghorydd ieithyddol i'r cast.[80] Dewiswyd Prysor Williams i chwarae'r hen delynor, Old Tal, a Madoline Thomas i bortreadu Mrs Thomas y siop. Ond yr actor a fyddai yn y pen draw yn elwa fwyaf ar y rhan a gawsai yn y ffilm oedd Richard Burton, actor addawol 23 oed o Bontrhydyfen. Adwaenai Emlyn Williams Richard Burton ers sawl blwyddyn: rhoesai gynnig rhan i'r llanc, ac yntau'n 17 oed ar y pryd, yn ei ddrama *The Druid's Rest*.[81] Dyna fu man cychwyn gyrfa Burton ym myd y theatr, ac Emlyn Williams a'i rhoes ar ben y ffordd ym myd y ffilmiau hefyd drwy ei annog i gymryd prawf sgrin ar gyfer rhan Gareth yn *The Last Days of Dolwyn* a'i hysbysu o'i lwyddiant drwy anfon telegram i ddweud: 'You have won the scholarship.'[82]

Gwaith anos o lawer i Emlyn Williams oedd canfod lleoliad addas ar gyfer portreadu Dolwyn. Yr oedd stiwdios London Films, Isleworth, yn rhydd ar gyfer chwe wythnos o ffilmio golygfeydd dan do, ond rhaid oedd pennu lleoliad ar gyfer y saethu awyr-agored. I'r diben hwnnw teithiodd Emlyn Williams, ynghyd â'i griw technegol, ar hyd gogledd Cymru yn ystod Ebrill a Mai 1948.[83] Yn sgil methiant *The Corn is Green*, yr oedd yn benderfynol o sicrhau y byddai pob lleoliad yn y ffilm yn gredadwy. Y nod oedd cael hyd i bentref twt y gellid ei ffilmio'n hawdd trwy droi'r camera yn ei unfan, ac un nid nepell o gronfa ddŵr Efyrnwy.[84] Ymwelwyd â chynifer â 60 o bentrefi cyn taro ar y man delfrydol, sef pentref tawel a diarffordd Rhyd-y-main ger Dolgellau.[85] Yr oedd wyth lleoliad penodol yn y pentref at ddant Williams, yn eu plith y capel a'r afon. Gweddai'r pentref yn agos iawn i'r hyn yr oedd wedi gobeithio ei ddarlunio, ond yr oedd ambell nodwedd y byddai'n rhaid ei newid er mwyn dwyn i gof y flwyddyn 1892. Yn un peth, ni wnâi'r bont haearn fodern a groesai'r afon fechan y tro, ac felly trefnwyd ei chyfnewid am bont bren. Rhaid oedd tynnu'r polion teleffon i lawr, codi siglen ar gyfer y plant, gosod carreg filltir a ddynodai 122 milltir i Lerpwl, a throi un o'r tai yn dŷ plismon lleol.[86] Ond y ddau adeilad a roes y pryder pennaf i Emlyn Williams oedd y capel a'r dafarn. Gan fod y capel yn adeilad sylweddol modern a oedd yn tarfu ar y darlun cartrefol o'r pentref, awgrymodd yr uned dechnegol y gellid defnyddio gwedd allanol un o fythynnod mwyaf Rhyd-y-main er mwyn portreadu ffasâd y capel a ffilmio y tu mewn i gapel Llanfachreth. Felly cuddiwyd capel Rhyd-y-main â chot o baent a charped o goed ac eiddew. Yna, er mwyn goresgyn y broblem arall, sef diffyg tafarndy yn y pentref, cynigiwyd y gellid gosod porth o gwmpas drws un o'r tai a chrogi'r arwydd 'Dolwyn Arms' uwch ei ben. Er mwyn cael caniatâd i gyflawni'r newidiadau hyn, galwyd cyfarfod cyhoeddus er mwyn rhoi cyfle i Emlyn Williams esbonio ei fwriadau ac i'r holl bentrefwyr hwythau gael mynegi barn. Tawelwyd pryderon y bobl leol a rhoddwyd rhwydd hynt i'r cynhyrchiad.

Ddechrau Gorffennaf 1948 – mis hynod wlyb – cludwyd yr uned ffilm o Lundain i Feirionnydd a'u lletya, ac eithrio rhai o'r prif sêr, yng ngwesty'r Llew Aur yn Nolgellau. Denwyd Otto Heller – a oedd, megis y cynhyrchydd, Anatole de Grunwalde ac Edith Evans, newydd orffen gweithio ar *The Queen of Spades* – i gyfarwyddo'r gwaith camera, ynghyd â'i gynorthwyydd Gus Drisse. Ymddiriedwyd y gwaith o greu'r setiau ar gyfer y ffilm i Wilfred Shingleton a oedd eisoes wedi ennill Osgar, gyda John Bryan, ym 1947 am ei waith fel cyfarwyddwr artistig ffilm David Lean, *Great Expectations* (1946), ac ef hefyd a fu'n gyfrifol am y setiau digon credadwy a gafwyd yn *The Proud Valley* (1940). Megis nifer o ffilmiau eraill a wnaed tua'r cyfnod hwn, er enghraifft *The Silent Village* (Jennings, 1943) a *Blue Scar* (Craigie, 1949), manteisiodd Emlyn Williams ar frwdfrydedd ysol trigolion yr ardal leol er mwyn canfod y mwyafrif o'r cast ychwanegol ar gyfer y ffilm. Ychwanegodd hyn yn sylweddol at hygrededd y ffilm. Ymhlith trigolion Rhyd-y-main dewiswyd Carys Hames a'i brawd a'i thad. Ymddangosodd y tri yn yr olygfa agoriadol ger yr arwydd coffa i bentref Dolwyn. Cafodd Glyn Williams a Meinir Boyns, a oedd hefyd yn blant y pentref, ymddangos yn y ffilm fel plant Dolwyn, ynghyd â Hywel Wood, ffermwr lleol yn ei saithdegau ac un o ddisgynyddion y sipsiwn enwog. Denwyd ef i ddawnsio'r glocsen.[87] Gwnaed hefyd ddefnydd o adnoddau lleol sir Feirionnydd gan yr uned ffilmio. Cyflogwyd Clem Owen, mecanydd lleol, fel gyrrwr y modur Chrysler ar gyfer y sêr, a benthyciwyd Mot, ci defaid ffyddlon Ieuan Evans, ffermwr ifanc lleol, a rhai o'i ddefaid ar gyfer golygfeydd yr actor Maurice Browning fel bugail.[88] Ymhlith y Cymry eraill a ddenwyd gan Emlyn Williams i bortreadu mân gymeriadau Dolwyn yr oedd actorion ifanc ar drothwy eu gyrfaoedd, yn eu plith Dafydd Harvard, Pat Glyn, Joan Griffiths a Sybil Williams. Dewiswyd John Greenwood i ofalu am y gerddoriaeth, ac fe'i gwobrwywyd maes o law am ei waith yng Ngŵyl Ffilm Ryngwladol Fenis.[89]

Cwblhawyd y gwaith ffilmio ym 1948 a'r gwaith golygu a chysodi yn gynnar ym 1949. Cynhaliwyd première y ffilm yn Sinema'r Plaza, Bangor ar 27 Ebrill 1949, noswyl anrhydeddu'r cyfarwyddwr â gradd doethur mewn llenyddiaeth er anrhydedd Prifysgol Cymru.[90] Ymhlith y gwahoddedigion i'r première yr oedd pwysigion eraill y byddid yn eu hanrhydeddu y diwrnod canlynol, sef y Prif Weinidog Clement Attlee, y Foneddiges Megan Lloyd George, yr Arglwydd Aberconwy, Dr H. Elvet Lewis (Elfed) a Syr Ifor Williams.[91] Rhyngwyd bodd trigolion Rhyd-y-main drwy gynnal dangosiad arbennig ym Mangor ar 4–5 Mai 1949 a dangoswyd y ffilm yng Nghaerdydd ddechrau mis Gorffennaf 1949.[92] Wedi ei rhyddhau i sinemâu ledled Prydain ar 18 Gorffennaf 1949, cafodd y ffilm ei dangosiad cyntaf yn America ar 29 Awst 1949 yn y World Theatre yn Efrog Newydd dan y teitl *Woman of Dolwyn*.[93]

Y mae golygfeydd agoriadol *The Last Days of Dolwyn*, sy'n gosod cyd-destun y ffilm, yn rhai hynod syml ac effeithiol. Diolch i waith camera cyfareddol Otto Heller, ceir awyrgylch a naws bugeiliol hyfryd. Cyflwynir lleoliad Dolwyn trwy banio'n hardd dros fynyddoedd uchel cyn disgyn at gronfa ddŵr sy'n celu'r pentref ffuglennol bychan. Wrth i'r darluniau ymdoddi, gan roi'r argraff fod y gwyliwr yn syllu drwy ddŵr y gronfa, gwelir y pentref fel yr oedd cyn iddo gael ei foddi ym 1892. Fe'n tywysir tua'r pentref gan Rob Davies, ac yno, gyda'r lonydd a'r tai yn wag a'r capel bychan dan ei sang, ni wêl yr un dyn byw y dieithryn rhodresgar yn ymlwybro drwy'r pentref tua'r dafarn. Cyfleir naws baradwysaidd a chysglyd bywyd yn Nolwyn wrth i Rob Davies fynd heibio i faban mewn pram wedi ei adael ar fin y ffordd a hen wreigan yn cysgu'n drwm ar garreg ei drws. Ond yna ceir awgrym cryf o'r drwgargoel a fydd yn tarfu ar fywyd digyffro y pentrefwyr wrth i Rob Davies droi ei olygon at y capel. Daw ei atgasedd tuag at y pentref yn amlwg wrth iddo sathru ac eistedd ar feddau yn y fynwent wrth ddisgwyl i'r gwasanaeth ddod i ben. Dengys y golygfeydd hyn afael gref Emlyn Williams a Russell Lloyd ar y cysyniad sinematig mai darluniau sy'n gosod y cefndir ac nid deialog.

Dymuniad Emlyn Williams oedd sicrhau mai Edith Evans fyddai canolbwynt y ffilm 'megis gem mewn casyn', ac ni wastraffodd yr actores ei chyfle wrth chwarae Merri, glanheuwraig y capel.[94] Y mae mor hunanfeddiannol ym mhob golygfa fel na ellir llai nag edmygu ei hunplygrwydd. Y mae'n argyhoeddi'n llwyr fel ymgorfforiad o'r Gymraes grefyddol weithgar sy'n rhan annatod o'i chynefin ac o'r ffydd Ymneilltuol Gymreig. Y mae'r portread o Merri yn *The Last Days of Dolwyn* yn gam sylweddol ymlaen ar y darlun traddodiadol o'r 'Welsh

Cyfaredd y Cysgodion

Mam', ac yn rhagorach na'r portread hurt a gafwyd gan Sara Allgood o'r matriarch yn *How Green Was My Valley*. Dyma Gymraes wledig yn drwm dan ddylanwad grym y Diwygiad, y Gymraes ddefosiynol a aflonyddai ar atgofion Emlyn Williams o'i fagwraeth gul dan adain ei fam grefyddol.[95] Ni cheir unrhyw achos i feirniadu'r darlun hwn o'r wraig dduwiol a diymhongar, a llwyddodd Edith Evans yn wych i gyfleu'r gwerthoedd a'r ymarweddiad priodol. Y mae hefyd yn rhagori yn y golygfeydd lle y ceisia berswadio'r Foneddiges Dolwyn a'r Arglwydd Lancashire i arbed y pentref. Eto i gyd, er gwaethaf ei hactio graenus, ceir anghysondeb amlwg yng nghymeriad Merri oherwydd galwadau'r stori a'r anawsterau a gafwyd wrth geisio dyfeisio diweddglo teilwng i'r ffilm. Nid yw ei gweithred ar ddiwedd y ffilm, sef boddi'r pentref, yn cyd-fynd â'r darlun o'r cymeriad unplyg a diddichell a gafwyd gydol *The Last Days of Dolwyn*. Wrth reswm, ni ellir ei beio hi am gynnwys y sgript ac anodd peidio ag eilio'r ganmoliaeth a roddwyd i berfformiad yr actores 60 oed hon. Meddai Milton Shulman, 'Whenever she appears, the screen vibrates with life . . . for her performance alone you should see this film' ac, yn ôl David Raglan, yr oedd y ffilm yn cynnwys 'the greatest performance by any actress in British film history; and he or she, who misses it, is film history's greatest fool'.[96]

Bu gofal Williams wrth benodi ei actorion yn allweddol bwysig, a gweithred athrylithgar oedd dewis Hugh Griffith ar gyfer rhan y gweinidog hawddgar. Achubir y ffilm i raddau o'i dyfnderoedd melodramatig gan ei berfformiad meistrolgar ef ac Edith Evans. Er nad oedd ganddo ran hael, llwyddodd Griffith i wneud argraff nid yn unig oherwydd ei wyneb trawiadol ond hefyd oherwydd ei ddehongliad dwys a chynnil o'r cymeriad. Llithra'n dawel i mewn ac allan o'r golygfeydd, heb bregethu'n danbaid fel y gwna Jabbez ond yn hytrach gan ymresymu'n ddoeth â'i wrandawyr. Gwir y dywedodd Barry Norman am yr actor hwn 'One of the worst things that could happen to an aspiring film star is to find himself in a scene with Trevor Howard, animals, children, or Hugh Griffith. Mr Griffith, like the others, is an inveterate scene stealer.'[97] At hynny, drwy lefaru mor naturiol yn Gymraeg, megis yn ei bregeth olaf yng nghapel Dolwyn, y mae Hugh Griffith nid yn unig yn cyfoethogi'r ffilm yn ddirfawr ond hefyd yn dechrau magu persona fel un o brif arwyr sgrin fawr y genedl. Yn ôl yr adolygydd M. Gwyn Jenkins: 'Atgof melys fydd portread manwl, dirodres Hugh Griffith o hen bregethwr unplyg craff ei weledigaeth: yr unig gymeriad, efallai, sy'n gwbl argyhoeddiadol.'[98] Law yn llaw ag Edith Evans, rhoes yr actor medrus hwn gryn hygrededd a bri i *The Last Days of Dolwyn*.

Cafwyd cyfraniadau cofiadwy hefyd gan actorion eraill, yn bennaf gan Richard Burton a'i berfformiad effeithiol iawn mewn rhan ddigon cyfyng, sef fel Gareth, mab maeth Merri. Chwaraeodd gymeriad na chysylltir mohono ag ef erbyn heddiw, ond eto gwelir fflachiadau o'r hyn a ddygodd iddo ei enwogrwydd, megis ei syllu treiddgar a'i lais melfedaidd. Cymeriad digon sentimental na all grwydro ymhell o linynnau ffedog ei fam faeth yw Gareth. Yn wahanol i Dafydd, ei frawd maeth sy'n awyddus i brofi bywyd mwy cyffrous, bodlona Gareth ar fywyd y pentref a gyrfa fel cynorthwyydd yn y siop leol fechan. Daw ei swildod i'r amlwg wrth geisio magu digon o hyder i sgwrsio â Margaret, nith y plas, sydd wedi dwyn ei galon. Er na ddefnyddiodd Burton gryfder ei lais yn *The Last Days of Dolwyn* i'r un graddau ag y gwnaeth mewn ffilmiau diweddarach, y mae blaenffrwyth ei ddoniau yn amlwg ac y mae ei glywed yn sgwrsio ar y sgrin yn 'iaith y nefoedd' yn wefreiddiol. Eto i gyd, wrth fwrw golwg yn ôl ar ei ymdrech gyntaf ar seliwloid, honnodd Burton fod y ffilm yn 'lamentable thing' a'i berfformiad ef ei hun yn un 'twymynol'.[99] Ond rhan dila iawn a gawsai yn y ffilm ac fe'i gwanheir gan y garwriaeth ddibwys rhyngddo ef ac Andrea Lea (Margaret), carwriaeth a dynnwyd i mewn 'gerfydd ei gwallt'.[100] Y mae'r stori garu ddiangen hon rhwng Margaret a Gareth yn enghraifft o'r hyn a ysgogodd Jympson Harman i ddweud, 'A good film is like a tapestry; *The Last Days of Dolwyn* resembles a patchwork quilt, with all the joins showing plainly and parts of the material clashing with others.'[101] Erbyn heddiw caiff *The Last Days of Dolwyn* ei chofio'n bennaf fel ffilm gyntaf Richard Burton, a mis ar ôl ei rhyddhau cychwynnodd gyrfa sgrin Burton o ddifrif wedi iddo ymddangos yn *Now Barabbas Was a Robber*, ffilm arall a gynhyrchwyd gan Anatole de Grunwald.

Er gwaethaf y rhinweddau arbennig hyn, y mae i *The Last Days of Dolwyn* wendidau amlwg, yn enwedig y diweddglo sy'n frith o ddigwyddiadau an-nhebygol a melodramatig.[102] Cwbl anghredadwy yw peri i Rob Davies, y Cymro sydd wedi troi ei gefn ar ei genedl, benderfynu boddi ac yna losgi pentref Dolwyn mewn dialedd am y cywilydd a brofasai pan oedd yn blentyn. Dirywio y mae pethau wedyn wrth i'r ffilm gyrraedd ei huchafbwynt melo-dramatig ym marwolaeth Rob Davies mewn ffrwgwd hollol anargyhoeddiadol rhyngddo a Gareth. Yna, yn goron ar y cyfan, ceir ymgais gan Merri i guddio'r corff drwy foddi Dolwyn ar ei phen ei hun. Pa ryfedd i feirniaid ffilm megis Lionel Collier nodi yn sgil gwylio'r clo rhyfedd hwn: 'For three-quarters of its length this film is sheer poetry, but it falls steeply downhill into melodrama completely out of touch with its character in the last quarter.'[103] Penderfynodd Emlyn Williams ymwrthod â'r cyfle i gynnwys elfen o ddrama ddiffuant wrth gloi'r ffilm. Yn hytrach, dan rith melodrama, creodd glo rhwysgfawr ac annhebygol a oedd, yn ôl C. A. Lejeune, megis 'something dabbed on as an afterthought by a hasty hand, which can be scraped off without leaving the film one jot the poorer'.[104]

Nid y diweddglo melodramatig yw unig wendid y ffilm. Y mae portread ffuantus Emlyn Williams ei hun o Rob Davies ymhell o fod yn foddhaol gan ei fod yn tanseilio naturioldeb a chynildeb perfformiadau gweddill y cast. Fel y dywedodd Seymour Peck yn *The Daily Compass*:

> Mr Williams' villainies are excessive and his motives are implausible. The lengths to which he goes to show his contempt of Wales and its people remind one of the tactics in the plays of the gaslight era.[105]

Y mae'n syndod fod Emlyn Williams wedi dewis chwarae'r gwalch yn ei ffilm ef ei hun, ac yntau wedi cyfaddef pan oedd yn ffilmio *The Citadel* ei fod yn casáu chwarae dihirod mewn dramâu a ffilmiau.[106] Tybed, felly, o gofio ei ddiddordeb ysol mewn llofruddion, a gawsai Emlyn Williams ei ddenu, yn ddiarwybod iddo, at rannau a bortreadai ddynion dichellgar a llwgr yn sgil rhyw chwil-frydedd afiach mewn troseddwyr o bob math? Dengys ei lythyrau a'i bapurau yn Llyfrgell Genedlaethol Cymru fod ganddo ddiddordeb personol annaturiol braidd yn hanes llofruddion, yn enwedig llofruddion plant.[107] Gohebai ag amryw garcharorion a phobl dan amheuaeth megis Clay Shaw (a gyhuddwyd o fod yn rhan o'r cynllwyn i lofruddio John F. Kennedy) a Myra Hindley (a garcharwyd gydag Ian Brady am lofruddio plant). Cyhoeddodd hefyd gyfrol yn ymdrin â drwgweithredu ac achos llys Brady a Hindley, sef *Beyond Belief: A Chronicle of Murder and its Detection*, a hefyd nofel yn seiliedig ar anfadwaith Dr Crippen.[108] Meddai James Harding, un o gofianwyr Emlyn Williams:

> His personality represents an inextricable tangle of George and Emlyn. Often one cannot tell where George begins and Emlyn finishes. George was a dutiful son and a thoughtful husband. Emlyn was a bravura actor who depicted with chilling intensity murderers and psychopaths, capitalising on his lack of conventional good looks and short stature to convey in a silvered voice untold depths of menace and horror. George was a loving father who adored his family. Emlyn was enthralled by evil and obsessed with the exploits of child murderers which he tabulated in absorbed detail. George invented stage characters of endearing Welsh homeliness and Dickensian humour. Emlyn created heroes driven by twisted minds and perverted psychology.[109]

Canfu Emlyn yn ei gefndir bwnc i'w drafod yn ei ddramâu a'i ffilm ond, yn ôl newyddiadurwr *Y Cymro*, 'creadigaeth artist sy'n hen gyfarwydd â meddwl ac adwaith tyrfaoedd y sinema yn Lloegr' yw *The Last Days of Dolwyn*.[110] Wrth fyfyrio ar y darlun o bentref Dolwyn, credai'r adolygydd hwn nad oedd Emlyn Williams yn adnabod y bywyd Cymreig o gwbl a daeth adolygydd arall yn *Y Ddraig Goch* i'r casgliad na ellid 'disgwyl pethau mawr oddi ar law Emlyn Williams'.[111] Er i'r ddau feirniad gael eu swyno gan y golygfeydd barddonol o gefn gwlad Cymru a chan berfformiadau Edith Evans a Hugh Griffith, fe'u cythruddwyd gan y golygfeydd a ddangosai'r Cymry fel pobl anneallus. Un cymeriad a oedd yn gyff gwawd i ddieithriaid ac i'w bobl ei hun oedd Caradoc, tafarnwr y Dolwyn Arms. Ei ymateb di-glem ef i ymholiad Rob Davies ynglŷn â safon caws lleol, 'Is it edible?' oedd 'Oh, I don't think so.' Mwy dilys, efallai, oedd yr awgrym o ragrith a gyfleir yn yr olygfa lle y mae diaconiaid y capel yn ymgynnull yn gyfrinachol ar y Sul yn y dafarn er mwyn trafod, uwchben eu cwrw, y bregeth a glywsant rai oriau ynghynt. Er i M. Gwyn Jenkins fynnu ei bod 'yn ddigon i beri'r ddincod ar ddannedd pob Cymro', tybiai Campbell Dixon yn *The Daily Telegraph* fod 'truth and quiet humour' i'w canfod yn yr olygfa.[112] Y mae portread Kenneth Evans o Jabbez, y pregethwr cynorthwyol, yn taranu yn y pulpud hefyd yn argyhoeddi. Arddull y pregethwr tanbaid a ysgogodd Emlyn Williams a Richard Burton i fentro i'r byd actio, a honnodd Burton ryw dro mai'r pulpud yw'r 'greatest stage in the world'.[113] Er ei fod yn ddarlun sydd bellach yn stereoteip o'r Gymru grefyddol, hawdd credu bod y cof am y pregethwyr ymfflamychol hynny yn parhau'n gryf yn y 1940au hwyr ac y gallai'r ifainc ymuniaethu â'r dull hwn o gyfathrebu wrth wrando ar areithiau tanllyd gwleidyddion Cymru. Elfen arall a rôi ddilysrwydd i ddarlun Emlyn Williams o Gymru oedd fod trigolion Dolwyn yn sgwrsio'n naturiol yn Gymraeg. Diau fod Williams wedi sylweddoli y byddai tipyn o Gymraeg yn apelio at gynulleidfaoedd y tu hwnt i Gymru ac 'that for every customer he bores with the Cymric tongue he'll impress another with the genuine "foreign" touch'.[114]

Fel yn achos y ddrama *The Corn is Green*, ni cheisiodd Emlyn Williams yn yr unig ffilm a gyfarwyddwyd ganddo bortreadu ei genedl mewn cyd-destun modern. Gellir priodoli hyn i raddau i'w ddiffyg hyder a'r ffaith ei fod wedi cefnu ar ei famwlad pan oedd yn 18 oed. Ymdebygai yn hyn o beth i'w *alter ego* yn y ffilm, Rob Davies, sy'n ymateb i'r cwestiwn ai Cymro ydyw drwy ddweud, 'I've been out of Wales for twenty years. I'm a cosmopolitan.'[115] Llawer mwy cysurlon, yn achos Emlyn Williams, fyddai dychwelyd i gyfnod pan geid pregethau tanbaid dramatig, a phan fyddai melodrama yn swyno cynulleid-faoedd. Ond nid dyma'r unig debygrwydd rhwng *The Last Days of Dolwyn*, a *The Corn is Green*, oherwydd ceir hefyd yn y ffilm dystiolaeth bellach o amharodrwydd Emlyn Williams i drafod unrhyw wrthdaro rhwng cymeriadau di-Gymraeg a Chymry Cymraeg. Ni roddir fawr ddim sylw i'r thema o ang-hyfiawnder neu ormes o du Lloegr a'r bwriad i foddi cwm yng Nghymru. Gwelir y cilgamu deheuig hwn yn *The Corn is Green* wrth i Miss Moffat gael ei darlunio nid fel un sy'n tanseilio'r diwylliant cynhenid ond yn hytrach fel arwres sy'n ceisio achub y dosbarth gweithiol rhag barbareiddiwch. Prin led-gyffwrdd â'r pwnc gwleidyddol tanllyd o ormesu gwlad fach er mwyn bodloni angenrheidiau gwlad fawr a wna Emlyn Williams yn *The Last Days of Dolwyn*, a hynny er gwaethaf cryfder y teimladau a geid yng Nghymru yn y 1940au ynghylch ei harbed rhag gormes allanol. Dengys y ffilm *Yr Etifeddiaeth*, sydd â'i llach ar wersyll gwyliau Butlin's, fod gan fudiad diogelu diwylliant Cymru ei ddilynwyr. Yr oedd cryn gefnogaeth i wrhydri gwŷr fel Iorwerth C. Peate a Saunders Lewis, ac y mae'n amhosibl credu na wyddai Emlyn Williams am yr adwaith i'r llosgi ym Mhenyberth ym 1936 ac am benderfyniad y llywodraeth i gipio mynyddoedd Epynt a'r Preselau yn y 1940au er budd y lluoedd arfog. Ond yn hytrach na thrafod yn ddewr a gonest y digwyddiadau dramatig a dadleuol hyn, dewisodd Emlyn Williams greu ffilm ffuglennol, wedi ei gosod yn y 1890au, a ganolbwyntiai ar deimladau sentimental ei brif gymeriad syml a didwyll Merri, a'i thorcalon wrth feddwl am orfod gadael ei chynefin. Parhau'n amhleidiol a wnaeth Emlyn Williams, fel y dengys yr olygfa lle y darlunnir y gormeswr, sef yr Arglwydd Lancashire, fel un a weithredai yn ddiarwybod. Ni wyddai ef fod pentrefwyr yn byw yn y cwm gan fod ei gynorthwyydd, Rob Davies, wedi cuddio'r wybodaeth rhagddo. Caiff ei oleuo ynghylch aberth y trigolion wrth i Merri drin ei wynegon, a phenderfyna'r gŵr rhadlon hwn nad yw am eu taflu o'u cartrefi. O ganlyniad, arbedir y cwm. Mewn un olygfa fer, try'r gelyn yn arwr, a'r Cymro bellach sy'n fygythiad gan ei fod am ddial ar ei bobl ei hun. Meddai Emlyn Williams ei hun mewn cyf-weliad â Claire Pollak: 'I didn't want it to be an English villain because . . . it would have looked like an attack on England, which I didn't want.'[116] Gwelir yn amlwg, felly, y croesdynnu mewnol a oedd yn rhwygo Emlyn Williams. Gwyrai rhwng dau ddiwylliant a dwy ffordd o fyw. Ni allai gelu ei serch at Gymru a'r Gymraeg, ond alltud Seisnig a llwyddiannus ydoedd bellach. Meddai mewn llythyr a anfonodd at y cylchgrawn *Wales* ym 1958:

> I am not a Welsh Nationalist, Oxford and London have been very good to me, I have not even any strong feeling that a Welsh child brought up outside Wales in a completely English social milieu should be made to speak Welsh. So I am presumably fairly impartial. Yet when I see, in print, a dictum that when Welsh ceases to be spoken 'it will be a happy day for Wales', I don't feel impartial.[117]

I'r cenedlaetholwr, artist a gollodd ei gyfle oedd Emlyn Williams, a mynegir y farn honno yn ddi-flewyn-ar-dafod gan M. Gwyn Jenkins:

> Fe welodd ef [Emlyn Williams] beth yw hanfod y stori, mae'n eglur, a cheisio dianc am ei fywyd a wnaeth . . . Cysgod o beth ydyw [y ffilm]. Gallasai Emlyn Williams gynhyrchu drama i'w gosod ochr yn ochr â 'John Bull's Other Island', ond ni fedrai ef ddweud y caswir i'r Saeson a'r Cymry, am nad oedd ganddo

ddewrder moesol Shaw. Ofnai fod yn artist o genedlaetholwr, a methodd â bod yn artist o gwbl. Dyna ei drychineb bersonol ef, a cholled Cymru a'r byd.[118]

The Last Days of Dolwyn oedd ymgais gyntaf ac olaf Emlyn Williams fel cyfarwyddwr ac ychydig a wyddai wrth ei chwblhau y byddai ei thema yn rhagarwydd o ddigwyddiad a ddeuai'n bwnc llosg yng Nghymru yn y 1950au a'r 1960au. O fewn wyth mlynedd i gwblhau'r ffilm byddai cymuned Gymraeg ei hiaith yn brwydro i ddiogelu ei phentref a'i chymdeithas wrth i Gorfforaeth Lerpwl geisio boddi pentref Capel Celyn yng Nghwm Tryweryn, cwta 20 milltir o Ryd-y-main. Er i ffilm Williams ennyn cryn dipyn o sylw ym 1949 yn sgil ei enwogrwydd ef a'r brif actores, ni ellir ei chyfrif yn llwyddiant ysgubol. Fe'i cofir bellach gan haneswyr ffilm cyfoes fel ffilm gyntaf Richard Burton ac fel unig ymdrech Williams fel cyfarwyddwr. Saif yng nghysgod ffilmiau Prydeinig eraill a wnaed ym 1948–9 ac a ystyrir yn glasuron, megis *Oliver Twist* gan David Lean, *The Red Shoes*, campwaith Michael Powell ac Emeric Pressburger, *The Winslow Boy* gan Anthony Asquith, *Kind Hearts and Coronets* gan Robert Hamer a *The Third Man* gan Carol Reed.

Dagrau pethau o safbwynt ymgais Emlyn Williams i bortreadu Cymru a'i phobl yw na lwyddodd i oresgyn yr amwysedd yn ei agwedd tuag at ei fam-wlad nac ychwaith i dreiddio'n ddwfn i'r amwysedd hwnnw. Er ei ddisgrifio yn neunydd cyhoeddusrwydd y ffilmiau fel 'cenedlaetholwr angerddol', fel y gwelsom, mynd y tu arall heibio a wnâi pan godai unrhyw bwnc llosg gwlei-dyddol.[119] Ni lwyddodd yn y naill ffilm na'r llall i dafoli yn argyhoeddiadol y gwahaniaethau dosbarth a geid yng Nghymru nac ychwaith y tensiwn rhwng ei ymlyniad wrth Gymru fel ei famwlad a'i serch at Loegr fel ei wlad fabwysiedig. Gwelir yr amwysedd a'r cymhlethdod yn ei agwedd at Gymru yn yr araith a draddododd yn Eisteddfod Genedlaethol y Rhyl ym 1953. 'Yn ôl i gatre' oedd ei theitl,[120] ac er iddo swyno'r dorf â'i ddarlun sentimental o'i lencyndod, y mae'n gwbl amlwg mai Rhydychen a Llundain oedd byd y mab afradlon disglair hwn. Yn achos *The Corn is Green* a *The Last Days of Dolwyn*, ei lwybr ymwared oedd gosod ei ffilmiau yn y 1890au a'u gorliwio i'r fath raddau nes creu melodrama. Dewisodd gynnal darlun dethol, hiraethus ac ystrydebol o Gymru yn hytrach na chreu portread gwreiddiol a blaengar a archwiliai'r arwyddocâd o fod yn Gymro amwys.

6

'Y Graith Las ar Gynfas Arian':[1] *Delweddau dirweddol o'r de glofaol?*

Bu dylanwad diwedd yr Ail Ryfel Byd ar y diwydiant ffilm ym Mhrydain yr un mor rymus ag yr oedd dylanwad dechrau'r rhyfel ym 1939. A llywodraeth Lafur wedi llwyddo am y tro cyntaf i ennill grym, effeithiwyd nid yn unig ar economi'r diwydiant ffilm ond hefyd ar gynnwys y ffilmiau. Pylodd y galw am ffilmiau a ddarluniai gyfraniad y lluoedd arfog yn y blynyddoedd yn union wedi'r rhyfel, ac nid tan Ryfel Korea y dechreuwyd cynhyrchu unwaith eto bortreadau ac atgofion am y brwydro a fu. Felly hefyd y bu yn hanes ffilmiau dogfen; bellach, ystyrid eu rôl fel cyfrwng propaganda gwych yn afraid. Yn hytrach, cafwyd galw ym Mhrydain am gomedïau, megis rhai Ealing, yr oedd eu straeon ysgafn a'u cymeriadau lliwgar yn darlunio amryfal nodweddion a hynodrwydd (er mewn modd ystrydebol yn aml iawn) gwahanol ardaloedd a phobloedd ym Mhrydain. Ceisiai ffilmiau a leolwyd yn Lloegr, megis *Passport to Pimlico* (Cornelius, 1949) a *The Lavender Hill Mob* (Crichton, 1951), *Whisky Galore!* (Mackendrick, 1949), a leolwyd yn Ynysoedd Heledd Allanol, ac *A Run for Your Money* (Frend, 1949) a ddarluniai griw o Gymry diniwed yn Llundain, borthi'r syniad fod gan wahanol bobloedd eu hunaniaeth arbennig eu hunain.[2] Yn ogystal, cafwyd cynnydd yn nifer yr addasiadau i'r sgrin fawr o ffefrynnau llwyfan a llên y genedl. Peth anodd i gynhyrchwyr oedd gwrthod y demtasiwn i greu ffilm o addasiad gan fod y deunydd yno o'u blaenau, a gwyddent fod eu siawns o lwyddo â'r ffilm yn uchel gan fod y fersiwn gwreiddiol eisoes wedi profi ei werth. Ymhlith yr addasiadau mwyaf llwyddiannus wedi'r Ail Ryfel Byd oedd dramâu enwocaf Shakespeare dan gyfarwyddyd ysbrydoledig Laurence Olivier, *Henry V* (1945), *Hamlet* (1948) a *Richard III* (1955), a llwyddodd Orson Welles yntau ym 1948 i wneud *Macbeth* yn hygyrch i'r bobl. Yr un fu cymwynas David Lean ar ran Charles Dickens gyda *Great Expectations* (1946) ac *Oliver Twist* (1948).[3] Eto i gyd, yr oedd y niferoedd blynyddol a fynychai'r sinemâu ym Mhrydain wedi'r rhyfel yn gostwng yn ddramatig. Disgynnodd y cyfanswm o 1,635,000 ym 1946 i 1,365,000 ym 1952.[4] Nid chwilio am ddihangfa a wnâi cynulleidfaoedd ym Mhrydain bellach a chan fod ffyrdd newydd o hamddena i'w denu dechreuasant fagu mwy o chwaeth wrth ddewis eu ffilmiau. Ond yr ergyd drymaf i obeithion y diwydiant ffilm ym Mhrydain o ehangu oedd atgyfodi cynlluniau ar gyfer darlledu ar y teledu. Erbyn 1951 yr oedd gan 750,000 o bobl drwyddedau teledu, a gwylio delweddau o'r gadair esmwyth ger y tân fu'r duedd byth ers hynny.[5]

Crëwyd y ddwy ffilm sydd dan sylw yn y bennod hon yn fuan wedi'r Ail Ryfel Byd. Ac er eu bod yn darlunio bywyd mewn un gornel fechan o'r Deyrnas Unedig, fel y gwnâi ffilmiau Ealing, gweithiau gwreiddiol yn hytrach nag addasiadau ydynt. Cyfuna'r ddwy ffilm nodwedd hyn yr elfen ddogfennol a'r elfen ddramatig, wrth i'r ddau gyfarwyddwr, a oedd â'u gwreiddiau'n ddwfn yn nysgeidiaeth y mudiad dogfennol, fentro i fyd y ffilm nodwedd. Y mae cryn debygrwydd rhwng *Blue Scar* (1949) a *David* (1951) nid yn unig oherwydd eu bod yn dadlennu dylanwad yr ysgol ddogfennol, ond hefyd oherwydd eu hymdrech i ddarlunio bywydau dau deulu glofaol yn ne Cymru mewn modd realistig a gonest. Yn ogystal, er bod i'r ddwy ddrama-ddogfen hon bwysleisiau gwahanol, ceir tebygrwydd yn y themâu a drafodir ganddynt, yn enwedig awydd pobl yn yr ardaloedd glofaol hyn i ystyried addysg yn arf a fyddai'n rhyddhau eu plant o hualau bywyd llwm a diobaith eu cymunedau. Seiliwyd *David*, a gyfarwyddwyd gan y Cymro Paul Dickson, ar benodau ym mywyd un glöwr go iawn o Ddyffryn Aman, sef David Rees Griffiths (Amanwy), ond ymgais i ddarlunio bywyd teulu ffuglennol yn Nyffryn Afan yn ystod un o gyfnodau mwyaf cyffrous y diwydiant glo, sef cyfnod gwladoli'r glofeydd, a geir yn *Blue Scar*. *Blue Scar* oedd y gyntaf o'r ddwy i ymddangos, ym 1949.

'Y BYWYD DIWYDIANNOL CYMREIG FEL Y MAE – HEB NA
SBECTOL BINC NA CHÔL TAR':[6] *BLUE SCAR*

Honnwyd ar gam yn y wasg ym 1949 fod *Blue Scar* yn gynnyrch yr unig gyfarwyddwraig a weithiai ym Mhrydain yn y 1940au, sef Jill Craigie, ond gwyddys bellach fod Mary Field a Brigid (Budge) Cooper hefyd yn cyfarwyddo ffilmiau yn ystod y degawd hwnnw.[7] Eto i gyd, dyma'r unig ffilm a drafodir yn y llyfr hwn sy'n cynnwys delweddau a dehongliad o Gymru drwy lygaid gwraig. Yr unig wraig i ddarlunio Cymru ar ffilm cyn hynny oedd Judy Birdwood a gynorthwyodd Donald Alexander gyda'r ffilm ddogfen, *Rhondda* (1935). Wedi ffilm Jill Craigie, ni chyfarwyddwyd ffilm arall ar Gymru gan wraig tan y 1960au. Cymeriad digon enigmatig a droes ei chefn yn gynnar ar yrfa hynod addawol ym myd y ffilmiau oedd Jill Craigie. O'r herwydd, efallai, anwybyddwyd ei chyfraniad gan feirniaid ffilm heddiw ac nid yw ei ffilm *Blue Scar* wedi derbyn sylw haeddiannol ychwaith.[8] Ond, ar ddiwedd y 1940au, ystyrid Craigie ymhlith cyfarwyddwyr ffilm mwyaf cyffrous a dawnus Prydain, a phe na bai wedi penderfynu rhoi'r gorau i gyfarwyddo ffilmiau er mwyn cefnogi gyrfa wleidyddol ei thrydydd gŵr, Michael Foot, y mae'n ddiau y byddem yn anrhydeddu ei henw drwy ei gyplysu â chyfarwyddwyr mawr eraill o Brydain fel Humphrey Jennings a Paul Rotha.[9] Wedi iddi gyfarwyddo *To Be a Woman* ym 1951, ffilm ddogfen a ddengys yn amlwg ei thueddiadau ffeminyddol cryf, ni ddychwelodd Craigie at y grefft o gyfarwyddo tan 1995 pan ddefnyddiodd y cyfrwng dogfennol, gyda chymorth ei gŵr a'i hŵyr, Jason Lehel, i amlygu'r hyn a ddigwyddai yn Bosnia, gan gondemnio unbennaeth Slobodan Milosevic.[10] Cyfraniad mwyaf gwerthfawr Jill Craigie, serch hynny, yw ei ffilmiau cynnar.

Cyflwynwyd Jill Craigie i'r diwydiant ffilmiau gan ei hail ŵr, Jeffrey Dell, a weithiai yn ystod y 1930au a'r 1940au fel sgriptiwr i gwmni Alexander Korda, sef London Films.[11] Cafodd Craigie flas ar gyfansoddi sgriptiau a gweithiodd ar nifer o ffilmiau dogfen ar ran y Cyngor Prydeinig. Adlewyrchai ei sgriptiau ei daliadau gwleidyddol sosialaidd a oedd, yn ôl Michael Foot, yn llawn 'passion for artistic creativity, a hatred of commercialism – a major cause of disharmony with Dell, who wrote frankly for money – and a faith in the ideals of William Morris, which fused creative fulfilment and freedom into a vision of a better world'.[12] Buan y'i codwyd i rengoedd y cyfarwyddwyr gan Two Cities Films, cwmni'r cynhyrchydd Eidalaidd Filippo Del Giudice, a chreodd ddwy ffilm ddogfen a ddarluniai realiti bywyd Prydain yn ystod y rhyfel ac ar ei ôl.[13] Datblygodd yn gyfarwyddwraig benderfynol ac anturus, ac enillodd sylw nid yn unig oherwydd ei dawn gynhenid a'i natur ddiysgog ond hefyd oherwydd ei harddwch.[14] Ym 1944 cyfarwyddodd a sgriptio *Out of Chaos*, ffilm a ddarlun-iai ac a drafodai waith artistiaid yn ystod yr Ail Ryfel Byd megis Henry Moore, Stanley Spencer a Graham Sutherland, ac yna ym 1946 *The Way We Live*, ffilm a ddogfennai y gwaith o bensaernïo ac ailadeiladu dinas Plymouth yn sgil y dinistr a achoswyd gan fomiau'r rhyfel.[15] Dengys y ddwy ffilm allu a thechneg flaengar Craigie, a cheir ynddynt ragflas o'r arddull ddogfennol sy'n nodweddu arddull dogfennau teledu heddiw. Cynhyrchwyd y ffilmiau hyn gan William MacQuitty, ac yn sgil eu llwyddiant sefydlodd Craigie a MacQuitty gwmni ffilm annibynnol newydd o'r enw Outlook Films.

Ar gyfer ffilm gyntaf y cwmni newydd gwireddodd Jill Craigie syniad a fu yng nghefn ei meddwl ers tro, sef cyfansoddi sgript ar gyfer ffilm nodwedd. Er mai cynnyrch syniadau Craigie oedd sgript *Blue Scar* ac er iddi ymgymryd yn llwyr â'r gwaith o gyfarwyddo'r ffilm, bu dylanwad William MacQuitty ar y ffilm yn eithriadol bwysig. Meddai William Baird MacQuitty, mab i berchen-nog a chyfarwyddwr y papur newydd *The Belfast Telegraph*, ar gryn brofiad ym myd ffilm. Bu'n gweithio gyda Verity Films, cwmni Sydney Box, a bu hefyd yn bartner i Germain Berger, cyfarwyddwr ffilm Belgaidd, ar gyfer cwmni ffilm annibynnol arall, sef Berger & MacQuitty Films Ltd.[16] Ef, fel cynhyrchydd

Outlook Films, a fu'n gyfrifol am godi'r arian er mwyn creu'r ffilm a'i dasg gyntaf oedd casglu digon i dalu Craigie am lunio'r sgript. Cafodd noddwr parod yn John Sutro, cynhyrchydd y ffilmiau *The 49th Parallel* (1941) a *The Way Ahead* (1944) ac aelod o fwrdd rheoli cwmni Korda, London Films.[17] Erbyn dechrau 1948, felly, yr oedd Craigie wrthi'n cyfansoddi'r sgript tra oedd yn lletya, er mwyn sicrhau dilysrwydd y gwaith, gyda theuluoedd yn ne Cymru.[18] Creodd stori, dan y teitl *Blue Scar*, gyda'r bwriad o gofnodi'r ymateb ansicr a gwyliadwrus a fodolai ymhlith y glowyr yng nghymunedau glofaol de Cymru i'r broses o wladoli'r diwydiant glo ym 1946 a 1947.[19] Rhoes y sgript hon, megis ei ffilmiau blaenorol, lais i'w daliadau gwleidyddol a'i diddordeb yng ngallu cyfrwng y ffilm i adlewyrchu drama bywyd. Abergwynfi, yng Nghwm Afan, yw lleoliad y ffilm, ac arwr y stori yw Tom Thomas, glöwr ifanc a ymgeisia am swydd amgenach fel rheolwr y lofa er mwyn ceisio dal ei afael ar ei gariad, Olwen. Y mae hithau'n dyheu, er hynny, am gyfle i ddianc rhag llwch y cwm er mwyn dilyn gyrfa fel cantores, ac wrth i'r ffilm fynd rhagddi gwireddir ei breuddwyd drwy iddi briodi gŵr nad yw'n ei garu. Canolbwyntia'r ffilm ar ei hofn pennaf, sef gorfod crafu byw fel y gwna ei rhieni, sef Ted Williams, glöwr sy'n tynnu at oedran ymddeol ac sy'n dioddef o wendid ar ei ysgyfaint, a'i wraig Gwen, mam weithgar ac amyneddgar sy'n aberthu er mwyn ei phlant a'i gŵr. Yn gymysg â hyn ceir trafodaeth ar rinweddau a gwendidau'r broses o wladoli'r diwydiant glo wrth i'r ffilm gyfleu dyddiau olaf yr hen drefn a dechrau cyfnod newydd yng nghymunedau glofaol de Cymru ym 1947.

Cyflawnodd William MacQuitty ei ddyletswyddau fel cynhyrchydd dan amodau digon anodd ac, wedi cyfnod o ymdrechu caled am nawdd er mwyn creu'r ffilm sicrhaodd gefnogaeth o du'r Bwrdd Glo Cenedlaethol. Cyfrannodd y Bwrdd Glo £45,000 a llwyddodd MacQuitty i berswadio ei dad a'i frawd i roi benthyg y gweddill.[20] Diau, o gofio'r gefnogaeth hon gan y Bwrdd Glo, y teimlai Craigie dan gryn bwysau i liniaru ychydig ar neges a daliadau sosialaidd cryf y sgript, ond y gwir yw na cheisiodd y Bwrdd frathu sodlau'r cynhyrchwyr o gwbl, ac yn wir fe'i plesiwyd yn ddirfawr gan y ffilm orffenedig er i'r gwaith gael ei feirniadu'n hallt.[21] Penderfynodd MacQuitty saethu'r ffilm ar leoliad yn ardal Port Talbot, yn enwedig ym mhentref Abergwynfi, er mwyn cadw'r costau cynhyrchu cyn ised â phosibl, a pharhaodd y gwaith ffilmio am bedair wythnos ar ddeg yn ystod haf 1948.[22] Saethwyd y golygfeydd glofaol yng Nghwm Ogwr, yn bennaf yng nglofa Wyndham, ond offer ceg y pwll a chawell Glofa Llanharan a welir yn y ffilm.[23] Er mwyn creu'r golygfeydd eraill, megis cartref y teulu Williams, llwyddodd MacQuitty i logi, am bunt y diwrnod, hen sinema wag yr Electric Theatre ym Mhort Talbot, gan osgoi gorfod defnyddio stiwdios costus Lloegr.[24] Arbedwyd costau pellach drwy ddefnyddio cartref MacQuitty ei hun yn Llundain ar gyfer cartref newydd

Olwen ar ôl iddi ddianc am fywyd brasach, a chafwyd caniatâd hefyd i ffilmio rhan o'r stori yng nghartref adfer y glowyr, sef Tal-y-garn.

Ychwanegodd y lleoliadau go iawn hyn realaeth gadarn i'r ffilm a dyfnheir yr hygrededd gan y defnydd o actorion Cymreig ym mhob rhan bwysig o'r ffilm. Canfu Craigie a MacQuitty gefnogaeth gref ymhlith trigolion yr ardal, a dangosodd glowyr glofa Coednant gymaint o ddiddordeb yn y gwaith ffilmio nes cael eu darbwyllo i wasanaethu fel glowyr yn y cefndir yn ystod y cynhyrchiad.[25] Yn ôl MacQuitty, 'Working with the miners went smoothly. They were intelligent, artistic and full of good ideas to enable us to achieve realistic results.'[26] Rhwydwyd Emrys Jones, a oedd yn hen law ar ymddangos mewn ffilmiau fel *One of Our Aircrafts is Missing* (Powell, 1942), *The Wicked Lady* (Arliss, 1945) a *Nicholas Nickleby* (Cavalcanti, 1947), i chwarae prif ran y ffilm, sef Tom Thomas.[27] Mewn ymgais i sicrhau bod ei berfformiad yn argyhoeddi, treuliodd Jones ddeufis yn byw gyda theulu o lowyr yn ardal Maesteg, gan weithio hefyd yn y lofa a threulio ei amser hamdden yng nghlybiau'r glowyr.[28] Ac er na fu ei berfformiad yn ysgubol o lwyddiannus bu'n gyfraniad digon cymeradwy. Gwaetha'r modd, bu perfformiad ei gymhares ddibrofiad, Gwyneth Vaughan, fel Olwen, y ferch gerddorol, yn affwysol o wael. Amharwyd ymhellach ar ei pherfformiad gan waith dybio gwael a thrwy ganiatáu iddi wneud ystumiau hurt wrth ganu. Canfu MacQuitty a Craigie amgenach perfformwyr ar gyfer gweddill y cast o fewn talgylch Port Talbot.[29] Cyflogwyd Rachel Thomas i ailbobi ei phortread yn *The Proud Valley* o'r fam nodweddiadol Gymreig, a dewiswyd Prysor Williams, a oedd yn aelod o'r BBC Players a Chlwb Drama Ysbyty Treherbert, i chwarae rhan y tad, Ted.[30] Y ddau hyn, drwy eu perffformiadau cynnil a dibynadwy, oedd sêr pennaf y ffilm. Ar gyfer rhan Glenys, y nyrs â'i llygad ar Tom, dewiswyd Dilys Jones, merch i saer o Bort Talbot, a chrëwyd cryn dipyn o gynnwrf lleol o'r herwydd.[31] Yn wahanol i Vaughan, llwyddodd Dilys Jones i ymddangos yn weddol naturiol yn ei pherfformiad ffilm cyntaf. Ymhlith gweddill y cast yr oedd Kenneth Griffith o Ddinbych-y-pysgod, gŵr ifanc 27 oed a chwaraeai ran Thomas, mab piwis y teulu Williams. Meddai yn ddiweddarach, ac yntau erbyn hynny wedi magu cryn enw iddo'i hun ym myd ffilm a theledu:

I think probably the money I would earn on a film like that would be less than I would earn normally, but it meant going back to Wales; it was a very serious film, and Jill Craigie is a very intelligent, remarkable woman . . . it was a nice job, worthwhile too.[32]

Portreadwyd nain y teulu gan Madoline Thomas o'r Barri, Mr Llewellyn, rheolwr y lofa gan Phillip H. Burton,[33] a chyd-weithiwr Tom yn y lofa gan D. L. Davies o Gwmllynfell.[34]

Yn ddiymwad, cyflwyno darlun gonest o fywyd a gwaith trigolion y gymuned lofaol oedd un o brif amcanion Craigie. Dibynnai'r cynhyrchiad yn llwyr ar ei dealltwriaeth a'i dehongliad hi o wleidyddiaeth a datblygiadau'r diwydiant glofaol yng Nghymru oherwydd nid ymddiddorai MacQuitty mewn gwleidyddiaeth o gwbl: 'I am not a political animal at all!' meddai ef yn ddiweddarach.[35] Cystal nodi, serch hynny, fod y prif actor Emrys Jones yn rhannu'r un delfrydau â Craigie: 'I will see to it that I will not let the miner down.'[36] Y mae realiti'r darluniau a grëwyd drwy ffilmio ar leoliad yn dwyn i gof rai golygfeydd a welwyd mewn ffilmiau dogfen blaenorol megis *Eastern Valley* a *Today We Live*. Ond nid cofnodi'n brennaidd a wna Craigie ond, yn hytrach, gyfleu drwy gyfrwng drama ddatblygiadau sy'n deillio o newid yn y diwydiant a sut yr araf ddisodlir hen draddodiadau ac arferion wrth i ddylanwad y byd modern ddechrau treiddio i'r cymoedd. Adlewyrcha'r sgript y tro ar fyd a oedd yn digwydd yn ne Cymru a hefyd ddyheadau newydd y glowyr, yn enwedig yr ifainc, wrth iddynt droi eu cefn ar draddodiadau a daliadau'r to hŷn. Un enghraifft amlwg o hyn yw ymateb dirmygus un glôwr ifanc i arfer ei gyd-weithwyr hŷn o forio canu emynau yn y cawodydd: 'Hymns again, nothing but hymns!' Ar wahân i ganu emynau, ni chyfeirir gymaint ag unwaith at grefydd a'i ddylanwad ar bobl y cymoedd ac, yn ôl Craigie, opiwm newydd y cymunedau diwydiannol ac uchafbwynt wythnos mam-gu'r teulu Williams oedd y pyllau pêl-droed.[37]

Ymhlith golygfeydd mwyaf trawiadol y ffilm y mae'r rhai sy'n dangos amodau a chyfleusterau gwaith y glowyr, eu hoffer modern ac yn enwedig y cawodydd ger y lofa. Ceir golygfeydd blaengar yn y ffilm o ddynion noeth ar ddiwedd eu shifft yn ymolchi mewn cawodydd comiwnol. Dengys y darluniau digymell hyn ddylanwad dogfennol sylweddol, ac awgryma eu naturioldeb mai dogfennaeth oedd gwir ddawn Craigie yn hytrach na golygfeydd wedi eu llwyfannu. Ond law yn llaw â'r golygfeydd mentrus hyn, dengys Craigie nad oedd pawb yn croesawu modernrwydd y cyfleusterau ymolchi yn y lofa. Rhyngdorrir rhwng golygfeydd o'r dynion yn y cawodydd a hen ddelwedd ramantaidd a frithai ffilmiau glofaol blaenorol, yn enwedig *How Green Was My Valley*. Gwelir Ted, yr hen löwr, yn caniatáu i'w wraig sgwrio'i gefn ac yntau'n pwyso uwchben baddon haearn ger tân y gegin.[38] Er bod camau breision wedi digwydd yn hanes y diwydiant, a hynny cyn y gwladoli, awgryma hyn na lwyddwyd i argyhoeddi pawb gan y datblygiadau diweddar hyn. Yn wir, adlewyrcha'r ffilm y ffaith nad oedd y drefn o ddefnyddio cawodydd yn y glofeydd wedi ennyn hyder nac ymddiriedaeth pawb, gan fod amryw o gawodydd cyhoeddus wedi eu sefydlu yng nglofeydd de Cymru ers adeiladu'r cyntaf yng nglofa Ocean Treharris ym 1916.[39] Mor ddiweddar â 1951 yr oedd pedwar o bob pum tŷ ym Mhrydain heb faddon sefydlog yn y cartref, ond

proses araf fu dwyn perswâd ar lowyr i ymddiosg yng ngŵydd eu cyd-
weithwyr ac i anwybyddu coelion gwrachod megis y si bod dŵr budr yn cael
ei ailgylchu, y câi dillad eu cymysgu a'u colli, ac y gwanheid yr asgwrn cefn
pe'i golchid yn rhy aml! Dichon y gwyddai cynulleidfaoedd cymunedau
glofaol *Blue Scar* fod sicrhau cawodydd ger y lofa yn cyflawni addewid a
wnaed gan y Bwrdd Glo, a gwyddys bod cyfleusterau ymolchi i'w cael ar gyfer
70 y cant o lowyr Prydain erbyn y 1950au.[40]

22. Gwen Williams (Rachel Thomas) yn sgwrio cefn ei gŵr Ted (Prysor Williams). Y tri
actor arall yw Gwyneth Vaughan, Kenneth Griffith a Madoline Thomas.
(Casgliad Delyth Davies)

Er nad ymdrinnir â'r testun i'r un graddau ag a wneir yn achos dynion
Abergwynfi, rhoddir lle amlwg i fywyd beunyddiol gwragedd, yn enwedig
drwy'r gymhariaeth rhwng stoiciaeth Gwen y fam a dyhead Olwen y ferch,
sydd, megis Mary, un o gymeriadau nofel Gwyn Jones *Times Like These*, yn
benderfynol o osgoi caledi bywyd fel gwraig colier.[41] Nid yw radicaliaeth
Craigie yn ymestyn cyn belled â pheri i'r fam chwilio am rywbeth amgenach
mewn bywyd na chadw tŷ a chartref. Breuddwydion Olwen a gaiff y sylw
pennaf, a rhyw stryffaglio yn y cefndir a wna Gwen er mwyn gwneud ei gorau

dros ei theulu. Ni all Olwen guddio ei ffieidd-dod tuag at fywyd ei mam, ac
fe'i portreedir fel croten hunanol sydd wedi ei difetha'n llwyr. Amlygir ei
hatgasedd at stoiciaeth ei mam wrth iddi ddarllen llythyr ganddi yn sôn am
ddamwain ei thad ac am ei hymateb i'r argyfwng: 'We have always been good
at making do.' Ni fynn Olwen guddio ei chasineb at ei chefndir, 'Sometimes I
wonder if there isn't a kind of curse on the valleys . . . Maybe there's something
wrong about burrowing in the darkness of the earth and taking away the
beastly coal from where it belongs.'[42] Prin yw ei theyrngarwch at ei theulu a'i
chynefin; yn wir, dim ond unwaith y dengys rywfaint o gydymdeimlad â'u
stoiciaeth drwy ymateb yn goeglyd i sylw Alfred Collins y gallai ddenu
unrhyw ddyn, hyd yn oed berchennog y lofa, pe mynnai: 'And bring disgrace
on my family?!'[43] Syndod braidd yw canfod mai pur anoddefgar yw triniaeth
Craigie o ferch â'i bryd ar ddianc o'r cwm er mwyn dilyn gyrfa fel cantores.
Anodd deall hyn o gofio awydd personol y gyfarwyddwraig hon i sicrhau
cyfleoedd cyfartal i wragedd a'i brwydr hir am gydnabyddiaeth mewn diwyd-
iant hollol batriarchaidd. Dirmyg yn unig a ddangosir at Olwen, ac ar ddiwedd
y ffilm awgrymir, a hithau'n gaeth mewn priodas ddigariad, iddi gael ei
haeddiant oherwydd ei hunanoldeb. Erbyn diwedd y ffilm Glenys yw'r ferch y
mae Craigie yn awyddus i ni ei hedmygu oherwydd ei diweirdeb a'i ffyddlon-
deb i Tom. Ond nid edmygedd yn gymaint â thosturi yw ymateb y gwyliwr ac
ni ellir llai na chredu i Craigie wneud cam â hi.

Nid Olwen yw'r unig gymeriad sy'n ymgywilyddio oherwydd ei chefndir.
Ymddengys Tom Thomas yn wrth-arwr a gaiff ei frathu'n wastadol gan
deimladau o israddoldeb. Dylanwad Olwen sy'n achosi ei wewyr meddwl
oherwydd ni fyddai dim yn well ganddo na byw bywyd teuluol tawel. Yn
wahanol i Olwen, nid oes arno unrhyw awydd i adael y cwm a cheisia ei
ddarbwyllo i aros yn Abergwynfi: 'There's a kind of spirit in the valley, everyone
feels it – you feel it too – it's something that keeps us together.'[44] Buan y
sylweddola (fel y gwnaeth Christine Manson yn *The Citadel*), ac yntau wedi
dilyn Olwen i Lundain, na all fyw mewn dinas ac mai yng nghymoedd de
Cymru y mae ei gartref a'i ddyfodol ef.[45] Yn y cymoedd y mae Tom yn
ymgorfforiad o'r to newydd ifanc sydd wedi syrffedu ar ddaliadau eu
rhagflaenwyr a'u parodrwydd i wynebu, dro ar ôl tro, ergydion bywyd yn
stoicaidd. Rhwystredigaeth sy'n ei gnoi wrth iddo sylweddoli nad oes fawr
ddim wedi newid yn sgil gwladoli'r diwydiant glo. Mewn un olygfa dan-
ddaear, sy'n adlewyrchiad gwych o'r amodau gwaith, dirmygir y glowyr gan y
stiward: 'You thought nationalization would put you on top didn't you,
thought you'd be running the show – that's a good one when you've got to
work harder than you've worked in your life!' Ategir y ffaith nad oes fawr
ddim wedi newid gan sylwadau'r glowyr drylliedig wrth iddynt sylweddoli

eu bod wedi eu bradychu a'u twyllo: 'the same old firm dressed up in a new suit . . . scum of the earth, that's what they think of us.' Gwêl y ddwy garfan yn fuan fod gwladoli'r diwydiant, yng ngeiriau un rheolwr, yn 'purely an idealistic theory – ideals and business have never been practical partners'.[46] Eto i gyd, ceir elfen o optimistiaeth ar ddiwedd y ffilm gan fod y glowyr yn ystyried Tom Thomas yn un a all gynnig gobaith iddynt drwy dderbyn hyff-orddiant ar gyfer swydd rheolwr. Trwy ei brofiadau ef fel un o'r gweithlu disgwylir iddo ymuniaethu â'r gweithwyr a brwydro'n deg ar eu rhan yn y dyfodol. Cam annisgwyl ar ran Craigie fu cyfleu dadl y ddwy blaid ar destun gwladoli'r diwydiant glo, yn enwedig o gofio i'r cynhyrchiad dderbyn nawdd o du'r Bwrdd Glo Cenedlaethol. Yn ddi-os, nid yw'r portread o'r Bwrdd Glo Cenedlaethol a'r drefn newydd yn anfeirniadol, ond nid yw ychwaith mor radical ac mor deyrngar i'r glowyr ag y gellid bod wedi disgwyl. Yn y bôn, gwendid yw amwysedd Craigie.

Dwg hyn â ni at saernïaeth (neu ddiffyg saernïaeth) y ffilm. Gwaetha'r modd, y mae'r ffilm yn glytwaith o ddigwyddiadau a thestunau digyswllt. Ceisiwyd ymdrin â gormod o destunau mewn ymdrech i greu ffilm adloniadol ar ffurf dogfen, a bu'r gwaith golygu mor wael fel y gorbwysleisiwyd elfennau gwannaf y stori.[47] Da y dywedodd Peter Stead: 'Bad editing gave undue prominence to the soap opera plot and ensured a rather confused ending.'[48] Byddai neges y ffilm wedi bod yn fwy trawiadol petai'r testunau dan sylw wedi eu trafod yn fwy cynnil a dethol. Gan ei bod wedi ei gorlwytho â thestunau fel carwriaeth Olwen a Tom, Glenys y nyrs ddibynadwy sy'n glaf o gariad, a salwch angheuol Ted, prin iawn yw'r drafodaeth ar wleidyddiaeth y drefn newydd yn y glofeydd. Gellid bod wedi creu ffilm lawer mwy cynnil, argyhoeddiadol a llwyddiannus petai Craigie wedi dewis themâu mwy manteisiol, megis ymateb y glowyr i'r gwladoli a salwch Ted. Nid safon y golygu yw unig fan gwan technegol y cynhyrchiad ychwaith: y mae'r sain hefyd yn bur ddiffygiol a cherddoriaeth Grace Williams yn rhy ymwthgar.[49] Eto i gyd, y mae cyfarwyddo Craigie, at ei gilydd, yn gadarn, gyda'r unig enghraifft wael o'i diffyg profiad technegol i'w gweld yn yr olygfa lle y cyflwynir yn hirwyntog iawn Alfred Collins i gyfeillion y teulu Williams. Gwendid pwysicach o lawer oedd gosod gormod o bwyslais ar gymeriadau ffuantus y ffilm ar draul y rhai mwy sylweddol. Trafodwyd eisoes y llipryn mursennaidd Tom Thomas a'r hoeden hunanol Olwen, a thua diwedd y ffilm cyflwynir rhagor o gymeriadau coeg-artistig ystrydebol diangen, sef cyfeillion newydd Olwen yn Llundain.

Ar y llaw arall, un o lwyddiannau pennaf y ffilm yw diffuantrwydd ac urddas Prysor Williams wrth chwarae rhan Ted Williams. Y mae'r golygfeydd ohono'n brwydro am ei anadl wrth ddringo'r mynydd er mwyn gwylio gêm bêl-droed yn dwyn ar gof brofiadau Twm yn ffilm Syr Ifan ab Owen Edwards, *Y Chwarelwr*. Er bod ambell sylw llawdrwm yn yr olygfa hon, megis pan ddywed Ted yn ddwys, 'I'm not long for this world. I've cursed this place many a year but today I think it's beautiful', y mae'n baratoad dirdynnol ac effeithiol at dranc anochel a thrasig y glöwr. Yn ddiamheuaeth, y mae golygfa marwolaeth Ted ymhlith uchafbwyntiau'r ffilm, diolch i actio cynnil a champus Prysor Williams. Gellid dadlau bod y gyffelybiaeth rhwng brwydr Ted am ei wynt wrth lwytho glo ar y tân ac ymladdfa dau focsiwr ar y radio yn y cefndir yn un ystrydebol, ond y mae grym effeithiol yn perthyn i'r olygfa gan fod uchafbwynt yr ornest yn cyd-ddigwydd â marwolaeth Ted.[50] Gwelir yn salwch Ted hefyd adlewyrchiad o siom y glowyr yn y gyfundrefn newydd a'r orfodaeth arnynt i ddygymod â'r drefn honno. Dyma gymeriad sy'n allweddol i'r stori, ac y mae'n drueni na chynhwyswyd rhagor o olygfeydd ohono, yn enwedig yng nghwmni Rachel Thomas, a chwaraeai Gwen, y fam Gymreig draddodiadol. Cymeriad arall sy'n diflannu i'r cysgodion, er gwaethaf portread cignoeth Kenneth Griffith ohono, yw Tom Williams, brawd Olwen. Dyma lanc sinicaidd a gelyniaethus sy'n gwrthwynebu'n llwyr ddaliadau y genhedlaeth hŷn o lowyr, gan gynnwys ei dad ei hun. Anaml y gwêl y ddau lygad yn llygad, ac y mae Tom wrth ei fodd yn brygawthan daliadau a gawsai yn y *Weekly Tribune*, gan fynnu y dylai ei dad fynd gerbron y Bwrdd er mwyn hawlio cymorth ariannol yn sgil ei salwch. Ceir anghydweld pellach rhyngddo ef a'i dad ynghylch y penderfyniad i sefydlu wythnos waith bum niwrnod.[51] Byddai'r ffilm wedi bod ar ei hennill petai Craigie wedi oedi uwchben y tensiwn a fodolai, o ran syniadau a gwerthoedd, rhwng y mab tanllyd a'r tad llesg.

Rhinwedd bennaf y ffilm yw ei natur ddogfennol a'r gwaith camera gwrth-rychol a gyflawnwyd gan y cyfarwyddwr ffotograffiaeth, Jo Jago.[52] Dengys darluniau du-a-gwyn Jago fywyd llwm y cymoedd a gerwinder y mynydd-oedd sy'n amgylchynu'r tai teras di-nod. Yn wahanol i'r hyn a welir yn *How Green Was My Valley*, ffilm y carthwyd pob budreddi ac anharddwch ohoni, ni cheir ymdrech i harddu'r golygfeydd o'r dref fechan sy'n swatio yng nghysgod y mynyddoedd. Cawn olygfeydd sy'n adlewyrchu'n gelfydd realiti bywyd yng nghymoedd de Cymru ac y maent ar eu gorau wrth gyfleu caledi amodau gwaith a byw y glowyr. Awgrymir y perygl a wynebai'r glowyr yn ddyddiol wrth fynd i'w gwaith yng nghrombil y ddaear drwy ddefnyddio'r camera fel petai'n un o'r dynion. Enghraifft amlwg o'r dechneg hon yw'r olygfa, a ddyfeisiwyd gan MacQuitty â'i gamera Newman Sinclair, a ddangosir o safbwynt glowyr sy'n disgyn mewn cawell i waelod y siafft.[53] Gosodwyd y camera â'i wyneb tuag i fyny ar do y gawell a chanlyniad hyn yw fod y cylch golau wrth geg y pwll yn lleihau wrth i'r gawell ddisgyn yn gyflym drwy'r tywyllwch i'r gwaelod. Trawiadol iawn hefyd yw'r darluniau nesaf wrth i'r ffilm ddilyn y glowyr wrth eu gwaith yn tyllu i'r gwythiennau glo â'u hoffer newydd, sef y gaib niwmatig sydd, yn ôl un ohonynt, yn ysgafnhau'r baich 'but they dull the senses. You can no longer hear when the earth speaks'. Er bod setiau Harold Watson wedi eu lleoli mewn sinema ym Mhort Talbot y mae'r delweddau a grëwyd yn gofnod hanesyddol gwerthfawr o'r hen ddull o gloddio am lo.[54] Dyma'r hyn a ddisgrifiwyd gan MacQuitty fel 'a slice of life' ar ei orau yn *Blue Scar*.[55]

Cynllun mentrus fu *Blue Scar* o'r cychwyn cyntaf, a cheisiodd y tîm cynhyrchu wthio'r ffiniau i'r eithaf drwy ffilmio'r gwaith cyfan ar leoliad.[56] Ond y cam dewraf (neu'r mwyaf ffôl) a wnaed gan Outlook Films oedd creu'r ffilm heb sicrhau cytundeb dosbarthu ymlaen llaw. Ac yntau'n llawn hyder yn sgil llwyddiant y ddwy ffilm flaenorol a wnaethai ar y cyd â Craigie, sef *Out of Chaos* a *The Way We Live*, tybiai MacQuitty y gellid arbed arian drwy hepgor gwarantu'r hawliau dosbarthu cyn cychwyn y gwaith ffilmio. Bu'n edifar ganddo ar ôl cwblhau'r gwaith: 'I had foolishly gone ahead without a distribution guarantee. I had, moreover, audaciously produced a new film from scratch with finance from outside the trade at a time when the industry was at a low ebb.' Wfftiodd Rank General Film Distributors ato, ac meddai Syr Arthur Jarrett, pennaeth y gadwyn ABC, 'You don't even speak our language.'[57] Gan fod y cyhoedd yn galw am ffilmiau a gynigiai ddihangfa yn hytrach na moeswers, credai'r dosbarthwyr pwerus na fyddai *Blue Scar* yn debygol o ddenu cynulleidfaoedd sylweddol. Ceisiodd y cynhyrchwyr eu darbwyllo drwy beledu'r wasg â llythyrau ac erthyglau, megis y cyfweliad a roes Jill Craigie i'r *Picturegoer Weekly*:

> Ours is a test case for all independent producers. All we want is that the public be given a chance to decide for themselves whether they like our picture. We don't mind taking a licking![58]

Cyfrannodd MacQuitty yntau i'r frwydr drwy berswadio P. H. Burton i roi sylw i'r ffilm yn narllediadau'r BBC a threfnodd ddau ragolwg o'r ffilm yn Slough a Tooting yn ystod Rhagfyr 1948.[59] Er mwyn cael ymateb y gynulleidfa i'r ffilm, dosbarthwyd 400 o gardiau holi barn ymhlith y gwylwyr a chafwyd bod 80 y cant ohonynt yn ffafriol. Ymhlith y sylwadau cadarnhaol yr oedd: 'The realism of working class life and the Welsh accents were a welcome relief from the normal run of films' ac 'I think it was a grand film. Films like *Blue Scar* help us to understand what other people go through.'[60] Crëwyd cryn gynnwrf yn sgil yr arolwg barn hwn yn rhengoedd y wasg, a bu rhai beirniaid yn bleidiol i'r cynhyrchiad oherwydd ei fod yn rhoi cyfle iddynt i ladd ar y dosbarthwyr mawr a'u monopoli ar y diwydiant.[61] Ymhlith y mwyaf trystiog ar ran Craigie ac Outlook Films oedd Richard Winnington o'r *News Chronicle*. Yr oedd ef eisoes wedi ceisio amlygu'r cam a gawsai Craigie wrth greu ei ffilm flaenorol *The Way We Live*, ffilm a noddwyd gan J. Arthur Rank. Honnodd y tro hwnnw fod bygythiad Rank i roi pall ar y ffilmio yn adlewyrchu'n wael ar ei gwmni:

> the irreconcilability of Rank the producer of British films with Rank the exhibitor of Hollywood film, a contradiction that forces Mr Rank to reject with the right hand what he has made with the left hand.[62]

"We're not monopolists, are we?"—J. Arthur Rank to Joseph A. Rank

23. Cartŵn miniog Richard Winnington: 'Rank versus Rank'.
(*News Chronicle*, 11 Ebrill 1949,
Llyfrgell Genedlaethol Cymru, Aberystwyth)

Ailgyhoeddodd Winnington gartŵn miniog, a greodd ar gyfer ei golofn ym 1946, yn dangos J. Arthur Rank fel dyn a gâi ei rwygo'n ddau, sef Joseph A. Rank y dosbarthwr yn troi ei gefn ar J. Arthur Rank y cynhyrchydd, dan y teitl 'We're not monopolists are we?'[63] Ond erbyn mis Mawrth 1949 yr oedd nos ddu yn cau am *Blue Scar*, a bu'n rhaid i MacQuitty droi at Alexander Korda am gymorth.[64] Yn fuan wedyn seliwyd cytundeb â British Lion y byddid yn rhyddhau'r ffilm ledled y wlad ar yr amod ei bod yn llwyddo i blesio cynulleidfaoedd mewn saith tref benodol, yn eu plith Caerdydd.[65] Pasiodd y ffilm y prawf hwn ac ar 15 Awst 1949 rhyddhawyd *Blue Scar* trwy Brydain, fel cydgyflwyniad yn unig, flwyddyn union wedi cwblhau'r gwaith ffilmio.[66]

Bu'r frwydr i sicrhau'r hawliau dosbarthu hyn yn dreth hynod drom ar Outlook Films a gwnaethpwyd cryn niwed i'r bartneriaeth rhwng Craigie a

MacQuitty. Yn wir, ni chynhyrchodd y ddau hyn ffilm arall ar y cyd wedi hynny. Ymddengys mai MacQuitty a fu'n gyfrifol am y canolbwyntio a fu ar garwriaeth seithug Tom ac Olwen ac, o ganlyniad, rhyddhawyd y ffilm yn dwyn sloganau camarweiniol ac annheilwng megis 'A romantic drama hewn from life itself'.[67] Er i sawl adolygydd honni mai yn y golygfeydd dogfennol eu naws y gwelid gwaith Craigie ar ei gorau, saernïaeth wael y ffilm a'r ffaith ei bod yn syrthio rhwng dwy stôl a gafodd y sylw pennaf.[68] Er enghraifft, dyma farn Fred Majdalany:

> The mere fact that a film eschews glamour and has a working-class background does not automatically impregnate it with virtue. I cannot honestly blame the Wicked Exhibitors who have shown some reluctance to book Jill Craigie's *Blue Scar* . . . It lacks a clear motive and falls between the stools of documentary and fiction . . . I found it dim, a little amateurish and not particularly entertaining.[69]

Yn ne Cymru y bu'r canmol mwyaf ar *Blue Scar*. Cynhaliwyd dangosiad o'r ffilm ar gyfer trigolion lleol a fu'n gwasanaethu fel actorion ychwanegol yn sinema'r Plaza ym Maesteg ym Mehefin 1949 ac mewn ymddangosiad arbennig yng Ngorffennaf 1949 agorodd Emrys Jones a Gwyneth Vaughan wythnos o ddangosiadau deirgwaith y dydd yn yr Empire, Castell-nedd.[70] Canmolwyd y ffilm gan ddau gyfrannwr i'r *Faner*. Meddai Dafydd ap Hiram: 'Fe ddengys y bywyd diwydiannol Cymreig fel y mae – heb na sbectol binc na chôl tar.'[71] Ac yn ôl B. O. Davies, Cwmllynfell, 'y peth pwysig yn y ffilm yw fod Miss Craigie wedi llwyddo i bortreadu bywyd a gwaith y glöwr Cymreig gyda chydymdeimlad a gweledigaeth . . . Y mae arnom ddyled o ddiolch i Miss Craigie am ddangos i ni'r Cymry sut y dylid trin ein pobl ein hunain fel cyfrwng adloniant.'[72]

Er i *Blue Scar* brofi'n arbrawf costus i Craigie a MacQuitty ac er ei bod yn ffilm a ddiflannodd o gof y mwyafrif yn sydyn, gwelir yn ei darluniau didwyll ymdrech deg i adlewyrchu'n onest fywyd a gwaith glowyr cymoedd diwydiannol de Cymru. Ond er bod y darluniau hyn yn gam pendant ymlaen oddi ar bortreadau ffuantus Hollywood yn *How Green Was My Valley* a *The Citadel*, a hyd yn oed rai melys-atgofus Emlyn Williams, amharwyd ar ddelfrydau'r cynhyrchwyr gan waith golygu blêr a chan y penderfyniad annoeth i bwysleisio'r elfen ramantaidd ar draul yr elfen ddogfennol. Bu'n rhaid aros tan 1951, sef blwyddyn rhyddhau'r ffilm *David*, am bortread arall o Gymru yn y dull dogfennol.

'NID OES I MI OND DARN CELFYDDYD HEN /
WRTH WR A GODO LO, A GADWO LÊN':[73] *DAVID*

Ym mis Mehefin 1950 hysbyswyd James Carr, un o gyfarwyddwyr y cwmni
ffilm World Wide Pictures, fod Pwyllgor Cymru ar gyfer Gŵyl Prydain 1951
wedi penderfynu comisiynu 'a two reel black-and-white film on the subject of
"the Spirit of Wales"'.[74] Dymunai'r pwyllgor, a oedd yn cynnwys Syr Wyn
Wheldon, Wyn Griffith, A. G. Prys-Jones, Idris Evans, Huw Wheldon, Dr W. J.
Williams a J. D. Ralph, greu ffilm i gynrychioli Cymru yn yr Ŵyl y flwyddyn
ganlynol.[75] Eu nod oedd cynhyrchu ffilm a fyddai'n darlunio'r wlad, ei phobl
a'i diwylliant, a rhoddwyd y cyfrifoldeb o ddewis cwmni i greu'r gwaith a'r
dasg o gadw llygad ar y coffrau i'r British Film Institute (BFI). O ganlyniad,
comisiynwyd World Wide Pictures gan R. S. Camplin, ysgrifennydd y BFI.
Lleolwyd World Wide Pictures yn Sgwâr Soho, Llundain, a rheolwyd y cwmni
gan James Carr, Edgar Hindle, V. L. Price ac Alexander Shaw.[76] Esboniodd
Camplin mewn llythyr, dyddiedig 9 Mehefin 1950, a anfonwyd at World Wide
Pictures y disgwylid cynhyrchu ffilm o ryw 2,000 o droedfeddi o hyd am £6,000
ac y dylid cyflwyno braslun pur lawn o gynllun y ffilm i sylw Pwyllgor Cymru
ar gyfer Gŵyl Prydain.[77] Yr oedd gan aelodau'r pwyllgor hwn weledigaeth
glir ynglŷn â chynnwys y ffilm, a mynegwyd honno'n syth wrth y gŵr a
ddewiswyd i ysgrifennu cynllun y ffilm, sef Aneirin Talfan Davies, aelod o staff
y BBC yng Nghymru. Meddai Alexander Shaw, un o gynhyrchwyr World Wide
Pictures, wrtho:

> There is just one general point which I perhaps should have made when I met
> you and that is that they [Pwyllgor Cymru Gŵyl Prydain] are absolutely resolute
> that the film should not be at all sentimental. This influence comes mainly from
> the Welsh members of the committee and they are quite adamant about it. They
> feel that Wales has always been presented in a sentimental and rather emotional
> way and they are determined that it shall not happen in the film.[78]

Nid oedd achos gan y pwyllgor i ofni y byddai Aneirin Talfan Davies yn creu
ffug-bortread o'i gyd-Gymry. Eisoes mynegasai ei farn wrth Shaw: 'I have very
decided opinions on the handling of Welsh characters in English, and very
much hope that this film will avoid those caricatures of the Welsh peasant
which we have seen so often on the films.'[79] Ac yntau'n ddarlledwr profiadol
gyda'r BBC yng Nghaerdydd, nid oedd Davies yn rhy swil i leisio'i farn ynglŷn
â'r prosiect, ac oherwydd ei ddiddordeb helaeth ym mywyd llenyddol, bardd-
onol, diwinyddol a gwleidyddol Cymru, yr oedd yn adnabod y wlad a'i phobl
yn drylwyr. Yr oedd hefyd mewn safle delfrydol, yn rhinwedd ei swydd, i

adnabod rhai o brif gymeriadau'r dydd. Ei benderfyniad ef oedd seilio cynllun y ffilm ar fywyd a gwaith ei gyfaill David Rees Griffiths (Amanwy, 1882–1953), y colofnydd a'r bardd o Rydaman: 'pan ofynnwyd i mi sgrifennu stori ar gyfer ffilm i gynrychioli Cymru yng Ngŵyl Brydain, 1951, ni fûm yn hir cyn gweld mai trwy adrodd hanes Amanwy y gallwn i gyfleu darlun cywir o'r werin Gymraeg ar ei gorau.'[80] Dyna, felly, a gynigiwyd i'r pwyllgor gan Davies ac fe'i derbyniwyd yn llawen iawn ganddo.[81]

Dewiswyd Paul Dickson, ffilmydd ifanc mwyaf addawol World Wide Pictures, i gyfarwyddo *David*. Brodor o Gaerdydd oedd Dickson a dysgodd ei grefft fel ffilmydd wrth draed Basil Wright yn Uned Ffilm Crown ac wedi hynny gyda Paul Rotha, cyfarwyddwr y cwmni Film of Fact, wrth baratoi'r gyfres enwog *Britain Can Make It*.[82] Bu hefyd, cyn derbyn swydd gyda World Wide Pictures, yn ddyn camera yn ystod yr Ail Ryfel Byd gydag uned ffilm y fyddin.[83] Penodwyd Dickson i gyfarwyddo *David* ar sail llwyddiant ffilm arall a gyfarwyddwyd ganddo yn gynnar ym 1950 ar ran World Wide Pictures, sef *The Undefeated*.[84] Cymaint oedd ffydd Shaw yng ngallu Dickson fel y cyfeiriai ato ar ran y cwmni fel 'our ace director', ac yr oedd yn gwbl ffyddiog y byddai ef ac Aneirin Talfan Davies yn cynhyrchu ffilm ragorol.[85] Wedi i Dickson a Davies gyfarfod am y tro cyntaf yng Nghaerdydd ar 7 Gorffennaf 1950, trefnwyd mai Davies a fyddai'n hysbysu Amanwy am y cynlluniau, gan sicrhau ei ganiatâd a'i gydweithrediad. Meddai Amanwy, yntau, ar ôl cwblhau'r ffilmio:

> Na'm beier am dderbyn y gwahoddiad. Pan glywais yr awgrym cyntaf am y bwriad, chwerddais yn iach. Yr oedd y syniad yn rhy ffantastig i boeni llawer o'i blegid. Ond pan ddaeth yn amser i mi roi fy marn derfynol ar y mater, ni allwn yn hawdd ddianc rhag yr her. Canys nid ffilm yn fy mhortreadu i'n bersonol a fydd, ond darlun o fywyd un o weithwyr cyffredin ardaloedd diwydiannol Cymru yn ystod yr hanner can mlynedd diwethaf . . . Ni allaf anghofio'r graig y nadded fi ohoni.[86]

Yn wir, rhoes ei ganiatâd i'r uned ffilm wneud fel y mynnai â hanes ei fywyd.[87] Erbyn canol mis Medi 1950, yn sgil 'cydweithio hapus' rhwng Davies a Dickson, chwedl Amanwy, cwblhawyd y sgript, a rhoes pwyllgor yr Ŵyl sêl ei fendith arni.[88] Dechreuwyd ar y gwaith ffilmio yn Rhydaman ar 19 Hydref 1950.[89]

Saernïwyd sgript ddigon cymhleth, ond tra effeithiol, gan Davies a Dickson wrth lunio hanes bywyd Amanwy ar gyfer y ffilm. Y gobaith oedd defnyddio Amanwy (neu Dafydd Rhys, fel y'i gelwid yn y ffilm) i gynrychioli'r Cymro nodweddiadol ac y byddai Rhydaman yn ddelwedd o Gymru. Meddai Paul Dickson mewn cyfweliad â David Berry: 'They'd selected Dafydd Rhys as the

voice of Wales – I thought maybe he could become its image and its heart.'[90]
Penderfynwyd darlunio Amanwy yn adrodd hanes ei fywyd wrth fachgen
ifanc, ynghyd ag ôl-fflachiadau o'r hyn a gofiai. Cyn gwneud hynny, rhaid
oedd gosod y cefndir, ac felly penderfynwyd agor y ffilm drwy ganiatáu i Ifor
Morgan, fel oedolyn, ddwyn ar gof ei blentyndod a'i gyfeillgarwch â'r hen
ŵr Dafydd Rhys. Egyr y ffilm â geiriau sy'n debyg iawn i arddull Richard
Llewellyn yn ei nofel enwog, *How Green Was My Valley*: 'My name is Ifor
Morgan and I've come home. There at my feet is the town where I was born.'[91]
I gyd-fynd â hyn ceir darluniau o Ifor yn blentyn yn dechrau mynychu'r ysgol
ramadeg yn Rhydaman lle y daw i gysylltiad agosach â Dafydd Rhys, y
gofalwr. Arweinir y gwyliwr yn syth gan Dickson i fyd hamddenol a syml Ifor.
Nid oes ball ar swyn y darluniau a gyflwynir o fechgyn yr ysgol yn gwneud
drygioni a Dafydd Rhys yn eu harbed droeon rhag llid yr athrawon. Felly
hefyd y darluniau o'r cymeriadau ar eu haelwydydd ac wrth eu gwaith beu-
nyddiol, er enghraifft, Dafydd Rhys yn glanhau'r ysgol, a'r pregethwr a'i deulu
wrth eu te. Ychwanegir at gywirdeb a hygrededd y darluniau hyn drwy
ganiatáu i'r teuluoedd siarad eu mamiaith o bryd i'w gilydd. Trwy gyfrwng
sylwebaeth Ifor fel oedolyn daw'r gwyliwr i wybod mwy am fywyd Dafydd
Rhys, ei wraig Mary, a channwyll eu llygaid, sef Gwilym y mab. Mewn golyg-
feydd twymgalon cyfleir balchder y rhieni yn eu hunig fab. Ond byrhoedlog
yw'r darluniau dedwydd oherwydd daw tro ar fyd wrth i Gwilym glafychu.
Edrydd Ifor hanes ymadawiad Dafydd Rhys a'i fab am wlad gynhesach er
mwyn ceisio trechu'r ddarfodedigaeth sy'n gwanychu Gwilym, ond bu farw'r
mab, ac ni fu Dafydd Rhys fyth yr un fath wedi hynny, 'He went about his
work as before but he no longer cared so much about us. It seemed as though
all his sons were lost to him.'[92]

Â'r ffilm yn ei blaen i ddarlunio ymdrechion Dafydd Rhys i leddfu ei hiraeth
a'i dristwch drwy droi at farddoniaeth, gan gyfansoddi cerdd er cof am ei
fab dan y teitl 'A ddioddefws a orfu'. Yn sgil cyngor ei gyfaill Mr Morgan
y pregethwr, tad Ifor, cyflwyna'r gerdd yng nghystadleuaeth y goron yn
yr Eisteddfod Genedlaethol. Yn ddiweddarach, wrth ganlyn Dafydd Rhys i
ben bryncyn lleol, ceisia Ifor ei ddarbwyllo i fynychu'r Eisteddfod rhag ofn ei
fod wedi ennill y brif wobr, ac yn ystod y daith edrydd yr hen ŵr hanes ei
fywyd wrth y llanc. Trwy gyfrwng ôl-fflachiadau caiff y gwyliwr rannu ei
brofiadau, megis y balchder a deimlai wrth weithio ar ei ddiwrnod cyntaf yn y
lofa ymysg dynion dewr a diwylliedig a oedd wedi hen gynefino â chaledi
gwaith a'r tywyllwch dudew. Cofir am falchder ei deulu wrth ffarwelio â'i
frawd James Griffiths pan aeth i Goleg Llafur Ruskin. Ymhlith yr atgofion eraill
ceir hanes syrcas yn ymweld â'r dref a'r rhamant o ddal llygad Mary, ei gariad
cyntaf, yng nghanol cynulleidfa capel. Disgrifia lawenydd diwrnod ei briodas

a'i fywyd gyda Mary, ac yna darlunnir yn ddramatig enedigaeth eu hunig fab ar yr un adeg â damwain yn y lofa lle y caiff Dafydd ei losgi'n ddrwg mewn tanchwa. Tra'n gwella yn yr ysbyty, cofia am y profiad o gynhyrchu cyfrol o gerddi ar y cyd â chwe glöwr arall. Cofia â balchder argraffu'r gyfrol, *O Lwch y Lofa*, a'i gwerthu o gwmpas yr ardal er mwyn gallu anfon bachgen lleol, Gomer M. Roberts, i goleg a'i gynnal yno. Daw'r ôl-fflachiadau i ben pan yw Dafydd Rhys yn gadael y lofa am y tro olaf yng nghwmni ei fab, a llid yr ysgyfaint wedi ei faeddu'n llwyr erbyn hynny. Dychwel y ffilm i'r presennol wrth i Dafydd Rhys, ar anogaeth Ifor, fentro cystadlu yn yr Eisteddfod Genedlaethol, gan ennill yr ail wobr am ei gerdd. Ond caiff hefyd ei wobrwyo mewn dull arall yng ngwasanaeth gwobrwyo diwedd tymor yr ysgol. Ar ôl iddo sylweddoli mai'r gŵr gwadd yn y gwasanaeth yw neb llai na'r hanesydd enwog a'r gweinidog y Parchedig Gomer M. Roberts, rhed Ifor i gyrchu Dafydd Rhys o'i gwpwrdd glanhau. Yna, o flaen cynulleidfa lawn, caiff Dafydd Rhys ei wobr ysbrydol wrth i Gomer M. Roberts ddiolch yn hael iddo am ei roi ar ben y ffordd.

24. 'Brasgama'r llanc o'i ifanc Fehefin / Yn wyn ei awydd, ond gwan ei ewin' (Awdl Foliant i'r Glöwr). Dafydd Rhys yn parhau i ddarllen yn ystod ei egwyl ginio. (British Film Institute)

At ei gilydd dewiswyd cast profiadol ar gyfer y ffilm. Gan ei fod wedi ennill profiad fel darlledwr ar y radio yn ystod blynyddoedd y rhyfel, tybid y byddai Amanwy yn gwbl gymwys i chwarae ef ei hun yn y ffilm. Yn wir, llwyddodd yn burion i bortreadu hen ŵr a brofasai dreialon bywyd, ac yn hynny o beth ddwyn i gof (mewn gwisg Gymreig) gymeriad Mr Chips. Ar gyfer y rhannau eraill hysbysebodd Paul Dickson am actorion ym mhapurau newydd Cymru, megis *Y Cymro*, gan ei fod yn awyddus i ennyn cefnogaeth genedlaethol.[93] Mawr fu diddordeb pobl Rhydaman a'r cylch yn y fenter.[94] Meddai Dickson ar syniadau pendant ynglŷn â'r math o actorion priodol y mynnai eu dewis ar gyfer rhannau'r prif gymeriadau. Dymunai, yn achos cymeriad Ifor, rwydo bachgen tua 14 oed a oedd yn Gymro Cymraeg a chanddo 'an intelligent look but physically rather ugly . . . a tough boy but with sensitivity'.[95] John Davies, bachgen lleol, a gafodd y rhan honno. Ar gyfer tad Ifor, y Parchedig Huw Morgan, chwiliai Dickson am rywun tebyg i'r actor enwog Hugh Griffith, sef gŵr yn ei ddeugeiniau a feddai ar 'a sense of repose and inner strength'.[96] Wedi chwilio'n hir a dyfal, rhoddwyd y rhan i Sam Jones y BBC, gŵr a fagwyd yng Nghlydach, dafliad carreg o Rydaman, ac a roes i Gymru ryw ddwy flynedd ynghynt y ffilm *Noson Lawen*. Erfyniodd Dickson arno:

> Sam, I most desperately want you to try and do this part. I am being quite selfish in asking you because I can visualise how beautifully the scene between you and the boy, and again between you and Amanwy, will go because I can see the complement of your two personalities. You have the warmth and strength in your face which I have hoped for all the time.[97]

Ar gyfer rhan mam Ifor a gwraig y pregethwr, gobaith Dickson oedd canfod gwraig yn ei thridegau a oedd 'a fair type, plumper, domesticated' na'r hyn y dymunai ei gael yng nghymeriad Mary, gwraig ifanc Dafydd Rhys. Nid yn annisgwyl, rhoddwyd rhan Mrs Morgan i Rachel Thomas a oedd eisoes wedi ennill cryn fri ar ôl ymddangos fel y fatriarch Gymreig yn *The Proud Valley* ym 1940 a *Blue Scar* ym 1949. Dyma fyddai ei chymeriad unwaith eto yn *David* ac fe'i cyflawnodd yn neilltuol o ddiffwdan. Aeth rhan y 'classic dark beauty of Wales', Mary, gwraig ifanc Dafydd Rhys, i Gwenyth Petty gan mai dymuniad Dickson oedd cael merch ac iddi 'a wilful look about her – not too much serenity. A bit provocative and instinctively sexy.'[98] Hwn oedd ymddangosiad cyntaf y ferch o Faesteg ar y sgrin fawr, er bod ganddi gryn brofiad ar lwyfannau Cymru. Ar gyfer rhai o'r rhannau llai, chwaraewyd Amanwy yn 12 oed gan Graham Harries, ac yn ddyn yn ei ugeiniau gan Ieuan Davies. Cymaint oedd balchder pobl Rhydaman yn y ffilm fel y rhestrwyd yn ffyddlon yr holl gymeriadau lleol eraill a ymddangosodd yn y ffilm gan T.W.J. yn *The Amman*

Valley Chronicle.[99] Y pwysicaf o'r rhain oedd y cyn-löwr a'r hanesydd a anwyd yn Llandybïe, y Parchedig Gomer Morgan Roberts, cymeriad a bortreadwyd ganddo ef ei hun yn y seremoni wobrwyo. Yr oedd yn gwbl amlwg y byddai naturioldeb y cast a'r ffaith eu bod yn gyfarwydd â'u cynefin a'r pwnc dan sylw yn sail gadarn i'r ffilm.

Canfuwyd yr holl leoliadau a ddefnyddiwyd yn y ffilm o fewn dalgylch Rhydaman. Defnyddiwyd glofa Butchers ar Fynydd Betws, ynghyd â glowyr glofeydd y Betws a Mountain, ar gyfer darlunio gweithle cyntaf Dafydd Rhys a safle'r danchwa.[100] Sicrhawyd presenoldeb llawer o bobl leol yn y ffilm drwy gynnal gwasanaeth yng nghapel y Christian Temple, a adwaenid yn Gymraeg fel Capel Gellimanwydd, dan ofal y Parchedig D. Tegfan Davies. Yno hefyd, er mwyn hybu'r canu, yr oedd côr Rhydaman, gyda Trevor Rees eu harweinydd wrth yr organ.[101] Trwy gyfrwng yr olygfa hon, sy'n gwbl allweddol i'r stori, dadlennwyd pwysigrwydd y grefydd Ymneilltuol i bobl yr ardal ac i Gymru. Drwy ddangos golygfeydd o'r berthynas gariadus rhwng Dafydd Rhys a Mary ymysg adfeilion Castell Carreg Cennen, pwysleisiwyd hefyd arwyddocâd hanes a thraddodiad yr ardal a'r genedl fel ei gilydd. Ar gyfer golygfa'r enedigaeth defnyddiwyd cartref Amanwy ei hun, a lleolwyd safle gwaith yr hen ŵr yn Ysgol Ramadeg Cwm Aman.[102] Ond y lleoliad a gynigiodd yr her fwyaf i'r uned ffilmio oedd ceisio darlunio Dafydd Rhys yn ymweld â maes yr Eisteddfod. Yr oedd yn rhaid cynnwys yr agwedd hon o'r stori er mwyn cyfleu, trwy gyfrwng Amanwy, gariad y genedl at gerdd a chân. Gan i Amanwy bron â chipio'r goron yn Eisteddfod Genedlaethol Aberafan 1932 â'i bryddest 'A ddioddefws a orfu', darluniwyd hynt yr ymdrech farddol honno yn y ffilm. Cafodd Amanwy ganmoliaeth uchel gan Cynan am ei gerdd, a phe na bai'r ddau feirniad arall, y Parchedig William Evans (Wil Ifan) a Caradog Prichard, wedi edliw ei diffyg gwreiddioldeb buasai wedi cipio'r goron.[103] Defnyddiwyd maes Eisteddfod Genedlaethol Caerffili 1950 ar gyfer ail-greu profiadau 1932, ac er mwyn rhoi dilysrwydd i'r olygfa ymddangosodd Wil Ifan ar y llwyfan i draddodi'r feirniadaeth. Wedi hynny, wrth olygu'r ffilm yn derfynol, cynhwyswyd recordiad sain o ganu a chymeradwyaeth y gynulleidfa adeg seremoni gadeirio 1932.[104]

Drama-ddogfen, felly, a grëwyd gan Paul Dickson ac Aneirin Talfan Davies, sef darluniau o episodau ym mywyd Amanwy wedi eu haddurno â chryn dipyn o ffuglen a dychymyg. Dylid cofio, serch hynny, mai nod y ffilm oedd cwmpasu Cymru gyfan trwy gyfrwng bywyd un dyn, nid darlunio'n ffyddlon ei fywyd. Nid teyrnged mo'r ffilm i Amanwy, ond teyrnged i genedl gyfan. Er mwyn cyflawni'r deyrnged honno dogfennwyd bywyd Amanwy mewn dull dramatig a thraethiadol, a gellir priodoli hynny yn rhannol i ddylanwad Robert Flaherty, un o arloeswyr byd y ffilmiau dogfen, ar Dickson a'i waith.[105]

Cynhwyswyd yn *David* rai o brofiadau pwysicaf Amanwy ym mhentref Betws, ger Rhydaman.[106] Eto i gyd, y mae'n bwysig nodi bod llawer iawn o brofiadau mwyaf annymunol Amanwy wedi eu hepgor yn llwyr. Yn wir, y mae'r hyn a adawyd allan o'r ffilm lawn mor bwysig, os nad yn bwysicach, na'r hyn a gynhwyswyd ynddi. Ymataliwyd rhag trafod gormod ar gefndir Amanwy ac ni sonnir fawr ddim am ei fywyd cynnar. Hanai Amanwy o deulu o ofaint ar ochr ei dad, teulu a ystyrid yn chwedleuwyr digymar, ac yr oedd gwreiddiau ei fam yn ddwfn yng nghrefft y gwehydd. Ac yntau'n 12 oed ac yn un o wyth o blant, mentrodd Amanwy o ddiogelwch ffald yr ysgol i weithio yn y pylloedd glo, gan ddechrau yng Ngwaith Ucha'r Betws. Wedi dysgu ei grefft yn y Betws, aeth i lofa y Parc ac yna, pan oedd yn 18 oed, i weithio yng nglofeydd sir Fynwy am ddwy flynedd, cyn dychwelyd i'w ardal enedigol i weithio ym Mhantyffynnon ym 1902. Yno, ar 28 Ionawr 1908, yr oedd ymhlith chwe glöwr a anafwyd yn ddifrifol pan ddigwyddodd tanchwa yn y pwll, damwain a laddodd ddau o'i gyd-weithwyr, gan gynnwys ei frawd hynaf Gwilym.[107] Dyma bennod yn ei hanes nas ceir yn y ffilm, efallai ar gais Amanwy ei hun, oherwydd ni chyfeiriodd at farwolaeth ei frawd nac at y gyfrol o farddoniaeth a gyhoeddodd er cof amdano ym 1919, sef *Ambell Gainc*.[108] Parhaodd ei yrfa lofaol tan 1927 pan fu raid iddo, oherwydd llwch yn ei ysgyfaint, gymryd swydd ysgafnach fel prif ofalwr Ysgol Ramadeg Dyffryn Aman.

Yn rhyfedd iawn, ni cheir ychwaith yn y ffilm agweddau pwysig eraill ar hanes ei fywyd teuluol. Cyfeirir yn y ffilm at ei briod Mary ac at fab o'r enw Gwilym, ond ni sonnir am y ffaith iddo briodi ddwywaith ac iddo fagu pedwar o blant. Ar adeg ffilmio *David*, yr oedd Amanwy yn briod er 1918 â Mary Davies, ac yr oedd ganddynt ddwy ferch, sef Menna a Mallt, ond dim mab. Margaret Morgan, ei wraig gyntaf, oedd mam ei fab Gwilym a anwyd yn fuan ar ôl tanchwa Pantyffynnon ym 1908. Hi hefyd oedd mam Ieuan, eu mab arall, a fu farw wedi cystudd hir, yn 12 oed, ym 1921. Bu Margaret hithau farw o'r ddarfodedigaeth yn fuan ar ôl geni Ieuan. Dengys y ffilm, serch hynny, hanes gwaeledd Gwilym a'i farwolaeth gynamserol o'r ddarfodedigaeth, ynghyd ag ymdrechion ei dad i adfer ei iechyd trwy ei gyrchu i wlad gynhesach. Ni chyfeirir dim at y ffaith mai caredigrwydd trigolion Rhydaman, a sefydlodd gronfa ar eu cyfer, a alluogodd Amanwy a'i fab i deithio i Dde Affrica ym Medi 1929. Ond, er gwaethaf pob ymdrech i'w achub, bu farw Gwilym ym Mehefin 1935.[109] Creithiwyd Amanwy yn ddwfn gan y golled ac ysgytiwyd ei ffydd yn Nuw gymaint nes peri iddo gyfansoddi'r bryddest 'A ddioddefws a orfu', pennod yn ei hanes a ddarlunnir yn y ffilm. Ond unwaith eto, ceir bylchau anesboniadwy yn y ffilm, yn eu plith y cyfnod pan ddechreuodd ymhél â barddoniaeth yn sgil ei brofiad dychrynllyd yn y lofa. Ni sonnir amdano, yn ŵr 26 oed, yn dechrau mynychu dosbarthiadau nos er mwyn ehangu ei orwelion.

Ond dyna fu ei hanes: mynychodd ddosbarthiadau mewn llenyddiaeth, bardd-
oniaeth, cynghanedd a gramadeg yn Ysgol y Gwynfryn dan ofal y bardd-athro
a'r diwinydd John Jenkins (Gwili). Wedi blynyddoedd y Rhyfel Mawr ymunodd
â dosbarthiadau nos yn Rhydaman a gynhelid gan Adran Efrydiau Allanol
Coleg Prifysgol Cymru Abertawe dan ofal y Parchedig John Griffiths. Trwy
gyfrwng y dosbarthiadau hynny daeth i gysylltiad â glowyr ifanc darllengar
eraill, gan gynnwys David Mainwaring o lofa Emlyn, Llandybïe, John Roberts
(Irlwyn) Glanaman a oedd yn löwr yng Ngelliceidrim, ac yn fwyaf arbennig,
Gomer Morgan Roberts, Llandybïe, a weithiai ym mhwll Pencae'reithin.[110] Ni
chyfeirir cymaint ag unwaith yn y ffilm at y cyfnod hwn o farddoni toreithiog ac
eisteddfota ac o'r gamp o ennill rhyw 80 o gadeiriau a sawl coron. Cyfyngir y
sylw yn gyfan gwbl i'r gyfrol *O Lwch y Lofa – Cyfrol o Ganu gan Chwech o Lowyr
Sir Gâr* a olygwyd ganddo ym 1924. Cyfrol o gerddi ydyw a gyfansoddwyd
ganddo ef a'i gyfeillion Gwilym Stephens, S. Gwyneufryn Davies o Gwm-coch,
Dafydd Manri (David Mainwaring) o Ben-y-groes, Jac Jones, Cross Hands a
Gomer M. Roberts, Llandybïe.[111] Cynhyrchwyd y gyfrol – a dderbyniwyd yn
wresog gan ddarllenwyr diwylliedig ledled Cymru – er mwyn galluogi Gomer
M. Roberts, a oedd eisoes wedi mynychu Coleg Fircroft yn Bournville ym 1923, i
barhau â'i astudiaethau yng Ngholeg Trefeca.[112] Cyfansoddodd T. Gwynn Jones
y llinellau canlynol wrth ganmol y gyfrol a'i chynhyrchwyr:

> Ni wn gelfyddyd torri'r glo na'i dynnu,
> A fferai'r byd o annwyd, o'm rhan i;
> Dysgasoch chwi gelfyddyd iaith, er hynny,
> Ni byddai'r byd heb lyfrau, o'ch rhan chwi;
> Nid oes i mi ond darn celfyddyd hen
> Wrth ŵr a godo lo, a gadwo lên.[113]

Y syndod pennaf, serch hynny, yw fod y ffilm wedi anwybyddu'n llwyr
brofiadau Cymru a'i phobl yn y Rhyfel Byd Cyntaf. Er nad ymunodd Amanwy
ei hun â'r rhengoedd milwrol, ni chyfeirir unwaith yn *David* at rai o'r llanciau
lleol, gan gynnwys ei frawd iau ei hun, yn ymrestru, nac at effaith y blynydd-
oedd caled hynny, ynghyd â'r dirwasgiad, ar drigolion Rhydaman a Chymru,
nac at gyfraniad Amanwy fel darlledwr propaganda yn ystod yr Ail Ryfel
Byd.[114] Canolbwyntia'r ffilm, yn hytrach, ar ddathlu pwysigrwydd addysg i'r
sawl a fyn amgenach byd. Pwnc oedd hwn a ymylai ar fod yn obsesiwn ymhlith
llenorion Cymreig y cyfnod, ac fe'i gwelwyd mewn nifer o ffilmiau blaenorol
am Gymru, gan gynnwys *Y Chwarelwr*, *Noson Lawen*, *How Green Was My Valley*
a *The Corn is Green*. Yn *David*, Jim Griffiths, brawd ieuengaf Amanwy, a
ddarlunnir yn ymadael am Goleg Llafur Ruskin, ac wrth iddo ffarwelio y

mae'n cyfleu ei addewid i beidio ag anghofio ei wreiddiau drwy daenu dros ei wyneb lwch glo oddi ar ddwylo ei gyfeillion. Trwy gyfrwng y sylwebaeth dysgwn am lwyddiant diweddarach Jim Griffiths yn dringo i fod yn llywydd Ffederasiwn y Glowyr, yn aelod seneddol Llanelli, sedd a gadwodd am 34 blynedd, yn aelod o gabinet y llywodraeth Lafur ac yn ysgrifennydd gwladol cyntaf Cymru. Dichon mai trwydded ddramatig a oedd yn gyfrifol am y ffaith mai darlunio camp Jim a wna'r ffilm – hawdd credu bod hanes brawd yn gadael am goleg yn fwy cyffrous na gwylio'r brawd arall yn derbyn addysg ar garreg ei ddrws mewn dosbarthiadau nos. Yn ogystal, diau fod yma ymgais fwriadol i ddarlunio Amanwy fel un a roes y flaenoriaeth i'r gwaith o ddiogelu ei wreiddiau a'i ffordd o fyw. Yr oedd barn chwerw Amanwy am academyddion Cymru yn bur hysbys. Lleisiai ei farn yn gyson amdanynt ym mhapurau'r wasg, ond ni cheir cip ar yr agwedd gecrus hon ar ei gymeriad yn *David*. Gwyddom mai prin iawn oedd ei barch at 'geiliogod' a 'chywennod' y colegau, ac fe'i cythruddwyd i'r byw wrth weld y Brifwyl yn troi'n 'forwyn fach' i'r Brifysgol oherwydd credai'n gryf y byddai hynny'n arwain yn y pen draw at gyfyngu barddoni a llenydda yn Gymraeg i raddedigion yn unig.[115] Yn sgil ei ddiffyg addysg, tybia Huw Walters:

> [y] teimlai Amanwy mai un o feirdd y cyrion ydoedd, ac nad oedd iddo ei le ymhlith y frawdoliaeth farddol a gyfarfyddai ar faes yr Eisteddfod Genedlaethol bob blwyddyn i dynnu eu llinyn mesur dros gyfansoddiadau'r ŵyl.[116]

Ni ddadlennir yn y ffilm mai gŵr croendenau oedd Amanwy ac un hawdd ei dramgwyddo. Bu ffrae rhyngddo a Prosser Rhys oherwydd i Rhys fentro awgrymu y dylid cyfyngu ar niferoedd y 'beirdd aml-gadeiriau' am fod prinder gwreiddioldeb yn eu gwaith. Tybiasai Amanwy fod y sylw digon teg hwn yn feirniadaeth arno ef ei hun ac mewn llythyr a gyhoeddwyd yn *Yr Herald Cymraeg* enwodd ddau fardd arall a chanddynt dros gant o gadeiriau yr un i'w henwau: 'O bydd i minnau gipio cadair ambell dro, bydd rhyw fwltur o ohebydd a'i grafangau ynof ar fyrder. Paham hyn? Ai am fod y ddau a enwais yn perthyn i barchedigion y wlad, a minnau namyn gweithiwr cyffredin.'[117] Achosai'r teimlad hwn o israddoldeb gryn gymhlethdod yn ei berthynas ag eraill. Ar y naill law byddai'n edliw yn bwdlyd i'r rhai a ddirmygai ei dras a'i ddiffyg addysg, ac ar y llaw arall byddai'n ymhyfrydu yn ei gefndir ac yn y gwerthoedd a goleddid gan y glöwr delfrydol, sef ymddiddori mewn darllen, llenydda a barddoni. Er ei fod yn arwr i nifer o feirdd-lowyr ei fro – ac yr oedd darllen helaeth ar ei 'Colofn Cymry'r Dyffryn' yn *The Amman Valley Chronicle*, a'i golofn 'O Gwm i Gwm' yn *Y Cymro* – teimlai na châi gan y genedl sylw haeddiannol fel bardd.[118]

Nid Prosser Rhys oedd yr unig Gymro amlwg a ddaeth dan lach Amanwy.
Fflangellwyd Saunders Lewis ganddo fwy nag unwaith oherwydd ei fod yn un
na chlywodd 'guriadau calon fawr gwerin Cymru erioed' gan ei fod wedi byw
yn rhy faith 'ynghysgod y "Mans", ac yn rhy bell oddiwrth fywyd pob dydd
pobl'.[119] Bu hefyd ffrae gyhoeddus mor ffyrnig rhyngddo ef a Gwenallt nes
ysigo'r cyfeillgarwch a fu rhyngddynt cyn hynny. Cyhoeddwyd erthygl yn
Y Faner yn fuan wedi Eisteddfod Genedlaethol Caerffili, 1950, dan y pennawd
'Fe Bwdws!' Hysbyswyd y genedl fod David Rees Griffiths wedi gwrthod ym-
ddangos fel aelod o banel seiat holi lenyddol y Brifwyl oherwydd ei ddolurio'n
ddirfawr gan feirniadaeth Gwenallt ar gerdd fuddugol y gadair gan y
Parchedig Gwilym R. Tilsley (Tilsli), Aberdâr, ar y testun 'Y Glöwr'. Digiwyd
Amanwy oherwydd i Gwenallt ganmol Tilsli am beidio â chynnwys yn ei
waith 'or-gynefindra dagreuol areithiau'r Dr. James Griffiths' – brawd yr un a
bwdws![120] Yn ddigon rhyfedd, er mai hwn oedd yr union faes Eisteddfod a
ddefnyddiodd Paul Dickson er mwyn sicrhau golygfeydd o bobl Cymru yn
mwynhau'r Brifwyl, ni chynhwyswyd yr un cyfeiriad at y digwyddiad hwn yn
David. O gofio bod Dickson eisoes wrthi'n ffilmio yn Eisteddfod 1950 a bod
cynllun Aneirin Talfan Davies wedi ei gymeradwyo ym Mehefin 1950, go brin
fod sail i awgrym yr Athro Hywel Teifi Edwards mai cerdd Tilsli a ysbrydol-
odd Amanwy i ymddangos yn *David*.[121] Er gwaethaf geiriau hallt Gwenallt,
canmolodd Amanwy gerdd fuddugol Tilsli i'r cymylau, ac yr oedd yn fawr ei
glod i'r bardd am 'ganu awdl mor nobl i'r glowr . . . ac am iddo weld rhywbeth
heb fryntni ac anwadalwch' ym mywyd ei arwr.[122] Amddiffynnai Amanwy yn
selog y darlun hwn o 'arwr glew erwau'r glo' yn ei 'ddu gell' lle na 'ddaw haul
yno i'w ddilyn'[123] rhag sen a dirmyg llenorion megis Kitchener Davies yn ei
ddrama ddadleuol *Cwm Glo*. Llongyfarchodd Kitchener Davies am iddo dorri
cwys newydd yn hanes y ddrama Gymraeg ac am 'lunio darn o lenwaith sydd
yn wir ddramatig', ond fe'i cythruddwyd yn fawr gan y ffaith fod y ddrama, er
ei bod yn astudiaeth gymdeithasol, yn portreadu'r glöwr mewn golau llai nag
arwrol.[124] Credai ei bod 'yn *libel* ar lowyr Deheudir Cymru' ac meddai: 'paham
y rhaid i ddramodydd o allu Mr Kitchener Davies liwio'r graig y nadded ef
ohoni â huddugl uffern?'[125] Gan nad oedd academyddion Cymru yn bobl
ddilychwin, ni allai ddeall paham y sarheid dosbarth a oedd, yn ei dyb ef, yn
asgwrn cefn Cymru.[126] Treuliodd ei oes yn amddiffyn y glöwr rhadlon, dewr a
dysgedig, gan ei 'anrhydeddu a'i amddiffyn mewn cerdd ac ysgrif', a thybia
Huw Walters 'mai'r cyfle a gafodd i ailorseddu'r coliar arwrol hwn oedd awr
anterth ei fywyd'.[127] Yr awr anterth hon oedd ei ymddangosiad yn y ffilm
David, ei gyfle i gyfleu rhinweddau'r glöwr ac i danseilio pob cyhuddiad
enllibus yn ei erbyn. Ym marn Hywel Teifi Edwards, fe 'lanwodd Amanwy'r
sgrin fel petai wedi bod yn aros erioed am gyfle i wneud iawn am anfadwaith

Cwm Glo'.[128] Ar ôl cwblhau'r ffilm cyfaddefodd Amanwy ei fod yn waith 'â digon o amrywiaeth ynddo i gadw'r cyffredin mud rhag cysgu':

> Ni freuddwydiais erioed fod dim yn fy mywyd yn teilyngu cael ei ddangos ar y sgrin. Ond bu gennyf ffydd ddiwrthdro erioed yng ngwerin fy ngwlad – nad oes ei gwell o dan haul y ffurfafen.[129]

O gofio hyn, efallai y byddai 'A ddioddefws a orfu' wedi bod yn well teitl i'r ffilm na *David*. Yn sicr ddigon, portread sentimental o'r glöwr daionus a difrycheulyd a geir ynddi, yn unol â'r traddodiad llenyddol Cymraeg.

Dangoswyd *David* yn swyddogol am y tro cyntaf fel rhan o Ŵyl Prydain yn sinema Queen's, Caerdydd ac yn Theatr Hammer yn Wardour Street, Llundain ar 26 Ebrill 1951.[130] Y diwrnod blaenorol, serch hynny, cynhaliwyd dangosiad arbennig o'r ffilm ar gyfer y cast a thrigolion Rhydaman a'r cylch yn neuadd y gymuned, Rhydaman.[131] Trefnwyd dangosiad arbennig arall hefyd ar 27 Mehefin 1951 ym mhrif ystafell y cyngor yn Neuadd Westminster, Llundain. Gwahoddwyd cynulleidfa ddethol a oedd yn cynnwys James Griffiths, ysgrifennydd tramor y llywodraeth Lafur a brawd y prif gymeriad, Hilary Marquand, y gweinidog iechyd, James Callaghan, aelod seneddol de-ddwyrain Caerdydd ac ysgrifennydd seneddol y Morlys, a Jennie Lee, aelod seneddol Cannock, yr Alban a gwraig Aneurin Bevan.[132] Erbyn diwedd Hydref 1951 amcangyfrifwyd bod y ffilm wedi ymweld â'r mwyafrif o drefi mawr Cymru, gan gynnwys Wrecsam, Aberystwyth, Caerfyrddin, Abergwaun a Chaernarfon, ynghyd â dinasoedd Lloegr megis Manceinion, Amwythig a Rhydychen.[133] Yr oedd cynlluniau ar y gweill yn ogystal i'w dosbarthu yn America trwy gyfrwng y dosbarthwyr Edward Kingsley & Arthur Meyer Incorporated, Efrog Newydd.[134]

Wedi rhyddhau'r ffilm, bu ffrae rhwng Aneirin Talfan Davies a World Wide Pictures ac, wedi hynny, ffrwgwd arall rhwng yr un cwmni ac Amanwy a'i deulu. Digiwyd Aneirin Talfan Davies gan y ffaith na roddwyd ei enw ar restr gydnabyddiaethau'r ffilm, er mai ef oedd pensaer y ffilm ac mai ef a aeth ati 'to inspire the Director with the true feeling of Welsh cultural life, of which he is a complete stranger'. Mynegodd ei ddiflastod mewn llythyr at James Carr o World Wide Pictures:

> I was deeply hurt to find you had not seen fit to give me any sort of credit in the film . . . I cannot express my distaste at having to take action over this slight, but to me it is a professional matter. There is nothing personal in it, except in the sense that I have been slighted publicly . . . I write more in sorrow than anger, but I am determined that my injury shall be righted.[135]

Mewn ymdrech i dawelu'r dyfroedd cytunwyd i gydnabod cyfraniad Aneirin Talfan Davies fel 'Literary Advisor', sef, yn nhyb James Carr, 'as near a fair description as we shall ever arrive'.[136] Swta oedd ymateb Davies i hynny: 'I have nothing to do but accept "Literary Advisor" as the credit form, although I cannot accept it as adequate in view of what I said in my first letter.'[137] Ni fu llawer o Gymraeg rhyngddo a World Wide Pictures wedi hynny, ac aeth pethau o ddrwg i waeth pan anfonodd Amanwy lythyr at Carr yn hawlio tâl am ei wasanaeth, gan ei fod dan yr argraff fod y ffilm yn llwyddiant masnachol.[138] Atebodd Carr mai'r British Film Institute a oedd yn gyfrifol am y ffilm ac na chredai y byddai'n gwneud unrhyw fath o elw ond, pe gwnâi, y byddai yn fodlon iawn cefnogi cais Amanwy am dâl.[139] Derbyniodd Amanwy yr esboniad ond ym 1955, ddwy flynedd ar ôl ei farwolaeth, derbyniodd World Wide Pictures lythyr arall, y tro hwn gan ei wraig, Mary Griffiths. Clywsai Mary a'i theulu fod *David* wedi ennill Osgar yn America ac, ar ôl llongyfarch y cwmni ar y llwyddiant, ychwanegodd:

> As a family, we rejoice that my husband's work in this film, on whose life the film is based, has brought considerable renown to our town and an award to your company. As a family too, we deeply deplore the meagre sum that was paid to my husband for all that he did to make the award possible. From your company my husband received £50, but nothing in the form of bonus of any description. I may say success of the film, which has been and is – outstanding – should make it possible for you to remedy this in a practical way, as a token of appreciation to the man who put his heart and soul and his life history into the making of the film.[140]

Y gwir yw nad Osgar a enillodd *David* yn Ebrill 1955, eithr y Golden Reel Award gan Gyngor Ffilm America, sefydliad a wobrwyai ffilmiau na châi eu dangos mewn sinemâu cyhoeddus.[141] Yn ogystal, esboniwyd wrth weddw Amanwy na fyddai'r elw yn ddigon hyd yn oed i ad-dalu'r costau cynhyrchu o £8,300, ac na fyddai neb ar ei ennill yn ariannol yn sgil y fenter.[142] Er gwaethaf yr an-esmwythyd hwn, bu'r ffilm yn hynod lwyddiannus ac fe'i hystyriwyd yn un o ffilmiau gorau Gŵyl Prydain 1951. Credai un o feirniaid y cylchgrawn ffilm *Today's Cinema* mai 'artiness and pretentiousness' oedd prif nodwedd mwyafrif ffilmiau'r Ŵyl, ond fod *David* yn ffilm awdurdodol, urddasol a gwefreiddiol.[143]

Bu canmol mawr ar y ffilm yn y wasg, yn enwedig gamp Paul Dickson yn creu ffilm mor gynnes ei phortreadau. Cymeradwywyd yn arbennig ei ddawn anghyffredin i sicrhau perfformiadau credadwy a diffuant gan actorion dibrofiad.[144] Tybiai Reginald Barlow o'r *Carmarthen Journal* fod y ffilm wedi elwa ar y ffaith nad oedd Amanwy yn ceisio actio a'i fod yn hytrach yn chwarae ef ei hun yn dawel a didwyll.[145] Er bod arlliw o or-actio ym mherfformiad Gwenyth

Petty fel y Mary ifanc, credai Gavin Lambert yn *Sight and Sound* fod ei hymddangosiad fel chwa o awyr iach o'i gymharu â'r 'stock Hollywood masks' arferol.[146] Barnai Herbert Davies, colofnydd y *South Wales Evening Post*, fod Sam Jones wedi rhoi perfformiad anarferol o onest a syml fel y gweinidog Mr Morgan,[147] a bod y ffilm ei hun wedi llwyddo i osgoi bod yn 'cheap, vulgar and pretentious'. Meddai, 'most films about Wales have sent the sensitive Welshman into the nearest public house or into the cinema on tiptoe, where he has viewed the screen through his fingers', ond yn yr achos hwn honnodd y gallai bob Cymro ymhyfrydu yng nghamp Dickson a'r cast.[148] Ategwyd ei feirniadaeth gan golofnydd arall o'r *South Wales Evening Post* a ddywedodd: 'For those who love the mining valley way of life it is a picture before which to linger, to peer, and to warm one's heart.'[149] Er bod y ffilm yn cyfleu balchder amlwg yn etifeddiaeth Cymru, ni châi hynny ei orbwysleisio ac felly, yn nhyb sawl beirniad, gallai'r sawl nad oedd yn hanu o Gymru ei mwynhau. Yn yr un modd, tybid bod cynnwys pytiau o sgyrsiau yn Gymraeg wedi ychwanegu at naturioldeb y ffilm.[150] Ymhlith rhinweddau eraill y ffilm a nodwyd gan y wasg oedd cerddoriaeth hudolus Grace Williams.[151]

Er i'r ffilm dderbyn cryn ganmoliaeth am ei naturioldeb, o safbwynt technegol yr oedd iddi ddiffygion. Un bai amlwg oedd tuedd deialog y golygfeydd agoriadol a sylwebaeth Wynford Jones (yn chwarae rhan Ifor yn oedolyn) i fod yn or-lwythog, a thua'r canol y mae'r ffilm yn colli ei chynildeb yn llwyr wrth i Dickson geisio cynnwys gormod o ddeunydd yn y stori. Honnodd Herbert Davies fod y ffilm yn ddrama dair act wedi ei chywasgu'n un.[152] Un olygfa sy'n dangos y gwendid hwn yn amlwg yw geni Gwilym: ynddi torrir droeon o boen esgor y wraig, Mary, at artaith ei gŵr yn nhanchwa glofa Pantyffynnon. Ymollyngir i felodrama, a newidir holl gywair a naws y ffilm. Tybia David Berry fod yr olygfa hon yn ymdrech gan Dickson i gyfleu bywyd yn parhau er gwaethaf pob trychineb, thema a gafodd sylw amlwg hefyd yn y ffilmiau *How Green Was My Valley* a *The Proud Valley*. Ond tybed nad melodrama yr olygfa hon a ysgogodd weinidog o Gaerdydd i fynegi ei farn fel hyn am *David* wrth un o newyddiadurwyr y *Western Mail*:

> It merely continues the sad story of *How Green Was My Valley*, *The Proud Valley* and *Blue Scar* – in other words, it is another piece of self pity, with little reference to a happier future for Wales.[153]

Tybiai B. O. Davies o Gwmllynfell, gŵr a edmygai *Blue Scar*, hefyd fod portread *David* o'r glowyr Cymreig yn 'llawer rhy lwydaidd a digalon, ac ynddo ormod o sentimentaleiddio . . . haeddant amgenach coffadwriaeth nag a roddir iddynt yn y ffilm *David*'.[154]

25. Dafydd Rhys (Amanwy), y glöwr 'da, dewr, dioddefus, diwylliedig a duwiol'.
(British Film Institute)

Da gweld fod gan o leiaf un Cymro ddigon o ruddin i fynegi barn onest oherwydd llwyddodd y ffilm *David* i ddiheintio a rhamantu bywyd Amanwy, gan hepgor yn fwriadol lawer o elfennau garw ac annymunol yn ei hanes. Ceir ynddi ddarlun hynod ddethol ac ystrydebol o'r glöwr, darlun sy'n adlais o'r glöwr a ddyrchafwyd gan lenorion a beirdd oes Victoria, sef y ffigur 'da, dewr, dioddefus, diwylliedig a duwiol'.[155] Yn union fel y gwnaeth Ifan ab Owen Edwards a John Ellis Williams yn eu portread gofalus hwy o'r chwarelwr, ni ddarluniwyd yn *David* y wedd afieithus, giaidd a phechadurus ar fywyd y glöwr traddodiadol. Nid 'bachan bidir yw Dai' yn *David* ond, yn hytrach, gymeriad sy'n unol â'r portread a geir yng ngherddi sentimental Ieuan Gwynedd, pryddestau cartrefol Crwys ac awdl Tilsli, 'Moliant i'r Glöwr'.[156] Glöwr daionus, hunanaberthol a dioddefus sy'n ennyn cydymdeimlad yn hytrach nag edmygedd a geir yn *David*. Er bod hyd yn oed feirniaid ffilm craff fel David Berry yn gwirioni ar yr elfennau 'affecting' ac emosiynol a geir yn y ffilm (fe'i geilw 'a masterpiece in miniature'), darlun ystrydebol arall o fywyd 'glân a llonydd' honedig y glöwr a geir ynddi.[157] Yr un yw'r ymdriniaeth o'r glöwr ag a gafwyd mewn llenyddiaeth Gymraeg o'r 1850au ymlaen, sef ymgais i lapio 'seloffen gofal y Gymraeg' o'i amgylch er mwyn diogelu ei enw da.[158] Ni lwyddodd yr un o ffilmwyr Cymru i greu darlun mor eofn a chignoeth o'u glowyr ag y gwnaeth John Baxter yn *Love on the Dole* ym 1941 ac, o ganlyniad, caniatawyd i'r glöwr o Gymro grymu dan y baich o wasanaethu ei wlad 'fel un o'r cymeriadau etholedig a gariai deilyngdod gwerin Cymru ar eu cefnau'.[159] Ffilm a orbrisiwyd yw *David*, ffilm sy'n methu â chyfleu'r hagrwch a'r ang-hyfiawnder a nodweddai fywyd glowyr de Cymru oherwydd iddi fynnu, chwedl ei hawdur gwreiddiol Aneirin Talfan Davies, gynnig 'darlun cywir o'r werin Gymraeg ar ei gorau'.[160]

Diweddglo

Ymdriniwyd yn y gyfrol hon â phum ffilm ddogfen, dwy ddrama-ddogfen ac wyth ffilm nodwedd yn ymwneud â Chymru ac a luniwyd rhwng 1935 a 1951, cyfnod allweddol bwysig yn nhwf y diwydiant ffilm. Amrywiai'r rhain o gynyrchiadau cyllid-isel gan amaturiaid brwd yng Nghymru i gynyrchiadau drud ac ysgubol fawr gan gwmnïau yn Hollywood ac Ealing; o bortreadau cynnes, gwladgarol ac amddiffynnol gan Ifan ab Owen Edwards, John Roberts Williams a Sam Jones i ddarluniau melodramatig a gwyrgam King Vidor, John Ford ac Irving Rapper; o realaeth ddirdynnol a blaengar Ralph Bond, Donald Alexander, John Eldridge, ac (i raddau llai) Jill Craigie i sentimentaleiddiwch ac amwysedd Emlyn Williams a Paul Dickson. Yn naturiol, felly, cafwyd portreadau pur wahanol o Gymru a'i phobl, ac oherwydd grym y cyfrwng ffilm a hefyd waith camera celfydd gan Jo Jago, Geoff Charles, Arthur C. Miller, Otto Heller ac eraill daeth y delweddau a grëwyd yn rhan annatod o ym-wybyddiaeth miloedd o wylwyr yng Nghymru a thu hwnt.

At ei gilydd, y mae'r mwyafrif llethol o'r ffilmiau hyn yn portreadu cymun-edau diwydiannol, gan gynnwys ardaloedd chwarelyddol ond yn bennaf ardaloedd glofaol de Cymru. Gan fod cymaint o dlodi, diweithdra ac anghyf-iawnder yn bodoli ym Maes Glo De Cymru yn ystod cyfnod y dirwasgiad economaidd yr oedd yn anochel y byddai cynhyrchwyr ffilmiau dogfen a nodwedd yn delweddu'r glöwr yn ei gynefin. Yn y ffilmiau dogfen *Today We Live* ac *Eastern Valley* ac, i raddau llai, yn *Blue Scar* y ceir y delweddau mwyaf trawiadol ac argyhoeddiadol o dlodi a chyni'r gymdeithas lofaol ac o'r peryglon beunyddiol a wynebai'r gweithwyr a'u teuluoedd. Ym mhortread celfydd Ralph Bond a Donald Alexander yn *Today We Live* gwelir cyfres o olygfeydd trawiadol o byllau glo a ffatrïoedd ynghau, certiau glo yn wag, cyfarpar diwydiannol yn segur ac, uwchlaw popeth, ddarluniau ysgytiol o lowyr di-waith yn stryffaglio ar domennydd sbwriel i gasglu talpiau mân o lo er mwyn cynhesu eu haelwydydd. Gan eu bod mor rymus, benthyciwyd y delweddau hyn, at bwrpas propaganda rhyfel, gan *Wales – Green Mountain, Black Mountain*, ac fe'u hatgynhyrchwyd lawer gwaith ers hynny mewn dogfennau teledu, cyfrolau printiedig ac arddangosfeydd yn ymdrin â'r diwydiant glo yng Nghymru. Yn *Eastern Valley*, hefyd, llwyddodd Donald Alexander i greu delweddau grymus a pharhaol o gyflwr cywilyddus tai y gweithwyr ac o anobaith glowyr di-waith wrth segura ar gornel strydoedd llwm. Er gwaethaf diffygion technegol ac amwysedd drama-ddogfen uchelgeisiol Jill Craigie, *Blue Scar*, y mae hwn hefyd yn gynhyrchiad dewr a gonest sydd yn peri i'r gwyliwr sylweddoli bod ymateb y glowyr i wladoli'r diwydiant glo yn hynod o gymhleth. Yn *The Proud Valley* y ceir yr ymgais fwyaf credadwy mewn ffilm nodwedd i bortreadu amodau byw a gwaith y glöwr ac i gyfleu canlyniadau erchyll y damweiniau a ddigwyddai ym mhyllau glo de Cymru. Mewn cyfer-byniad eglur, darlun ystumiedig a melodramatig o'r gymdeithas a gyflwynir gan King Vidor yn *The Citadel*, portread sy'n dangos na allai'r cyfarwyddwr hwn ymuniaethu â'r dosbarth gweithiol yng Nghymru na chydymdeimlo â'u hamodau byw a gwaith. Ac y mae'r ffilm enwocaf a wnaed erioed am dde diwydiannol Cymru – *How Green Was My Valley* – nid yn unig yn fersiwn glastwraidd o nofel Richard Llewellyn ond hefyd yn ddelwedd ffantasïol o'r trigolion drwy lygaid a lleisiau Gwyddelig. Gwaetha'r modd, delwedd dreul-iedig ac anghyflawn o'r glöwr a welir hefyd yn ffilm Paul Dickson, *David*: portread sentimental ydyw o'r glöwr darllengar a daionus. Ni chafwyd yma unrhyw ddelweddau blaengar a chyffrous o fryntni'r cyfnod nac o'r modd yr oedd y dirwasgiad economaidd a'r Ail Ryfel Byd wedi gosod straen ddifrifol ar ymddygiad gwleidyddol a moesol gweithwyr diwydiannol. Bodlonwyd ar lunio portread cynnes o'r glöwr cywir a di-nam.

Ail ddelwedd amlwg yn y ffilmiau hyn yw y portread o'r Fam Gymreig a oedd, yn ôl yr hen draddodiad llenyddol, yn frenhines ar ei haelwyd ac yn geidwad moesau'r genedl. Anfarwolwyd y portread hwn yn bennaf oll gan Rachel Thomas yn y ffilmiau *The Proud Valley*, *Blue Scar* a *David*, a bron na ellid dadlau bod ei henw hyd heddiw yn gysylltiedig â'r Fam Gymreig draddod-iadol. Yn wir, i'r hanesydd Deirdre Beddoe, y mae Rachel Thomas yn ym-gorfforiad llwyr o'r Fam Gymreig.[1] Yn *The Proud Valley* y cafwyd y ddelwedd rymus hon ar ei ffurf fwyaf sentimental a threuliedig, sef y wraig y cafwyd cymaint o sôn amdani mewn llenyddiaeth Gymraeg er dyddiau Ieuan Gwynedd yng nghanol y bedwaredd ganrif ar bymtheg: yr angyles radlon sy'n slafio er mwyn cynnal ei gŵr a'i theulu, yn wynebu trallod yn stoicaidd a dewr, ac yn sugno nerth a chysur o'i chrefydd Ymneilltuol. Ar ddelw hon hefyd y lluniodd Emlyn Williams ei bortread ef o Merri, y fam dyner a chariadus i ddau lanc amddifad yn *The Last Days of Dolwyn*, rhan a chwaraewyd mor feistrolgar gan y Fonesig Edith Evans. Dyma wraig ddiwair, syml ei hymarweddiad, mawr ei gofal a hyddysg yn ei Beibl. Ond portread Rachel Thomas, er gwaethaf ei diffygion, a ddaeth agosaf at y darlun a addurnai dudalennau'r wasg Gymraeg o'r bedwaredd ganrif ar bymtheg ymlaen, ac y mae yn ddehongliad llawer mwy urddasol a phwerus na'r portread oriog a gafwyd gan Sara Allgood yn rhan Beth Morgan yn *How Green Was My Valley*.

Delwedd arall a amlygwyd droeon yn y ffilmiau hyn yw yr awydd am hunanwellhad ymhlith y dosbarth gweithiol a'r gred ymysg Cymry mai addysg dda yw y prif allwedd i lwyddiant a dedwyddwch. Hanes y 'mute inglorious Milton' sy'n aberthu ei yrfa er mwyn galluogi ei chwaer i gael addysg brifysgol yw un o brif themâu *Y Chwarelwr*, ac yn *Noson Lawen* y mae rhinweddau'r Mudiad Cynilion Cenedlaethol yn ganolog i lwyddiant mab ffermdy'r Hafod ym Mhrifysgol Cymru. Prif thema *The Corn is Green* yw awydd Morgan Evans a'i athrawes Miss Moffat i sicrhau'r addysg orau posibl ym Mhrifysgol Rhydychen, ac yn *David* dethlir clod y glöwr a'r bardd darllengar Amanwy, y prif gymeriad, drwy egluro mai ar sail gwerthiant y gyfrol o farddoniaeth a olygodd y llwyddwyd i anfon Gomer M. Roberts (prif hanesydd y Methodistiaid Calfinaidd wedi hynny) i goleg. Afraid pwysleisio mai trwy gyfrwng addysg uwch y câi glowyr a chwarelwyr fel hyn ddianc rhag tlodi a chaledi bywyd gweithfaol ym mhyllau glo a chwareli Cymru.

Wrth ddelweddu crefydd y Cymry, y mae gwrthgyferbyniad amlwg rhwng gwneuthurwyr ffilmiau Cymraeg eu hiaith a'r gweddill. Yn *Y Chwarelwr*, *Yr Etifeddiaeth*, *Noson Lawen* a hefyd (yn bennaf oherwydd dylanwad Aneirin Talfan Davies) yn *David*, mae'r werin Ymneilltuol gapelgar, yng nghefn gwlad ac yn y meysydd glo, yn gwbl hanfodol i'r stori. Yn *Y Chwarelwr* diolcha'r wraig fod ei gŵr wedi cael marw yn sêt fawr y capel ac yn *Noson Lawen* amlygir y wedd ddefosiynol yn y portread o'r blaenor Dafydd Dafis yn morio canu emynau â'i lygaid ynghau. Ond tra gwahanol yw'r delweddau a gynhyrchwyd o'r tu allan i Gymru. Ac yntau'n drwm dan ddylanwad ei arwr Caradoc Evans, portread chwerw o'r Gymru Ymneilltuol fel rhagrithwyr gwenieithus a geir yn ffilm nodwedd Dylan Thomas, *The Three Weird Sisters*, ac y mae John Goronwy Jones, y clerc cyfreithiwr sydd wedi ei achub yn ffilm Irving Rapper, *The Corn is Green*, yn gyff gwawd. Yn *How Green Was My Valley*, hithau, portreedir Ymneilltuwyr fel rhagrithwyr creulon sy'n cael pleser sadistig o daflu merch ifanc feichiog o'r seiat. Rhan annatod o'r diwylliant Ymneilltuol oedd cerddoriaeth ac y mae'n ddiddorol sut y defnyddiwyd y ddelwedd o'r Cymry fel cantorion i leddfu tensiynau gwleidyddol a dosbarthiadol. Yn *The Proud Valley* defnyddir llais cyfoethog a llesmeiriol Paul Robeson (ac i raddau llai Rachel Thomas) i fynegi sut yr oedd cerddoriaeth yn gymorth i bobl ddod ynghyd ac i wynebu pob adfyd. Eu harwyddgan ddiwyro yw 'You Can't Stop Us Singing'. Môr o gân yw'r Gymru Gymraeg wledig a hwyliog yn *Noson Lawen*, ond yn *How Green Was My Valley* a *The Corn is Green* darlunnir glowyr Cymru fel pobl ddi-glem sydd yn well ganddynt ganu emynau prudd ac alawon gwerin na brwydro dros amodau byw a gwaith teilwng.

Gan wneuthurwyr ffilm Cymraeg eu hiaith y ceir y delweddau mwyaf grymus ynglŷn â thirwedd Cymru a'i diwylliant cynhenid. Yn *Yr Etifeddiaeth* yn arbennig ceir ymgais i brocio cydwybod y genedl ynglŷn â'r bygythiadau sylweddol i'r 'hen ffordd Gymreig o fyw' ac i'r diwylliant Cymraeg yn ei chadarnleoedd – megis dyfodiad y rheilffyrdd, y siarabang a'r modur, twf technoleg newydd, yn enwedig yn y maes darlledu, a dylanwad newyddiaduraeth Saesneg ei hiaith – a hefyd i'r problemau cadwraethol a achoswyd gan sefydlu'r ysgol fomio ym Mhenyberth ym 1936, creu maes tanio ar Fynydd Epynt ym 1940, y mewnlifiad sylweddol o faciwîs, ac adeiladu gwersyll gwyliau Butlin's ym Mhwllheli. Hirgofir y clo godidog gan Geoff Charles o'r haul yn machlud dros draeth unig ym Mhen Llŷn – trosiad effeithiol o lwyddiant goresgynwyr allanol i ddwyn i ben ffordd o fyw yn ei noddfa olaf a mwyaf cysegredig. Tra effeithiol, hefyd, yw'r modd y defnyddia Dylan Thomas dirlun Cymru yn *Wales – Green Mountain, Black Mountain* i bwysleisio swyddogaeth y mynyddoedd fel amddiffynfeydd cadarn i ddiwylliant brodorol Cymru ac o barodrwydd ei thrigolion i frwydro'n ddewr yn erbyn y gelyn Natsïaidd.

Bu'r blynyddoedd rhwng 1935 a 1951, felly, yn gyfnod ffurfiannol ac euraid yn hanes delweddu Cymru a'i phobl ar ffilm. Teg dweud, serch hynny, mai'r ddelwedd gynhaliol o Gymru ar y sgrin fawr yn ystod y cyfnod hwn oedd cymoedd diwydiannol de Cymru; eithriadau oedd y portreadau eraill a gafwyd. Seiliwyd amryw o'r ffilmiau ar nofelau neu ddramâu a luniwyd yn y 1930au, pan ystyrid de Cymru yn lleoliad diddorol os nad unigryw ar gyfer ffilmiau. Ond erbyn y pumdegau cynnar yr oedd cymoedd Maes Glo De Cymru yn dechrau colli eu cymeriad neilltuol. At ei gilydd, ceir yn y ffilmiau a drafodir yn y gyfrol hon bwyslais ar y traddodiadol a phrin y ceir unrhyw wir ymdrech i herio delweddau'r gorffennol a chreu portreadau newydd o'r genedl. Yn aml iawn, bodlonwyd ar fenthyg, ailgylchu a llurgunio hen stereoteipiau a oedd eisoes wedi ennill eu plwyf mewn llenyddiaeth. Ond y tro hwn, trwy gyfrwng y ffilmiau a'r sinemâu galluogwyd miloedd o bobl i ymgynefino â'r delweddau hynny. Yn y 1930au a'r 1940au mynychid y sinemâu yn rheolaidd gan y Cymry, boed rheini'n gytiau chwain anghysurus neu'n balasau breuddwydion cyfforddus: fe'u tynnid yn eu miloedd i ganol 'swyn mwyn y sinemâu' gan y rhamant, yr antur a'r hiwmor, gan wireddu pryderon beirniaid megis Gwernogle a fynnai 'I'r anfad waradwydd, mae'r werin yn ddall!'[2] Nid actorion pennaf Hollywood oedd yr unig atyniad; gwerthfawrogwyd hefyd y cyfle i weld pobl gyffredin megis Les Adlam a Freddie Grant ar y sgrin, heb sôn am y Cymry Cymraeg a ddaethai'n wynebau tra chyfarwydd, megis Hugh Griffith, Rachel Thomas, Richard Burton ac Emlyn Williams. Erbyn dechrau'r pumdegau y sinema oedd prif adloniant trethadwy pobl Prydain, ac yr oedd pymtheg gwaith mwy o bobl yn heidio i'r sinema nag yr oedd i'r theatrau neu'r meysydd pêl-droed.[3] Nid troednodyn tila i hanes y ffilm ryngwladol, felly, yw hanes ffilm

Cymru rhwng 1935 a 1951 oherwydd cynhyrchwyd yn ystod y blynyddoedd hynny gorff o waith dadlennol sy'n haeddu sylw teilwng.

Nodiadau

Rhagymadrodd

[1] Roberta Pearson, 'Early Cinema' yn Geoffrey Nowell-Smith (gol.), *The Oxford History of World Cinema* (Oxford, 1997), t. 13.

[2] Ibid., t. 14.

[3] Er hynny, cafwyd dangosiad o sioe sbecian Kinetoscope Thomas Edison yng Nghaerdydd ym 1894. David Berry, *Wales and Cinema: The First Hundred Years* (Cardiff, 1994), t. 440.

[4] Kevin Rockett, Luke Gibbons, John Hill, *Cinema and Ireland* (London, 1987), t. 3.

[5] Duncan Petrie, *Screening Scotland* (London, 2000), t. 16.

[6] Berry, *Wales and Cinema*, t. 36.

[7] Rockett, Gibbons, Hill, *Cinema and Ireland*, tt. 5–6; Michael Gray, *Stills, Reels and Rushes: Ireland and the Irish in Twentieth-Century Cinema* (Dublin, 1999), tt. i–ii.

[8] Daeth diwedd ar y traddodiad hwn pan basiwyd Deddf Cinematograph 1909 a osododd safonau diogelwch uwch ar gyfer y fath ddangosiadau.

[9] Am fwy ar hyn gweler Berry, *Wales and Cinema*, tt. 35–63.

[10] Dylid nodi, er hynny, y ceid 3,462 o sinemâu sefydlog a chanddynt seddau ar gyfer dros dair miliwn o bobl yn Lloegr. Simon Rowson, 'A Statistical Survey of the Cinema Industry in Great Britain in 1934', *JRSS*, 99, rhif 1 (1936), t. 84; H. E. Browning ac A. A. Sorrell, 'Cinemas and Cinema-going in Great Britain', *JRSS*, Cyfres A, 117, rhan 2 (1954), t. 137.

[11] Alfred Zimmern, *My Impressions of Wales* (London, 1921), t. 29.

[12] Gw. Peter Miskell, 'Pulpits, Coal Pits and Fleapits: A Social History of the Cinema in Wales, 1918–1951' (Traethawd Ph.D. anghyhoeddedig, Prifysgol Cymru, 2000).

[13] Browning a Sorrell, 'Cinemas and Cinema-going in Great Britain', t. 140.

[14] Wil Aaron, 'Ffilm', yn Meic Stephens (gol.), *Y Celfyddydau yng Nghymru 1950–75* (Caerdydd, 1979), t. 313.

[15] 'Rev. Cynog Williams' Strong Indictment', *AL*, 9 Mawrth 1912, t. 3; gw. hefyd ymateb rhai trigolion lleol i gyhuddiadau'r Parchedig Williams yn *AL*, 16 Mawrth 1912, t. 3.

[16] Berry, *Wales and Cinema*, t. 50.

[17] Gw. 'Sinemau Sul', *FG*, 1, rhif 8, Mehefin 1931, t. 3.

[18] B. Ifor Evans, 'Wales and the Cinema', *WM*, 16 Hydref 1926, t. 9.

[19] 'Wales and the Cinema', *WM*, 16 Hydref 1926, t. 6. Gw. hefyd erthygl Mihangel Morgan, 'Cymru a Ffilm', *Taliesin*, 89, Gwanwyn 1995, tt. 45–50, a'i gymhariaeth ef o hanes y sinema ac ymateb y Cymry i'r nofel gynnar.

[20] William George, 'Brwydr yr Iaith yng Nghymru', *Seren Gomer*, 24, rhif 5 (1932), t. 173.

[21] L. Haydn Lewis, 'Nid oes Gyfrif am Droeon Iaith', *FG*, 5, rhif 9, Gorffennaf 1935, t. 214.

[22] T. P. Ellis, 'Ar Arferion Cymru Newid Ddaeth', ibid., 3, rhif 9, Gorffennaf 1933, tt. 195–6.

23 Alun Llywelyn-Williams, 'Y Cinema a'r Gymraeg: Cynllun i Gymru', *DG*, 8, rhif 5 (Mai 1934), t. 2.

24 Am drafodaeth ar sut y gwgid ar beintio tirwedd Cymru gan biwritaniaid y bedwaredd ganrif ar bymtheg, gw. Peter Lord, *Diwylliant Gweledol Cymru: Delweddu'r Genedl* (Caerdydd, 2000), pennod 8. Gw. hefyd yr ymateb i'r theatr yn Roger Owen, 'Y Ddefod Golledig?: Theatr, Cymdeithas a Chymreictod yn y Gymru Gymraeg 1945–1990' (Traethawd Ph.D. anghyhoeddedig, Prifysgol Cymru, 1999), t. 29. Gw. hefyd ei gyfrol *Ar Wasgar: Theatr a Chenedligrwydd yn y Gymru Gymraeg, 1979–1997* (Caerdydd, 2003).

25 Am fwy ar hyn gw. Prys Morgan, 'Keeping the Legends Alive' yn Tony Curtis (gol.), *Wales: The Imagined Nation* (Bridgend, 1986), tt. 19–41; Prys Morgan, 'The Gwerin of Wales – Myth and Reality' yn I. Hume a W. T. R. Pryce (goln.) *The Welsh and their Country* (Llandysul, 1986), tt. 134–52; R. Merfyn Jones, 'Beyond Identity? The Reconstruction of the Welsh', *Journal of British History*, 31, rhif 4 (1992), tt. 330–57.

26 Alun Llywelyn-Williams, *Nes Na'r Hanesydd?* (Dinbych, 1968), t. 13.

27 Hywel Teifi Edwards, 'Gwaedoliaeth Lenyddol Dai a Shoni' yn Geraint H. Jenkins (gol.), *Cof Cenedl X: Ysgrifau ar Hanes Cymru* (Llandysul, 1995), t. 95. Gw. hefyd Hywel Teifi Edwards, *Arwr Glew, Erwau'r Glo: Delwedd y Glöwr yn Llenyddiaeth y Gymraeg 1850–1950* (Llandysul, 1994).

28 Gw. Dafydd Roberts, 'Y Deryn Nos a'i Deithiau: Diwylliant Derbyniol Chwarelwyr Gwynedd' yn Geraint H. Jenkins (gol.), *Cof Cenedl III* (Llandysul, 1988), tt. 151–79.

29 Gw. Manon Wyn Rhys, 'Y Fam Gymreig yn y Cyfnodolion Cymraeg i Ferched rhwng 1850 a 1934' (Traethawd MA anghyhoeddedig, Prifysgol Cymru, 1996).

30 Gw. hefyd Deirdre Beddoe, 'Images of Welsh Women' yn Tony Curtis (gol.), *Wales: The Imagined Nation*; Deirdre Beddoe, 'Munitionettes, maids and mams: Women in Wales, 1914–1939' yn Angela V. John (gol.), *Our Mothers' Land: Chapters in Welsh Women's History 1830–1939* (Cardiff, 1991).

31 Trafodir profiad y Cymry mewn cyd-destun Celtaidd yn Gwenno Ffrancon Jenkins, 'Delweddu Cymru a'i Phobl ar Ffilm 1935–1951' (traethawd Ph.D. anghyhoeddedig Prifysgol Cymru, 2002), tt. 8–11.

32 Rhagymadrodd Randall M. Miller yn Miller (gol.), *The Kaleidoscopic Lens: How Hollywood Views Ethnic Groups* (New Jersey, 1980), t. 13.

Pennod 1

1 R. Merfyn Jones, *Cymru 2000* (Caerdydd, 1999), t. 9.

2 Ibid., tt. 5, 7.

3 Honnwyd ym 1935 gan y King Edward VII Welsh National Memorial Association mai eu ffilm hwy *Yr Ymgyrch* (*The Crusade*, yn Saesneg), a luniwyd gan British Gaumont er mwyn addysgu'r cyhoedd am ddarfodedigaeth, oedd y ffilm lafar Gymraeg gyntaf. Ond y mae lle i ddadlau nad yw'r ffilm hon yn 'talkie' go iawn gan mai dim ond sylwebaeth a glywir arni yn hytrach nag actorion yn llefaru deialog fel a gafwyd ychydig fisoedd yn ddiweddarach yn *Y Chwarelwr*. Nid yw'r ffilm bellach yn bodoli, ond ceir copi o'r stribyn sain Saesneg yn LlGC, AGSSC. R. Iestyn Hughes, 'Yr Ymgyrch', *Y Casglwr*, rhif 56/57 (Haf 1996), tt. 1, 3, 4.

4 John Davies, *Hanes Cymru* (Llundain, 1991), tt. 489–573.

5 Gwyn Jones, Colofn Olygyddol, *Welsh Review*, II, rhif 4 (Tachwedd 1939), tt. 183–4.

6   Saunders Lewis, 'Memorandum on the Wartime Evacuation Policy of the Government', *The Welsh Nationalist*, Chwefror 1939, t. 3.

7   'Caernarvonshire Evacuee Children', *NWC*, 9 Chwefror 1940, t. 2; 'Evacuees on the Air', *NWC*, 16 Chwefror 1940, t. 3; 'Evacuation and Welsh Culture', *NWC*, 8 Mawrth 1940, t. 2.

8   Saunders Lewis, 'The Welsh Front', *The Welsh Nationalist*, Awst 1944, t. 2.

9   Iorwerth C. Peate, 'Mynydd Epynt', *Ym Mhob Pen . . .* (Aberystwyth, 1948), t. 16.

10   Iorwerth C. Peate, *Syniadau* (Llandysul, 1969), t. 39.

11   *THSC* (1924–5); *THSC* (1939).

12   Iorwerth C. Peate, 'Diogelu ein Gwreiddiau', *Sylfeini* (Wrecsam, 1938), t. 105.

13   Rhan o gerdd y Parchedig Thomas David Evans (Gwernogle), 1939 yn Thomas David Evans, *Yr Ysgub Aur!* (Caerdydd, 1939), tt. 139–40. Gw. hefyd Edwards, *Arwr Glew Erwau'r Glo*, t. 52 a Beth Thomas, *Cytiau Chwain a Phalasau Breuddwydion* (Caerdydd, 1997), t. 49.

14   Williams, *THSC* 1939, t. 162.

15   'General Tables', *Census of England and Wales 1951*, t. xiv. Gw. hefyd John W. Aitchison a Harold Carter, 'Yr Iaith Gymraeg 1921–1991: Persbectif Geo-Ieithyddol' yn Geraint H. Jenkins a Mari A. Williams (goln.), *'Eu Hiaith a Gadwant?': Y Gymraeg yn yr Ugeinfed Ganrif* (Caerdydd, 2000), tt. 27–106.

16   Gwyn Thomas, 'Y Dŵr a'r Graig' yn *Cadwynau yn y Meddwl* (Dinbych, 1976), t. 33.

17   LlGC, Casgliad Llawysgrifau yr Urdd, A1, Cofnodion Cyfarfod Cyngor yr Urdd, 9 Chwefror 1935; 'Welsh Talkie Cinema – Urdd President's New Gift to Wales', *WM*, 11 Chwefror 1935, t. 11.

18   LlGC, Casgliad Llawysgrifau yr Urdd, L10, memo yn trafod J. M. Howells a'i ymddiswyddiad.

19   Urddwyd Ifan ab Owen Edwards yn farchog ym 1947.

20   Am fwy ar hanes yr Urdd yn y cyfnod hwn, gw. R. E. Griffith, *Urdd Gobaith Cymru: Cyfrol 1. 1922–1945* (Aberystwyth, 1971).

21   Berry, *Wales and Cinema*, t. 144.

22   D. Tecwyn Evans, 'Cadwraeth yr Iaith – Anerchiadau a Draddodwyd yng Nghyfarfodydd Adran Gymmrodorol yr Eisteddfod Genedlaethol ym Mhwllheli', *THSC* (1924–5), t. 70.

23   Ifan ab Owen Edwards, 'Difficulties of Producing Welsh Talkies', *WM*, 20 Chwefror 1935, t. 11.

24   Ifan ab Owen Edwards, 'Cinema in the Culture of Small Nations', *WM*, 6 Mawrth 1935, t. 11.

25   Syr Lawnslod, 'Llythyrau Syth o'r Swyddfa', *FG*, 5, rhif 3, Ionawr 1935, t. 50.

26   Griffith, *Urdd Gobaith Cymru*, t. 186.

27   Stephen Ridgewell, 'South Wales and the Cinema in the 1930s', *CHC*, 17, rhif 4 (1995), t. 606.

28   Elfyn Pritchard, 'John Ellis Williams' yn Mairwen Jones a Gwynn Jones (goln.), *Dewiniaid Difyr* (Llandysul, 1983), t. 58.

29   LlGC, Casgliad Llawysgrifau yr Urdd, L1, llythyr gan J. E. Williams at Ifan ab Owen Edwards, 6 Mawrth 1935.

30   LlGC, Casgliad Llawysgrifau yr Urdd, L1, llythyr gan J. E. Williams at Ifan ab Owen Edwards, 17 Ebrill 1935.

31   J. Ellis Williams, *Inc yn fy Ngwaed* (Llandybïe, 1963), t. 93; Wil Aaron, 'Byd y Ffilmio', yn Meredydd Evans (gol.), *Gŵr Wrth Grefft* (Llandysul, 1974), t. 65; Griffith, *Urdd Gobaith Cymru*, t. 185.

32 'Quarrymen at Work on First Welsh Talkie', *WM*, 18 Mawrth 1935, t. 11.
33 LlGC, Casgliad Llawysgrifau yr Urdd, L1, rhestr o dreuliau'r cynhyrchiad a hefyd llythyrau gan John Ellis Williams at Ifan ab Owen Edwards.
34 Llythyr ym meddiant yr awdur oddi wrth Mrs Katie Lewis a Mrs Lilian Williams, 3 Medi 1998.
35 *WM*, 18 Mawrth 1935, t. 11; 'Quarry-boy "Jackie Cooper" will be hero of first Welsh Talkie', *Daily Express*, 18 Mawrth 1935, t. 2. Cyfweliad yr awdur â Mrs Katie Lewis a'i chwaer Mrs Lilian Williams (chwiorydd W. D. Jones), 8 Mawrth 1998, a hefyd eu nai, y diweddar Mr Ted Lloyd Jones, 6 Mawrth 1998.
36 'Film "shots" in a Welsh Chapel', *Daily Express*, 1 Ebrill 1935.
37 Ifan ab Owen Edwards, 'Y Llun Llafar Cymraeg', *Cymru'r Plant*, XLV (1936), t. 316.
38 Cyflogwyd dros 1,800 yn chwarel Oakeley pan oedd ar ei hanterth. Ernest Jones, *'Stiniog* (Caernarfon, 1988), t. 12. Teg nodi, hefyd, y defnyddiwyd chwareli Votty a Bowydd a'r Graig Ddu yn y ffilm. LlGC, Casgliad Llawysgrifau yr Urdd L1, llythyr gan Hadleigh S. Seaborne, The Votty & Bowydd Slate Quarries at Ifan ab Owen Edwards, 7 Mai 1935, yn datgan ei falchder yn llwyddiant y ffilmio yn ei chwarel ac yn dymuno pob llwyddiant i'r fenter.
39 Thomas, 'Y Dŵr a'r Graig' yn *Cadwynau yn y Meddwl*, t. 33.
40 'On Location With Urdd Cameraman', *WM*, 5 Ebrill 1935, t. 11.
41 V. J. Bradley, *Industrial Locomotives of North Wales* (London, 1992), t. 342.
42 Jones, *'Stiniog*, t. 22.
43 Gw. Emyr Jones, *Canrif y Chwarelwr* (Dinbych, 1963).
44 LlGC, Casgliad John Ellis Williams, Llyfr Lloffion 5, 1932–6, darn o'r erthygl 'First View of Welsh Talkie' mewn papur dienw a diddyddiad.
45 Cafwyd dwy ffilm ddogfen gyfoes arall yn darlunio gwaith yn chwareli gogledd Cymru, sef *Men Against Death*, ffilm ac iddi sain a gynhyrchwyd gan Charles H. Dand ym 1933 ac a gedwir yn LlGC, AGSSC. Hefyd, lluniwyd, ym 1936, ffilm fud gan G. L. Hawkins yn chwarel Dinorwig, Llanberis, sef *Slate Quarrying of North Wales* sydd bellach yn y NFA.
46 Aaron, *Gŵr Wrth Grefft*, t. 63.
47 O. M. Edwards, *Er Mwyn Cymru – Cyfres Gwerin Cymru IV* (Wrecsam, 1927), t. 65.
48 Llythyr ym meddiant yr awdur oddi wrth Mrs Katie Lewis a'i chwaer Mrs Lilian Williams, 3 Medi 1998.
49 LlGC, AGSSC, tapiau sain *Y Chwarelwr*. Gan fod pedwerydd rîl y ffilm wedi diflannu, daw'r ffilm i ben gyda'r darluniau o'r tad yn marw yn sêt fawr y capel. Ond er bod y ffilm ei hun yn anghyflawn, y mae'r disgiau sain yn gyfan a thrwy'r rhain gellir dilyn gweddill y stori. Y mae disgiau sain *Y Chwarelwr* yn gyflawn yn LlGC, AGSSC a cheir copïau ar ddâp yn Amgueddfa Werin Cymru, Sain Ffagan.
50 LlGC, AGSSC, tapiau sain *Y Chwarelwr*.
51 John Ellis Williams, *Y Rhedegydd*, 3 Hydref 1935, t. 6.
52 John Ellis Williams, 'Saga of the Slate', *The Era*, 24 Ebrill 1935, tt. 1, 16.
53 Gwilym R. Tilsley, 'Cwm Carnedd', *Y Glöwr a Cherddi Eraill* (Llandybïe, 1958), tt. 20–31.
54 Gw., er enghraifft, T. Rowland Hughes, *O Law i Law* (Llandysul, 1943), *William Jones* (Llandysul, 1944), *Chwalfa* (Llandysul, 1946); Kate Roberts, *Traed Mewn Cyffion* (Aberystwyth, 1936), *Stryd y Glep* (Dinbych 1949), *Y Byw sy'n Cysgu* (Dinbych 1956).
55 Dafydd Roberts, 'Y Deryn Nos a'i Deithiau: Diwylliant Derbyniol Chwarelwyr Gwynedd' yn Jenkins (gol.), *Cof Cenedl III* (Llandysul, 1988), tt. 151–79; Emyr Price, 'Y Chwarelwr a'i Fyd: A'r Cymry Croendenau Unllygeidiog', *Barn*, 304 (Mai 1988), t. 9.

56 Williams, *Y Rhedegydd,* 3 Hydref 1935, t. 6; LlGC, Casgliad Llawysgrifau yr Urdd, L1, llythyrau gan J. E. Williams at Ifan ab Owen Edwards, dyddiedig 25 Mai 1935 a 3 Mehefin 1935. Cyfweliad Ednyfed Hudson Davies â J. E. Williams ym 1976 a ddarlledwyd mewn rhaglen gan BBC Cymru, 'Y Chwarelwr', a ddangoswyd ar S4C ym 1983; Gwilym Rees Hughes yn holi J. E. Williams, *Barn*, 140 (Mehefin 1974), tt. 346–8.

57 Williams, *Y Rhedegydd*, 3 Hydref 1935, t. 6.

58 Canlyniad hyn oedd ffilm ar bedair rîl a'r sain ar wahân ar bedwar disg a oedd yn para am ryw chwarter awr yr un. Aaron, *Gŵr wrth Grefft*, t. 67.

59 LlGC, Casgliad Llawysgrifau yr Urdd, L1, llythyr diddyddiad gan John Ellis Williams at Ifan ab Owen Edwards.

60 LlGC, Casgliad Llawysgrifau yr Urdd, L1, llythyr gan John Ellis Williams at Ifan ab Owen Edwards, 1 Mai 1935.

61 LlGC, Casgliad Llawysgrifau yr Urdd, L1, llythyr gan John Ellis Williams at Ifan ab Owen Edwards, 1 Mai 1935.

62 Derbyniodd Edwards a Williams nifer o lythyrau yn cynnig cymorth ymarferol ac ariannol i wneud y ffilm a rhai yn gofyn am ran ynddi. LlGC, Casgliad Llawysgrifau yr Urdd, L1.

63 Ifan ab Owen Edwards. 'Cinema in the Culture of Small Nations', *WM*, 6 Mawrth 1935, t. 11.

64 LlGC, Casgliad Llawysgrifau yr Urdd, A55.

65 Williams, *Y Rhedegydd*, 3 Hydref 1935, t. 6.

66 Griffith, *Urdd Gobaith Cymru*, t. 186; Williams, *Y Rhedegydd*, 3 Hydref 1935, t. 6. Y pris mynediad fel arfer oedd swllt i oedolyn a thair ceiniog i blentyn.

67 Aaron, *Gŵr Wrth Grefft*, t. 69; Hughes, *Y Casglwr* (Haf 1996), t. 3.

68 LlGC, Casgliad Llawysgrifau yr Urdd, A55.

69 Gw. J. E. Williams, 'Cyfansoddi Lluniau Llafar', *FG*, 5, rhif 8 (Mehefin 1935), t. 175; J. E. Williams, 'Lluniau Llafar Cymraeg', *Y Cymro*, 8 Gorffennaf 1949, t. 4; 'First Welsh Talkie', *Manchester Guardian*, 30 Mawrth 1935, t. 20.

70 Ifan ab Owen Edwards, 'Y Modd y Gweneir y Ffilm Llafar Cymraeg', *Y Cymro*, 13 Ebrill 1935, t. 11; 'Pioneer of Cinema Art in Wales', *WM*, 8 Chwefror 1937, t. 8.

71 Iorwerth C. Peate, 'Diwylliant Gwerin', *THSC* (1937), t. 250.

72 LlGC, AGSSC, cyfweliad tâp yr awdur â John Roberts Williams, 28 Chwefror 1998.

73 APCB, 30205, sgript sgwrs radio gan John Roberts Williams, 23 Medi 1949.

74 LlGC, AGSSC, cyfweliad tâp yr awdur â John Roberts Williams, 28 Chwefror 1998; John Roberts Williams, *Yr Eiddoch yn Gywir* (Caernarfon, 1990), t. 129.

75 APCB, 30205, sgript sgwrs radio gan John Roberts Williams, 23 Medi 1949.

76 APCB, 30205, sgript sgwrs radio gan John Roberts Williams, 23 Medi 1949.

77 Prynwyd camera Bolex, treipod a swmp o ffilm 16 mm. Gan na phrynwyd gwahanol lensys, dim ond panio y gellid ei wneud gyda'r camera. LlGC, AGSSC, cyfweliad tâp yr awdur â John Roberts Williams, 28 Chwefror 1998.

78 Ar adeg cynhyrchu *Yr Etifeddiaeth* nid oedd Charles yn aelod o staff *Y Cymro*. LlGC, AGSSC, cyfweliad tâp yr awdur â John Roberts Williams, 28 Chwefror 1998.

79 LlGC, AGSSC, cyfweliad tâp yr awdur â John Roberts Williams, 28 Chwefror 1998.

80 LlGC, AGSSC, cyfweliad tâp â Geoff Charles gan Iwan Jones, 6 Medi 1982, a chyfweliad tâp yr awdur â John Roberts Williams, 28 Chwefror 1998.

81 Copi o'r rhaglen i gyd-fynd â'r ffilm *Yr Etifeddiaeth* ym meddiant yr awdur; 'Ffilm Lafar Gymraeg yn Barod i'r Brifwyl', *Y Cymro*, 1 Gorffennaf 1949, tt. 1, 16.

82 LlGC, AGSSC, cyfweliad tâp â Geoff Charles gan Iwan Jones, 19 Ebrill 1982.

83 LlGC, AGSSC, cyfweliad tâp yr awdur â John Roberts Williams, 28 Chwefror 1998.

[84] Ar wahân i lais Cynan, yr unig leisiau eraill a glywir yn y ffilm yw côr meibion, côr cymysg a chôr plant Llŷn ac Eifionydd dan arweiniad Tal Griffith, Pwllheli, a'r unawdwyr Evan R. Thomas a Gwilym Lloyd Roberts.

[85] Geiriau cyntaf y ffilm *Yr Etifeddiaeth* gan John Roberts Williams a Geoff Charles, 1949.

[86] LlGC, AGSSC, sylwebaeth *Yr Etifeddiaeth*; cyfweliad yr awdur â John Roberts Williams, 28 Chwefror 1998; Williams, *Yr Eiddoch yn Gywir*, t. 22.

[87] LlGC, AGSSC, cyfweliad tâp yr awdur â John Roberts Williams, 28 Chwefror 1998.

[88] LlGC, AGSSC, *Yr Etifeddiaeth*, 1949.

[89] LlGC, AGSSC, *Yr Etifeddiaeth*, 1949.

[90] Pyrs Gruffudd, 'Brwydr Butlin's: Tirlun, Iaith a Moesoldeb ym Mhen Llŷn, 1938–1947' yn Jenkins (gol.), *Cof Cenedl XVI* (Llandysul, 2001), t. 130.

[91] LlGC, Casgliad CPRW 19/13, pamffled 'Aims and Objects of CPRW'.

[92] LlGC, Casgliad CPRW 9/39, llythyr Patrick Abercrombie at Clough Williams-Ellis, 3 Rhagfyr 1943. Gw. hefyd Pyrs Gruffudd, 'Propaganda for Seemliness': Clough Williams-Ellis and Portmeirion, 1918–1950', *Ecumene*, 2, rhif 4 (1995), tt. 399–422.

[93] Gruffudd, 'Brwydr Butlin's', *Cof Cenedl XVI*, tt. 138–9.

[94] LlGC, Casgliad CPRW 9/39, 'Lleyn Defence Committee Memorandum on the South Caernarvonshire Holiday Camp', 'The Lleyn Camp – For Capitalist Monopoly or for Public Service?'.

[95] LlGC, Casgliad CPRW 9/19, llythyr gan Iorwerth C. Peate at J. D. K. Lloyd, ysgrifennydd CPRW, 27 Gorffennaf 1935.

[96] Gruffudd, 'Brwydr Butlin's', *Cof Cenedl XVI*, tt. 133–4.

[97] 'Holiday Camp', *Caernarvon & Denbigh Herald*, 3 Rhagfyr 1943, t. 8; 'Make Penychain a Children's Camp', *WM*, 9 Tachwedd 1945, t. 2; 'Butlins turn down compromise plan', *WM*, 14 Chwefror 1946, t. 3.

[98] Gruffudd, 'Brwydr Butlin's', *Cof Cenedl XVI*, tt. 127, 145.

[99] Lewis, *Paham y Llosgasom yr Ysgol Fomio* (Dinbych, 1936), tt. 5, 17. Gw. Pyrs Gruffudd, 'Yr Iaith Gymraeg a'r Dychymyg Daearyddol 1918–1950' yn Jenkins a Williams (goln.), *Eu Hiaith a Gadwant?*, tt. 107–32.

[100] Pyrs Gruffudd, *Land of My Fathers?: The CPRW and Contested Conservation* (University of Reading, 1996), t. 11.

[101] Saunders Lewis, 'Memorandum on the Wartime Evacuation Policy of the Government', *The Welsh Nationalist*, Chwefror 1939, t. 3.

[102] LlGC, AGSSC, cyfweliad tâp yr awdur â John Roberts Williams, 28 Chwefror 1998.

[103] Berry, *Wales and Cinema*, t. 244.

[104] LlGC, AGSSC, cyfweliad tâp â Geoff Charles gan Iwan Jones, 19 Ebrill 1982.

[105] J. E. Williams, 'Yr Etifeddiaeth', *Y Cymro*, 5 Awst 1949, t. 11.

[106] APCB, 30205, sgript sgwrs radio gan John Roberts Williams, 23 Medi 1949.

[107] LlGC, AGSSC, cyfweliad tâp â Geoff Charles gan Iwan Jones, 19 Ebrill 1982.

[108] APCB, 30205, sgript sgwrs radio gan Dewi Prys Thomas, 23 Medi 1949.

[109] Williams, *Y Cymro*, 5 Awst 1949, t. 11.

[110] E. Bryan Jones, 'Arbraw Ddewr Dau Gymro', *Y Faner*, 10 Awst 1949, t. 7.

[111] APCB, 30205, sgript sgwrs radio gan John Roberts Williams, 23 Medi 1949.

[112] Rhyddhawyd *Yr Etifeddiaeth* fis ar ôl ffilm arall a ddarluniai fywyd yng Nghymru, sef ffilm Emlyn Williams, *The Last Days of Dolwyn*, a ddangoswyd am y tro cyntaf ym mis Gorffennaf 1949.

[113] 'Y Ffilm Gymraeg – Y Gair Olaf am y Ticedi', *Y Cymro*, 29 Gorffennaf 1949, t. 1.

[114] LlGC, AGSSC, cyfweliad tâp yr awdur â John Roberts Williams, 28 Chwefror 1998.

115 E. Tegla Davies, 'O'r Gadair Gan Eisteddwr', *HC*, 5 Mehefin 1950, t. 4.

116 Alexander H. Dunn, 'The National Savings Movement', *Newport Encyclopedia, Coronation and Royal Visit Souvenir* (Newport, 1937), tt. 122–3.

117 'Llun Llafar o'r Noson Lawen', *Y Rhedegydd*, 1 Mehefin 1950, t. 6; LlGC, Casgliad Llawysgrifau Bwrdd Ffilmiau Cymru, 21/4, llythyr gan Rhiannon Lynn Thomas, Bwrdd Ffilmiau Cymru at Patrick Hickman Robertson, Pennaeth Marchnata, Mudiad Cynilion Cenedlaethol, 2 Hydref 1984 yn trafod ffilm Gymraeg arall a noddwyd gan y MCC, sef *Cymru a Chynilo* gan Cossar Turfery, Verity Films Ltd, gyda Hugh Griffith yn adrodd sgript John Ellis Williams.

118 APCB, 29844, llythyr gan Sam Jones at Mark Lloyd, 6 Hydref 1949, yn disgrifio addewid Mr Clayton Russon o'r Mudiad Cynilion Cenedlaethol ynghylch cyllido'r ffilm.

119 APCB, 29844, llythyr, ynghyd ag adroddiad ar y ffilm, gan Melvin N. Hughes at Sam Jones, 14 Mehefin 1950.

120 Dyfnallt Morgan, *Babi Sam* (Dinbych, 1985), t. 15.

121 'Sam Jones' yn Gwilym R. Jones (gol.) *Portreadau'r Faner – Cyfrol 1* (Y Bala, d.d.), tt. 30–1; gw. hefyd R. Alun Evans, *Stand By!: Bywyd a Gwaith Sam Jones* (Llandysul, 1998).

122 APCB, 29844, memo yn cyfeirio at wreiddiau teulu Mark Lloyd yng ngogledd Cymru.

123 APCB, 29844, llythyr gan Mark Lloyd at Sam Jones, 9 Mehefin 1949.

124 Meredydd Evans, *Caneuon Noson Lawen Neuadd y Penrhyn Bangor: Cyfrolau 1 a 2* (Llandybïe, 1949).

125 Dau gefnder ac ewythr oedd John Arthur Jones, Gwilym Jones a Sam Jones, y tri o Dregarth a'r tri yn chwarelwyr. Evans, *Stand By!*, t. 149.

126 LlGC, Casgliad Llawysgrifau Bob Owen, 36/555, llythyr gan Dr Thomas Richards at Bob Owen, Awst 1946.

127 APCB, 29844, sef dau lythyr rhwng Llwyd o'r Bryn a Sam Jones yn trafod fferm Pantyneuadd fel safle i ffilmio golygfeydd yr Hafod, dyddiedig 19 Gorffennaf 1949 a 22 Gorffennaf 1949, ynghyd ag erthygl Sam Jones yn *Y Faner*, 29 Mawrth 1985.

128 LlGC, AGSSC, cyfweliad tâp yr awdur â Meredydd Evans, 16 Chwefror 1998.

129 APCB, 29844, llythyrau amrywiol.

130 LlGC, AGSSC, cyfweliad tâp yr awdur â Meredydd Evans, 16 Chwefror 1998.

131 APCB, 29844, llythyrau rhwng Sam Jones a chyflogwyr y tri actor.

132 APCB, 29844, llythyr diddyddiad [Tachwedd 1949?] gan John Gwilym Jones, o Lundain, at Sam Jones.

133 'Y Ffilm Noson Lawen', *BAC*, 24 Mai 1950, t. 8; *Y Rhedegydd*, 1 Mehefin 1950, t. 6.

134 LlGC, AGSSC, cyfweliad tâp yr awdur â Meredydd Evans, 16 Chwefror 1998.

135 APCB, 29844, rhestrir cyflogau'r cast gan Mark Lloyd mewn llythyr at Sam Jones, 6 Rhagfyr 1949.

136 APCB, 29844, nodiadau ac awgrymiadau amrywiol Mark Lloyd.

137 APCB, 29844, llythyr gan Erica Masters, cynorthwyydd Mark Lloyd, at Sam Jones, 11 Tachwedd 1949.

138 LlGC, AGSSC, cyfweliad tâp yr awdur â Cledwyn Jones, 27 Chwefror 1998.

139 APCB, 29844, llythyr gan Mark Lloyd at Sam Jones, 7 Tachwedd 1949; llythyr gan Sam Jones at Mark Lloyd, 9 Tachwedd 1949.

140 APCB, 29844, llythyr gan Sam Jones at Mark Lloyd, 6 Hydref 1949.

141 Teitl dros dro y ffilm oedd *Wales*, APCB, 29844, Rhestr Alw'r Cynhyrchiad, 22 Tachwedd 1949.

[142] APCB, 29844, llythyr gan Sam Jones at Mark Lloyd, 10 Tachwedd 1949.

[143] Diddorol nodi i Sam Jones fynd ati, er gwaethaf penderfyniad Mark Lloyd, am gyfnod i hysbysebu'r ffilm fel *Y Cynhaeaf* a *The Harvest*. Dyna oedd y teitl ar y posteri ac felly y cyfeiriwyd at y ffilm mewn ambell erthygl, e.e., colofn Gwilym Roberts yn *The Liverpool Daily Post*, 23 Mai 1950, t. 5.

[144] Davies, *HC*, 5 Mehefin 1950, t. 4.

[145] Ibid.

[146] Ibid.

[147] Sam Jones, 'Sêr Amlwg ac Anhysbys y *Noson Lawen'*, *Y Faner*, 29 Mawrth 1985, t. 14.

[148] LlGC, AGSSC, cyfweliad tâp yr awdur â Meredydd Evans, 16 Chwefror 1998.

[149] Davies, *HC*, 5 Mehefin 1950, t. 4.

[150] APCB, 29844, llythyr gan Sam Jones at John Gwilym Jones yn Llundain, 17 Tachwedd 1949, yn gofyn iddo gynorthwyo Joan Gilbert i gael Bob Tai'r Felin ar *Picture Page*. Am hanes yr ymddangosiad ar y teledu, gw. Robin Williams, *Y Tri Bob* (Llandysul, 1970), tt. 120–1.

[151] *Y Rhedegydd*, 1 Mehefin 1950, t. 6.

[152] APCB, 29844, llythyr Sam Jones at A. Gillings, 5 Mai 1950.

[153] APCB, F30233, amlinelliad o sgript y rhaglen radio *We Made a Film*. Nid oes recordiad o'r rhaglen. Dylid nodi yma hefyd i Sam Jones a John Gwilym Jones gynorthwyo cwmni ffilm Brunner Lloyd â ffilm Gymreig arall ym 1953, sef *A Letter From Wales*.

[154] APCB, 29844, llythyr, ynghyd ag adroddiad ar y ffilm, gan Melvin N. Hughes at Sam Jones, 14 Mehefin 1950.

[155] *Y Rhedegydd*, 25 Mai 1950, t. 6; *Y Rhedegydd*, 1 Mehefin 1950, t. 6; 'Iaith Bur i'r Pictiwr hwn', *Y Cymro*, 2 Mehefin 1950, t. 5.

[156] APCB, 29844, llythyr gan Glyn Bryfdir Jones at Sam Jones, 27 Mai 1950.

[157] APCB, 29844, adroddiad ar y ffilm gan ddirprwy gomisiynydd y Mudiad Cynilion yng ngogledd Cymru.

[158] APCB, 29844, nifer o lythyrau cais at Sam Jones yn dyddio rhwng 1950 a 1951.

[159] APCB, 29844, adroddiad ar y ffilm gan ddirprwy gomisiynydd y Mudiad Cynilion yng ngogledd Cymru.

[160] 'Cymraeg yn y Pictiwrs', *Y Cymro*, 26 Mai 1950, t. 5.

[161] Anhysbys, 'Lluniau Llafar Cymraeg', *HC*, 22 Mai 1950, t. 8.

[162] Gwilym Roberts, 'The Fruitful Year Should Televise Well', *The Liverpool Daily Post*, 23 Mai 1950, t. 5.

[163] *MFB*, 18, rhif 212, Medi 1951, t. 334.

[164] APCB, 29844, llythyr gan Gwyneth Biddle at Sam Jones, 22 Chwefror 1951.

[165] Evans, *Stand By!*, t. 165.

[166] Nododd Amanwy yn ei golofn wythnosol, 'Mae cannoedd ohonom yn dyheu am weld y ffilm *Noson Lawen* . . . er mwyn inni gael cipdrem ar y bobl a roes gymaint o fwynhad inni ers blynyddoedd bellach.' Amanwy, 'O Gwm i Gwm – Sôn am Ffilm', *Y Cymro*, 27 Hydref 1950, t. 13.

Pennod 2

[1] Am y cefndir, gw. Ernest Betts, *The Film Business* (London, 1973); Dan Macpherson a Paul Willemen (goln.), *Traditions of Independence: British Cinema in the Thirties* (London, 1980); Paul Swann, *The British Documentary Film Movement 1926–1946*

(Cambridge, 1989); Ian Aitken, *Film and Reform* (London, 1990); Richard M. Barsam, *Non-Fiction Film* (Indiana, 1992); Brian Winston, *Claiming the Real* (London, 1995); Kevin Macdonald a Mark Cousins, *Imagining Reality* (London, 1996); Ian Aitken (gol.), *The Documentary Film Movement: An Anthology* (Edinburgh, 1998).

2 Am fwy ar hanes diddymu Uned Ffilm y Swyddfa Bost Gyffredinol a chreu cwmnïau annibynnol eraill, gw. Aitken, *Film and Reform*, t. 136; Barsam, *Non-Fiction Film*, t. 105 a Swann, *The British Documentary Film Movement*, tt. 95–122.

3 Swann, *The British Documentary Film Movement*, t. 97.

4 Mari A. Williams, '"In the Wars": Wales 1914–1945' yn Gareth Elwyn Jones a Dai Smith (goln.), *The People of Wales* (Llandysul, 1999), tt. 188–9.

5 Miles Davies, 'The Rhondda Valley', *The Geographical Magazine*, 2, rhif 5 (Mawrth 1936), t. 376.

6 Williams, '"In the Wars": Wales 1914–1945', t. 189.

7 Davies, 'The Rhondda Valley', t. 379.

8 Geiriau Henry Mess a ddyfynnwyd gan Dennis Linehan a Pyrs Gruffudd, 'Bodies and Souls: psycho-geographical collisions in the South Wales Coalfield, 1926–1939', *Journal of Historical Geography*, 27, rhif 3 (2001), t. 381.

9 Percy E. Watkins, *Adult Education Among the Unemployed of South Wales* (London, 1935), t. 12; Alun Burge, '"A Subtle Danger?": The Voluntary Sector and Coalfield Society in South Wales 1926–1939', *Llafur*, 5, rhifau 3 a 4 (1998–9), tt. 126–7.

10 Gwilym James, 'Social Work in South Wales', *The Welsh Outlook*, XIX, rhif 2 (Chwefror 1932), tt. 34–6; Kathleen Butterworth, *William Noble and his wife Emma* (London, 1962), tt. 21–43.

11 Watkins, *Adult Education Among the Unemployed of South Wales*, t. 12.

12 Am fwy ar hyn gw. Bernard Harris, 'Responding to Adversity: Government–Charity Relations and the Relief of Unemployment in Inter-War Britain' yn *Contemporary Record*, 9, rhif 3 (Gaeaf 1995), tt. 534–5; Burge, '"A Subtle Danger?"', t. 135.

13 Watkins, *Adult Education Among the Unemployed of South Wales*, t. 11. Gw. hefyd Percy Watkins, 'Yn Eisiau – Cyfeillion i Helpu'r Diwaith, i'w Dysgu ac i'w Cysuro', *FG*, V, rhif 4, Chwefror 1935, t. 77.

14 Ibid., t. 12; Percy Watkins, *A Welshman Remembers* (Cardiff, 1944), tt. 147–8; South Wales and Monmouthshire Council of Social Service, *Life in South Wales Today – Third Annual Report 1936–37* (Cardiff, 1936), t. 56.

15 *Life in South Wales Today – Third Annual Report 1936–37*, tt. 6, 17.

16 Pe dymunai cymuned adeiladu neu adnewyddu adeilad er budd y gymdeithas drwy gymorth grant gan Gyngor Cenedlaethol y Gwasanaethau Cymdeithasol yr oedd yn rhaid iddi yn gyntaf gyfrannu at y gost.

17 James Curran a Jean Seton, *Power Without Responsibility: The Press and Broadcasting in Britain* (London, 1991), tt. 139–46.

18 Y mae'r ffilm *Today We Live*, a ariannwyd gan Ymddiriedolaeth Carnegie, bellach yng ngofal y NFA a chedwir *Eastern Valley* yno hefyd. Ceir copi o *Today We Live* yn LlGC, AGSSC.

19 'Gwalia Deserta' yn Islwyn Jenkins (gol.), *The Collected Poems of Idris Davies* (Llandysul, 1993), t. 48.

20 Paul Rotha, *Documentary Diary* (London, 1973), t. 146.

21 Berry, *Wales and Cinema*, t. 130.

22 Ralph Bond, 'Workers' Films: Past and Future', *Labour Monthly*, Ionawr 1976, t. 27.

23 Ralph Bond, dyfynnwyd yn *Chapter: Images of Wales* (Cardiff, 1986), t. 6.

24 Ralph Bond, 'Making Films with a Purpose', *Kino News* (Gaeaf 1935), t. 1; gw. hefyd Ralph Bond, 'Labour and the Cinema', *The Plebs* (Awst 1931), t. 186.

[25] Berry, *Wales and Cinema*, t. 133.

[26] 'Club House Erected by Unemployed', *Rhondda Leader*, 29 Mai 1937, t.1; Bert Hogenkamp, 'Today We Live – The Making of a Documentary in a Welsh Mining Valley', *Llafur*, 5, rhif 1 (1988), tt. 45–52. Yn ôl Hogenkamp, bu'r uned ffilm yn chwilio am leoliadau yn Cannock Chase a Swydd Durham cyn penderfynu ar Gwm Rhondda oherwydd fod pyllau glo y Brodyr Cory, sef Pentre a Tynbedw, wedi eu cau ym 1934, gan adael mwyafrif y glowyr lleol yn ddi-waith.

[27] Ralph Bond, 'Making *Today We Live*', *World Film News*, 2, rhif 6 (Medi 1937), t. 39.

[28] Davies, 'The Rhondda Valley', tt. 376–9.

[29] *Rhondda Leader*, 29 Mai 1937, t. 1.

[30] Hogenkamp, 'Today We Live', t. 46; Ralph Bond, 'Making *Today We Live*', t. 39.

[31] Berry, *Wales and Cinema*, t. 136.

[32] Hogenkamp, 'Today We Live', t. 48.

[33] Bond, 'Making *Today We Live*', t. 39.

[34] Ibid.

[35] *Today We Live*, senario'r ffilm gan Stuart Legg, 1937.

[36] Watkins, *A Welshman Remembers*, t. 150.

[37] Allen Hutt, *The Condition of the Working Class in Britain* (London, 1933), t. 185; Wal Hannington, *The Problem of the Distressed Areas* (London, 1937), tt. 194–215.

[38] Percy E. Watkins, 'Clubs for Unemployed not Dope', *Glamorgan Free Press and Rhondda Leader*, 6 Hydref 1934, t. 2.

[39] A. J. Lush, *The Young Adult in South Wales* (Cardiff, 1941), t. 74.

[40] Peter Stead, 'The Voluntary Response to Mass Unemployment in South Wales' yn Walter Minchinton (gol.), *Reactions to Social and Economic Change 1750–1939: Exeter Papers in Economic History 12* (University of Exeter, 1979), tt. 114–15.

[41] *Today We Live*, 1937.

[42] Hogenkamp, 'Today We Live', t. 50.

[43] *Today We Live*, 1937.

[44] 'This Film Makes History', *NC*, 5 Mehefin 1937, t. 9.

[45] Rotha, *Documentary Diary*, t. 145; Paul Marris (gol.), *Rotha on Rotha* (BFI Dossier 16, London, 1982). Gw. Duncan Petrie a Robert Kruger (goln.), *A Paul Rotha Reader* (Exeter, 1999).

[46] Rotha, *Documentary Diary*, t. 50.

[47] Berry, *Wales and Cinema*, t. 137.

[48] Ôl cyfarwyddo syml a diffwdan Ruby Grierson sy'n treiddio drwy'r rhannau a ffilmiwyd yn South Cerney, gan arddangos ei gallu hi i ymuniaethu â phobl a'u darlunio'n ddiffuant.

[49] Paul Rotha, 'Films of Fact and Fiction', *Rotha on the Film* (London, 1958), t. 211.

[50] Berry, *Wales and Cinema*, t. 136.

[51] Rachael Low, *Documentary and Educational Films of the 1930s* (London, 1997), t. 100; Rotha, *Documentary Diary*, t. 147; Elizabeth Coxhead, 'Film Touches Reality', *Left Review*, 3, rhif 8, Medi 1937, t. 506.

[52] *Today We Live*, 1937.

[53] '. . . of the documentary films I took to the United States . . . *Today We Live* was one of the most popular in spite of its two dialects. I was sure that this was because it presented its subject in human and easily understandable terms.' Rotha, *Documentary Diary*, t. 148.

[54] 'Today We Live', *World Film News*, 2, rhif 6 (Medi 1937), t. 38; 'A Film of Social Work', *The Times*, 1 Gorffennaf 1937, t. 14; 'Welsh Villagers in Film of Real Life',

SWEP, 1 Gorffennaf 1937, t. 10; 'Rhondda Unemployed in a Film', *WM*, 30 Mehefin 1937, t. 6.

55   Rotha, *Documentary Diary*, t. 180.

56   Iorwerth C. Peate, 'Y Crefftwr yng Nghymru', *DG*, 4, rhif 1 (Mehefin 1929), t. 4.

57   Bert Hogenkamp, 'Donald Alexander' yn Janet McBain a Kevin Cowle (goln.), *'With an Eye to the Future': Donald Alexander and Budge Cooper Documentary Film Makers* (Scottish Screen, 1997), t. 5.

58   Donald Alexander, *The Documentary Film* (BFI, 1945), t. 8.

59   Y mae'r ffilm *Rhondda*, er yn anghyflawn, yn y NFA.

60   Gw. adysgrifiad o gyfweliad Paul Marris â Donald Alexander, 4/20/91, yn ASS, lle y nododd Alexander mai ef, Judy Birdwood a Bridget Balfour oedd y rhai a aeth i'r Rhondda i ffilmio. Ond, yn ôl David Berry, dywedodd Alexander wrtho ym 1985 mai Margo Heinemann, Rudolph Messel, Judy Birdwood a Ralph Elton oedd ei gyd-weithwyr ar y ffilm *Rhondda*. Gw. Berry, *Wales and Cinema*, tt. 137–8.

61   Casgliad Donald Alexander a Budge Cooper, ASS, dyddiadur Donald Alexander yn dwyn y teitl 'DA's visit to the Rhondda July 3rd 1935', rhif 4/20/96.

62   Casgliad Donald Alexander a Budge Cooper, ASS, dyddiadur Donald Alexander yn dwyn y teitl 'DA's visit to the Rhondda July 3rd 1935', rhif 4/20/96.

63   ASS, cyfweliad Paul Marris â Donald Alexander, 4/20/91.

64   Enw bedydd Jim Forrester oedd James Bratazon Grimston. Ef oedd yr Arglwydd Forrester o Corstophine, mab hynaf y pedwerydd Iarll Verulam.

65   Deil Rachael Low yn *Documentary and Educational Films of the 1930s* mai Stanley Hawes oedd y cynhyrchydd. Enwir Stuart Legg yn rhestr gydnabod y ffilm, Berry, *Wales and Cinema*, t. 138.

66   'Work of the Quakers in Constructive Relief of Distress in South Wales', *The Welsh Housing and Development Association Year Book, 1929*, t. 121; Butterworth, *William Noble and his wife Emma*, tt. 21–43; Barrie Naylor, *Quakers in the Rhondda* (Chepstow, 1986).

67   Janet Davies, 'Brynmawr – Then and Now', *Planet*, 51 (1985), tt. 101–2.

68   Gwen Lloyd Davies, 'Crafts and the Quakers at Brynmawr', *Planet*, 51 (1985), t. 109.

69   Hilda Jennings, *Brynmawr – A Study of a Distressed Area* (London, 1934), tt. 200–18; Peter Scott, *An Order of Friends – Annual Report 1936* (Abergavenny, 1937), t. 14; Walter Dowding, 'Brynmawr – Apêl', *DG*, 6, rhif 3, Mawrth 1932, t. 6; George M. Ll. Davies, 'Brynmawr: Hanes yr Anturiaeth', *DG*, 6, rhif 8, Awst 1932, t. 5.

70   Scott, *An Order of Friends – Annual Report 1936*, t. 29.

71   Ibid., t. 30.

72   Ychwanegwyd 20 y cant at gost y nwyddau crai er mwyn gallu cyflenwi'r treuliau. Marie Jahoda, *Employment and Unemployment: A Social-psychological Analysis* (Cambridge, 1982), t. 31.

73   Ibid.; Henry Ecroyd, 'Subsistence Production in the Eastern Valley of Monmouthshire', *Llafur*, 3, rhif 4 (1983), t. 34.

74   Davies, 'Crafts and the Quakers at Brynmawr', t. 109; Jahoda, *Employment and Unemployment: A Social-psychological Analysis*, t. 31.

75   *An Order of Friends An Account of their Activities and Ideas* (London, 1936), tt. 29–30.

76   Ibid., tt. 30–1.

77   Ibid., tt. 32–4.

78   Ibid., tt. 34–6.

79   'Subsistence Production', *The Free Press of Monmouthshire*, 23 Gorffennaf 1937, t. 14.

80   'Work of the Quakers in Constructive Relief of Distress in South Wales', *The Welsh*

Housing and Development Association Year Book, 1929, t. 121; Ecroyd, 'Subsistence Production in the Eastern Valley of Monmouthshire', tt. 38–41.

[81] *Eastern Valley*, 1937.

[82] Ecroyd, 'Subsistence Production in the Eastern Valley of Monmouthshire', t. 35.

[83] Scott, *An Order of Friends – Annual Report 1936*, t. 73; Burge, '"A Subtle Danger?"', t. 133.

[84] Burge, '"A Subtle Danger?"', t. 133.

[85] Trefnwyd gyda'r llywodraeth na châi budd-daliadau'r di-waith eu diddymu yn achos unrhyw un a ymunai â'r fenter. *The Welsh Housing and Development Association Year Book*, 1929, t. 122; Jahoda, *Employment and Unemployment: A Social-psychological Analysis*, t. 32.

[86] *An Order of Friends – An Account of their Activities and Ideas*, t. 29; Burge, '"A Subtle Danger?"', t. 132.

[87] Ecroyd, 'Subsistence Production in the Eastern Valley of Monmouthshire', t. 35.

[88] Stead, 'The Voluntary Response to Mass Unemployment in South Wales', t. 101.

[89] Davies, 'Crafts and the Quakers at Brynmawr', t. 109; Peter Lord, *Diwylliant Gweledol Cymru: Y Gymru Ddiwydiannol* (Caerdydd, 1998), t. 200.

[90] *An Industrial Survey of South Wales* (London, 1932); ASS, Casgliad Donald Alexander a Budge Cooper, 4/20/91.

[91] Scott, *An Order of Friends – Annual Report 1936*, t. 24; Davies, 'Crafts and the Quakers at Brynmawr', t. 110.

[92] Iorwerth C. Peate, 'Diwylliant Gwerin', *THSC* (1938), t. 249.

[93] Am fwy ar hyn, gw. Davies, 'Crafts and the Quakers at Brynmawr', t. 110.

[94] Saunders Lewis, 'Deg Pwynt Polisi'r Blaid', *DG*, 8, rhif 3, Mawrth 1934, tt. 1, 7. Am fwy ar y ddadl dros ddychwelyd at amaethyddiaeth, gw. Pyrs Gruffudd, 'Yn ôl at y tir: cefn gwlad a Chenedlaetholdeb yng Nghymru', *Barn*, 352 (1992), tt. 12–16.

[95] 'On the Silver Screen', *The Free Press of Monmouthshire*, 17 Rhagfyr 1937, t. 4; 'Eastern Valley', *The Times*, 11 Rhagfyr 1937, t. 12.

[96] Ernest Dyer, 'What do they like?', *Sight and Sound*, 7, rhif 26 (Haf 1938), tt. 78–9.

[97] *To-day's Cinema*, 49, rhif 3788, 11 Rhagfyr 1937, t. 4.

[98] William Farr, *Sight and Sound*, 6, rhif 24 (Gaeaf 1937–8), t. 202.

[99] Graham Greene, *Night and Day*, 16 Rhagfyr 1937; hefyd yn *The Pleasure Dome* (London, 1972), t. 186.

Pennod 3

[1] 'Awdl Foliant i'r Glöwr' gan Gwilym R. Tilsley yn T. J. Morgan (gol.), *Cyfansoddiadau a Beirniadaethau Eisteddfod Caerffili* (Caerdydd, 1950), tt. 2–8.

[2] A. J. Lush, *The Young Adult in South Wales* (Cardiff, 1941), tt. 80–1.

[3] Andrew Higson, *Waving the Flag – Constructing a National Cinema in Britain* (Oxford, 1997), t. 8.

[4] Gw. Mark Glancy, 'Hollywood and Britain: MGM and the British "Quota" Legislation' yn Jeffrey Richards, *The Unknown 1930s: An Alternative History of the British Cinema 1929–39* (London, 1998), tt. 57–74.

[5] Sarah Street, 'British Film and the National Interest 1927–1939', yn Robert Murphy (gol.), *The British Cinema Book* (London, 1997), tt. 17–26.

[6] Daeth y system cwota i ben ym 1942 yn sgil yr Ail Ryfel Byd. Glancy, 'Hollywood and Britain', t. 71.

7   P. L. Mannock, 'Queues will Storm The Citadel', *The Daily Herald*, 23 Rhagfyr 1938, t. 14.

8   Alan Page, 'Remember Them?', *Sight and Sound*, 7, rhif 28 (Gaeaf 1938–9), tt. 160–1.

9   Gw. Robert Murphy, *British Cinema and the Second World War* (London, 2001), t. 125.

10 Frank Vreeland, *Foremost Films of 1938* (New York, 1939), t. 147; Basil Wright, 'The Citadel', *The Spectator*, 6 Ionawr 1939, t. 16.

11 Casgliadau Arbennig LlCT, USC, Casgliad King Vidor, Bocs 3:8, sylwadau a dderbyniwyd wedi dangosiadau arbennig cyn rhyddhau'r ffilm ym Mhrydain ar 29 Awst 1938.

12 A. J. Cronin, *Adventures in Two Worlds* (dim man cyhoeddi, 1987).

13 Yn ei hunangofiant *Adventures in Two Worlds* (London, 1977), t. 120 cyfeiriodd Cronin at Dreherbert fel Tregenny, sef tref ffuglennol a grëwyd ganddo er mwyn osgoi peri unrhyw chwithdod, arferiad a ddefnyddid yn aml gan feddygon a gyhoeddai eu hatgofion. Ceir cyfeiriad at swydd gyntaf Cronin yn Nhreherbert yn *The Medical Directory* (London, 1922), t. 1299.

14 Cronin, *Adventures in Two Worlds* (London, argraffiad 1977), tt. 119, 125–6.

15 *The Medical Directory* (London, 1923), t. 241; Swyddfa Cofnodion Sir Fynwy, Cwmbrân, Cofnodion Cymdeithas Cymorth Feddygol Gweithwyr Tredegar, Casgliad D.3246.1.4.

16 'Cronin's "The Citadel": Should it be Filmed?', *The Era*, 100, rhif 5156 (29 Gorffennaf 1937), t. 3; *The Medical Directory* (London, 1926), t. 266.

17 John Summers, 'Welsh Roots of Dr. Finlay', *Country Quest*, Ebrill 1997, t. 17.

18 *Victor Saville*, Llyfryn gan y NFA a'r BFI, 1972, t. 12; Roy Moseley (gol.), *Evergreen: Victor Saville in His Own Words* (Carbondale ac Edwardsville, 2000), t. 103.

19 *Victor Saville*, Llyfryn y NFA a'r BFI, t. 7; Rachael Low, *Film Making in 1930s Britain* (London, 1985), t. 268.

20 *Victor Saville*, Llyfryn y NFA a'r BFI, t. 12; Moseley, *Evergreen*, t. 99.

21 Gw. atgofion un o ddynion camera *The Citadel*, Peter Hopkinson, *Split Focus* (London, 1969), tt. 13–15.

22 Berry, *Wales and Cinema*, t. 153. Bu van Druten am gyfnod yn ystod y 1920au yn ddarlithydd yn Adran y Gyfraith, Coleg Prifysgol Cymru, Aberystwyth. 'Ymysg Pobl – Mr van Druten', *FG*, Chwefror 1932, 11, rhif 4, t. 86.

23 Moseley, *Evergreen*, t. 104.

24 Casgliadau Arbennig LlCT, USC, Casgliad MGM, Box 1 Additions 2626 (1/2), llythyr gan Kubec Glassman, MGM Callifornia at Victor Saville, 10 Mawrth 1938.

25 Casgliadau Arbennig LlCT, USC, Casgliad MGM, Box 1 Additions 2626 (1/2), llythyr gan King Vidor at Victor Saville, 23 Mawrth 1938.

26 Casgliadau Arbennig LlCT, USC, Casgliad MGM, Box 1 Additions 2626 (2/2), sgript *The Citadel*, 24 Mai 1938 gan Ian Dalrymple, John van Druten a Frank Wead a deialog ychwanegol gan Emlyn Williams.

27 Yn y nofel adwaenid Blaenelly fel Drineffy – dau enw digon annhebygol!

28 Casgliadau Arbennig LlCT, USC, Casgliad MGM, Box 1 Additions 2626 (2/2), sgript *The Citadel*, 24 Mai 1938 gan Ian Dalrymple, John van Druten a Frank Wead a deialog ychwanegol gan Emlyn Williams. Saville a fu'n gyfrifol am sgriptio'r golygfeydd o'r babi marwanedig.

29 Casgliadau Arbennig LlCT, USC, Casgliad MGM, Box 1 Additions 2626 (2/2), sgript *The Citadel*, 24 Mai 1938 gan Ian Dalrymple, John van Druten a Frank Wead a deialog ychwanegol gan Emlyn Williams. Dylid nodi mai Frank Wead, a fu'n

gweithio ar y sgript er mis Mawrth 1938, a fu'n bennaf cyfrifol am y golygfeydd yn ne Cymru a bod van Druten wedi ysu am gyfle i gynnwys hanes yr ymchwil i effaith llwch ar ysgyfaint glowyr.

[30]   Lewis Jacobs, *The Rise of the American Film* (New York, 1975), tt. 454, 462.

[31]   'Actress's claim over a part in the film "The Citadel"', *The Times*, 8 Mawrth 1939, t. 4.

[32]   Ibid., t. 4; 'Claim over a part in the film "The Citadel": £3,400 damages', *The Times*, 10 Mawrth 1939, t. 4; Moseley, *Evergreen*, tt. 119–21.

[33]   Nancy Dowd a David Shepard, *King Vidor: A Directors Guild of America Oral History* (London, 1988), t. 173.

[34]   Rosalind Russell a Chris Chase, *Life is a Banquet* (London, 1978), t. 75.

[35]   Dowd a Shepard, *King Vidor*, t. 178; Casgliad y BFI, deunydd y wasg *The Citadel*.

[36]   Casgliad y BFI, deunydd y wasg *The Citadel*.

[37]   T. Rowland Hughes, *William Jones* (Aberystwyth, 1944). Dilynwyd hanes llwyddiant Mrs Davies yn y ffilm â chryn falchder gan y wasg yng Nghymru. Gw. Eryr Craig-y-Llyn, 'Cymraes Mewn Ffilm Bwysig', *Y Brython*, 33, rhif 1686 (23 Mehefin 1938), t. 6; 'The Citadel's Welsh Scenes: Swansea Actress's Success', *SWEP*, 24 Rhagfyr 1938, t. 7; David Berry, *Images of Wales* (Cardiff, 1986), t. 5.

[38]   Casgliadau Arbennig LlJR, Casgliad Robert Donat, FRD1/9/2, Dogfennau Cyfreithiol MGM, cytundeb rhwng Medway Productions Ltd, Donat ac MGM, 16 Mai 1938; Casgliad y BFI, deunydd y wasg *The Citadel*.

[39]   King Vidor, *King Vidor on Film Making* (London, 1973), t. 54.

[40]   King Vidor, *A Tree is a Tree* (New York, 1953), t. 231.

[41]   Casgliadau Arbennig LlJR, Casgliad Robert Donat, *The Citadel* Emotion Chart 1938.

[42]   Casgliadau Arbennig LlJR, Casgliad Robert Donat, copi o erthygl Jean Butt, 'One large chart and Donat', *Woman's Journal*, Mawrth 1939.

[43]   Geiriau Robert Donat yng nghyfrol J. C. Trewin, *Robert Donat* (London, 1968), t. 102.

[44]   Dowd a Shepard, *King Vidor*, t. 170.

[45]   Casgliad y BFI, deunydd y wasg.

[46]   Casgliad y BFI, deunydd y wasg; 'Wales in a Film Studio', *SWEP*, 23 Mehefin 1938, t. 4.

[47]   *SWEP*, 23 Mehefin 1938, t. 4.

[48]   Berry, *Wales and Cinema*, t. 151; Casgliadau Arbennig LlJR, Casgliad Robert Donat, Llyfr Lloffion FRD/1/6/4, J. Danvers Williams, 'King Vidor – How I Made *The Citadel*', *Film Weekly*, 24 Rhagfyr 1938, tt. 6–8.

[49]   Casgliad y BFI, deunydd y wasg.

[50]   Basil Wright, 'The Citadel', *The Spectator*, 6 Ionawr 1939, t. 16.

[51]   Gwyddys bod gan MGM, United Artists a Columbia Pictures ddiddordeb yn hawliau ffilm y nofel a oedd ym meddiant Saville. Casgliadau Arbennig LlJR, Casgliad Robert Donat, Llyfr Lloffion FRD/1/6/4, *Film Weekly*, 29 Ionawr 1938.

[52]   J. C. Robertson, *The British Board of Film Censors: Film Censorship in Britain 1896–1950* (dim man cyhoeddi, 1985), t. 73.

[53]   AMPAS, Llyfrgell Margaret Herrick, MPAA Production Code Administration Files ar *The Citadel*, telegram Brooke Wilkinson at Joseph I. Breen, 6 Awst 1937. Am fwy ar waith a chysylltiad y PCA â'r diwydiant ym Mhrydain, gw. Anthony Slide, *Banned in the USA: British Films in the United States and their Censorship, 1933–1960* (London, 1998); Jeffrey Richards, 'British Film Censorship' yn Murphy (gol.), *The British Cinema Book*.

[54]   *The Era*, 29 Gorffennaf 1937, t. 3.

55 AMPAS, Llyfrgell Margaret Herrick, MPAA Production Code Administration Files ar *The Citadel*, llythyr gan Joseph I. Breen at Louis B. Mayer, 14 Medi 1938; llythyr Joseph I. Breen at Will H. Hays, 14 Medi 1938.

56 Casgliadau Arbennig LlCT, USC, Casgliad MGM, Box 1 Additions 2626–87730 (2/2), Dialogue Cutting Continuity British Version, 29 Medi 1938; Box 1 Additions 2626–87475 (2/2), Dialogue Cutting Continuity USA Version, 18 Hydref 1938.

57 Robertson, *The British Board of Film Censors*, t. 74.

58 'Claim over a part in the film *The Citadel*', *The Times*, 10 Mawrth 1939, t. 4.

59 Kenneth Barrow, *Mr Chips: The Life of Robert Donat* (London, 1985), t. 107.

60 Robert Lang, *American Film Melodrama – Griffith, Vidor, Minnelli* (dim man cyhoeddi, 1989), t. 107.

61 Berry, *Wales and Cinema*, t. 150, sonnir yma am ddaliadau gwleidyddol Vidor.

62 Dylid nodi bod sawl adolygydd, er hynny, yn barnu fel hyn ynghylch y darlun o dde Cymru: 'the incidents in the young doctor's struggle against bad conditions, stupidity, laziness, and mild corruption do not appear unplausible or exaggerated for theatrical effect.' 'Empire Cinema – *The Citadel*', *The Times*, 20 Rhagfyr 1938, t. 12; 'an undistorted expression of the Welsh and English scene', meddai adolygydd *The Cinema*, 14 Rhagfyr 1938, tt. 9–10.

63 Lewis Jones, *Cwmardy* (London, 1937); Lewis Jones, *We Live* (London, 1939); Jack Jones, *Me and Mine* (London, 1946).

64 D. G. Green, *Working Class Patients and the Medical Establishment* (Aldershot, 1985), t. 173.

65 Ibid., t. 172.

66 Ibid.

67 T. L. Hodgkin, 'New Novels', *Left Review*, 3, rhif 8 (Medi 1937), t. 504.

68 A. J. Cronin, *The Citadel* (London, 1948), t. 150.

69 'It can only be regarded as a perversion of the truth that the very people who have contributed so much towards socialising medicine and encouraging research should be portrayed as they are in this film', Jane Morgan, 'Donat did his best but . . .', *The Daily Worker*, 16 Ionawr 1939, t. 7. Dylid nodi hefyd fod Cronin yn ymwybodol o beryglon gweithio mewn glofeydd gan iddo gyhoeddi adroddiad ym 1927 ar gyfleusterau cymorth cyntaf glofeydd Prydain, ynghyd ag adroddiad ar effeithiau mewnanadlu llwch mewn glofeydd haearn, *Who Was Who, 1981–1990* (London, 1991), t. 173.

70 Hywel Francis a David Smith, *The Fed* (London, 1980, arg. newydd Cardiff, 1998), t. 439.

71 Ibid., t. 439. Rhwng 1931 a 1948 bu raid i 22,000 o lowyr Prydain roi'r gorau i'w gwaith oherwydd niwmoconiosis; yr oedd 85 y cant ohonynt yn byw yn ne Cymru.

72 Berry, *Wales and Cinema*, t. 151. Meddai Vidor yn ystod ei ymweliad â'r cymoedd: 'On my trip to Wales I was astonished to see the miners walking to their homes at the end of the day with black faces. Not a particle of white skin could be seen. At home the old lady would drag a tin tub into the center of the kitchen floor, hot water would be poured in from pots and kettles, and her man would sit in the tub and do a first-class job of scrubbing up. This was part of England in 1938; I doubt if any changes have been made in the plumbing to date, and I very much doubt if it is logical that there should be.' Vidor, *A Tree is A Tree*, t. 232.

73 Peter Stead, 'The People as Stars: Feature Films as National Expression' yn Philip M. Taylor (gol.), *Britain and the Cinema in the Second World War* (London, 1988), t. 64; Peter Stead, *Film and The Working Class* (London, 1991), t. 112; Berry, *Wales and Cinema*, t. 154.

[74] Barrow, *Mr Chips*, t. 107.

[75] Raymond Durgnat, 'King Vidor', *Film Comment*, 9, rhif 4 (Gorffennaf/Awst 1973), t. 40.

[76] 'Best Film of the Year', *The Times*, 17 Rhagfyr 1938, t. 12; 'The Citadel's Welsh Scenes: Swansea Actress's Success', *SWEP*, 24 Rhagfyr 1938, t. 7; 'American Prizes for British Films', *The Times*, 4 Ionawr 1949, t. 10.

[77] 'The Citadel', *SWE*, 21 Mawrth 1939, t. 8.

[78] AMPAS, Llyfrgell Margaret Herrick, MPAA Production Code Administration Files ar *The Citadel*, *MG Herald*, 29 Hydref 1938; Casgliadau Arbennig LlJR, Casgliad Robert Donat, Llyfr Lloffion FRD1/6/4, *Northern Daily Mail*, 3 Ionawr 1939.

[79] Casgliadau Arbennig LlCT, USC, Casgliad King Vidor, Bocs 3:8, sylwadau a dderbyniwyd wedi dangosiadau arbennig cyn rhyddhau'r ffilm ym Mhrydain ar 29 Awst 1938.

[80] Casgliadau Arbennig LlJR, Casgliad Robert Donat, Llyfr Lloffion FRD1/6/4, Guy Morgan, 'Let me tell you a story', *Daily Express*, 27 Rhagfyr 1938.

[81] J. Walter Nayes, 'The Proud Valley', *Cardiff and Suburban News*, 27 Ebrill 1940, t. 3.

[82] Stephen Bourne, 'Lonely Road: The British Films of Paul Robeson', *Black in the British Frame* (London, 1998), tt. 13–42.

[83] Deil un hanesydd ffilm i Marshall a'i wraig, y gerflunwraig Alfredda Brilliant, seilio'r cymeriad David Goliath ar ddyn du go iawn a oedd yn byw ac yn gweithio yng nghymoedd de Cymru, sef Jeffrey Richards, 'The Black Man as Hero', *Films and British National Identity* (Manchester, 1997), t. 77. Deil Marie Seton, ar y llaw arall, mai Americanwr du a oedd yn arweinydd undeb llafur oedd yr ysbrydoliaeth ar gyfer y cymeriad, Marie Seton, *Paul Robeson* (London, 1958), t. 120.

[84] Yr oedd Marshall eisoes wedi gweithio ar ffilm a ddarluniai gymuned lofaol yng Nghymru. Cyfrannodd at gynhyrchiad y Kino London Production Group o'r *Workers' Newsreel No. 2* a ddogfennai drychineb glofa Gresffordd ym 1934. Berry, *Wales and Cinema*, t. 457.

[85] Y mae'r ffaith i *The Proud Valley* gael ei dewis yn ystod Hydref 1943 fel ffilm Brydeinig i'w dosbarthu yn yr Undeb Sofietaidd yn tystio bod Robeson, megis yng Nghymru, wedi ennill cryn boblogrwydd ymysg y bobl yno. Syr Charles Tennyson, *Penrose Tennyson* (London, 1943), t. 140.

[86] Cyfarfu Robeson ag Eisenstein hefyd, a thra oedd yn ei gwmni trafododd rai o'i syniadau ar gyfer ffilm, ond ni ddaeth dim o'r sgwrs. Martin Bauml Duberman, *Paul Robeson* (London, 1989), t. 222; Seton, *Paul Robeson*, t. 114.

[87] Ymunodd Robeson â'r Bwrdd Rheoli ym mis Medi 1937. Malcolm Page, 'The Early Years at Unity', *Theatre Quarterly*, VI, rhif 4 (1971), t. 63; Duberman, *Paul Robeson*, t. 223.

[88] Page, 'The Early Years at Unity', t. 61.

[89] Ibid., t. 63; Seton, *Paul Robeson*, t. 114; Casgliadau Arbennig Llyfrgell Morris, Prifysgol Southern Illinois, Carbondale, Casgliad 29/7/2, copi o'r ddrama *Plant in the Sun*.

[90] Monja Danischewsky, *White Russian – Red Face* (London, 1966), t. 137. Nid oes copi o'r sgript wreiddiol yn bodoli heddiw gan fod papurau Ealing wedi eu dinistrio wedi i'r BBC brynu'r cwmni ym 1958.

[91] Yn ôl Marshall, fe'i diswyddwyd oherwydd anghytundeb rhyngddo a Sergei Nolbandov, Rwsiad a ddihangodd, fel Monja Danischewsky, rhag y Bolsieficiaid wedi'r Rhyfel Byd Cyntaf. Honnodd hefyd fod yr Arglwydd Beaverbrook yn rhan o'r cynllwyn. Berry, *Wales and Cinema*, t. 516.

92 Bu Balcon yn bennaeth ar Ealing nes gwerthu'r stiwdio i'r BBC a honnodd mai'r cyfnod hwnnw oedd 'the happiest and most rewarding period in my working life', Michael Balcon, *A Lifetime of Films* (London, 1969), t. 121.

93 Mewn llythyr ataf, dyddiedig 2 Tachwedd 2000, esboniodd Jonathan Balcon, mab Michael Balcon, fod ei dad yn wleidyddol niwtral ac yn gynhyrchydd na fynnai gynnwys gwleidyddiaeth yn ei ffilmiau. Meddai Balcon ei hun, 'We must remember that the good British film, truthfully reflecting the British way of life, is the most powerful ambassador we have.' M. Balcon, E. Lindgren, F. Hardy, R. Manvell (goln.), *Twenty Years of British Film 1925 to 1945* (London, 1947), t. 11.

94 George Perry, *Forever Ealing* (London, 1981), t. 10.

95 Goruchwyliodd Balcon oddeutu 96 ffilm nodwedd tra oedd yn Ealing ond ni chyfarwyddodd yr un ohonynt. Perry, *Forever Ealing*, t. 12; Thorold Dickinson, 'The Work of Sir Michael Balcon at Ealing Studios' yn Roger Manvell (gol.), *The Year's Work in 1950* (London, 1951), tt. 9–17.

96 Perry, *Forever Ealing*, t. 12.

97 Tua £40,000 oedd cyllideb *The Proud Valley.* Berry, *Wales and Cinema*, t. 167.

98 Bu farw Tennyson, yn 28 oed, mewn damwain awyren tra oedd yn gwasanaethu gyda'r Royal Naval Volunteer Reserve ar 7 Gorffennaf 1941, flwyddyn union wedi dangosiad cyntaf ei ffilm olaf ac uchafbwynt ei yrfa fer, sef *Convoy* (1941). Tennyson, *Penrose Tennyson*, tt. 1, 9, 119, 120, 161.

99 Ibid., t. 136.

100 Jack Jones, *Me and Mine*, tt. 108–9; R. B. Marriott, 'Jack Jones – Scenarist proud to work in *David Goliath*', *The Era*, 101, rhif 5254, 15 Mehefin 1939, t. 1; 'Why Jack Jones will work on film story', *WM*, 10 Mehefin 1939, t. 6.

101 Gwrthodwyd sawl syniad gan Jones ar gyfer sgript y ffilm, ond cafodd yr awdur gyfle i ddefnyddio rhai ohonynt mewn fersiwn radio a addasodd ym mis Ionawr 1940. Cafodd ganiatâd gan Ealing i dderbyn cynnig T. Rowland Hughes, cynhyrchydd radio gyda BBC Cymru, i addasu sgript y ffilm ar gyfer drama radio ac fe'i darlledwyd yng Nghaerdydd ar 25 Chwefror 1940, ychydig ddyddiau cyn rhyddhau'r ffilm i'r cyhoedd. Jones, *Me and Mine*, tt. 109–10, 118. Gw. copi o sgript y ddrama radio yng Nghasgliad Jack Jones, LlGC, Llawysgrif 132.

102 Tennyson, *Penrose Tennyson*, tt. 136–8; Jones, *Me and Mine*, t. 110; R. B. Marriott, 'Welsh Discoveries', *The Era*, 102, rhif 5265 (1939), t. 7.

103 Tennyson, *Penrose Tennyson*, t. 138. Yr oedd Jones hefyd o'r un farn yn ei hunangofiant, *Me and Mine*, t. 110.

104 Jones, *Me and Mine*, t. 110.

105 Ibid., tt. 111–12; The Stroller, 'Here's a Real Life Picture of the Welsh Coalfield', *SWE*, 15 Rhagfyr 1939, t. 3.

106 Cafodd Jones bortreadu Ned wedi i Milton Rosmer fethu â derbyn y rhan, Jones, *Me and Mine*, t. 111. Ymhlith y Cymry eraill a ddewiswyd ar gyfer prif rannau y ffilm yr oedd Clifford Evans, actor ifanc o Lanelli, a Charles Williams, cyn-newyddiadurwr o Gasnewydd. 'Here's a Real Life Picture of the Welsh Coalfield', *SWE*, 15 Rhagfyr 1939, t. 3; 'Yr Actor a Lynodd wrth ei Gymraeg – Clifford Evans', *Y Cymro*, 7 Mai 1948, t. 9.

107 *The Era*, 31 Awst 1939, t. 7; The Prompter, 'Welsh Artists Chosen for New British Film', *SWE*, 2 Medi 1939, t. 3; *SWE*, 15 Rhagfyr 1939, t. 3. Yr oedd gan Jones gryn ddiddordeb ym myd y ffilmiau gan iddo weithio yn ystod y 1930au cynnar fel rheolwr sinema yn Abertawe ac erbyn 1935 yr oedd wedi cyfansoddi nofel am y diwydiant ffilm a wrthodwyd gan gyhoeddwyr, sef *Shadow Show*. Gw. llawysgrif o'r nofel yn LlGC, Casgliad Jack Jones, 59.

108 Tennyson, *Penrose Tennyson*, t. 139; Balcon, *A Lifetime of Films*, t. 126.

109 Balcon, *A Lifetime of Films*, t. 126; Perry, *Forever Ealing*, t. 49.

110 Balcon, *A Lifetime of Films*, t. 126.

111 Gohebiaeth ym mis Chwefror 2001 rhwng yr awdur a Mr E. R. Johnson, darlithydd yn Adran Ddyneiddiaeth, Prifysgol North Staffordshire, Stoke-on-Trent, arbenigwr ar leoliadau Stoke yn *The Proud Valley*. Tennyson, *Penrose Tennyson*, t. 138; Graham Bebbington, 'Backstage with "gentle gentleman"', *The Shelton Sentinel*, 25 Gorffennaf 1998, t. 9.

112 Bu Shingleton yn gyfrifol yn ddiweddarach am setiau ffilm Gymreig arall, *The Last Days of Dolwyn*.

113 Martha Edwards, *Paul Robeson – Honorary Welshman* (pamffled diddyddiad a heb man cyhoeddi); Duberman, *Paul Robeson*, t. 228; *Dilyn Ddoe: Paul Robeson – Cymro Anrhydeddus*, cynhyrchiad Mary Simmonds, Teliesyn, a ddarlledwyd ar S4C ar 17 Ebrill 1999.

114 Gw. Eslanda Goode Robeson, *Paul Robeson, Negro* (London, 1930); Charles H. Wright, *Robeson – Labor's Forgotten Champion* (Detroit, 1975); T. J. Davies, *Paul Robeson* (Abertawe, 1981); Paul Robeson, *Here I Stand* (London, 1988); Allan Lord Thompson, *Paul Robeson – Artist and Activist* (Wellingborough, 1998); Jeffrey C. Stewart (gol.), *Paul Robeson Artist and Citizen* (New Jersey, 1998).

115 'Paul Robeson Sings in Memory of Spanish War Victims', *WM*, 8 Rhagfyr 1938, t. 5; Hywel Francis, *Miners Against Fascism* (London, 1984), tt. 249–50; Duberman, *Paul Robeson*, tt. 227–8.

116 'South Wales Salutes Spain Fighters', *AL*, 17 Rhagfyr 1938, t. 7.

117 'Robeson Tired of Playing Caricatures', *Philadelphia Tribune*, 20 Mai 1937; *Film Weekly*, 1 Medi 1933.

118 *Daily Express*, 4 Awst 1933.

119 *David Goliath* oedd teitl dros dro y ffilm hefyd hyd nes i bwyslais y ffilm newid o fod ar y prif gymeriad i fod ar optimistiaeth ac undod y gymuned. Ar y dechrau bwriadai Pen Tennyson alw'r ffilm yn *One in Five*, gan mai dyna oedd nifer y damweiniau tan ddaear a ddigwyddai ym Mhrydain ar y pryd. Tennyson, *Penrose Tennyson*, t. 136.

120 Llyfr Lloffion Rachel Howell Thomas (trwy garedigrwydd ei merch, Delyth Davies), *Picture Show*, 4 Tachwedd 1939.

121 Michael Driver, 'Worth Your Money', *Reynold's Newspaper*, 10 Mawrth 1940; 'Robeson in a Film of Welsh Miners', *The Guardian*, 7 Mawrth 1940, t. 8.

122 Richard Dyer, 'Paul Robeson: Crossing Over', *Heavenly Bodies: Film Stars and Society* (London, 1986), t. 138. Gw. hefyd Bourne, *Black in the British Frame*, t. 32.

123 *The Proud Valley* oedd ffilm olaf Robeson ym Mhrydain.

124 Gareth Williams, *Valleys of Song: Music and Society in Wales 1840–1914* (Cardiff, 1998), tt. 1, 198.

125 *The Proud Valley*, 1940.

126 Dyer, 'Paul Robeson: Crossing Over'; Bourne, 'Lonely Road: The British Films of Paul Robeson'; Barr, *All Our Yesterdays*, tt. 334–40; Thomas Cripps, *Slow Fade to Black: The Negro in American Film, 1900–1942* (New York, 1977).

127 Cripps, *Slow Fade to Black*, t. 321.

128 Bourne, 'Lonely Road: The British Films of Paul Robeson', t. 34.

129 Meddai wedi première y ffilm ym 1940, 'It was the one film I could be proud of having played in, that, and the early part of *Song of Freedom*.' Seton, *Paul Robeson*, t. 121.

130 *The Proud Valley*, 1940. Honnodd Marshall i'r llinell hon, a oedd yn ei sgript wreiddiol ef, gael ei hysbrydoli gan linell mewn cerdd a gyfansoddwyd gan Brecht ar gyfer y cyfansoddwr gwleidyddol, Hanns Eisler, 'And not in white trousers do we come out [of the pits] but in black', Berry, *Wales and Cinema*, t. 517.

131 Llythyr gan Mrs Pugh, Pentre, Rhondda yn 'Putting Wales on the Screen – Some Appreciations and Criticisms', *Picturegoer and Film Weekly*, 18 Mai 1940, t. 19.

132 Neil Evans, 'Immigrants and Minorities in Wales, 1840–1990: A Comparative Perspective', *Llafur*, 5, rhif 4 (1991), t. 21. Dengys Cyfrifiad 1931 fod sawl mewnfudwr o wledydd Affricanaidd neu Garibïaidd yn byw ac yn gweithio yng nghymoedd de Cymru (er na wyddom faint ohonynt oedd yn ddu eu croen). General Register Office, *Census of England and Wales 1931* (London, 1935), tt. 219–20.

133 Richard Llewellyn, *How Green Was My Valley* (London, 1939); A. J. Cronin, *The Citadel* (London, 1937).

134 *Portread o Actores – Rachel Thomas*, cynhyrchiad Gareth Lloyd-Williams, Ffilmiau Llifon, 1984.

135 Cofier bod Dilys Davies newydd orffen chwarae Mrs Page yn *The Citadel*, rhan a ymdebygai i eiddo Catrin Owen yn *The Proud Valley*.

136 Am y cefndir, gw. Deirdre Beddoe, *Back Home to Duty – Women Between the Wars, 1918–1939* (London, 1989).

137 *The Era*, 31 Awst 1939, t. 7; *SWE*, 2 Medi 1939, t. 3; *SWE*, 15 Rhagfyr 1939, t. 3; Tennyson, *Penrose Tennyson*, t. 138.

138 Elizabeth Andrews, *A Woman's Work is Never Done* (Ystrad Rhondda, 1956); Beddoe, 'Desirable and Undesirable Images', *Back Home to Duty*, tt. 8–33.

139 John Osmond, 'Mam Mythology', *Radical Wales*, 19 (Hydref 1988), t. 17.

140 Francis a Smith, *The Fed*, t. 2.

141 Cafodd yr emyn hwn ei ddewis yn sgil awgrym Jack Jones y dylai Rachel Thomas ei chanu ac y mae'n un o'r adegau prin y clywir Cymraeg yn y ffilm. Jones, *Me and Mine*, t. 112.

142 Rowland Lucas, *The Voice of a Nation?* (Llandysul, 1981), tt. 104–5, 124; Jones, *Me and Mine*, t. 111.

143 Anthony Bower, 'The Movies', *The New Statesman and Nation*, 19, rhif 472, 9 Mawrth 1940, t. 306.

144 Jane Morgan, 'Robeson in a well directed part', *The Daily Worker*, 11 Mawrth 1940, t. 3.

145 Graham Greene, 'The Cinema', *The Spectator*, 5829, 15 Mawrth 1940, t. 361.

146 Llythyr Mrs Pugh, Pentre, Rhondda, *Picturegoer and Film Weekly*, 18 Mai 1940, t. 19.

147 Richard Mallet, 'At the Pictures', *Punch*, CXCVIII, rhif 5165, 27 Mawrth 1940, t. 340; Nicholas Moore, 'The Proud Valley at the Rex', *The Cambridge Review*, LXI, rhif 1501, 3 Mai 1940, tt. 385–6.

148 Llythyr ym meddiant Jonathan Balcon a anfonwyd gan David Lloyd George at Michael Balcon, dyddiedig 8 Ionawr 1940.

149 C. A. Lejeune, 'The Films', *The Observer*, 10 Mawrth 1940; *Sunday Pictorial*, 3 Rhagfyr 1939; *WM*, 28 Medi 1939 yn Llyfr Lloffion Rachel Howell Thomas; *The Daily Worker*, 11 Mawrth 1940, t. 3; *The New Statesman and Nation*, 9 Mawrth 1940, t. 306; *MFB*, 7, rhif 73, Ionawr 1940, t. 2; 'New Films in London', *The Times*, 11 Mawrth 1940, t. 6; Lionel Collier, 'Welsh Miners come into their own', *Picturegoer and Film Weekly*, 9, rhif 461, 23 Mawrth 1940, t. 24.

150 Llyfr Lloffion Rachel Howell Thomas, 'Discovery of thirty-five', *Picturegoer*, 14 Hydref 1939; 'Welsh Film Star', *WM*, 28 Medi 1939.

[151] 'The Proud Valley at The Regal', *The Llanelly Star*, XXX, rhif 1594, 1 Mehefin 1940, t. 1; *Cardiff and Suburban News*, 27 Ebrill 1940, t. 3; *The Cambrian News*, 28 Mehefin 1940, t. 4; Jones, *Me and Mine*, t. 122.

[152] Jones, *Me and Mine*, t. 126; Perry, *Forever Ealing*, t. 49; Jones, *Me and Mine*, tt. 113–14, 116; R. B. Marriott, 'Studio Work Goes On', *The Era*, 102, rhif 5266, 7 Medi 1939, t. 2.

[153] Cafodd y ffilm ei chyflwyno i gynulleidfaoedd America dan y teitl *The Tunnel* ym Medi 1941. Anthony Slide, *Banned in the USA* (London, 1998), t. 173.

[154] Gw. Anne Chisholm a Michael Davies, *Beaverbrook: A Life* (London, 1992), t. 458; A. J. P. Taylor, *Beaverbrook* (London, 1972), t. 235; Tom Driberg, *Ruling Passions* (London, 1977), tt. 97–8.

[155] Am fwy ar y cyfyng-gyngor a wynebai sêr Prydeinig yn Hollywood ar ddyfodiad y rhyfel, gw. Sheridan Morley, *The Other Side of the Moon – The Life of David Niven* (London, 1986).

[156] Balcon, *A Lifetime of Films*, t. 127; Danischewsky, *White Russian – Red Face*, t. 138; Tennyson, *Penrose Tennyson*, t. 141; Llythyr Jonathan Balcon, 2 Tachwedd 2000, ym meddiant yr awdur.

[157] Morgan, *The Daily Worker*, 11 Mawrth 1940, t. 3.

[158] Saunders Lewis, 'Cinema gydag C', *Y Faner*, 13 Medi 1950, t. 8.

[159] HRHRC, Tystysgrif Geni yng Nghasgliad Richard Llewellyn.

[160] Mick Felton, *Dictionary of Literary Biography – British Novelists 1930–1959*, 15, Rhan 1 (Michigan, 1983), tt. 322–35; cyfweliad â Meic Stephens wedi ei ddyfynnu gan Tracy McVeigh, 'How Phoney was My Welsh Valley', *The Observer*, 5 Rhagfyr 1999, t. 3.

[161] *Richard Llewellyn*, cynhyrchiad Arwel Ellis Owen, Cambrensis, 1999.

[162] HRHRC, Tystysgrif Geni yng Nghasgliad Richard Llewellyn. Fel y dengys ei bapurau milwrol yng Nghasgliad Harry Ransom, honnodd Llewellyn gydol ei oes mai Richard David Vivian Llewellyn Lloyd oedd ei enw llawn. Dengys y llythyrau a anfonwyd ato gan ei dad mai Vivian oedd ei enw bedydd.

[163] Ymhlith celwyddau eraill Llewellyn ceir yr honiad iddo weithio mewn glofa yn Gilfach-goch (sef y pentref yn y Rhondda a fu'n ysbrydoliaeth iddo wrth greu'r nofel) er mwyn ennill profiadau a ganiatâi iddo lunio'r nofel. Honnodd hefyd y bu bron iddo golli ei fywyd mewn damwain yno. John Osmond, 'How False Was His Valley', *WM*, 29 Ebrill 1992, t. 8.

[164] Richard Llewellyn, 'Personal Column', *WM*, 12 Awst 1968, t. 6.

[165] 'Llewellyn is a man of contradictions . . . He condemns the Anglo-Welsh but in dress and accent he is a perfect example of the species.' Alan Road, 'How Green is His Valley', *The Observer Magazine*, 20 Ebrill 1975, t. 39.

[166] LlGC, Casgliad Richard Llewellyn, 5/107/2, llythyr oddi wrth Susan Llewellyn ar ran Richard Llewellyn at Linda Desantis, Connecticut, 2 Ionawr 1982.

[167] 'How False Was His Valley', *WM*, 29 Ebrill 1992, t. 8.

[168] Felton, *Dictionary of Literary Biography*, t. 324; Road, *The Observer Magazine*, 20 Ebrill 1975, t. 38.

[169] Road, *The Observer Magazine*, 20 Ebrill 1975, t. 38; John Harris, 'Not only a Place in Wales', *Planet*, 73, Chwefror–Mawrth 1989, t. 10.

[170] Harris, 'Not only a Place in Wales', 1989, t. 11.

[171] *WM*, 29 Ebrill 1992, t. 8.

[172] Llewellyn, 'Personal Column', *WM*, 17 Mehefin 1968, t. 4.

[173] Glyn Jones, 'Introduction to Short Stories and Novels', *The Dragon Has Two Tongues* (London, 1968), t. 55; Glyn Tegai Hughes, 'The Mythology of the Mining Valleys', yn Sam Adams a Gwilym Rees Hughes (goln.), *Triskel Two* (Llandybïe, 1973), t. 52;

Alice Rees Jones, *The Welsh Review*, Tachwedd 1939, t. 236; Adolygydd Dienw, *Wales*, Rhif 11, Gaeaf 1939–40, t. 305.

174 Richard Church, 'Richard Llewellyn's Tale of a Welsh Mining Village', *John O'London's Weekly*, XLIII, rhif 1069, 6 Hydref 1939, t. 19.

175 Yn *Richard Llewellyn*, Cambrensis, 1999, dengys Griffiths y dystiolaeth a geir yn nyddiaduron ei dad-cu; Katie Pritchard, *Y Cwm Gwyrddlas – Gilfach Goch* (Abertawe, 1989).

176 Jones, *Me and Mine*, t. 62. Cymaint fu'r amheuon ynghylch gallu a gwybodaeth gefndirol Llewellyn am ei bwnc nes y bu sibrydion mai ei dad oedd cyfansoddwr y nofel. Meginwyd y sïon hyn gan y ffaith na chafodd Llewellyn gystal llwyddiant gydag un o'i nofelau diweddarach. LlLIU, Bloomington, Casgliad John Ford, cyfweliad Dan Ford â Philip Dunne.

177 John Harris, 'A Hallelujah of a Book', *Welsh Writing in English*, Cyfrol 3 (1997), t. 57.

178 *WM*, 29 Ebrill 1992, t. 8.

179 Mel Gussow, *Zanuck: Don't Say Yes Until I Finish Talking* (London, 1971), t. 93. Derbyniodd Llewellyn, a oedd yn gwasanaethu ar y pryd gyda'r Welsh Guards, £330,000 am yr hawliau, *Richard Llewellyn*, cynhyrchiad Arwel Ellis Owen, Cambrensis, 1999; Leonard Mosley, *Zanuck – The Rise and Fall of Hollywood's Last Tycoon* (London, 1985), t. 266.

180 Dan Ford, *The Unquiet Man – The Life of John Ford* (London, 1979), t. 156; 'How Green Was My Valley', *Kinematograph Weekly*, 23 Mai 1940, t. 13.

181 LlCT, USC, Casgliad Twentieth Century-Fox, Ffolder 1/5, 2218.3, Conference Notes Zanuck on First Draft Continuity of 18 May 1940. Ceir copi o'r sgript hon yng Nghasgliad Twentieth Century-Fox ac yng Nghasgliad John Ford yn y LlLIU, Bloomington.

182 LlCT, USC, Casgliad Twentieth Century-Fox, Ffolder 1/5, 2218.3, Conference Notes Zanuck on First Draft Continuity of 18 May 1940, dyddiedig 22 Mai 1940. Gw. hefyd Casgliad Twentieth Century-Fox, Ffolder 1/5, 2218.2, llythyrau Roark, Bassler, Duffy a Joy at Zanuck, 20 Mai 1940, a Lehrman, 21 Mai 1940.

183 LlCT, USC, Casgliad Twentieth Century-Fox, Ffolder 4/5, 2118.8, sgript ddiwygiedig *How Green Was My Valley*, 3 Rhagfyr 1940. Er hynny, parheid i berffeithio'r sgript ac ni chafwyd y sgript derfynol tan Ebrill 1941. LlCT, USC, Casgliad Philip Dunne, 41/s, Second Revised Final Script 18 April 1941.

184 Fred J. Balshofer ac Arthur C. Miller, *One Reel A Week* (Los Angeles, 1967), t. 195; *Kinematograph Weekly*, 23 Mai 1940, t. 13.

185 Canfuwyd Williams ar gyfer y rhan gan dad Richard Llewellyn a phrifathro ysgol y Sarnau, I. B. Griffith. HRHRC, Casgliad Richard Llewellyn, llythyrau William Llewellyn Lloyd at ei fab, dyddiedig 28 Medi 1940 a 20 Tachwedd 1940; *Richard Llewellyn*, cynhyrchiad Arwel Ellis Owen, Cambrensis, 1999.

186 Philip Dunne, *How Green Was My Valley – The Screenplay* (Santa Barbara, 1990), t. 15; Axel Madsen, *William Wyler: The Authorized Biography* (London, 1974), t. 205.

187 Am fwy ar arferion cyfarwyddo Wyler gw. A. Scott Berg, *Goldwyn: A Biography* (New York, 1989).

188 Roddy McDowall, 'Sitting Pretty – Maureen O'Hara', *Premiere*, 4, rhif 11, Gorffennaf 1991, t. 63.

189 Janet Watkins Masoner, 'Farewell to How Green Was My Valley's Huw', *Ninnau*, Cyfrol 24, Rhif 1, 1 Tachwedd 1998, t. 22; Dunne, *The Screenplay*, t. 23.

190 AMPAS, Llyfrgell Margaret Herrick, MPAA Production Code Administration Files ar *How Green Was My Valley*, llythyrau Zanuck at William Wyler, 30 Medi 1940 a

11 Tachwedd 1940; LlLIU, Bloomington, casgliad John Ford, memo Zanuck at Ford, 7 Ebrill 1941; 'How Green Was My Valley', *Kinematograph Weekly*, 23 Mai 1940, t. 13; George F. Custen, *Twentieth Century-Fox: Darryl F. Zanuck and the Culture of Hollywood* (New York, 1997), t. 241.

191 AMPAS, Llyfrgell Margaret Herrick, MPAA Production Code Administration Files ar *How Green Was My Valley*, llythyr Zanuck at Philip Dunne, 21 Rhagfyr 1940.

192 Casgliad Arbennig Llyfrgell Celfyddydau UCLA, casgliad Cyfreithiol Twentieth Century-Fox, casgliad 95, Blwch 770, llythyr gan Reeves Espy at ei gyflogwr, Samuel Goldwyn, 16 Hydref 1940 yn trafod telerau cytundeb Wyler.

193 LlLIU, Bloomington, Casgliad John Ford, memo Zanuck at Ford, 5 Ebrill 1941. Edmygid Ford yn fawr gan Zanuck ac fe'i disgrifiodd ym 1968 fel 'the best director in the history of motion pictures . . . Ford was unique in that he visualized motion pictures in purely visual terms . . . He was a great great pictorial artist', Gussow, *Don't Say Yes*, tt. 163–4.

194 LlLIU, Bloomington, Casgliad John Ford, memo Zanuck at Ford, 10 Gorffennaf 1941.

195 Ymestynnodd gyrfa Ford yn Hollywood am dros hanner canrif ac o'r 136 o ffilmiau a gyfarwyddodd enillodd chwe Osgar, gan gynnwys un am *How Green Was My Valley*.

196 Megis Llewellyn, eto, honnai Ford yn aml mai Sean Aloysius Feeney oedd ei enw bedydd, ac arddelai'r enwau John Augustine Feeney a Sean O'Fearna hefyd. Ceir cryn gymysgwch hefyd ynglŷn â'i ddyddiad geni ac er bod ei garreg fedd yn dwyn y dyddiad 1 Chwefror 1894, deil ei ŵyr Dan Ford mai 1 Chwefror 1896 sy'n gywir. Ford, *The Unquiet Man*, t. vii; Tag Gallagher, *John Ford – The Man and his Films* (Los Angeles, 1986), t. 2.

197 *The Unquiet Man*, tt. vii, 157. Cytuna beirniad arall â Dan Ford, 'much of John Ford's Irishness was a sham', Gary Willis, *John Wayne: The Politics of Celebrity* (New York, 1997), t. 237.

198 Jeffrey Richards, 'Ford's Lost World', *Focus on Film*, Rhif 6 (Gwanwyn 1971), t. 22.

199 Ronald L. Davis, *John Ford – Hollywood's Old Master* (University Press of Oklahoma, 1995), t. 15.

200 Willis, *John Wayne*, t. 250.

201 Ar gais Ford, creodd Dunne olygfeydd newydd ar gyfer y cymeriad Cyfarthfa fel y gallai roi swydd i Fitzgerald a oedd yn methu'n lân â chanfod gwaith. Philip Dunne, *Take Two: A Life in Movies and Politics* (New York, 1980), t. 99.

202 Dewiswyd Rhys Williams hefyd i draethu rhannau Huw fel oedolyn yn y ffilm, ond wedi iddo glywed y recordiad ofnai Ford y byddai clywed llais Williams fel Huw a'i weld yn ymddangos yn y ffilm fel Dai Bando yn drysu'r gynulleidfa. Felly, ailrecordiwyd y sylwebaeth gan ddefnyddio llais y cyfarwyddwr a'r actor Irving Pichel. Patricia King Hanson (gol.), *American Film Institute Catalog* (Los Angeles, 1999), tt. 1101–3.

203 Nid aeth y ffaith hon yn angof. Meddai Dilys Powell 'you cannot translate something you do not know in your bones', George Perry, *Dilys Powell – The Golden Screen* (London, 1989), t. 31.

204 Dunne, *The Screenplay*, t. 26. Honnodd Ford ei fod yn teimlo'n gartrefol iawn yn ffilmio *How Green Was My Valley* gan fod y Cymry mor debyg i'r Gwyddelod. LlLIU, Bloomington, Casgliad John Ford, Cyfweliad Dan Ford â John Ford.

205 LlCT, USC, Casgliad Twentieth Century-Fox, Ffolder 5/5, 2118.15, *How Green Was My Valley*, deunydd y wasg.

206 Clustnododd Zanuck gyllideb o $145,000 ar gyfer y setiau ac adeiladwyd oddeutu 80 o adeiladau gan Richard Day a Nathan Juran, y cyfarwyddwyr celf, gan

gynnwys gwythïen lo 30 troedfedd, adeiladau'r lofa, tafarn, eglwys a thai. LlCT, USC, Casgliad Twentieth Century-Fox, Ffolder 5/5, 2118.15, *How Green Was My Valley*, deunydd y wasg.

[207] 'New Films in London', *The Times*, 19 Mai 1947, t. 6.

[208] Richards, *Films and British National Identity*, t. 218.

[209] LlCT, USC, Casgliad Twentieth Century-Fox, Ffolder 2/5, 2118.4, llythyr Philip Dunne at Zanuck, 11 Gorffennaf 1940.

[210] Berry, *Wales and Cinema*, t. 161.

[211] *International Dictionary of Films and Filmmakers 3: Actors and Actresses* (London, 1997), tt. 911–12.

[212] George J. Mitchell, 'How Green Was My Valley – A Verdant Classic', *American Cinematographer*, 9, rhif 72, Medi 1991, t. 38. Ond honnodd Barbara Leaming y byddai Ford yn gwylio'r 'rushes' yn ddiarwybod i'r criw y tu ôl i ddrysau caeedig. Barbara Leaming, *Katharine Hepburn* (London, 1995), t. 330.

[213] Mitchell, 'How Green Was My Valley', *American Cinematographer*, t. 38.

[214] Memo Zanuck at Ford, 25 Mehefin 1946 yn trafod golygu *My Darling Clementine*. Rudy Behlmer, *Memo from Darryl F. Zanuck: The Golden Years at Twentieth Century-Fox* (New York, 1993), tt. 103–5.

[215] Arthur C. Miller a Fred J. Balshofer, *One Reel a Week* (Los Angeles, 1967), t. 197.

[216] LlLIU, Bloomington, Casgliad John Ford, cyfweliad Dan Ford â John Ford.

[217] Gallagher, *John Ford – The Man and his Films*, tt. 194–5.

[218] LlLIU, Bloomington, Casgliad John Ford, cyfweliad Dan Ford â Philip Dunne.

[219] LlLIU, Bloomington, Casgliad John Ford, llythyr Zanuck at Ford, 16 Ebrill 1941.

[220] Gussow, *Zanuck*, t. 95.

[221] LlLIU, Bloomington, Casgliad John Ford, cyfweliad Dan Ford â John Ford. 'Well the mother, Sara Allgood – she looked like my mother and I made her act like my mother.'

[222] Mitchell, 'How Green Was My Valley', *American Cinematographer*, t. 40.

[223] LlLIU, Bloomington, Casgliad John Ford, telegram Zanuck at Ford, 21 Hydref 1941; llythyr yr Ôl-lyngesydd Adolphus Andrews at Ford, 22 Hydref 1941; rhaglen *How Green Was My Valley* i gyd-fynd â'r dangosiad. Bosley Crowther, 'How Green Was My Valley', *The New York Times*, 29 Hydref 1941, t. 27; William Patrick Wootten, 'An Index to the Films of John Ford', *Special Supplement to Sight and Sound*, rhif 13, Chwefror 1948, t. 33.

[224] AMPAS, Llyfrgell Margaret Herrick, MPAA Production Code Administration Files ar *How Green Was My Valley*, adroddiad Shurlock, Lynch, Zehener, Metzger, Bright, Durland a Pettijohn, dyddiedig 6 Hydref 1941. James C. Robertson, *The Hidden Cinema: British Film Censorship in Action 1913–1975* (London, 1989), t. 84.

[225] Robertson, *The Hidden Cinema*, t. 84. Cawsai pennaeth y PCA, Joseph I. Breen, gip ar y sgript yn Rhagfyr 1940 ac ymatebodd ar 18 Rhagfyr 1940, gan alw am ddileu'r golygfeydd o or-yfed, rhegi, Morgan yn y gwely gyda'i wraig, a chreulondeb sadistig yr athro. AMPAS, Llyfrgell Margaret Herrick, MPAA Production Code Administration Files ar *How Green Was My Valley*, adroddiad Joseph I. Breen, 19 Rhagfyr 1940.

[226] AMPAS, Llyfrgell Margaret Herrick, MPAA Production Code Administration Files ar *How Green Was My Valley*, adroddiadau'r taleithiau unigol.

[227] Robertson, *The Hidden Cinema*, t. 84.

[228] 'Welsh Film Arrives', *WM*, 16 Ebrill 1942, t. 2.

[229] LlLIU, Bloomington, Casgliad John Ford, llythyr Ben Glassner, US Army at Ford, 15 Ionawr 1942.

230 Jeffrey Richards a Dorothy Sheridan (goln.), *Mass-Observation at the Movies* (London, 1987), tt. 238–9, 243.

231 Ibid., tt. 270, 275, 280.

232 Ibid., t. 245.

233 Adolygiad Dilys Powell yn Perry (gol.), *The Golden Screen*, t. 31.

234 Herman G. Weinberg, 'News From New York', *Sight and Sound*, 10, rhif 40, Gwanwyn 1942, t. 72.

235 'Welsh Film Arrives', *WM*, 19 Ebrill 1942, t. 2.

236 Hesgin, 'Ffilm Gymreig Enwog', *Y Faner*, 26 Awst 1942, t. 7. Adleisir geiriau Hesgin gan atgofion Mrs Eirona Richards o Dreforys yn Beth Thomas, *Cytiau Chwain a Phalasau Breuddwydion* (Caerdydd, 1997), tt. 54–5.

237 'Stroller's Gossip of South Wales: Welsh Wales in Hollywood', *SWE*, 21 Tachwedd 1941, t. 2.

238 E. Cynolwyn Pugh, *Ei Ffanffer ei Hun* (Llandysul, 1959).

239 Am fwy ar waith a dylanwad Will Hays ar ddiwydiant a sensoriaeth ffilm yn America, gw. Douglas Gomery (gol.), *The Will Hays Papers* (University Publications of America, 1986); Slide, *Banned in the USA* (London, 1998).

240 AMPAS, Llyfrgell Margaret Herrick, MPAA Production Code Administration Files ar *How Green Was My Valley*, llythyr E. Cynolwyn Pugh, Efrog Newydd at Will Hays, Efrog Newydd, 13 Tachwedd 1941.

241 AMPAS, Llyfrgell Margaret Herrick, MPAA Production Code Administration Files ar *How Green Was My Valley*, llythyr E. Cynolwyn Pugh, Efrog Newydd at Will Hays, Efrog Newydd, 13 Tachwedd 1941.

242 AMPAS, Llyfrgell Margaret Herrick, MPAA Production Code Administration Files ar *How Green Was My Valley*, llythyr E. Cynolwyn Pugh, Efrog Newydd at Will Hays, Efrog Newydd, 13 Tachwedd 1941.

243 Dywedodd Dunne mewn cyfweliad diweddarach â Dan Ford mai ef a Wyler a greodd y sgript a saethwyd gan Ford. LlLIU, Bloomington, Casgliad John Ford, cyfweliad Dan Ford â Philip Dunne.

244 LlLIU, Bloomington, Casgliad John Ford, telegram Leo Mishkin, Cadeirydd *The Morning Telegraph* ar ran y New York Film Critics, at John Ford, 30 Rhagfyr 1941. *National Board of Review Magazine*, 17, rhif 1, Ionawr 1942, t. 4. *Citizen Kane* oedd ar ben y rhestr ac yr oedd *The Stars Look Down* yn bedwerydd.

245 David Thomson, *A Biographical Dictionary of Film* (London, 1995), t. 257.

246 'After the Strike: Ned Thomas interviews Kim Howells', *Planet*, 51, Mehefin/Gorffennaf 1985, t. 10.

Pennod 4

1 Anthony Aldgate, 'The British Cinema during the Second World War' yn Anthony Aldgate a Jeffrey Richards (goln.), *Britain Can Take It* (Oxford, 1986), t. 3.

2 Ibid., tt. 1–4.

3 'Programme for Film Propaganda', memo gan y Weinyddiaeth Wybodaeth, dyfynnwyd yn Ian Christie (gol.), *Powell, Pressburger and Others* (London, 1978), tt. 121–4. Christie sydd wedi cynnig y dyddiad 1940 yn sgil cynnwys y memo.

4 Ibid., t. 121.

5 Jeffrey Richards, *Films and British National Identity* (Manchester, 1997), t. 85.

[6] Gw. Edgar Anstey, 'The Regional Life of Britain as seen through British Films' yn Roger Manvell (gol.), *The Years Work in Film 1950* (London, 1951), tt. 44–9.

[7] John Harris, 'Rhyfel y Tafodau: Ymatebion Eingl-Gymreig Cynnar i Ddiwylliant Llenyddol Cymru', yn Jenkins a Williams (goln.), *'Eu Hiaith a Gadwant'?*, t. 421.

[8] Glyn Jones, *The Dragon Has Two Tongues*, t. 1.

[9] Gwyn Jones, 'The First Forty Years', yn Sam Adams a Gwilym Rees Hughes (goln.), *Triskel One – Essays on Welsh and Anglo-Welsh Literature* (Llandybïe, 1971), t. 77.

[10] Am fwy ar hyn, gw. M. Wynn Thomas 'Dylanwadau: Dylan Thomas a Llenorion Cymraeg', *Taliesin*, 112 (Haf 2001), tt. 13–29; Aneirin Talfan Davies, *Dylan Thomas – Druid of the Broken Body* (Denbigh, 1963); James A. Davies, *A Reference Companion to Dylan Thomas* (London, 1998).

[11] HRHRC, Casgliadau Arbennig, llythyr gan Dylan Thomas at John Davenport, 14 Medi 1939.

[12] Llyfrgell Llyfrau a Llawysgrifau Prin Prifysgol Talaith Ohio, Columbus, llythyr gan Dylan Thomas at A. E. Trick, 29 Medi 1939. Am hanes Ivan Moffat, gw. Constantine Fitzgibbon, *The Life of Dylan Thomas* (London, 1965), tt. 277–8.

[13] Andrew Sinclair, *Dylan Thomas – No Man More Magical* (New York, 1975), t. 114; Paul Ferris, *Dylan Thomas* (Harmondsworth, 1978), t. 189.

[14] John Ackerman (gol.), *Dylan Thomas: The Filmscripts*, (London, 1995), t. x.

[15] Donald Taylor, *Kine Weekly*, 25 Gorffennaf 1940, t. 21.

[16] Nid oes modd dweud yn bendant pa ffilmiau y bu Dylan Thomas yn ymhél â hwy yn ystod ei gyfnod gydag Uned Ffilm Strand a chyda'r un cwmni dan ei enw diweddarach Gryphon (1943–5) gan fod papurau'r cwmni wedi eu dinistrio. Fitzgibbon, *The Life of Dylan Thomas*, t. 281.

[17] Paul Rotha, *Documentary Film* (London, 1952), t. 256; Paul Swann, 'The Independent Documentary Film, 1932–1939', *The British Documentary Film Movement 1926–1946* (Cambridge, 1989), tt. 95–122.

[18] Caitlin Thomas a George Tremlett, *Caitlin – A Warring Absence* (London, 1986), t. 79.

[19] Fitzgibbon, *The Life of Dylan Thomas*, tt. 279–80; Suzanne Roussillat, 'Dylan Thomas – His Work and Background', *Adam*, rhif 238 (1953), t. 69.

[20] Fitzgibbon, *The Life of Dylan Thomas*, t. 279.

[21] Ibid., t. 280.

[22] Berry, *Wales and Cinema*, t. 185.

[23] Iorwerth C. Peate, *Cymru a'i Phobl – Cyfres y Brifysgol a'r Werin – 7* (Caerdydd, 1933), t. 124.

[24] Ni wyddys pwy yn union a fynegodd y gwrthwynebiad hwn nac ychwaith pwy arall a ystyriwyd ar gyfer y gwaith.

[25] Ferris, *Dylan Thomas*, t. 192. Berry, *Wales and Cinema*, t. 187; Ackerman (gol.), *The Filmscripts*, t. 27. Y mae'r ffilm ei hun bellach yn yr Imperial War Museum.

[26] Giles Goodland, 'Dylan Thomas and Film', *NWR*, 3, rhif 1 (1990), t. 17; Ackerman (gol.), *The Filmscripts*, t. 26.

[27] 'Wales', *Documentary News Letter*, 3, rhif 11–12 (1942), t. 152. Yn ôl yr erthygl hon, gwnaed fersiwn o *Wales – Green Mountain, Black Mountain* a oedd yn cynnwys sylwebaeth Gymraeg.

[28] Nicholas Pronay, 'The Land of Promise: The Projection of Peace Aims in Britain' yn K. R. M. Short (gol.), *Film and Radio Propaganda in World War II* (Knoxville, 1983), t. 72.

[29] Er mai enwau David Raymond a William Griffiths a geir ar restr gydnabyddiaeth y ffilm, yn ôl Constantine Fitzgibbon, James McKechnie a Brian Herbert oedd y sylwebyddion, Fitzgibbon, *The Life of Dylan Thomas*, t. 401.

30 'Wales on the Screen', *WM*, 3 Gorffennaf 1944, t. 4; 'Lluniau Llafar sydd i Ddangos Cymru i'r Byd', *Y Cymro*, 14 Gorffennaf 1944, t. 1; 'The British Council Film – *Wales*', *Wales*, 5, rhif 7 (1945), tt. 100–2; 'Rhyl has new Welsh Film Premiere', *The Rhyl Leader*, 15 Gorffennaf 1944, t. 7.

31 '*Wales*: Another Injustice', *The Rhyl Leader*, 22 Gorffennaf 1944, t. 5.

32 Goodland, 'Dylan Thomas and Film', *NWR* (1990), t. 18.

33 Dylan Thomas, *Reminiscences of Childhood* (Fersiwn 1) a ddarlledwyd ar BBC Welsh Home Service ar 15 Chwefror 1943. Dyfynnwyd yn Aneirin Talfan Davies (gol.), *Quite Early One Morning – Broadcasts by Dylan Thomas* (London, 1974), t. 1.

34 James A. Davies, 'A Picnic in the Orchard' yn Curtis (gol.), *Wales – The Imagined Nation*, t. 63; James A. Davies, *Dylan Thomas's Places* (Swansea, 1987).

35 Casgliad Llyfrau Prin, State University of New York, Buffalo, llythyr gan Dylan Thomas at Henry Treece, 6/7 Gorffennaf 1938, Rhif B812 F40.

36 Dylan Thomas, 'One Warm Saturday' ac 'Old Garbo' yn Dylan Thomas, *Portrait of the Artist as a Young Dog* (London, 1994), tt. 94, 106.

37 Ackerman (gol.), *The Filmscripts*, t. 27.

38 Casgliad yr Archifdy Gwladol, INF 6–483: Sgript *Wales – Green Mountain, Black Mountain*; Ackerman (gol.), *The Filmscripts*, tt. 28–31.

39 Ibid.

40 Ibid.

41 Peate, *Cymru a'i Phobl – Cyfres y Brifysgol a'r Werin – 7*, t. 124.

42 Casgliad yr Archifdy Gwladol, INF 6–483: Sgript *Wales – Green Mountain, Black Mountain*; Ackerman (gol.), *The Filmscripts*, tt. 28–31.

43 Casgliad yr Archifdy Gwladol, INF 6–483: Sgript *Wales – Green Mountain, Black Mountain*; Ackerman (gol.), *The Filmscripts*, tt. 28–31.

44 Gwelir enghreifftiau amlwg o ddychan Thomas o'r pregethwr Cymreig yn y stori fer *The Peaches* yn Thomas, *Portrait of the Artist as a Young Dog*, tt. 3–18, ynghyd â'r ffilm *The Three Weird Sisters* a'r ddrama ar gyfer lleisiau *Under Milk Wood*.

45 Fitzgibbon, *The Life of Dylan Thomas*, t. 286; Julian Maclaren-Ross, *Memoirs of the Forties* (London, 1991), tt. 118–34.

46 Charles Barr (gol.), *All Our Yesterdays* (London, 1986), tt. 385, 410; Stuart Hood, 'John Grierson and the Documentary Film Movement' yn James Curran a Vincent Porter, *British Cinema History* (London, 1983), tt. 99–112.

47 Casgliad yr Archifdy Gwladol, INF 6–483: Sgript *Wales – Green Mountain, Black Mountain*; Ackerman (gol.), *The Filmscripts*, tt. 28–31.

48 Casgliad yr Archifdy Gwladol, INF 6–483: Sgript *Wales – Green Mountain, Black Mountain*; Ackerman (gol.), *The Filmscripts*, tt. 28–31.

49 Casgliad yr Archifdy Gwladol, INF 6–483: memo ar y ffilm *Wales – Green Mountain, Black Mountain*.

50 Gw. Pronay, 'The Land of Promise: The Projection of Peace Aims in Britain' yn K. R. M. Short (gol.), *Film and Radio Propaganda in World War II*, tt. 64–5.

51 Darn o sgript Dylan Thomas ar gyfer y ffilm ddogfen *Our Country*. HRHRC, Casgliadau Arbennig, llythyr gan Dylan Thomas at Donald Taylor, Hydref 1944, yn cynnwys drafft orffenedig o'r sgript ar gyfer y ffilm *Our Country*. Gw. copi o'r sgript hefyd yn yr Archifdy Gwladol, INF 6–630; Ackerman (gol.), *The Filmscripts*, tt. 67–73.

52 Llefarwyd sylwebaeth Dylan Thomas gan Stephen Murray a Terry Randal, gyda Jack Ellitt yn golygu ac Alexander Shaw yn cynhyrchu.

53 A Survey by the Arts Enquiry, *The Factual Film* (London, 1947), t. 100; Pronay, 'The Land of Promise: The Projection of Peace Aims in Britain' yn K. R. M. Short (gol.),

Film and Radio Propaganda in World War II, t. 57.

54 Arthur Martin, 'Our Country', *Our Time*, 5, rhif 3 (1945), tt. 52–3.

55 'The Academy Cinema – *Our Country*', *The Times*, 27 Mehefin 1945, t. 6; Ackerman (gol.), *The Filmscripts*, t. xvii; David Berry, *Wales and Cinema*, t. 187.

56 Casgliad yr Archifdy Gwladol, INF 6–630: memo yn trafod y ffilm *Our Country*.

57 Edgar Anstey, 'Our Country', *The Spectator*, 174, rhif 6105, 29 Mehefin 1945, t. 594.

58 Cyflogwyd dau arall cyn Dylan Thomas i lunio'r sylwebaeth ar gyfer *Our Country*, sef Stanley Holloway ac Angus McPhail, ond gwrthodwyd ymgeision y ddau gan gwmni Gryphon, Casgliad yr Archifdy Gwladol, INF 6–630: memo yn trafod y ffilm *Our Country*.

59 Mor gynnar â mis Awst 1940, cyfeiriodd Thomas at ei ofnau wrth ei gyfaill Vernon Watkins; gw. ei lythyrau ato yn Paul Ferris (gol.), *The Collected Letters of Dylan Thomas* (London, 1985), tt. 462–4.

60 HRHRC, Casgliadau Arbennig, llythyr gan Dylan Thomas at Donald Taylor, Hydref 1944, yn cynnwys drafft orffenedig o'r sgript ar gyfer y ffilm *Our Country*. Gw. copi o'r sgript hefyd yn yr Archifdy Gwladol, INF 6–630. Y mae'r llythyr wedi ei gyhoeddi, heb y sgript, gan Ferris (gol.), *The Collected Letters*, tt. 525–6.

61 Ibid.

62 Casgliad yr Archifdy Gwladol, INF 6–630: memo yn trafod *Our Country*.

63 Casgliad yr Archifdy Gwladol, INF 6–630: memo yn trafod *Our Country*. Fersiwn llai o *London Can Take It* (1940) gan Watt a Jennings yw *Britain Can Take It*.

64 A.R.M., 'Our Country', *MFB*, 12, rhif 139 (1945), t. 84.

65 William Whitebait, *The New Statesman and Nation*, 30, rhif 750, 7 Gorffennaf 1945, t. 8.

66 'Our Country', *Kinematograph Weekly*, rhif 1994, 5 Gorffennaf 1945, t. 27.

67 HRHRC, Casgliadau Arbennig, llythyr Dylan Thomas at Donald Taylor, Hydref 1944, ynghyd â'r sgript orffenedig ar gyfer *Our Country*; Casgliad yr Archifdy Gwladol, INF 6–630. Y mae'r ffilm ei hun yn y NFA er 1964.

68 Adolygiad ar *Our Country*, *MFB*, Gorffennaf 1945, t. 84; *Our Time*, Hydref 1945, t. 6.

69 'Two Views on *Our Country*', *Documentary News Letter*, 5, rhif 4 (1944), t. 46.

70 HRHRC, Casgliadau Arbennig, llythyr Dylan Thomas at Donald Taylor, Hydref 1944.

71 Berry, *Wales and Cinema*, t. 186.

72 Sinclair, *Dylan Thomas – No Man More Magical*, t. 118.

73 Berry, *Wales and Cinema*, t. 188.

74 Rhan o ddeialog *The Three Weird Sisters* gan Dylan Thomas yn Ackerman (gol.), *The Filmscripts*, t. 299.

75 Cyhoeddwyd *The Doctor and the Devils* ar ffurf cyfrol ychydig cyn marwolaeth Thomas ym 1953 fel y gyntaf, a'r unig un, o'r sgriptiau a gyhoeddwyd yn ystod ei fywyd. Ym 1986 fe'i rhyddhawyd fel ffilm dan gyfarwyddyd Freddie Francis.

76 Addaswyd *No Room at the Inn*, ffilm sy'n dilyn hanes teulu yn Lloegr yn ystod yr Ail Ryfel Byd, o ddrama lwyfan Joan Temple a gynhyrchwyd ym 1945.

77 Yr oedd stiwdio Gainsborough bellach yn rhan o ymerodraeth J. Arthur Rank, ac yno y cyfansoddodd Thomas *Me and My Bike*, *Beach of Falesá* a *Rebecca's Daughters*.

78 Ferris, *Dylan Thomas*, t. 230. Talwyd £2,000 i Thomas am y gwaith hwn. Cafwyd, er hynny, gynhyrchiad o *Rebecca's Daughters* gan Karl Francis ym 1991. Ackerman (gol.), *The Filmscripts*, t. xxvi. Diddorol nodi hefyd i Thomas gael cynnig gwaith ar sgript arall gan Clifford Evans, sef y ffilm a ryddhawyd yn ddiweddarach fel *A Run for your Money*, ond gwrthododd Thomas y gwahoddiad gan na theimlai fod amodau gwaith Ealing yn ddigon ffafriol.

79 Charlotte Armstrong, *The Case of the Three Weird Sisters* (London, 1943).

80 Ferris, *Dylan Thomas*, t. 26.

81 Gw. y trawsgrifiad o 'Poetry and the Film: A Symposium' yn Ackerman (gol.), *The Filmscripts*, tt. 406–8.

82 *Herald of Wales*, 19 Mehefin 1948, t. 3; Glyndwr Griffiths, 'Shooting at Cwmaman – for new British Film Thriller', *AL*, 24 Mai 1947, t. 1; 31 Mai 1947, t. 1.

83 Ceir trawsgrifiad o ddeialog *The Three Weird Sisters* yn Ackerman (gol.), *The Filmscripts*, tt. 283–319.

84 Ibid., t. 316.

85 Ibid., t. 304.

86 Casgliad Llyfrau Prin, State University of New York, Buffalo, llythyr gan Dylan Thomas at Henry Treece, 6/7 Gorffennaf 1938, Rhif B812 F40.

87 Theodora Fitzgibbon, *With Love: An Autobiography 1938–1946* (London, 1982), tt. 60, 93.

88 Dylanwadwyd, yn ei thro, ar *The Old Dark House* gan ffilm Paul Leni, *The Cat and the Canary*, un arall o ffefrynnau Thomas.

89 Er mai mewn stiwdio yng Nghalifornia y ffilmiwyd *The Old Dark House*, hon oedd y ffilm nodwedd gyntaf i gynnwys sain a leolwyd yng Nghymru.

90 Mark Gates, *James Whale: A Biography* (London, 1995), t. 91.

91 Penododd Whale gast gwych ar gyfer y ffilm, yn eu plith Ernest Thesiger, Eva Moore, Melvyn Douglas, Charles Laughton, Gloria Stuart, Brember Wills ac, wrth gwrs, Boris Karloff. Gates, *James Whale: A Biography*, tt. 89–94; James Curtis, *James Whale* (London, 1998), tt. 170–83.

92 Ackerman (gol.), *The Filmscripts*, t. 282.

93 Ibid., t. 301.

94 Dyfynnwyd y llinell hon yn Roussillat, 'Dylan Thomas', t. 68. Ac oddi yno, yn hytrach na'r ffilm, y dyfynnir y gosodiad yn bennaf.

95 Ferris, *Dylan Thomas*, t. 114; David N. Thomas, *Dylan Thomas: A Farm, Two Mansions and a Bungalow* (Bridgend, 2000), t. 43; Ferris (gol.), *The Collected Letters*, t. 168, llythyr, dyddiedig Hydref 1934, gan Thomas at Glyn Jones yn cytuno i ymweld â Caradoc Evans yn Aberystwyth; John Harris, 'Big Daddy Meets the Nogood Boyos', *Poetry Wales*, 18, rhif 4 (1983), tt. 43–7; Glyn Jones, *The Dragon has Two Tongues* (London, 1968), t. 64.

96 Am fwy ar yr ymateb i gyfrol Evans, *My People*, gw. rhagarweiniad John Harris (gol.), *My People: Caradoc Evans* (Bridgend, 1987); M. Wynn Thomas, '*My People* and the Revenge of the Novel', *NWR*, 1, rhif 1 (1988), tt. 17–22; John Harris, 'Publishing *My People*', *NWR*, 1, rhif 1 (1988), tt. 23–30.

97 Casgliad Llyfrau Prin, State University of New York, Buffalo, llythyr gan Dylan Thomas at Pamela Hansford Johnson, Hydref 1934.

98 Argraffwyd yr araith hon yn *Voices of Scotland*, Rhagfyr 1948, t. 22. Gw. y dyfyniad hefyd yn John Ackerman, *A Dylan Thomas Companion* (London, 1991), t. 20; Roussillat, 'Dylan Thomas', t. 68.

99 Roussillat, 'Dylan Thomas', t. 68.

100 HRHRC, Casgliadau Arbennig, llythyr gan Dylan Thomas at Margaret Taylor, 28 Tachwedd 1949.

101 Ackerman (gol.), *The Filmscripts*, t. 299.

102 Ibid., t. 285.

103 Ibid., t. 299.

104 Ibid., t. 319.

105 Berry, *Wales and Cinema*, t. 190.

106 Ackerman (gol.), *The Filmscripts*, t. 308.

[107] Llythyr Thomas at John Nims a'i wraig, dyddiedig 17 Gorffennaf 1950, yn Constantine Fitzgibbon, *Selected Letters of Dylan Thomas* (London, 1966), tt. 349–50; Casgliad Llyfrau Prin, State University of New York, Buffalo, llythyr gan Dylan Thomas at Pamela Hansford Johnson, Hydref 1933, Rhif B811 F24.

[108] Roussillat, 'Dylan Thomas', t. 68. Dylid nodi nad yw'r llinell enllibus hon yn rhan o sgript *The Three Weird Sisters*!

[109] 'The Three Weird Sisters Next Week', *AL*, 7 Awst 1948, tt. 1, 8; *AL*, 14 Awst 1948, t. 3.

[110] 'The Three Weird Sinister Karloff Sisters', *Herald of Wales*, 17 Ebrill 1948, t. 3.

[111] Richard Winnington, 'Films', *NC*, 10 Ebrill 1948, t. 2.

[112] *MFB*, 15, rhif 171, 31 Mawrth 1948, t. 30.

[113] 'The Three Weird Sisters', *The Times*, 12 Ebrill 1948, t. 6.

[114] Middy, 'Dylan Thomas – Obituary', *Cine Technician*, 19, rhif 109 (Ionawr 1954), t. 15.

Pennod 5

[1] Richard Findlater, *Emlyn Williams* (London, 1956), t. 14.

[2] Gw. Berry, *Wales and Cinema*, t. 208.

[3] Emlyn Williams, *George: An Early Autobiography 1905–1927* (London, 1961); Emlyn Williams, *Emlyn: An Early Autobiography 1927–1935* (London, 1973); D. Dale-Jones, *Emlyn Williams* (Writers of Wales) (Cardiff, 1979); James Harding, *Emlyn Williams, A Life* (London, 1993).

[4] Harding, *Emlyn Williams, A Life*, tt. 20–1.

[5] Ceir teipysgrif wreiddiol y ddrama *The Corn is Green*, a gyflwynwyd i Sarah Grace Cooke ym 1938, yn LlGC, Casgliad Emlyn Williams, 18970C.

[6] Louella E. Parsons, 'Bette Davis' Role Unusual', *Los Angeles Examiner*, 14 Gorffennaf 1945.

[7] Yn y deipysgrif cyflwynir y ddrama gyda'r geiriau, 'Glansarno. A small village in a remote Welsh countryside, 1895'. LlGC, Casgliad Emlyn Williams, 18970C, teipysgrif *The Corn is Green*.

[8] Emlyn Williams, *The Corn is Green* (London, 1938), t. 33.

[9] Ibid., t. 80.

[10] LlGC, Casgliad Emlyn Williams, A1/108–198, Llythyrau Emlyn Williams at Sarah Grace Cooke, llythyr A1/156, 23 Mawrth 1938.

[11] LlGC, Llyfr Lloffion Emlyn Williams 1937–43, llythyr Sarah Grace Cooke at Emlyn Williams, Treffynnon, Mawrth 1938.

[12] LlGC, Llyfr Lloffion Emlyn Williams 1937–43, rhaglen yn cyd-fynd â'r ddrama, Tŷ Opera Manceinion 1938.

[13] Williams, *The Corn is Green*, t. ii.

[14] LlGC, Llyfr Lloffion Emlyn Williams 1937–43, rhaglen ar gyfer y ddrama ym Manceinion ym 1938; Williams, *The Corn is Green*, t. ii.

[15] LlGC, Llyfr Lloffion Emlyn Williams 1937–43, Vernon Noble, 'Welshman sees his own folk', darn o bapur newydd dienw a diddyddiad.

[16] R. J. Finnemore, 'New Emlyn Williams play evades issue, but should be success', *Daily Dispatch*, 16 Awst 1938; Ap Cadwgan, 'Nid Proffwyd yw Emlyn Williams', *Y Faner*, 100, rhif 2, 14 Ionawr 1942, t. 5.

[17] *Y Faner*, 14 Ionawr 1942, t. 5.

[18] Cynhyrchydd y ddrama ar Broadway oedd Herman Shumlin a phrif aelodau'r cast

oedd Ethel Barrymore, Richard Waring, Rhys Williams, Rosalind Ivan, Mildred Dunnock, Edmond Breon a Thelma Schnee.

[19] Darlledwyd y cynhyrchiad, a addaswyd o'r ddrama wreiddiol gan T. Rowland Hughes ac a gynhyrchwyd gan Philip P. Burton, ar 27 Ionawr 1945 ddeufis cyn rhyddhau ffilm Warner Brothers. Ceir copi o'r addasiad yn LlGC, Llyfr Lloffion Emlyn Williams 1943–9.

[20] LlGC, Llyfr Lloffion Emlyn Williams 1937–43, telegram o Efrog Newydd gan Molly Williams at Emlyn Williams yng Nghaeredin, 28 Chwefror 1941, a llythyr gan Richard a Mary Williams, rhieni Emlyn, at eu mab, 9 Chwefror 1941.

[21] AMPAS, Llyfrgell Margaret Herrick, MPAA Production Code Administration Files ar *The Corn is Green*, llythyr J. I. Breen at W. H. Hays, 28 Chwefror 1941; llythyr Breen at Warner Brothers, 20 Medi 1943.

[22] AMPAS, Llyfrgell Margaret Herrick, MPAA Production Code Administration Files ar *The Corn is Green*, llythyr Breen at Warner Brothers, 20 Medi 1943.

[23] AMPAS, Llyfrgell Margaret Herrick, MPAA Production Code Administration Files ar *The Corn is Green*, llythyr gan Breen at Jack Warner, un o benaethiaid Warner Brothers, 1 Rhagfyr 1943. Bu Breen yn dyfal ganfod beiau yn y sgript, a gorchmynnodd y dylid osgoi 'any burlesquing of this revival band, the Militant Righteous Corps' a hepgor llinellau megis 'And the wicked shall burn in hell'. Gw. memoranda Breen at Jack Warner, 16 Mehefin 1944 a 21 Mehefin 1944.

[24] LlCT, USC, Casgliad Warner Brothers, *The Corn is Green*, Nodiadau Cynhyrchiad 684, Biography of Irving Rapper. Gw. hefyd Charles Higham a Joel Greenberg (goln.), *The Celluloid Muse* (London, 1969), tt. 198–204.

[25] Y ddwy ffilm arall y gweithiodd Rapper a Davis arnynt gyda'i gilydd oedd *Deception* (1946) ac *Another Man's Poison* (1952).

[26] LlCT, USC, Casgliad Warner Brothers, *The Corn is Green*, Nodiadau Cynhyrchiad 684. Gw. hefyd Charles Higham, *Bette: A Biography of Bette Davis* (London, 1981), t. 157; Whitney Stine, *Mother Goddam* (London, 1975), t. 189.

[27] Yn wahanol i Waring, llwyddodd Dall i osgoi gorfod ymladd yn yr Ail Ryfel Byd drwy gyfaddef i'r lluoedd arfog ei fod yn hoyw. Lawrence J. Quirk, *The Passionate Life of Bette Davis* (London, 1990), t. 275; Stine, *Mother Goddam*, t. 183.

[28] LlCT, USC, Casgliad Warner Brothers, *The Corn is Green*, Daily Production Progress Report 1488, Test Sheets.

[29] LlCT, USC, Casgliad Warner Brothers, *The Corn is Green*, Daily Production Progress Report 1488, memo Eric Stacey, rheolwr yr uned ffilmio at T. C. Wright, Warner Brothers, 23 Mehefin 1944.

[30] LlCT, USC, Casgliad Warner Brothers, *The Corn is Green*, Daily Production Progress Report 1488, memo Eric Stacey, rheolwr yr uned ffilmio at T. C. Wright, Warner Brothers, 30 Mehefin 1944.

[31] LlCT, USC, Casgliad Warner Brothers, *The Corn is Green*, Daily Production Progress Report 1488, memo Eric Stacey, rheolwr yr uned ffilmio at T. C. Wright, Warner Brothers, 12 Medi 1944. Am fwy ar yr helyntion a achoswyd gan Davis ar set *The Corn is Green*, gw. Stine, *Mother Goddam*, t. 188; Higham, *Bette: A Biography of Bette Davis*, tt. 158–60.

[32] Rhyddhawyd y ffilm flwyddyn yn ddiweddarach ym Mhrydain ym mis Mawrth 1946.

[33] LlCT, USC, Casgliad Warner Brothers, *The Corn is Green*, Ffeil ymchwil 1011A, Bibliography of Research Material supplied on *The Corn is Green*.

[34] LlCT, USC, Casgliad Warner Brothers, *The Corn is Green*, Ffeil ymchwil 1011A, nodiadau ymchwil; llythyrau Lissauer at Chertok, 1 Mai 1944 a 8 Mehefin 1944.

[35] LlCT, USC, Casgliad Warner Brothers, *The Corn is Green*, Communications, llythyr Edmond Breon at Lissauer, 2 Chwefror 1943.

[36] LlCT, USC, Casgliad Warner Brothers, *The Corn is Green*, Communications, llythyr y Parchedig John Parry Jones at Lissauer, 14 Ionawr 1944.

[37] Berry, *Wales and Cinema*, t. 104.

[38] LlCT, USC, Casgliad Warner Brothers, *The Corn is Green*, Ffeil ymchwil 1011A, llythyr Hughes at Lissauer, Warner Brothers, 19 Tachwedd 1942.

[39] Erbyn 1949 yr oedd Hughes yn genhadwr gyda'r Paiute Indians yn Nevada ac fe'i hadwaenid fel 'Brother David', ond llwyddodd i elwa ar ei gysylltiadau â Hollywood drwy gasglu arian a dillad er budd y rhai a oedd dan ei ofal. LlCT, USC, Casgliad Warner Brothers, *The Corn is Green*, Ffeil ymchwil 1011A, memo Lissauer at Wallis, 6 Ionawr 1943, 11 Ionawr 1943, 26 Ionawr 1943; clipiau o nifer o bapurau newydd dienw.

[40] LlCT, USC, Casgliad Warner Brothers, *The Corn is Green*, Nodiadau Cynhyrchiad 684.

[41] James Agee, beirniadaeth ar *The Corn is Green* a ymddangosodd yn fersiwn America o *The Nation*, 14 Ebrill 1945 ac a ddyfynnwyd yn James Agee, *Agee on Film – Volume 1* (London, 1963), tt. 156–7.

[42] Plesiwyd Miss Cooke yn fawr, er hynny, gan bortread Bette Davis. LlGC, Casgliad Emlyn Williams, A2/30–105, Llythyrau Sarah Grace Cooke at Emlyn Williams 1940–7, llythyr A2/90, 9 Awst 1946.

[43] C.A.W., 'The Corn is Green', *Today's Cinema*, 65, rhif 5273, t. 14; LlCT, USC, Casgliad Warner Brothers, *The Corn is Green*, Nodiadau Cynhyrchiad 684, Clippings, *Showmen's Trade Review*, 31 Mawrth 1954; AMPAS, Llyfrgell Margaret Herrick, MPAA Production Code Administration Files ar *The Corn is Green*, Clippings, *New York Tribune*, 30 Mawrth 1945.

[44] Bosley Crowther, 'The Screen Review', *The New York Times*, 30 Mawrth 1945.

[45] Higham a Greenberg (goln.), *The Celluloid Muse*, tt. 200–1.

[46] LlCT, USC, Casgliad Warner Brothers, *The Corn is Green*, Nodiadau Cynhyrchiad 684.

[47] 'The Corn is Green', *The Times*, 21 Mawrth 1946, t. 6; rhan o adolygiad E. Arnot Robinson yn y *Picture Post* yn Gene Ringgold, *The Complete Films of Bette Davis* (New York, 1990), t. 133.

[48] Richard Mallet, 'At the Pictures', *Punch*, 210, rhif 5492, 10 Ebrill 1946, t. 306.

[49] Geiriau Dilys Powell yn Perry (gol.), *The Golden Screen*, t. 57.

[50] Higham a Greenberg (goln.), *The Celluloid Muse*, t. 202.

[51] *The Corn is Green*, 1945.

[52] Clawdd Offa, 'In the Wake of the News', *North Wales Pioneer*, 25 Awst 1938.

[53] *The Corn is Green*, 1945.

[54] Portreadwyd Dai Bando gan Rhys Williams yn *How Green Was My Valley* hefyd, a pherffeithiodd y Cymro hwn ei grefft mewn 15 ffilm pellach cyn iddo ymddangos yn *The Corn is Green*.

[55] Williams, *The Corn is Green*, t. 3.

[56] Berry, *Wales and Cinema*, t. 206.

[57] LlGC, Casgliad Emlyn Williams, A2/30–105, Llythyrau Sarah Grace Cooke at Emlyn Williams 1940–7, llythyr A2/95, 14 Tachwedd 1946.

[58] M. Wynn Thomas, 'Flintshire and the Regional Weather Forecast, *NWR*, 3, rhif 9, Haf 1990, t. 11.

[59] Williams, *The Corn is Green*, t. 15.

60 Prawf arall o allu'r Cymry yn yr iaith fain yw'r ffaith fod Cyfrifiad 1891 yn dangos bod 69 y cant o Gymry yn siarad Saesneg o'u cymharu â 54 y cant yn medru'r Gymraeg. Davies, *Hanes Cymru*, t. 421.

61 Frank Price Jones, 'Effaith Brad y Llyfrau Gleision', *Y Traethodydd*, CXVIII, rhif 507, Ebrill 1963, tt. 49–65.

62 Cafwyd cynhyrchiad ffilm arall o *The Corn is Green* gan Hollywood ym 1979.

63 LlGC, Llyfr Lloffion 1943–9, Milton Shulman, 'Edith Evans holds the fort', toriad o bapur dienw a diddyddiad.

64 Gw. Karol Kulik, *Alexander Korda: The Man Who Could Work Miracles* (London, 1975); Martin Stockham, *The Korda Collection* (London, 1992); Michael Korda, *Charmed Lives* (Harmondsworth, 1980).

65 Derbyniodd y cwmni fenthyciad o ddau filiwn o bunnau yn gyntaf oll, ond yna fe'i cynyddwyd i dri miliwn o bunnau. Kulik, *Alexander Korda*, t. 308.

66 Kulik, *Alexander Korda*, t. 313; Korda, *Charmed Lives*, t. 229.

67 Kulik, *Alexander Korda*, t. 313; Korda, *Charmed Lives*, t. 302.

68 Cyfarwyddodd Robert Donat *The Cure for Love* ym 1950, a chyfarwyddodd Ralph Richardson *Home at Seven* ym 1952. Kulik, *Alexander Korda*, t. 313.

69 Llythyr a nodiadau ar ei yrfa gan Russell Lloyd, dyddiedig 7 Hydref 2000, ym meddiant yr awdur.

70 Llythyr a nodiadau ar ei yrfa gan Russell Lloyd, dyddiedig 7 Hydref 2000, ym meddiant yr awdur; Paul Nugat, 'On the Set', *Film Industry*, 26 Awst 1948, t. 10; Brian McFarlane, *An Autobiography of British Cinema* (London, 1997), tt. 366–70; Berry, *Wales and Cinema*, t. 211.

71 Meddai Russell Lloyd mewn cyfweliad â David Berry ym 1985, 'Emlyn didn't know much about the technical side . . . Korda considered that Emlyn needed someone who could handle composition and camera movements. I was designing the shots for the film. I can't remember Emlyn being behind the camera, he supervised the acting.' Berry, *Wales and Cinema*, t. 523.

72 Tystiolaeth Russell Lloyd mewn rhaglen ddogfen ar y ffilm. *Boddi Dolwyn*, Concordia, 1998.

73 Emlyn Williams, 'The First Days of Dolwyn', *The Listener*, 41, rhif 1065, 23 Gorffennaf 1949, t. 1070.

74 'Darlun *Emlyn* o Gymru Wledig 1892', *Y Cymro*, rhif 805, 30 Ebrill 1948, t. 1.

75 Alfred T. Davies, *Evicting a Community* (London, 1923); gw. hefyd 'Fandaliaeth Warrington', *HC*, 16 Ionawr 1923, t. 4.

76 Williams, *The Listener*, t. 1070. Dewisodd Emlyn yr enw 'Dolwyn' am ei fod yn ymdebygu i Fae Colwyn, ac felly yn enw y gallai Saeson ei ynganu'n rhwydd. Ceir copi o *The Last Days of Dolwyn* yn AGSSC ac y mae'r sgript wreiddiol yng Nghasgliad Emlyn Williams, LlGC E12.

77 Yn ôl yr actor Meredith Edwards, yr oedd Emlyn Williams wedi mynnu na châi'r ffilm ei gwneud oni chedwid y Gymraeg yn *The Last Days of Dolwyn*. *Boddi Dolwyn*, Concordia, 1998.

78 Am yrfa Edith Evans, gw. Jean Batters, *Edith Evans: A Personal Memoir* (London, 1977); Bryan Forbes, *Ned's Girl: The Life of Edith Evans* (London, 1991); Casgliadau Arbennig BFI, deunydd y wasg *The Last Days of Dolwyn*.

79 'Sgwrs â thafarnwr *Dolwyn*', *Y Cymro*, 13 Mai 1949, t. 11; 'Yr Wyneb o Fôn', *Curiad*, rhif 8, Awst 1980, t. 17; BFI, deunydd y wasg.

80 'Emlyn Williams's Film', *WM*, 5 Mehefin 1948, t. 2; *The Cinema Studio*, 21 Gorffennaf 1948, t. 7; BFI, deunydd y wasg.

81 Hal Burton (gol.), *Acting in the Sixties* (Cyhoeddiadau'r BBC, 1970), t. 16; John Cottrell a Fergus Cashin, *Richard Burton* (London, 1974), t. 112; Penny Junor, *Richard Burton* (London, 1985), tt. 26–7.

82 Yr oedd y geiriau hyn yn dwyn i gof y ddrama *The Corn is Green* a'r cymeriad Morgan Evans a chwaraewyd gan Burton mewn addasiad o'r ddrama ar gyfer y radio gan T. Rowland Hughes ac a gynhyrchwyd gan Philip Burton ym mis Ionawr 1945. LlGC, Llyfr Lloffion Emlyn Williams 1943–9; Cottrell a Cashin, *Richard Burton*, t. 114.

83 BFI, Casgliad Teddy Baird, nodiadau'r adran gynhyrchu ar gyfer *The Last Days of Dolwyn*, dyddiedig 15 Medi 1948.

84 Llythyr Russell Lloyd at yr awdur, dyddiedig 7 Hydref 2000, ym meddiant yr awdur.

85 Llythyr Russell Lloyd at yr awdur, dyddiedig 7 Hydref 2000, ym meddiant yr awdur; *The Listener*, 23 Mehefin 1949, t. 1070.

86 *The Listener*, 23 Mehefin 1949, t. 1070.

87 *Boddi Dolwyn*, Concordia, 1998; 'Boddi Dolwyn', *Y Dydd*, 23 Rhagfyr 1998, t. 4.

88 Ibid.; BFI, deunydd y wasg.

89 Nansi Richards Jones, Telynores Maldwyn, sy'n perfformio'r alawon gwerin Cymreig niferus a glywir yn nhrefniant Greenwood. 'Venice Film Festival', *The Times*, 3 Medi 1949, t. 4; BFI, deunydd y wasg.

90 'World Première at Bangor', *WM*, 2 Ebrill 1949, t. 3; *Y Faner*, 6 Ebrill 1949, t. 3; LlGC, Llyfr Lloffion Emlyn Williams 1943–9, llythyr gan D. Emrys Evans at Emlyn Williams, 18 Tachwedd 1948.

91 LlGC, toriadau o bapurau newydd yn Llyfr Lloffion Emlyn Williams 1943–9.

92 Am lythyrau gan rai o drigolion Rhyd-y-main yn diolch i Emlyn Williams am y gwahoddiad i weld y ffilm ym Mangor, gw. Llyfr Lloffion Emlyn Williams 1943–9; 'Hen Fywyd ar y Sgrin – Darlun Emlyn Williams', *Y Cymro*, 6 Mai 1949, t. 11; 'Dyddiau Olaf Dolwyn', *Y Dydd*, LXXXVI, 47, 6 Mai 1949, t. 1; 'Emlyn Williams was happiest man in Cardiff', *WM*, 9 Gorffennaf 1949, t. 4; 'Cardiff Premiere will be "Biggest and Brightest"', *WM*, 2 Gorffennaf 1949, t. 4

93 Lionel Collier, 'Shop for your Films', *Picturegoer*, 16 Gorffennaf 1949, t. 23; Eileen Creelman, *New York Sun*, 30 Awst 1949.

94 *The Listener*, 23 Mehefin 1949, t. 1070.

95 Y mae Edward Whitford-Roberts yn gadarn o'r farn fod cymeriad Merri wedi ei seilio ar fam Emlyn Williams, Mary Williams, ac mai ei dad, Richard Williams, a fu'n dafarnwr y Llew Gwyn, Glanrafon, oedd Caradoc, tafarnwr y Dolwyn Arms. Edward Whitford-Roberts, *The Emlyn Williams Country* (dim man cyhoeddi, 1963), t. 2.

96 LlGC, Llyfr Lloffion Emlyn Williams 1943–9, toriad dienw a diddyddiad; David Raglan, *Woman's Own*, 19 Mehefin 1949.

97 Geiriau Barry Norman yn *Saturday Review*, 1973, wedi ei ddyfynnu yn Meic Stephens (gol.), *Take Wales* (Cardiff, 1993).

98 M. Gwyn Jenkins, 'The Last Days of Dolwyn', *DG*, 23, rhif 6, Mehefin 1949, t. 2.

99 Cyfweliad teledu Kenneth Tynan â Richard Burton a ddarlledwyd ar y BBC ar 1 Ebrill 1967 ac a gyhoeddwyd yn Burton (gol.), *Acting in the Sixties*, t. 22.

100 *DG*, Mehefin 1949, t. 2.

101 Jympson Harman, 'Patchwork Pastoral', papur dienw a diddyddiad, LlGC, Llyfr Lloffion Emlyn Williams 1943–9.

102 Nid dyma ddiweddglo gwreiddiol y ffilm. Ailsaethwyd y diweddglo yn ystod Tachwedd 1948. Yn y diweddglo gwreiddiol daliwyd Rob Davies gan y pentrefwyr

yn ceisio boddi Dolwyn ac fe'i herlidiwyd drwy'r pentref, mewn atgof o'r hyn a ddioddefodd pan oedd yn blentyn, cyn iddo gwympo i mewn i'r ffynnon. Gadewir Merri, fel yn y diweddglo a ddefnyddiwyd, i guddio'r dystiolaeth drwy foddi'r pentref. Methwyd â defnyddio'r diweddglo cyntaf gan na allai Emlyn gwympo i'r ffynnon mewn dull digon credadwy ac felly fe'i newidiwyd am ffrwgwd rhyngddo ef a Gareth. Berry, *Wales and Cinema*, t. 522.

[103] Lionel Collier, 'Shop For Your Films', *Picturegoer*, 21 Mai 1949, t. 16; gw. hefyd LlGC, Llyfr Lloffion Emlyn Williams 1943–9, Campbell Dixon, 'The Village was Drowned', papur newydd dienw a diddyddiad.

[104] LlGC, Llyfr Lloffion Emlyn Williams 1943–9, C. A. Lejeune, 'Bread Upon the Waters', *The Observer*, darn diddyddiad.

[105] *The Daily Compass*, 30 Awst 1949.

[106] Edith Nepean, 'My Friends in British Studios', *Picture Show*, 6 Awst 1938, t. 6.

[107] LlGC, Casgliad Emlyn Williams, Llythyrau amrywiol A8/1–124, A8 221–301, L3/6A.

[108] Emlyn Williams, *Beyond Belief: A Chronicle of Murder and its Detection* (London, 1967); Emlyn Williams, *Dr Crippen* (London, 1987).

[109] Harding, *Emlyn Williams, A Life*, t. xiv.

[110] *Y Cymro*, 6 Mai 1949, t. 11.

[111] Jenkins, *DG*, Mehefin 1949, t. 2.

[112] Dixon, *The Daily Telegraph*, 25 Ebrill 1949, t. 6; Jenkins, *DG*, Mehefin 1949, t. 2.

[113] Burton (gol.), *Acting in the Sixties*, t. 28.

[114] John Ormond Thomas, 'Emlyn Williams directs Emlyn Williams', *Picture Post*, 43, rhif 5, 30 Ebrill 1949, t. 23. Bu cryn gymysgu tafodieithoedd yn y ffilm ac oherwydd hynny bu raid i Williams esgus bod pentref Dolwyn wedi ei leoli hanner ffordd rhwng de a gogledd Cymru. *Y Dydd*, 6 Mai 1949, t. 1; 'Dyddiau Olaf Dolwyn', *Y Faner*, 4 Mai 1949, t. 3.

[115] *The Last Days of Dolwyn*, 1949. Ceir copi o'r ffilm yn AGSSC a chedwir y sgript wreiddiol yng Nghasgliad Emlyn Williams yn Adran Llawysgrifau LlGC.

[116] Berry, *Wales and Cinema*, t. 522.

[117] Emlyn Williams, 'A Dyma fi, Druan o Gymro, Yn Sefyll', *Wales*, 3, Tachwedd 1958, t. 16.

[118] *DG*, Mehefin 1949, t. 2.

[119] BFI, deunydd y wasg ar *The Last Days of Dolwyn*.

[120] 'Daeth Emlyn Adref', *Y Cymro*, 14 Awst 1953, t. 14. Ysbrydolwyd cerdd gan Tilsli yn sgil traddodi'r araith hon, sef 'Yr Actor yn Dod Adref'. Ceir ynddi'r gwpled, 'Emlyn yng Ngŵyl ei famwlad, – a'i araith / Yn eirias o gariad'. Gwilym R. Tilsley, *Y Glöwr a Cherddi Eraill* (Llandybïe, 1958), t. 47.

Pennod 6

[1] Teitl adolygiad o'r ffilm *Blue Scar* yn *Y Cymro*, 20 Mai 1949, t. 6.

[2] Gw. George Perry, *Forever Ealing* (London, 1981); George Perry, *The Great British Picture Show* (London, 1985).

[3] Perry, *The Great British Picture Show*, tt. 132–3, 186.

[4] Browning a Sorrell, 'Cinemas and Cinema Going in Great Britain, *JRSS*, 117, rhan 2 (1954), t. 134.

[5] Perry, *The Great British Picture Show*, t. 153.

6   Dafydd ap Hiram, 'Ffilm Gymreig Newydd', *Y Faner*, 1 Mehefin 1949, t. 5.

7   BFI, deunydd y wasg ar *Blue Scar*; *Neath Guardian*, 1 Gorffennaf 1949, t. 3; *Herald of Wales*, 24 Ebrill 1948, tt. 8–9.

8   Cyfweliadau â Jill Craigie a gynhaliwyd ym 1995 gan Brosiect Hanes Llafar BECTU, ffeil 363; Chris Moncrieff, 'Universally Respected in her own right', *WM*, 15 Rhagfyr 1999, t. 13; Mervyn Jones, 'Obituaries – Jill Craigie', *The Guardian*, 15 Rhagfyr 1999, t. 22; 'Obituaries – Jill Craigie', *The Times*, 15 Rhagfyr 1999, t. 19.

9   Mervyn Jones, *Michael Foot* (London, 1995), t. 162.

10   Ymddiddorai Craigie yn fawr yn hanes ffeminyddiaeth, ac ymhyfrydai yn ei chasgliad o lenyddiaeth ffeminyddol a oedd gyda'r helaethaf ym Mhrydain. *The Guardian*, 15 Rhagfyr 1999, t. 22.

11   Jones, *Michael Foot*, t. 125. *The Flemish Farm* oedd y sgript gyntaf iddi weithio arni, a hynny ar y cyd â Jeffrey Dell.

12   Jones, *Michael Foot*, t. 126. Llyfr George Bernard Shaw, *Intelligent Women's Guide to Socialism* a'i cyflwynodd i sosialaeth ac yn fuan wedyn daeth dan ddylanwad ffeminyddiaeth Sylvia Pankhurst. Cyfweliad BECTU â Craigie, 1995, ffeil 363.

13   Catherine de la Roche, 'Jill Craigie', *Picturegoer Weekly*, 7 Mai 1949, t. 14.

14   Cyfweliad yr awdur â William MacQuitty, 8 Tachwedd 2000. 'Jill Craigie was a raging beauty let loose on susceptible wartime London' oedd disgrifiad Michael Foot ohoni yn *The Evening Standard*, 14 Mai 1993.

15   William MacQuitty, *A Life to Remember* (London, 1991), tt. 288, 297.

16   William MacQuitty, *Survival Kit* (London, 1996); MacQuitty, *A Life to Remember*, tt. 278– 80.

17   MacQuitty, *A Life to Remember*, t. 300. Cyfrannodd Sutro £500 o'r £1,000 a dalwyd i Craigie am lunio'r sgript.

18   Jones, *Michael Foot*, t. 144; *Herald of Wales*, 24 Ebrill 1948, tt. 8–9.

19   Gw. y cyfweliad a wnaeth Jill Craigie yn nhrydedd raglen deledu, 'War and After', cyfres HTV, *The Dream that Kicks*, cynhyrchiad Claire Pollak, a ddarlledwyd ar 20 Hydref 1987, LlGC, AGSSC, SM1506/02. 'Blue scar' yw'r term a roddir ar anaf a gâi glöwr pan fyddai ysgyren o lo dan y croen yn ymddangos yn las.

20   BFI, deunydd y wasg; MacQuitty, *A Life to Remember*, t. 300; Berry, *Wales and Cinema*, t. 177.

21   Cyfweliad yr awdur â William MacQuitty, 8 Tachwedd 2000.

22   Cyfweliad yr awdur â William MacQuitty, 8 Tachwedd 2000; '*Blue Scar* Problems', *WM*, 7 Ebrill 1949, t. 2; Elizabeth Frank, 'A Scar that should be shown', *NC*, 10 Mawrth 1949, t. 4.

23   Berry, *Wales and Cinema*, t. 517; 'A Welsh Actress Chosen for *Blue Scar* Film', *WM*, 14 Mehefin 1948, t. 3.

24   Bu'r Electric Theatre dan reolaeth sawl perchennog wedi 1914 a chaewyd ei drysau am y tro olaf fel sinema ym 1940. Brian Hornsey, *Ninety Years of Cinema in Newtown, Welshpool, Port Talbot* (Stamford, 1995), t. 19; MacQuitty, *A Life to Remember*, t. 301; BFI, deunydd y wasg; Cyfweliad yr awdur â William MacQuitty, 8 Tachwedd 2000.

25   BFI, deunydd y wasg.

26   MacQuitty, *A Life to Remember*, t. 302.

27   BFI, deunydd y wasg.

28   BFI, deunydd y wasg; 'Miss Jill Craigie seeks a "Heroine"', *Neath Guardian*, 28 Mai 1948, t. 7; 'When Port Talbot doesn't know him', *Neath Guardian*, 16 Gorffennaf 1948, t. 9.

29   Cynhaliwyd profion sgrin ar gyfer y ffilm ym Mlaengwynfi a Phort Talbot. 'Local Girls Given Screen Tests', *Neath Guardian*, 28 Mai 1948, t. 7. Un ferch a oedd yn dyheu

am ran yn y ffilm oedd Siân Phillips o Wauncaegurwen, ond, fel y dengys ei hunan-gofiant, ni chafodd ei dymuniad. Siân Phillips, *Private Faces* (London, 1999), t. 128.

30 Brodor o Drawsfynydd oedd Prysor Williams a fudodd i'r Rhondda er mwyn canfod gwaith fel glöwr ac, yn union fel Ted, ei gymeriad yn y ffilm, dioddefai o niwmoconiosis. BFI, deunydd y wasg; 'Y Cymro Bach – Seren o Gymru', *Y Cymro*, 25 Tachwedd 1949, t. 3; 'In Blue Scar', *SWE*, 1 Mehefin 1949, t. 2.

31 BFI, deunydd y wasg; 'Will Carry on Teaching after "Blue Scar" is finished', *Neath Guardian*, 25 Mehefin 1948, t. 5; 'Welsh Pupil Teacher New Screen "find"', *WM*, 17 Mehefin 1948, t. 2.

32 Brian McFarlane, *An Autobiography of British Cinema* (London, 1997), t. 254.

33 Pan dderbyniodd Burton ran yn *Blue Scar*, holodd yn ofer a fyddai modd i'w fab maeth Richard hefyd gael rhan. Prin y gwyddai Outlook Films ar y pryd eu bod newydd golli cyfle i gyflogi un o brif sêr y dyfodol. MacQuitty, *A Life to Remember*, t. 301; Cyfweliad yr awdur â William MacQuitty, 8 Tachwedd 2000; 'Screen Finds From Radio', *AVC*, 1 Gorffennaf 1948, t. 5.

34 'Ex-miner's Role in New Film', *WM*, 20 Mai 1948, t. 3; 'Actor and miner of 41 is given film chance', *NC*, 20 Mai 1947, t. 3.

35 Cyfweliad yr awdur â William MacQuitty, 8 Tachwedd 2000.

36 *Neath Guardian*, 28 Mai 1948, t. 7.

37 Bu'r profiad o 'weld nain mor wancus i glywed canlyniadau'r "pool" pêl-droed' yn un 'go anhyfryd' i B. O. Davies, Cwmllynfell, a adolygodd y ffilm yn *Y Faner*, 16 Tachwedd 1949, t. 2.

38 *Herald of Wales*, 15 Mai 1948, t. 6.

39 Cofnodwyd bod 32 o faddonau ger glofeydd wedi eu codi yng Nghymru erbyn 1938. Neil Evans a Dot Jones, 'A blessing for the Miner's wife: The campaign for pithead baths in the South Wales Coalfield, 1908–1950', *Llafur*, 6, rhif 3 (1994), t. 19.

40 Ibid., tt. 12, 21.

41 Gwyn Jones, *Times Like These* (London, 1936).

42 *Blue Scar*, 1949.

43 Ibid.

44 Ibid.

45 A. J. Cronin, *The Citadel* (London, 1937).

46 *Blue Scar*, 1949.

47 Kenneth Hume oedd golygydd *Blue Scar*, a hon oedd ei ffilm nodwedd gyntaf.

48 Peter Stead, 'Wales in the Movies', yn Curtis (gol.), *Wales – The Imagined Nation*, t. 175.

49 BFI, deunydd y wasg. Trefnodd Grace Williams nifer o alawon gwerin ar gyfer y ffilm, gan gynnwys 'Mae 'nghariad i'n Fenws', caneuon poblogaidd fel 'Sosban Fach' ac emynau cyfarwydd wedi eu canu gan Gôr Port Talbot a Chantorion Cymdeithas Afan.

50 Yn ôl David Berry, Raymond Glendenning yw'r sylwebydd radio a Bruce Woodcock sy'n rhoi cosfa i'w wrthwynebydd, Berry, *Wales and Cinema*, t. 174.

51 Cyflwynwyd yr wythnos bum niwrnod yng nglofeydd Prydain ym mis Mai 1947. Francis a Smith, *The Fed*, tt. 438, 441.

52 Cawsai Jago eisoes gryn brofiad wrth greu ffilmiau dogfen, megis ffilmiau John Eldridge *Wales – Green Mountain, Black Mountain* (1942) ac *Our Country* (1944) a'r ffilm nodwedd *The Grand Escapade* (1946).

53 Cyfweliad yr awdur â William MacQuitty, 8 Tachwedd 2000; MacQuitty, *A Life to Remember*, t. 302.

54 Gw. 'War and After' yn *The Dream that Kicks*, 20 Hydref 1987.

55 Cyfweliad yr awdur â William MacQuitty, 8 Tachwedd 2000.
56 Cyfweliad yr awdur â William MacQuitty, 8 Tachwedd 2000; MacQuitty, *A Life to Remember*, t. 302.
57 Ibid., t. 303.
58 de la Roche, 'Jill Craigie', *Picturegoer Weekly*, 7 Mai 1949, t. 14.
59 Cyfweliad yr awdur â William MacQuitty, 8 Tachwedd 2000; '*Blue Scar* Problems', *WM*, 7 Ebrill 1949, t. 2.
60 Llyfr Lloffion William MacQuitty, Casgliad William MacQuitty, Llundain.
61 *WM*, 7 Ebrill, 1949, t. 2.
62 Richard Winnington, 'Rank Versus Rank', *NC*, 27 Gorffennaf 1946, t. 2.
63 Richard Winnington, 'Almost Lost', *NC*, 11 Ebrill 1949, t. 2; *NC*, 10 Mawrth 1949, t. 4; E. Anstey et al. (goln.), *Shots in the Dark* (London, 1951), t. 62.
64 Cyfweliad yr awdur â William MacQuitty, 8 Tachwedd 2000.
65 Cyfweliad yr awdur â William MacQuitty, 8 Tachwedd 2000; 'Cardiff will decide fate of *Blue Scar*', *WM*, 14 Mai 1949, t. 4; *Y Cymro*, 20 Mai 1949, t. 6.
66 Lionel Collier, *Picturegoer Weekly*, 13 Awst 1949, t. 17.
67 Cyfweliad yr awdur â William MacQuitty, 8 Tachwedd 2000; MacQuitty, *A Life to Remember*, t. 302; BFI, deunydd y wasg.
68 *MFB*, 6, rhif 185, 31 Mai 1949, t. 78; 'Film About Welsh Miners', *The Times*, 9 Ebrill 1949, t. 6; *Today's Cinema*, 72, rhif 5788, 8 Ebrill 1949, t. 8; Collier, *Picturegoer Weekly*, 13 Awst 1949, t. 17.
69 Anstey et al. (goln.), *Shots in the Dark*, t. 63.
70 Dafydd ap Hiram, 'Ffilm Gymreig Newydd', *Y Faner*, 1 Mehefin 1949, t. 5; *Neath Guardian*, 1 Gorffennaf 1949, t. 2.
71 ap Hiram, 'Ffilm Gymreig Newydd', *Y Faner*, 1 Mehefin 1949, t. 5.
72 B. O. Davies, 'Y Ffilm "Blue Scar"', *Y Faner*, 16 Tachwedd 1949, t. 2.
73 Darn o gerdd T. Gwynn Jones a ddyfynnwyd yn Gomer M. Roberts, 'Ar ôl Angladd Amanwy', *Y Genhinen*, 4 (1954), t. 91.
74 BFI, Casgliadau Arbennig, *David*, llythyr R. S. Camplin, ysgrifennydd y BFI, at James Carr, World Wide Pictures, 9 Mehefin 1950.
75 LlGC, Casgliad Llawysgrifau Aneirin Talfan Davies, llythyr Alexander Shaw, World Wide Pictures, at Aneirin Talfan Davies, 29 Mehefin 1950; Mignedd, 'Ffilm am Gymru', *Y Faner*, 7 Chwefror 1951, t. 4.
76 BFI, Casgliadau Arbennig, *David*, nodiadau cynhyrchu World Wide Pictures, dyddiedig 12 Mehefin 1951.
77 BFI, Casgliadau Arbennig, *David*, llythyr R. S. Camplin at James Carr, 9 Mehefin 1950.
78 LlGC, Casgliad Llawysgrifau Aneirin Talfan Davies, llythyr gan Alexander Shaw, World Wide Pictures at Aneirin Talfan Davies, 6 Gorffennaf 1950.
79 LlGC, Casgliad Llawysgrifau Aneirin Talfan Davies, llythyr Aneirin Talfan Davies at Alexander Shaw, 2 Gorffennaf 1950.
80 Aneirin Talfan Davies, *Crwydro Sir Gâr* (Llandybïe, 1955), t. 283. Yr oedd gan y ffilm ddau deitl dros dro gwahanol cyn penderfynu ar *David*, sef *Amanwy* a *The Spirit of Wales*. Gw. LlGC, Casgliad Llawysgrifau Aneirin Talfan Davies, llythyr Paul Dickson, y cyfarwyddwr, at Aneirin Talfan Davies, 19 Medi 1950.
81 LlGC, Casgliad Llawysgrifau Aneirin Talfan Davies, llythyr Alexander Shaw at Aneirin Talfan Davies, 29 Mehefin 1950.
82 Cyfweliad yr awdur â Paul Dickson, 7 Hydref 1998.
83 Cyfweliad yr awdur â Paul Dickson, 7 Hydref 1998; Berry, *Wales and Cinema*, t. 527.

84 Richard Winnington, 'The Undefeated', *Sight and Sound*, 19, rhif 8, Rhagfyr 1950, t. 330.

85 LlGC, Casgliad Llawysgrifau Aneirin Talfan Davies, llythyr Alexander Shaw at Aneirin Talfan Davies, 3 Gorffennaf 1950.

86 Amanwy, 'O Gwm i Gwm – Sôn am Ffilm', *Y Cymro*, 27 Hydref 1950, t. 13.

87 LlGC, Casgliad Llawysgrifau Aneirin Talfan Davies, llythyr Alexander Shaw at Aneirin Talfan Davies, 4 Gorffennaf 1950.

88 *Y Cymro*, 27 Hydref 1950, t. 13; LlGC, Casgliad Llawysgrifau David Rees Griffiths (Amanwy), llythyr Paul Dickson at Amanwy, 19 Medi 1950.

89 LlGC, Casgliad Llawysgrifau Aneirin Talfan Davies, llythyr Paul Dickson at Aneirin Talfan Davies, 11 Hydref 1950.

90 Berry, *Wales and Cinema*, t. 527.

91 BFI, Casgliadau Arbennig, sgript *David*.

92 BFI, Casgliadau Arbennig, sgript *David*.

93 'Ffilm a Ddengys Gymru', *Y Cymro*, 29 Medi 1950, t. 5; LlGC, Casgliad Llawysgrifau Aneirin Talfan Davies, llythyr Paul Dickson at Aneirin Talfan Davies, 19 Medi 1950.

94 Cyfweliad yr awdur â Paul Dickson, 7 Hydref 1998.

95 LlGC, Casgliad Llawysgrifau Aneirin Talfan Davies, llythyr Paul Dickson at Aneirin Talfan Davies, 19 Medi 1950.

96 LlGC, Casgliad Llawysgrifau Aneirin Talfan Davies, llythyr Paul Dickson at Aneirin Talfan Davies, 19 Medi 1950.

97 APCB, 29844, Ffeil 24, llythyr Paul Dickson at Sam Jones, 9 Hydref 1950.

98 LlGC, Casgliad Llawysgrifau Aneirin Talfan Davies, llythyr Paul Dickson at Aneirin Talfan Davies, 19 Medi 1950.

99 T.W.J., 'The Film *David*', *AVC*, 3 Mai 1951, t. 5.

100 'Ammanford Festival Film', *AVC*, 26 Ebrill 1951, t. 2; *AVC*, 22 Tachwedd 1951, t. 1.

101 *NC*, 3 Mai 1951, t. 3; 'The Film *David*', *AVC*, 3 Mai 1951, t. 5; *AVC*, 22 Tachwedd 1951, t. 1.

102 Berry, *Wales and Cinema*, t. 247.

103 Huw Walters, *Canu'r Pwll a'r Pulpud* (Dinbych, 1987), t. 272; Roberts, 'Ar ôl Angladd Amanwy', *Y Genhinen* (1954), t. 92.

104 BFI, Casgliadau Arbennig, *David*, llythyr oddi wrth World Wide Pictures at y British Film Institute, 2 Awst 1950; LlGC, Casgliad Llawysgrifau Aneirin Talfan Davies, llythyr Paul Dickson at Aneirin Talfan Davies, 4 Ionawr, 1951 a llythyr James Carr, World Wide Pictures at Aneirin Talfan Davies, 13 Chwefror 1951.

105 Richard M. Barsam, *Non-Fiction Film* (Indiana, 1992), t. 246.

106 Gomer M. Roberts, *Caneuon Amanwy* (Llandysul, 1956), t. 13.

107 Ibid., t. 13; H. Turner Evans, *A Bibliography of Welsh Hymnology* (1964), t. 123; Walters, *Canu'r Pwll a'r Pulpud*, tt. 250–2.

108 Roberts, *Caneuon Amanwy*, t. 14.

109 Ibid; Walters, *Canu'r Pwll a'r Pulpud*, t. 264.

110 Roberts, *Caneuon Amanwy*, t. 14; J. E. Wynne Davies, *Gwanwyn Duw – Cyfrol Deyrnged i Gomer Morgan Roberts* (Caernarfon, 1982), t. 16; Walters, *Canu'r Pwll a'r Pulpud*, tt. 253, 275–6.

111 David Rees Griffiths (gol.), *O Lwch y Lofa – Cyfrol o Ganu gan Chwech o Lowyr Sir Gâr* (Rhydaman, 1924).

112 Roberts, *Y Genhinen* (1954), t. 90; Davies, *Gwanwyn Duw*, t. 19. Gwerthwyd tua mil o gopïau, gan sicrhau elw o £30 a roddwyd i Gomer M. Roberts ar ei ymadawiad am Drefeca ym Medi 1924.

113 T. Gwynn Jones, cerdd a ddyfynnwyd gan Gomer M. Roberts yn *Y Genhinen* (1954), t. 91.

114 James Griffiths, *Pages From Memory* (London, 1969), t. 11, lle y sonnir am drydydd brawd Amanwy yn dychwelyd o'r Somme yn fyw, ond â'i ysgyfaint yn llawn nwy.

115 Walters, *Canu'r Pwll a'r Pulpud*, t. 274.

116 Ibid.

117 Amanwy, 'Cadeiriau Lawer', *HC*, 16 Ionawr 1923, t. 8.

118 Walters, *Canu'r Pwll a'r Pulpud*, t. 250.

119 Y Cerddetwr, 'Colofn Cymry'r Dyffryn', *AVC*, 3 Tachwedd 1938, t. 2.

120 'Fe Bwdws!', *Y Faner*, 16 Awst 1950, t. 8.

121 Edwards, *Arwr Glew Erwau'r Glo*, t. 68.

122 Amanwy, 'O Gwm i Gwm – Awen y Brifwyl', *Y Cymro*, 25 Awst 1950, t. 12.

123 'Awdl Foliant i'r Glöwr' gan Gwilym R. Tilsley. Dyfynnwyd yn T. J. Morgan (gol.), *Cyfansoddiadau a Beirniadaethau Eisteddfod Genedlaethol Caerffili 1950* (Caerdydd, 1950), tt. 2–8; Huw Walters, 'Yng Nghwmni'r Cerddetwr' yn Hywel Teifi Edwards (gol.), *Cwm Aman* (Llandysul, 1996), t. 167.

124 Y Cerddetwr, 'Colofn Cymry'r Dyffryn', *AVC*, 14 Chwefror 1935, t. 2.

125 Ibid.; 'Colofn Cymry'r Dyffryn', *AVC*, 19 Rhagfyr 1935, t. 2.

126 *AVC*, 14 Chwefror 1935, t. 2.

127 Walters, 'Yng Nghwmni'r Cerddetwr' yn Edwards (gol.), *Cwm Aman*, t. 167.

128 Edwards, *Arwr Glew Erwau'r Glo*, t. 68.

129 *Y Cymro*, 27 Hydref 1950, t. 13.

130 LlGC, Casgliad Llawysgrifau Aneirin Talfan Davies, datganiad gan y BFI ar *David*, dyddiedig 26 Ebrill 1951; 'Ammanford Festival Film', *AVC*, 26 Ebrill 1951, t. 2; 'A Nation Lives in One Man's Life', *WM*, 27 Ebrill 1951, t. 4.

131 'Ammanford Festival Film', *AVC*, 26 Ebrill 1951, t. 2; 'Story of Wales through life of one man', *South Wales Daily Post*, 27 Ebrill 1951, t. 1.

132 '*David* yn Llundain', *Y Faner*, 4 Gorffennaf 1951, t. 3.

133 BFI, Casgliadau Arbennig, *David*, llythyr oddi wrth Regent Film Distributors Ltd at J. Rayfield o'r BFI, 10 Tachwedd 1951.

134 BFI, Casgliadau Arbennig, *David*, llythyr gan aelod o staff y BFI at John Roberts, warden Aelwyd yr Urdd yng Nghaernarfon, 14 Tachwedd 1951.

135 LlGC, Casgliad Llawysgrifau Aneirin Talfan Davies, llythyr Aneirin Talfan Davies at James Carr, World Wide Pictures, 26 Ebrill 1951.

136 LlGC, Casgliad Llawysgrifau Aneirin Talfan Davies, llythyr James Carr at Aneirin Talfan Davies, 2 Mai 1951.

137 LlGC, Casgliad Llawysgrifau Aneirin Talfan Davies, llythyr Aneirin Talfan Davies at James Carr, 11 Mai 1951.

138 BFI, Casgliadau Arbennig, *David*, llythyr Amanwy at James Carr, 1 Hydref 1951.

139 BFI, Casgliadau Arbennig, *David*, llythyr James Carr at Amanwy, 8 Hydref 1951.

140 BFI, Casgliadau Arbennig, *David*, llythyr Mary Griffiths at James Carr, 9 Gorffennaf 1955.

141 BFI, Casgliadau Arbennig, *David*, llythyr James Carr at Mary Griffiths, 19 Gorffennaf 1955.

142 BFI, Casgliadau Arbennig, *David*, llythyr J. D. Ralph (cynrychiolydd Gŵyl Prydain 1951) at G. A. Campell (cyfarwyddwr Gŵyl Prydain 1951), 9 Tachwedd 1950.

143 'Dickson's *David* is Festival's Best Picture', *Today's Cinema*, 76, rhif 6242, 2 Mai 1951.

144 Gw. Richard Winnington, 'A Vivid Story of a Nation', *NC*, 28 Ebrill 1951, t. 3; Paul Foreman, *Films 1945–1950* (London, 1952), t. 46.

[145] Reginald Barlow, 'Carmarthenshire Setting for Film', *Carmarthen Journal*, 4 Mai 1951, t. 1.

[146] Gavin Lambert, 'David', *Sight and Sound*, 20, rhif 2, Mehefin 1951, tt. 45–6.

[147] Canmolwyd Sam Jones hefyd gan Amanwy ei hun. Meddai: 'Mae urddas a diffuantrwydd dihafal yn eich gwaith, yn sicr chwi yw'r gweinidog mwyaf "true to life" a fu ar y sgrin, ac ar y llwyfan hefyd, yng Nghymru erioed.' APCB, 29844, Ffeil 24, llythyr Amanwy at Sam Jones, 28 Ebrill 1951.

[148] Herbert Davies, 'Festival Film is a Success', *SWEP*, 27 Ebrill 1951, t. 4.

[149] 'Story of Wales through life of one man', *SWEP*, 27 Ebrill 1951, t. 1.

[150] 'David', *Variety*, 6 Chwefror 1952; 'David', *Kinematograph Weekly*, 410, rhif 2288, 3 Mai 1951, t. 21.

[151] 'Festival Film is a Success', *SWEP*, 27 Ebrill 1951, t. 4; 'David', *Kinematograph Weekly*, 3 Mai 1951, t. 21.

[152] 'Festival Film is a Success', *SWEP*, 27 Ebrill 1951, t. 4. Gw. hefyd 'David', *MFB*, 18, rhif 209, Mehefin 1951, t. 283.

[153] 'A Nation Lives in One Man's Life', *WM*, 27 Ebrill 1951, t. 4.

[154] B. O. Davies, 'Beirniadu'r Ffilm', *Y Faner*, 28 Mai 1951, t. 2.

[155] Hywel Teifi Edwards, 'Gwaedoliaeth Lenyddol Dai a Shoni', yn Jenkins (gol.) *Cof Cenedl X* (Llandysul, 1995), t. 93.

[156] Ibid., t. 115.

[157] Berry, *Wales and Cinema*, tt. 247, 249.

[158] Edwards, 'Gwaedoliaeth Lenyddol Dai a Shoni', t. 95.

[159] Ibid., t. 118.

[160] Davies, *Crwydro Sir Gâr*, t. 283.

Diweddglo

[1] Beddoe, 'Images of Welsh Women' yn Curtis (gol.), *Wales – The Imagined Nation*, t. 229.

[2] 'Awdl Foliant i'r Glöwr' gan Gwilym R. Tilsley yn T. J. Morgan (gol.), *Cyfansoddiadau a Beirniadaethau Eisteddfod Caerffili* (Caerdydd, 1950), tt. 2–8; Rhan o gerdd y Parchedig Thomas David Evans (Gwernogle), *Yr Ysgub Aur!*, tt. 139–40.

[3] Browning a Sorrell, 'Cinemas and Cinema-going in Great Britain', *JRSS*, Cyfres A, 117, rhan 2 (1954), t. 135.

Llyfryddiaeth Ddethol*

Llawysgrifau a Chasgliadau

Amgueddfa Werin Cymru, Sain Ffagan
Archif Sain, Tapiau Sain *Y Chwarelwr*.

Archif Broadcasting Entertainment Cinematograph and Theatre Union, Llundain (BECTU)
Cyfweliadau â Jill Craigie gan Brosiect Hanes Llafar BECTU, 1995.

Yr Archifdy Gwladol, Llundain
Casgliad Llawysgrifau *Our Country*.
Casgliad Llawysgrifau *Wales – Green Mountain, Black Mountain*.

Archif Prifysgol Cymru, Bangor
Casgliad Llythyrau Sam Jones, BBC.
Casgliad *Noson Lawen*.

Archif Scottish Screen, Glasgow
Casgliad Llawysgrifau Donald Alexander.

British Film Institute, Llundain
Deunydd i'r wasg ar *The Citadel*; *The Last Days of Dolwyn*; *David*; *Blue Scar*.
Adran Casgliadau Arbennig, Casgliad Llawysgrifau ar *David*.
Adran Casgliadau Arbennig, Casgliad Llawysgrifau Teddy Baird.

Casgliadau Personol
Llyfrau Lloffion Rachel Howell Thomas (trwy garedigrwydd ei merch, Delyth Davies).
Llyfrau Lloffion William MacQuitty (trwy garedigrwydd William MacQuitty Llundain).

Harry Ransom Humanities Research Center, Prifysgol Tecsas, Austin
Casgliad Llawysgrifau Dylan Thomas.
Casgliad Llawysgrifau Richard Llewellyn.

Llyfrgell y Celfyddydau, UCLA
Casgliad Llawysgrifau Cyfreithiol Twentieth Century-Fox.

(* Ceir llyfryddiaeth gynhwysfawr yn nodi holl ffynonellau'r gyfrol hon yn G. Ff. Jenkins, 'Delweddu Cymru a'i Phobl ar Ffilm 1935–51' (traethawd Ph.D. anghyhoeddedig Prifysgol Cymru, 2002))

Llyfrgell Cinema-Television, University of Southern California, Los Angeles
    Casgliad Deunydd Cerddorol Alfred Newman.
    Casgliad Llawysgrifau King Vidor.
    Casgliad Llawysgrifau MGM.
    Casgliad Llawysgrifau Philip Dunne.
    Casgliad Llawysgrifau Twentieth Century-Fox.
    Casgliad Llawysgrifau Warner Brothers.

Llyfrgell Genedlaethol Cymru, Aberystwyth
    Casgliad Llawysgrifau Aneirin Talfan Davies.
    Casgliad Llawysgrifau Bob Owen.
    Casgliad Llawysgrifau Bwrdd Ffilmiau Cymru.
    Casgliad Llawysgrifau CPRW.
    Casgliad Llawysgrifau D. R. Davies, Aberdâr.
    Casgliad Llawysgrifau David Rees Griffiths (Amanwy).
    Casgliad Llawysgrifau Emlyn Williams.
    Casgliad Llawysgrifau Jack Jones.
    Casgliad Llawysgrifau John Ellis Williams.
    Casgliad Llawysgrifau Richard Llewellyn.
    Casgliad Llawysgrifau Urdd Gobaith Cymru.

Llyfrgell John Rylands, Manceinion
    Casgliad Llawysgrifau Robert Donat.

Llyfrgell Lilly, Indiana University, Bloomington
    Casgliad Llawysgrifau John Ford.

Llyfrgell Margaret Herrick, Academy of Motion Picture Arts and Sciences, Los Angeles
    MPAA Production Code Administration Files ar *The Citadel, How Green Was My Valley*
        a *The Corn is Green*.

Llyfrgell Morris, Southern Illinois University, Carbondale
    Casgliad Llawysgrifau Herbert Marshall.

The State University of New York, Buffalo
    Casgliad Llawysgrifau Dylan Thomas.

The Ohio State University, Columbus
    Casgliad Llawysgrifau Dylan Thomas.

Swyddfa Cofnodion Sir Fynwy, Cwmbrân
    Cofnodion Cymdeithas Cymorth Meddygol Gweithwyr Tredegar.

Cyfweliadau, gohebiaeth a thystiolaeth glywedol

Llyfrgell Genedlaethol Cymru, Archif Genedlaethol Sgrin a Sain Cymru
    Cryno-ddisg 'Paul Robeson: Freedom Train and the Welsh Transatlantic
        Concert', Folk Era Records, 1998.

Cyfweliad tâp â Geoff Charles gan Iwan Jones, 19 Ebrill 1982.
Cyfweliad tâp â Geoff Charles gan Iwan Jones, 6 Medi 1982.
Cyfweliad tâp â Geoff Charles gan Iwan Jones, 7 Medi 1982.
Cyfweliad tâp â John Roberts Williams gan Dafydd Pritchard, Ionawr 1996.
Cyfweliad tâp yr awdur â Meredydd Evans, 16 Chwefror 1998.
Cyfweliad tâp yr awdur â Cledwyn Jones, 27 Chwefror 1998.
Cyfweliad tâp yr awdur â John Roberts Williams, 28 Chwefror 1998.
Cyfweliad tâp yr awdur â William MacQuitty, 8 Tachwedd 2000.

Gohebiaeth â Jonathan Balcon, Tunbridge Wells.
Gohebiaeth â Paul Dickson, Buckinghamshire.
Gohebiaeth ag E. R. Johnson, Prifysgol North Staffordshire, Stoke-on-Trent.
Gohebiaeth â Russell Lloyd, West Sussex.

Llyfrau

Ackerman, J., *Dylan Thomas: His Life and Work* (London, 1990)
——, *A Dylan Thomas Companion* (London, 1991)
——, *Dylan Thomas: The Filmscripts* (London, 1995)
Agee, J., *Agee on Film – Volume 1* (London, 1963)
Aitken, I., *Film and Reform* (London, 1990)
Aldgate, A. a Richards, J. (goln.), *The Best of British: 1930–1970* (Oxford, 1983)
—— (goln.), *Britain Can Take It* (Oxford, 1986)
Andrews, E., *A Woman's Work is Never Done* (Ystrad Rhondda, 1956)
Anstey, E., Manvell, R., Lindgren, E., Rotha, P. (goln.), *Shots in the Dark* (London, 1951)
Armes, R., *A Critical History of British Cinema* (London, 1978)
Balcon, M., *Michael Balcon Presents . . . A Lifetime of Films* (London, 1969)
Balcon, M., Lindgren, E., Hardy, F., Manvell, R. (goln.), *Twenty Years of British Film 1925 to 1945* (London, 1947)
Barnouw, E., *Documentary: A History of the Non-Fiction Film* (Oxford, 1993)
Barr, C. (gol.), *All Our Yesterdays: Ninety Years of British Cinema* (London, 1986)
——, *Ealing Studios* (London, 1995)
Barrow, K., *Mr Chips: The Life of Robert Donat* (London, 1985)
Barsam, R. M., *Non-Fiction Film* (Indiana, 1992)
Baxter, J., *King Vidor* (New York, 1976)
Beddoe, D., *Back Home to Duty – Women Between the Wars, 1918–1939* (London, 1989)
Behlmer, R., *Memo from Darryl F. Zanuck: The Golden Years at Twentieth Century-Fox* (New York, 1993)
Berry, D., *Chapter: Images of Wales* (Cardiff, 1986)
——, *Wales and Cinema: The First Hundred Years* (Cardiff, 1994)
Betts, E., *The Film Business* (London, 1973)
Bogle, D., *Toms, Coons, Mulattoes, Mammies and Bucks* (Oxford, 1994)
Bourne, S., *Black in the British Frame* (London, 1998)
Christie, I. (gol.), *Powell, Pressburger and Others* (London, 1978)
Cottrell, J. a Cashin, F., *Richard Burton* (London, 1974)
Cripps, T., *Slow Fade to Black: The Negro in American Film, 1900–1942* (New York, 1977)

Cronin, A. J., *The Citadel* (London, 1937)

——, *Adventures in Two Worlds* (London, 1977)

Curran, J. a Porter, V. (goln.), *British Cinema History* (London, 1983)

Curran, J. a Seaton, J., *Power Without Responsibility: The Press and Broadcasting in Britain* (London, 1991, arg. newydd London, 2003)

Curtis, T. (gol.), *Wales – The Imagined Nation* (Bridgend, 1986)

Custen, G. F., *Twentieth Century-Fox: Darryl F. Zanuck and the Culture of Hollywood* (New York, 1997)

Dale-Jones, D., *Emlyn Williams* (Writers of Wales) (Cardiff, 1979)

Danischewsky, M., *Michael Balcon's Twenty-five Years in Film* (London, 1947)

——, *White Russian – Red Face* (London, 1966)

Davies, A. Talfan, *Dylan Thomas – Druid of the Broken Body* (Denbigh, 1963)

——, (gol.), *Quite Early One Morning – Broadcasts by Dylan Thomas* (London, 1974)

Davies, J., *Hanes Cymru* (Llundain, 1990)

Davies, J. A., *Dylan Thomas's Places* (Swansea, 1987)

Davis, R. L., *John Ford – Hollywood's Old Master* (University Press of Oklahoma, 1995)

Dowd, D. a Shepard, D., *King Vidor: A Directors Guild of America Oral History* (London, 1988)

Duberman, M. B., *Paul Robeson* (London, 1991)

Dunne, P., *Take Two: A Life in Movies and Politics* (New York, 1980)

——, *How Green Was My Valley – The Screenplay* (Santa Barbara, 1990)

Dyer, R., *Heavenly Bodies: Film Stars and Society* (London, 1986)

——, *The Matter of Images: Essays on Representations* (London, 1993)

Edwards, H. Teifi, *Gŵyl Gwalia* (Llandysul, 1980)

——, *Codi'r Hen Wlad yn ei Hôl* (Llandysul, 1989)

——, *Arwr Glew Erwau'r Glo* (Llandysul, 1994)

——, (gol.), *Cyfres y Cymoedd – Cwm Aman* (Llandysul, 1996)

Edwards, K., *Jack Jones* (Writers of Wales) (Cardiff, 1974)

Edwards, O. M., *Er Mwyn Cymru* Cyfres Gwerin Cymru IV (Wrecsam, 1927)

Evans, D. C., *My People* (London, 1953)

Evans, M. (gol.), *Gŵr Wrth Grefft* (Llandysul, 1974)

Evans, N. (gol.), *National Identity in the British Isles* (Harlech, 1989)

Evans, R. Alun, *Stand By!: Bywyd a Gwaith Sam Jones* (Llandysul, 1998)

Everett, W., *European Identity in Cinema* (Oxford, 1996)

Ferris, P., *Dylan Thomas* (Harmondsworth, 1978)

——, *Richard Burton* (London, 1981)

——, *Dylan Thomas: The Collected Letters* (London, 1985)

Fevre, R. a Thompson, A. (goln.), *Nation, Identity and Social Theory: Perspectives from Wales* (Cardiff, 1999)

Findlater, R., *Emlyn Williams* (London, 1956)

Fitzgibbon, C., *The Life of Dylan Thomas* (London, 1965)

——, (gol.), *Selected Letters of Dylan Thomas* (London, 1966)

Fitzgibbon, T., *With Love: An Autobiography 1938–1946* (London, 1982)

Foner, P. S., *Paul Robeson Speaks* (London, 1982)

Ford, D., *The Unquiet Man – The Life of John Ford* (London, 1979)

Foreman, P., *Films 1945–1950* (London, 1952)

Francis, H. a Smith, D., *The Fed – a History of the South Wales Miners in the Twentieth Century* (London, 1980; arg. newydd, Cardiff, 1998)

Gallagher, T., *John Ford – The Man and his Films* (Los Angeles, 1986)

Gomery, D. (gol.), *The Will Hays Papers* (University Publications of America, 1986)

Greene, G., *The Pleasure Dome* (London, 1972)

Griffith, R. E., *Urdd Gobaith Cymru: Cyfrol 1, 1922–1945* (Aberystwyth, 1971)

——, *Urdd Gobaith Cymru: Cyfrol 2, 1946–1960* (Aberystwyth, 1972)

——, *Urdd Gobaith Cymru: Cyfrol 3, 1960–1972* (Aberystwyth, 1973)

Griffiths, D. R. (gol.), *O Lwch y Lofa – Cyfrol o Ganu gan Chwech o Lowyr Sir Gâr* (Rhydaman, 1924)

Gruffudd, P., *Land of My Fathers?: The CPRW and Contested Conservation* (University of Reading, 1996)

Gussow, G., *Zanuck: Don't Say Yes Until I Finish Talking* (London, 1971)

Hannington, W., *The Problem of the Distressed Areas* (London, 1937)

Harding, J., *Emlyn Williams, A Life* (London, 1993)

Hardy, B., *Dylan Thomas: An Original Language* (Georgia, 2000)

Harris, J. (gol.), *My People: Caradoc Evans* (Bridgend, 1987)

Higson, A., *Waving the Flag – Constructing a National Cinema in Britain* (Oxford, 1997)

——, *Dissolving Views* (London, 1996)

Hogenkamp, B., *Deadly Parallels: Film and the Left in Britain 1929–39* (London, 1986)

Hutt, A., *The Condition of the Working Class in Britain* (London, 1933)

Jenkins, G. H. a Williams, M. A. (goln.), *'Eu Hiaith a Gadwant'? Y Gymraeg yn yr Ugeinfed Ganrif* (Caerdydd, 2000)

Jennings, H., *Brynmawr: A Study of a Distressed Area* (London, 1934)

Jones, E., *Canrif y Chwarelwr* (Dinbych, 1963)

——, *'Stiniog* (Caernarfon, 1988)

Jones, G., *The Dragon Has Two Tongues – Essays on Anglo-Welsh Writers and Writing* (London, 1968; arg. newydd, Cardiff, 2001)

Jones, J., *Me and Mine* (London, 1946)

Jones, R. M., *Ysbryd y Cwlwm: Delwedd y Genedl yn ein Llenyddiaeth* (Caerdydd,1998)

Jones, R. Merfyn, *The North Wales Quarrymen 1874–1922* (Cardiff, 1981)

Junor, P., *Richard Burton* (London, 1985)

Korda, M., *Charmed Lives* (Harmondsworth, 1980)

Kulik, K., *Alexander Korda: The Man Who Could Work Miracles* (London, 1975)

Lant, A., *Blackout: Reinventing Women for Wartime British Cinema* (Princeton, 1991)

Lazell, D., *What's On at the Pictures?* (Cheltenham, 1995)

Lewis, S. a Valentine, L., *Paham y Llosgasom yr Ysgol Fomio* (Dinbych, 1936)

Lord, P., *Diwylliant Gweledol Cymru: Y Gymru Ddiwydiannol* (Caerdydd, 1998)

——, *Diwylliant Gweledol Cymru: Delweddu'r Genedl* (Caerdydd, 2000)

Lovell, A. a Hillier, J., *Studies in Documentary* (London, 1972)

Low, R., *Film-making in 1930's Britain* (London, 1985)

——, *Documentary and Educational Films of the 1930s* (London, 1997)

Lucas, R., *The Voice of a Nation?* (Llandysul, 1981)

Lush, A. J., *The Young Adult in South Wales* (Cardiff, 1941)

Llewellyn, R., *How Green Was My Valley* (London, 1939)

Llywelyn-Williams, A., *Nes Na'r Hanesydd?* (Dinbych, 1968)

McBain, J. a Cowle, K. (goln.), *'With an Eye to the Future': Donald Alexander and Budge Cooper Documentary Film Makers* (Scottish Screen, 1997)

Macdonald, K. a Cousins, M., *Imagining Reality* (London, 1996)

McFarlane, B., *An Autobiography of British Cinema* (London, 1997)

McLaine, I., *Ministry of Morale* (London, 1979)

Maclaren-Ross, J., *Memoirs of the Forties* (London, 1991)

Macpherson, D., *Traditions of Independence: British Cinema in the Thirties* (London, 1980)

MacQuitty, W., *A Life to Remember* (London, 1991)

——, *Survival Kit* (London, 1996)

Madsen, A., *William Wyler: The Authorized Biography* (London, 1974)

Manvell, R. (gol.), *The Years Work in Film 1950* (London, 1951)

Marquand, H. A. a Meara, G., *South Wales Needs a Plan* (London, 1936)

Marris, Paul (gol.), *Rotha on Rotha* (BFI Dossier 16, London, 1982)

Maud, R., *Dylan Thomas: The Broadcasts* (London, 1991)

Miller, R. M. (gol.), *The Kaleidoscopic Lens: How Hollywood Views Ethnic Groups* (New Jersey, 1980)

Morgan, D., *Babi Sam yn Dathlu 50 Mlynedd o Ddarlledu o Fangor* (Dinbych, 1985)

Moseley, R. (gol.), *Evergreen: Victor Saville in His Own Words* (Carbondale and Edwardsville, 2000)

Murphy, R., *Realism and Tinsel: Cinema and Society in Britain 1939–1949* (London, 1989)

——, *The British Cinema Book* (London, 1997)

——, *British Cinema and the Second World War* (London, 2001)

Naylor, B., *Quakers in the Rhondda* (Chepstow, 1986)

Noble, P., *The Negro in Films* (London, 1948)

Perry, G., *Forever Ealing* (London, 1981)

——, *The Great British Picture Show* (London, 1985)

——, *Dilys Powell – The Golden Screen* (London, 1989)

Petrie, D. a Kruger, R. (goln.), *A Paul Rotha Reader* (University Exeter Press, 1999)

Pronay, N. a Spring, D. W., *Propaganda, Politics and Film 1918–45* (London, 1982)

Richards, J., *The Age of the Dream Palace* (London, 1984)

——, *Films and British National Identity* (Manchester, 1997)

Richards, J. a Sheridan, D., *Mass-Observation at the Movies* (London, 1987)

Robertson, J. C., *The British Board of Film Censors: Film Censorship in Britain 1896–1950* (London, 1985)

——, *The Hidden Cinema: British Film Censorship in Action 1913–1975* (London, 1989)

Robeson, E. G., *Paul Robeson, Negro* (London, 1930)

Robeson, P., *Here I Stand* (London, 1958)

Roffman, P. a Purdy, J., *Hollywood Social Problem Film* (Bloomington, 1981)

Rotha, P., *Documentary Film* (London, 1952)

——, *Rotha on the Film* (London, 1958)

——, *Documentary Diary* (London, 1973)

Rothman, W., *Documentary Film Classics* (Cambridge, 1997)

Seton, M., *Paul Robeson* (London, 1958)

Short, K. R. M. (gol.), *Film and Radio Propaganda in World War II* (Knoxville, 1983)

Sinclair, A., *Dylan Thomas – No Man More Magical* (New York, 1975)

Slide, A., *Banned in the USA: British Films in the United States and their Censorship, 1933–1960* (London, 1998)

Stead, P., *Film and the Working Class* (London, 1989)

——, *Richard Burton: So Much, So Little* (Bridgend, 1991)

——, *Acting Wales Stars of Stage and Screen* (Cardiff, 2002)

Street, S., *British Cinema in Documents* (London, 2000)

Swann, P., *The British Documentary Film Movement 1926–1946* (Cambridge, 1989)

Tennyson, C., *Penrose Tennyson* (London, 1943)

Thomas, B., *Cytiau Chwain a Phalasau Breuddwydion* (Caerdydd, 1997)

Trewin, J. C., *Robert Donat* (London, 1968)

Walters, H., *Canu'r Pwll a'r Pulpud* (Dinbych, 1987)

Watkins, P. E., *Adult Education Among the Unemployed of South Wales* (London, 1935)

——, *A Welshman Remembers* (Cardiff, 1944)

Williams, E., *The Corn is Green* (London, 1938)

——, *George: An Early Autobiography 1905–1927* (London, 1961)

——, *Emlyn: An Early Autobiography 1927–1935* (London, 1973)

Williams, J. E., *Inc yn fy Ngwaed* (Llandybïe, 1963)

Williams, J. R., *Annwyl Gyfeillion* (Llandysul, 1975)

——, *Yr Eiddoch yn Gywir* (Caernarfon, 1990)

Winston, B., *Claiming the Real* (London, 1995)

Mynegai

Waring, Richard 142
Warner Brothers 8, 138, 141, 142, 143, 145, 149
Watson, Harold 172
Watt, Harry 120, 126
Way Ahead, The (1944) 165
Way We Live, The (1964) 164, 172, 173
We Made a Film (rhaglen radio) 40
Wead, Frank 67
Webster, Margaret 80
Welles, Orson 110, 162
Wetton, Mrs 59
Whale, James 132–3, 136
Wheldon, Huw 175
Wheldon, Syr Wyn 175
Whisky Galore! (1949) 162
Wicked Lady, The (1945) 166
Wil Ifan *gweler* Evans, William
Wilkinson, Joseph Brooke 72–3
William Jones (T. Rowland Hughes) 70
Williams, Charles 35, 37, 40
Williams, D. J., Abergwaun 29
Williams, Dai, cyn-löwr 59
Williams, Eliseus 24
Williams, Emlyn 8, 67, 70, 138–41, 145, 147, 148, 149, 150–1, 153–6, 157–61, 174, 190, 191, 193
Williams, Glyn 154
Williams, Grace 170, 187
Williams, Haf Gwilym 16
Williams, Harry 130
Williams, Ieuan Rhys 35, 37, 40
Williams, yr Athro Ifor 11–12, 155
Williams, Irene 130
Williams, John Ellis 15–16, 17, 18, 19, 20, 21–2, 23, 30, 31, 33, 119, 188
    Cwmni Drama John Ellis Williams 16
Williams, John Roberts 6, 23–5, 26–7, 29, 30, 32, 33, 190

Williams, Mary 138
Williams, Molly 139
Williams, Prysor 153, 166, 170–1
Williams, Raymond 113
Williams, Richard 138
Williams, Robin 35, 36
Williams, Rhys 101, 109, 142, 144, 147
Williams, Sybil 155
Williams, Thomas (Tom Nefyn) 29
Williams, Tudor 106
Williams, Dr W. J. 175
Williams, William Jones 100
Wills, Brember 133
Wills, David 44
Winnington, Richard 173
Winslow Boy, The (1948) 161
Woman of Dolwyn (*The Last Days of Dolwyn*) 155
Wood, Hywel 154
Wood, Sam 65, 82
World Wide Pictures 8, 175, 176, 185–6
Wright, Ada 44
Wright, Basil 43, 54, 62, 72, 120, 176
Wuthering Heights (1939) 65
Wyler, William 100, 101, 102, 106, 110

Yank at Oxford, A (1938) 65, 67, 82
Yankee Clipper (1927) 86
Ymddiriedolaeth Carnegie 45
Ymddiriedolaeth Pilgrim 45
Ymgyrch T.B., Yr (1935) 22
Ymryson y Beirdd 34
'Yn ôl i gatre' (Emlyn Williams) 161
Yn yr Ardd 34
Young Woodley (John van Druten) 67
Young, Gwladys 141

Zanuck, Darryl F. 99, 100, 101, 102, 104, 105, 106